Les graphiques Excel

POUR LES NULS

Les graphiques Excel POUR LES NULS

Bernard Jolivalt

FIRST
> Interactive

Les graphiques Excel pour les Nuls

Pour les Nuls est une marque déposée de Wiley Publishing, Inc.
For Dummies est une marque déposée de Wiley Publishing, Inc.

Collection dirigée par Jean-Pierre Cano
Mise en page : maged

Edition française publiée en accord avec Wiley Publishing, Inc.

Éditions First, un département d'Édi8
12 avenue d'Italie
75013 Paris
Tél. : 01 44 16 09 00
Fax : 01 44 16 09 01
E-mail : firstinfo@efirst.com
Web : www.editionsfirst.fr
ISBN : 978-2-7540-8556-4
Dépôt légal : 2e trimestre 2016

Imprimé en Espagne par Cayfosa, Carrera de Caldes km 3, 08130 Santa Perpetua de Mogoda

Sommaire

Introduction

La vocation première de Microsoft Excel est de traiter des tableaux de nombres. Mais il excelle aussi dans un autre domaine : la présentation des chiffres sous une forme graphique. Elle offre une vision synthétique des nombres beaucoup plus parlante que des alignements de lignes et de colonnes.

La création d'un graphique Excel est extrêmement simple, puisqu'il suffit de sélectionner une plage de nombres, de cliquer ensuite sur l'onglet Insertion, puis de choisir un graphique. Le résultat est parfait pour le tout-venant, mais limiter les capacités d'Excel à la présentation standard des quelques types de graphiques les plus couramment utilisés, comme les histogrammes ou les graphiques en secteurs, serait très superficiel.

Dans ce livre, vous découvrirez la richesse et la puissance cachées des graphiques d'Excel et comment tirer le meilleur parti de ce tableur, tant sur le plan de l'exploitation des données que sur celui de leur mise en forme. Il est divisé en quatre parties :

Première partie : La création des graphiques

Cette première partie est entièrement consacrée aux graphiques tels qu'ils apparaissent dans le ruban Insertion d'Excel. Nous commencerons par la saisie ou l'acquisition des données, une première phase incontournable avant la création d'un graphique. Vous verrez notamment comment importer des données provenant d'applications autres qu'Excel.

Nous examinerons ensuite, dans un plantureux chapitre, les différents types de graphiques et comment les choisir selon les données à traiter et à présenter. Puis nous les mettrons en forme pour en faire de beaux objets agréables à regarder, mais aussi et surtout informatifs.

Deuxième partie : Les fonctions et graphiques spéciaux

Les graphiques d'Excel sont parfaits, mais dans certains cas, des données doivent être présentées différemment qu'avec les types de graphiques classiques. Nous étudierons donc dans cette partie les fonctions facilitant la lecture des données, ainsi que des fonctionnalités spéciales comme les graphiques sparkline (les graphiques SmartArt ne sont pas étudiés dans cet ouvrage car ils ne reçoivent pas de données numériques).

Et pendant que nous y sommes, vous découvrirez aussi comment créer des graphiques sans recourir aux fonctions purement graphiques. Comment ? En jouant tout simplement sur la mise en forme conditionnelle des cellules d'une feuille de calcul.

Troisième partie : Impression et exportation

Un graphique peut fort bien vivre sa vie dans un classeur Excel, mais très souvent, il quittera Excel pour d'autres aventures. Dans cette partie, vous apprendrez à imprimer un graphique, mais aussi à l'enregistrer dans l'ordinateur ou dans OneDrive, le nuage informatique géré par Microsoft, ou encore à l'exporter vers d'autres applications comme Word ou PowerPoint.

Quatrième partie : Les dix commandements

Cette dernière partie est une institution dans la collection *Pour les Nuls*. Vous trouverez la description de dix fonctions utiles à connaître pour les graphiques.

Pour info

La version de Microsoft Excel utilisée pour ce livre est le millésime Excel 2016 livré avec la suite Office 365. Mais les manipulations valent aussi pour Excel 2010 et 2013. La version de Windows que vous utilisez importe peu. La dernière en date, Windows 10, a été utilisée dans ces pages, mais rien ne change dans Excel si vous utilisez des versions antérieures, comme Windows 7, 8 et 8.1 (il n'y a pas eu de version 9).

Les manipulations sont utilisables, moyennant quelques adaptations, à Excel pour le Mac. Le contenu des rubans est en effet un peu différent de celui des rubans sous Windows, mais les fonctionnalités sont bien présentes.

Quelques hypothèses (hasardeuses)

Nous partons du principe, dans ce livre, que vous avez déjà une connaissance, même rudimentaire, d'Excel. Vous savez ce qu'est une feuille de calcul et vous savez saisir des données dans les cellules, sélectionner une plage de cellules et recopier leur contenu dans une ligne ou une colonne. Si quelques notions ou termes techniques vous semblent obscurs dans ce livre, reportez-vous au Chapitre 11, « Dix notions de base d'Excel » ou alors, achetez *Excel 2016 pour les Nuls,* collection *Pas à Pas,* édité par les Éditions First, dont je suis l'auteur.

Nous présumons aussi que vous savez cliquer sur l'onglet d'un ruban et choisir une commande parmi les groupes qui s'y trouvent.

Vous n'êtes pas obligé de maîtriser les fonctions ni les formules, mais si vous savez le faire, cela vous aidera grandement. Lorsque des fonctions sont utilisées dans ce livre – eh oui, vous n'y couperez pas... –, la manipulation est expliquée en détail. Il vous suffira d'appliquer les instructions pas à pas. Le Chapitre 10, « Dix fonctions utiles pour les graphiques » décrit celles qui méritent d'être connues pour concocter des graphiques sophistiqués.

Enfin, il est recommandé de réaliser les exercices afin de se familiariser avec Excel et ses fonctionnalités. Afin d'éviter de fastidieuses saisies, la quantité de données a été réduite à ce qu'il est nécessaire pour comprendre une manipulation.

Les pictogrammes

Des pictogrammes en regard de certains paragraphes attirent votre attention sur des points bien précis :

Signale une astuce ou une information qui peuvent faire gagner du temps ou faciliter une manipulation.

Ce pictogramme attire l'attention sur un point important à mémoriser, car il vous resservira par la suite.

Celui-ci, au contraire, signale une action à ne pas faire, soit parce qu'elle ne mène à rien et vous fait perdre du temps, soit – ce qui est pire – parce qu'elle peut vous faire perdre des données.

Cette icône signale un paragraphe un peu technique.

Et maintenant ?

Eh bien, on y va ! Mettez votre ordinateur en marche, démarrez Excel puis partez à sa découverte du monde merveilleux des graphiques.

Bernard Jolivalt

www.bernardjolivalt.com

Première partie

La création des graphiques

« J'ai déjà utilisé toutes sortes de tableurs, mais c'est celui-ci le meilleur pour dessiner des patchworks. »

Dans cette partie…

Autant le dire tout de suite : les deux premiers chapitres de cette partie, qui présentent les graphiques, leurs différents types et leurs variantes, sont un gros morceau. Le livre aurait même pu se limiter à ces seules descriptions, mais cela aurait été dommage de zapper le reste.

Avant de créer des graphiques, il faut disposer des données dans une feuille de calcul. Il faudra ensuite choisir un type de graphique et mettre les données en forme. Tout cela vous semble très élémentaire ? Ne vous fiez pas à cette première impression, car Excel a plus d'un tour dans son sac.

Chapitre 1

Les données source

Dans ce chapitre :

- Créer un graphique simple
- Importer des données
- Disposer les données
- Les rubans de graphique
- Sélectionner des éléments
- Supprimer un graphique

Pour qu'Excel puisse créer un graphique, il doit disposer d'un ou de plusieurs ensembles de données placées dans des cellules de la feuille de calcul. Les chiffres à représenter sont des valeurs. Les textes associés à chaque valeur (mois, régions géographiques, noms propres...) sont des catégories.

Le mieux, pour se familiariser immédiatement avec les divers éléments d'un graphique, est d'en créer un. C'est rapide et facile.

Votre premier graphique

Le moyen le plus simple d'obtenir des données exploitables, c'est de les saisir directement en procédant ainsi :

1. **Démarrez Excel et ouvrez de préférence un classeur vide.**
2. **Cliquez dans une cellule puis tapez Janvier.**
3. **Cliquez sur la poignée de recopie en bas à droite du cadre entourant la cellule puis, bouton de la souris enfoncé, tirez vers le bas jusqu'à ce que l'info-bulle accompagnant le pointeur indique « Décembre ».**

La recopie automatique est irremplaçable pour entrer rapidement des données incrémentales, ou pour incrémenter des chiffres.

4. **Saisissez des chiffres dans chacune des cellules à droite des mois.**

   Pour cet exemple, saisissez par exemple des valeurs de 1 à 100.

5. **Cliquez sur la cellule Janvier.**

6. **La touche Majuscule enfoncée, cliquez sur le chiffre à droite de Décembre.**

   La plage contenant les mois de l'année ainsi que les valeurs associées est sélectionnée.

7. **Cliquez sur l'onglet Insertion.**

   Vous travaillerez souvent dans cet onglet où se trouvent de nombreuses commandes de création de graphiques. Nous y reviendrons.

8. **Dans le groupe Graphiques, cliquez sur Graphiques recommandés.**

9. **Dans le volet qui apparaît, choisissez le graphique Histogramme groupé puis cliquez sur OK.**

   Un graphique de type Histogramme est aussitôt créé.

La Figure 1.1 montre ce graphique des plus classiques dans lequel des valeurs sont associées à des mois. Examinons ses composants en commençant par la feuille de calcul :

- **Plage des catégories :** ensemble de cellules contenant le texte qui apparaîtra sur l'axe des catégories. Dans notre exemple, ce sont des mois, mais cela peut être n'importe quel genre de liste (noms propres, régions géographiques, services d'une entreprise...).

- **Plage des valeurs :** ensemble de cellules contenant les nombres à représenter sur le graphique.

- **Nom du graphique :** le nom et le numéro sont automatiquement attribués par Excel. Ce nom, qui est modifiable, sert de référence dans les macros.

- **Poignée de série :** elle permet de modifier la plage de données utilisée par le graphique.

Examinons à présent le graphique :

- **Zone de traçage :** elle est délimitée par un cadre externe qui n'est visible que si le graphique est sélectionné (pour ce faire, cliquez sur le graphique). La zone de traçage contient tous les éléments du graphique.

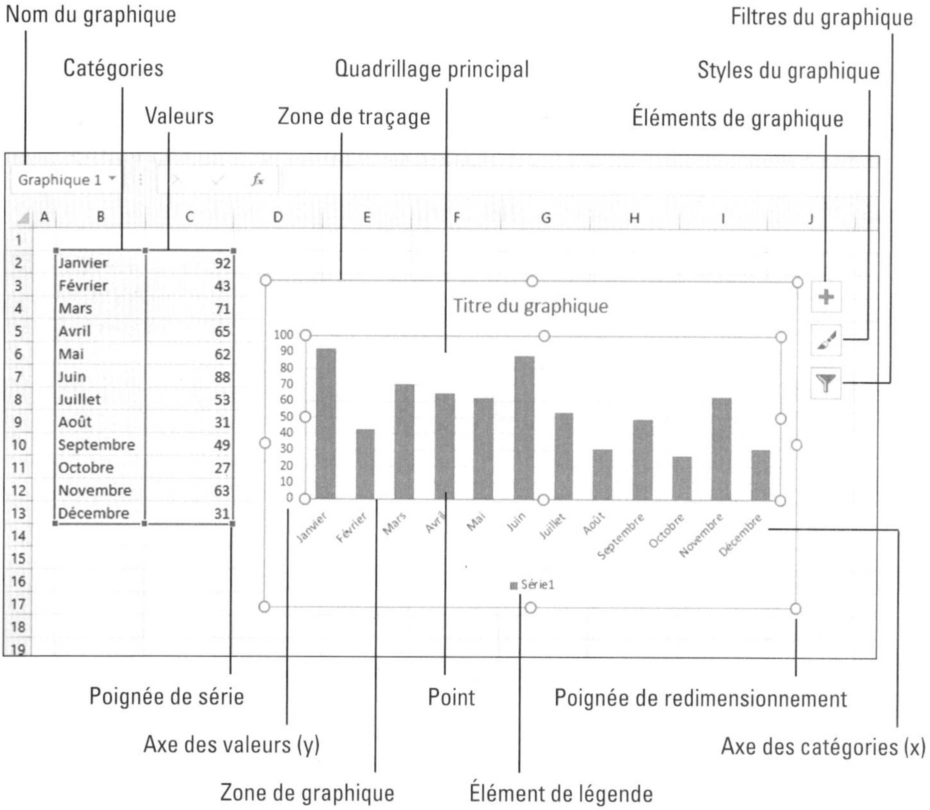

Figure 1.1 : Les éléments d'un graphique Excel.

Cliquer sur le cadre et le tirer, bouton de la souris enfoncé, permet de déplacer le graphique dans la feuille de calcul.

- **Zone de graphique :** délimitée par un cadre interne, elle contient le graphique proprement dit.
- **Poignée de redimensionnement :** chaque cadre de zone en contient huit : quatre poignées de coin et quatre poignées médianes. Elles servent à redimensionner une zone.
- **Quadrillage principal :** lignes horizontales facilitant l'estimation à vue des valeurs. Leur nombre et leur intervalle sont réglables. Un quadrillage secondaire peut être défini.
- **Point :** plus exactement appelé « point de données » dans Excel, il s'agit d'un élément du graphique – colonne, barre, secteur, point, surface, cercle, bulle... – représentant une valeur prélevée dans une cellule de la feuille de calcul.

- **Axe des valeurs (y) :** axe réservé aux nombres représentés par des points de données (ces derniers peuvent être des colonnes, des barres horizontales, des points sur une courbe, etc). Sur un histogramme par exemple, c'est l'axe des ordonnées.

- **Axe des catégories (x) :** axe réservé aux textes qui documentent le graphique, comme les mois, les trimestres ou les années, des régions géographiques, des noms, etc.

- **Titre du graphique :** cliquez dessus puis saisissez le nom que vous désirez donner au graphique. Le texte peut être mis en forme et déplacé. Si vous n'avez pas besoin d'un titre, cliquez sur son cadre puis supprimez-le en appuyant sur la touche Suppr.

- **Élément de légende :** cadre situé dans la zone de traçage. Il contient les légendes des séries de points représentées sur le graphique. À l'instar du titre, les éléments peuvent être mis en forme, repositionnés ou supprimés si vous n'en avez pas besoin.

Quand un graphique est sélectionné, trois boutons sont visibles en haut à droite de la zone de traçage :

- **Éléments de graphique :** ce bouton est un filtre qui sert à afficher ou masquer des éléments du graphique, comme le montre la Figure 1.2. Nous y reviendrons au Chapitre 5, « Présenter et filtrer les données ».

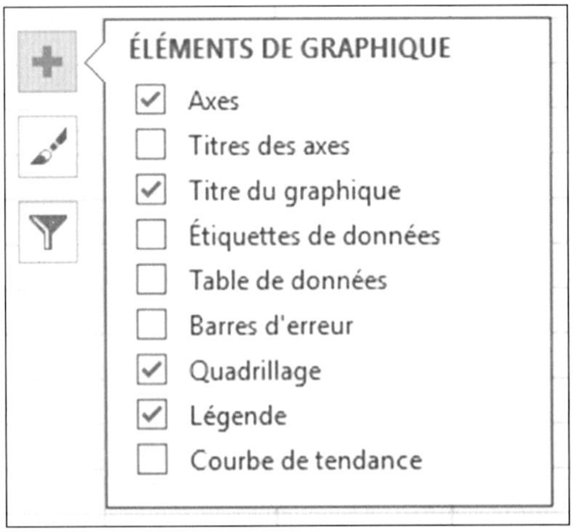

Figure 1.2 : Le filtre d'affichage des éléments d'un graphique.

- **Styles du graphique :** cliquer sur ce bouton affiche différents jeux de couleurs pour le graphique. C'est un moyen rapide, mais rudimentaire, de changer son aspect. Nous y reviendrons dans le Chapitre 4, « La mise en forme des graphiques ».

- **Filtres du graphique :** le panneau qui apparaît en cliquant sur ce bouton repose sur le même principe que le bouton Éléments de graphique. Il sert à afficher ou à masquer des catégories. Par exemple, si vous désirez ne pas montrer les valeurs pour les mois de juillet et d'août, décochez les cases Juillet et Août puis cliquez sur Appliquer. Cette fonction est également décrite au Chapitre 5.

Les graphiques d'Excel sont très variés. L'aspect des points et des axes, entre autres, peut être complètement différent sur d'autres graphiques, mais le principe général reste le même.

N'OUBLIEZ PAS

Pour identifier les éléments d'un graphique, immobilisez la souris un instant dessus. Excel affiche une info-bulle indiquant de quoi il s'agit.

Importer des données

Un tableau de données peut être effectué directement dans une feuille de calcul, en les saisissant cellule par cellule, mais Excel est aussi capable d'importer des fichiers contenant des données. Cette fonctionnalité est commode pour traiter des valeurs produites par d'autres logiciels ou applications, ou provenant d'appareils d'acquisition de données.

Procédez comme suit pour importer des données externes :

1. **Cliquez sur l'onglet du ruban Données.**

   Selon la largeur de la fenêtre d'Excel, l'ensemble des icônes des données externes peut apparaître, ou seulement une icône générique Données externes (Figure 1.3).

2. **Dans le groupe Récupérer et transformer, à gauche dans le ruban, cliquez sur l'icône Données externes.**

   Une palette contenant divers types de sources de données apparaît.

3. **Choisissez le type de source à importer : Access, Web, Fichier texte et Autres sources.**

Le choix du type de source de données dépend de la nature du fichier. Examinons-les en détail.

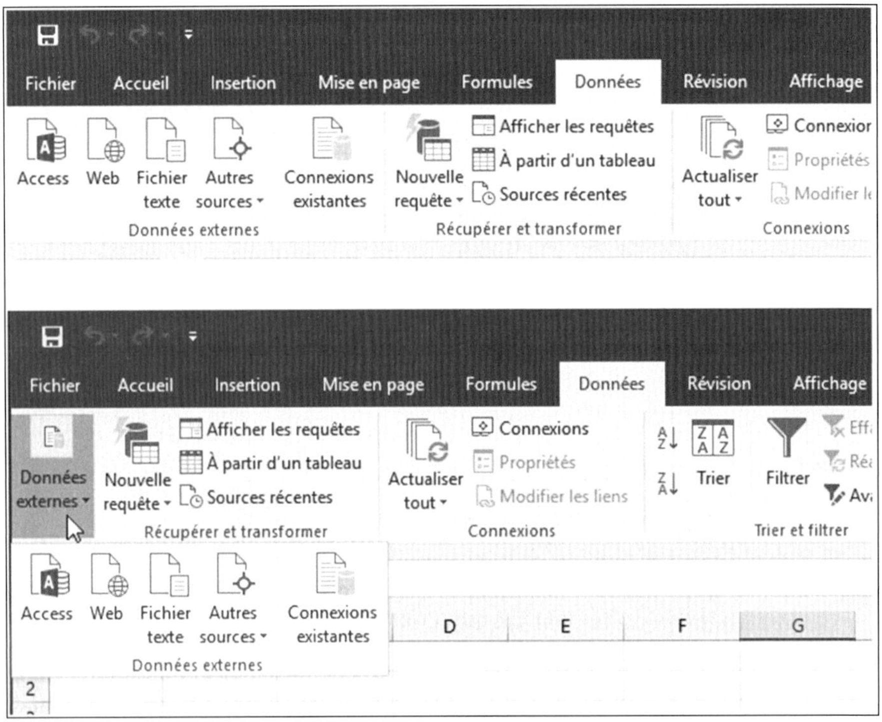

Figure 1.3 : Les icônes des données externes Access, Web, Fichier texte et Autres sources (en haut) affichées lorsque la largeur de la fenêtre d'Excel le permet. En bas, l'icône Données externes et la palette d'options lorsque le ruban n'est pas assez étendu.

Importer des données Access

Microsoft Access est un logiciel de création de bases de données relationnelles. Les données qui s'y trouvent sont stockées dans des tables à deux dimensions reliées entre elles. Grâce à ces relations, les capacités de recherche et de traitement de l'information sont largement supérieures à la rudimentaire base de données que peut être une feuille de calcul Excel.

Après avoir cliqué, dans le ruban Données, sur Récupérer et transformer > Access, sélectionnez le fichier Access à importer. La boîte de dialogue Sélectionner le tableau (Figure 1.4) apparaît. Elle contient le nom de chacune des tables présentes dans la base de données. Cliquez sur l'une d'elles puis sur OK.

La case Activer la sélection de plusieurs tables, en haut à gauche de la boîte de dialogue Sélectionner le tableau, permet d'ouvrir plusieurs tables à la fois

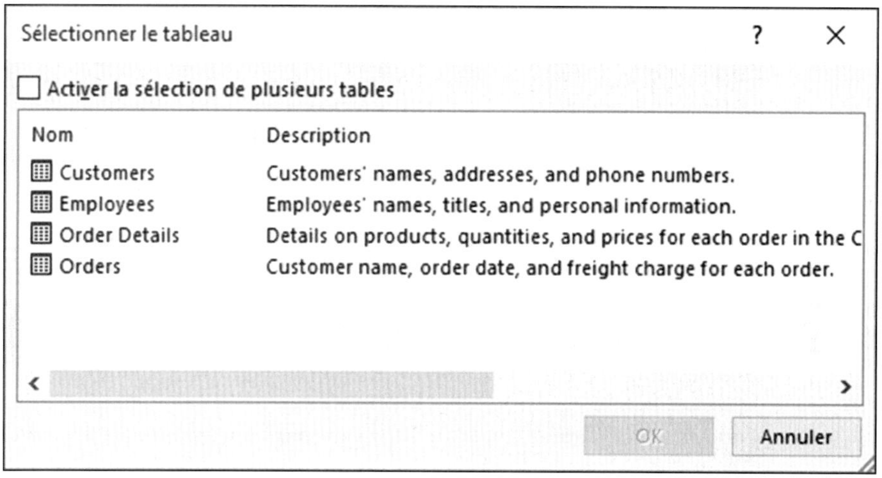

Figure 1.4 : Sélectionnez la ou les tables Access à importer.

dans Excel. Elles sont alors importées, soit sous la forme d'un tableau croisé dynamique, soit en tant que graphique croisé dynamique.

Après avoir cliqué sur OK, la boîte de dialogue Importation de données apparaît. Si vous n'importez qu'une seule table, le bouton d'option Tableau est sélectionné, comme le montre la Figure 1.5. Si plusieurs tables sont sélectionnées, l'option Rapport de tableau croisé dynamique est proposée.

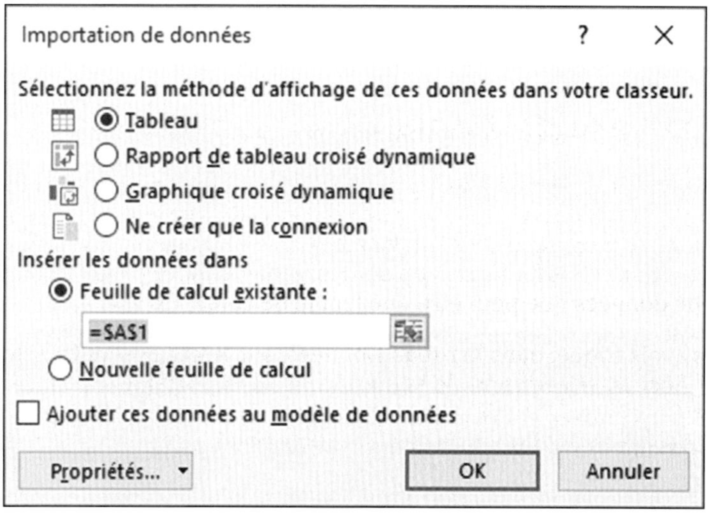

Figure 1.5 : Indiquez à Excel sous quelle forme (tableau, rapport, graphique croisé...) et à partir de quelle cellule les données Access doivent être importées.

Vous pouvez ensuite choisir l'emplacement à partir duquel les données seront placées dans le tableur. Par défaut, Excel les répartit dans la feuille de calcul actuellement ouverte, à partir de la cellule A1. Cliquer sur le bouton à droite de la référence de cellule permet de choisir un autre emplacement. Vous pouvez aussi importer les données dans une nouvelle feuille de calcul, comme le propose l'option Nouvelle feuille de calcul.

Cliquez sur OK pour commencer l'importation des données provenant du fichier Access.

Importer à partir du Web

Dans le ruban Données, cliquez sur Récupérer et transformer > Web. Saisissez ensuite l'adresse Internet du site contenant les données à importer puis cliquez sur OK.

Le site Internet apparaît dans la boîte de dialogue, comme le montre la Figure 1.6. Cliquez sur le bouton Importer. Une boîte de dialogue Importation de données propose de placer les données dans la feuille de calcul actuellement active, à partir de la cellule A1, ou dans une nouvelle feuille de calcul. Faites votre choix puis cliquez sur OK.

Les données provenant du site sont lues puis réparties dans la feuille de calcul.

Importer un fichier au format Texte

De nombreux logiciels et systèmes d'acquisition de données exportent les données scientifiques ou techniques dans un format texte. Ce dernier est un format de texte brut, c'est-à-dire débarrassé de tous les codes de mise en forme et de mise en page. Toutes les applications de traitement de texte sont capables de générer des fichiers au format Texte brut, dont l'extension est classiquement .txt. Mais il existe beaucoup d'autres formats de texte brut. Voici ceux qui sont reconnus par Excel :

- `.prn` (*print*) : fichier d'impression brut contenant des données binaires destinées à une imprimante.
- `.txt` (texte) : fichier de texte brut. Il contient uniquement des caractères imprimables et des retours à la ligne, à l'exclusion de tout code de mise en page ou d'enrichissement typographique.
- `.csv` (*Comma-Separated Values,* valeurs séparées par des virgules) : fichier de texte dans lequel les données sont séparées par des virgules ou, en France, par des points-virgules afin de ne pas interférer avec la

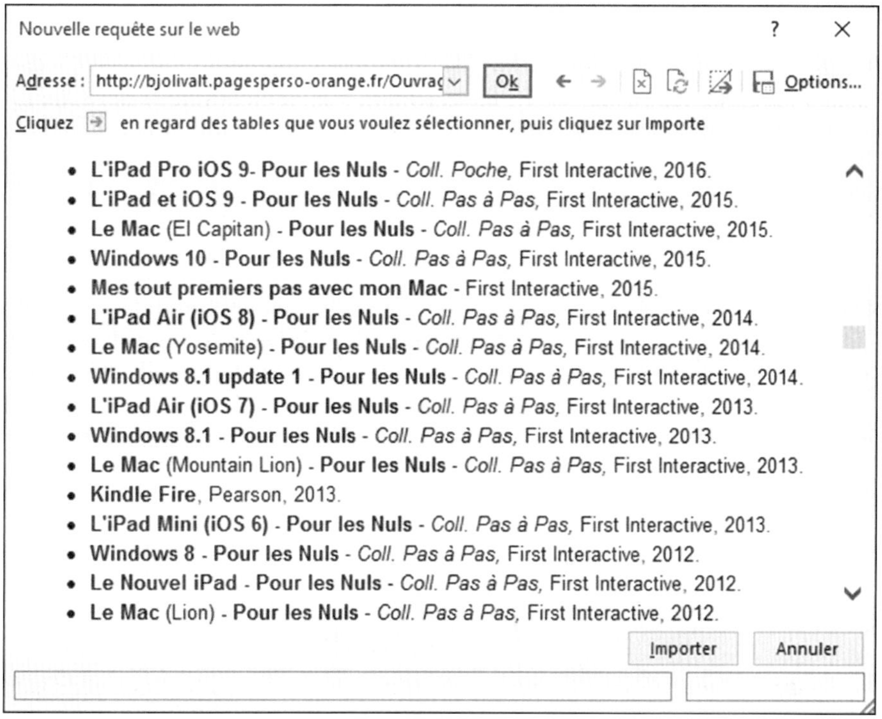

Figure 1.6 : Importez le contenu d'un site Internet.

virgule décimale utilisée pour les nombres. Dans le format CSV, les données peuvent aussi être délimitées par des guillemets.

Des données présentées en colonnes dans Word ou tout autre traitement de texte peuvent souvent être importées dans une feuille de calcul par un simple copier-coller. La manipulation qui suit garantit cependant la cohérence des données.

Préparer le fichier de données

Si le fichier de données a été produit par un logiciel anglo-saxon, les nombres utilisent la virgule comme séparateur de milliers et le point comme séparateur pour les décimales. Dans un fichier de données, le séparateur de milliers n'est généralement pas utilisé. En revanche, la virgule décimale l'est presque assurément.

Voici comment préparer pour Excel un fichier de données au format anglais ou américain :

1. **Ouvrir le fichier de données dans une application de texte brut, comme le Bloc-notes de Windows.**
2. **Appuyez sur les touches Ctrl + H pour ouvrir la boîte de dialogue Remplacer.**
3. **Si des virgules sont utilisées comme séparateur de milliers, tapez une virgule dans le champ Rechercher puis cliquez sur le bouton Remplacer tout.**

   Sinon, continuez à l'étape 4.
4. **Tapez un point dans le champ Rechercher (supprimez d'abord la virgule si vous avez effectué l'étape 3) et une virgule dans le champ Remplacer.**
5. **Cliquez sur le bouton Remplacer tout (Figure 1.7).**

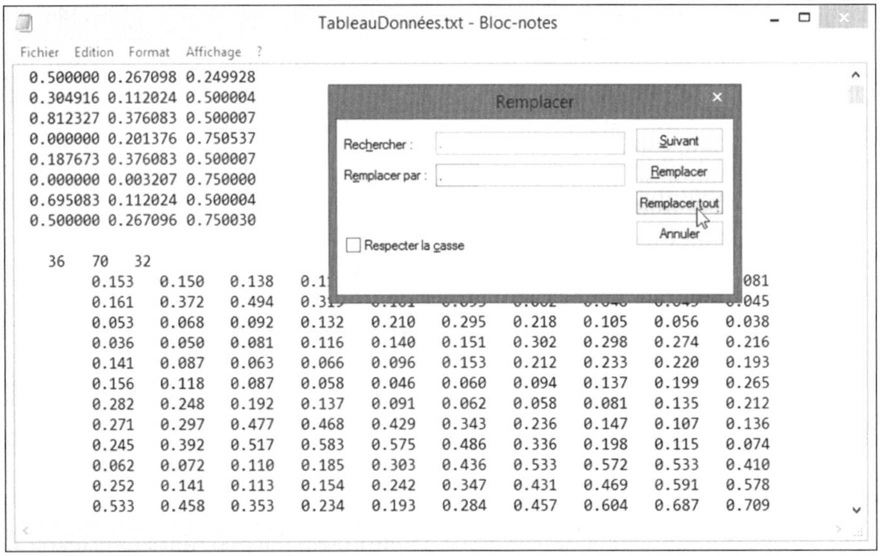

Figure 1.7 : Remplacement des points décimaux par des virgules décimales.

6. **(Facultatif) Supprimez les données superflues.**

   Un en-tête peut contenir des remarques, des commentaires ou des données numériques inutiles. Si vous désirez néanmoins les conserver dans le fichier, Excel permettra de ne pas en tenir compte lors de l'importation, comme nous le verrons dans la prochaine section.
7. **Appuyez sur les touches Ctrl + S pour enregistrer les modifications.**

Le contenu du fichier est à présent exploitable par Excel.

Importer les données

Après vous être assuré que le fichier est dans un format exploitable par Excel, importez-le en procédant comme suit :

1. **Cliquez sur l'onglet du ruban Données.**

2. **Dans le groupe Données externes, à gauche dans le ruban, cliquez sur l'icône Fichier texte.**

   Ou alors, cliquez sur Données externes > Fichier texte.

   Excel ouvre un sélecteur de fichiers. Il reconnaît spontanément les fichiers aux formats .prn, .txt et .csv.

3. **Accédez à l'emplacement du fichier de données.**

4. **Double-cliquez sur le fichier à ouvrir.**

   Excel démarre un assistant permettant de configurer l'importation du fichier. Il permet de vérifier la structure des données, de choisir les lignes et les colonnes à importer et d'indiquer à Excel l'emplacement exact où il doit les placer dans la feuille de calcul.

   Dans la Figure 1.8, l'aperçu révèle que le fichier contient des nombres séparés par des points-virgules. L'option Délimité, actuellement sélectionnée, est pertinente, car comme mentionné précédemment, le point-virgule est utilisé en France à la place de la virgule.

   La commande Commencer l'importation à la ligne 1 ne fait pas allusion aux lignes de la feuille de calcul. Elle sert à indiquer à Excel à partir de quelle ligne du fichier de données il doit commencer l'importation. Dans la Figure 1.8, nous excluons les lignes 1 à 31 de l'importation, car nous n'utiliserons pas les informations et les données qui s'y trouvent.

5. **Si un en-tête se trouve en haut de chaque colonne de chiffres, cochez la case Mes données ont des en-têtes.**

6. **Cliquez sur le bouton Suivant afin de passer à la prochaine étape de l'importation**

   La deuxième étape de l'assistant d'importation de texte, que montre la Figure 1.9, sert à indiquer le type de séparateur à utiliser par Excel afin de répartir correctement les données dans les cellules.

   Par défaut, l'option Tabulation est proposée. Si les données sont correctement réparties dans les colonnes successives, vous n'avez rien à modi-

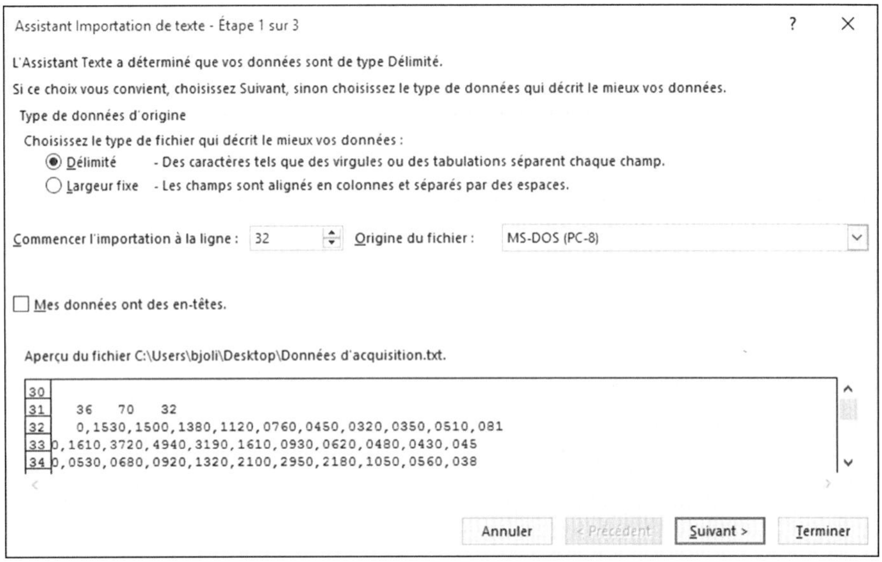

Figure 1.8 : Démarrez l'importation des données d'un fichier au format Texte.

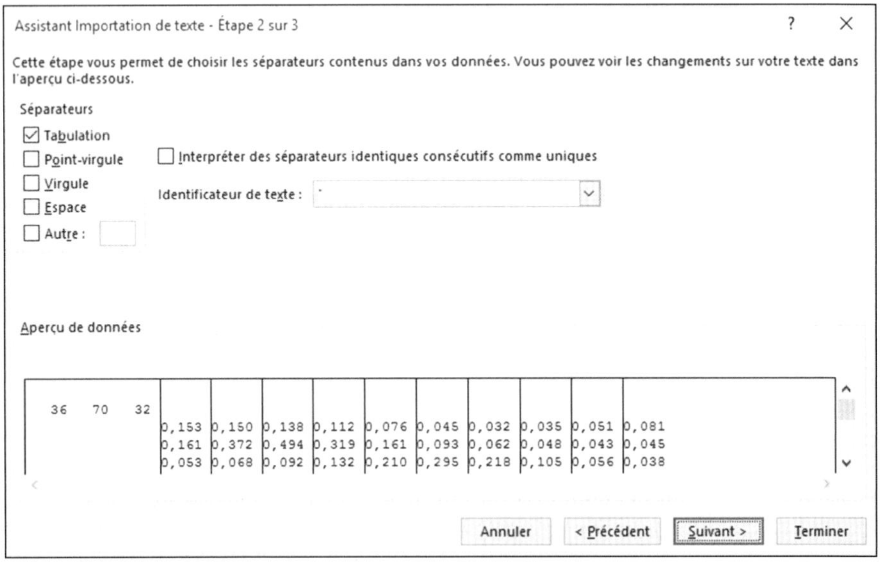

Figure 1.9 : Choisissez ici le séparateur qu'Excel doit utiliser.

fier. Mais si elles se suivent sans être séparées par les lignes verticales, la structure du tableau n'est pas bonne. Essayez avec un autre séparateur, comme le point-virgule, la virgule, l'espace ou un autre séparateur de votre choix.

7. **Cliquez sur Suivant pour accéder à la troisième et dernière étape de l'importation, que montre la Figure 1.10.**

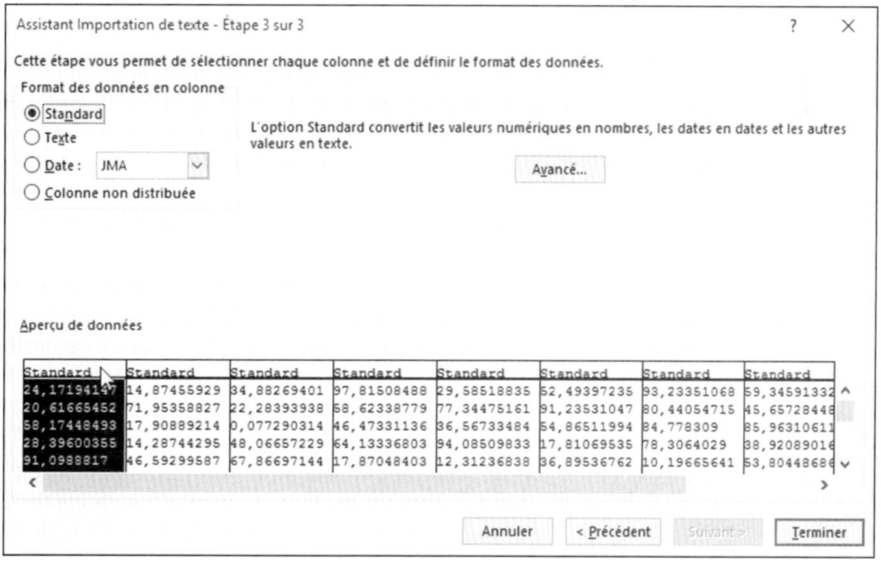

Figure 1.10 : Vérifiez le type de donnée pour chacune des colonnes.

8. **Vérifiez le type des données de chacune des colonnes. Par défaut, elles sont toutes de type standard. Dans la Figure 1.10, la première colonne contient des valeurs que nous n'utiliserons pas. Cliquez sur son en-tête pour la sélectionner – la colonne devient noire – puis dans le menu Format des données en colonnes, cliquez sur le bouton d'option Colonne non distribuée.**

9. **Cliquez sur le bouton Terminer.**

   L'assistant termine sa tâche, mais il reste quelques détails à configurer : un dernier panneau, commun aux importations depuis Access ou le Web, permet de choisir à partir de quelle cellule de la feuille de calcul l'importation doit être effectuée.

10. **La boîte de dialogue Importer des données étant ouverte (Figure 1.11), cliquez sur la cellule à partir de laquelle l'importation doit être effectuée.**

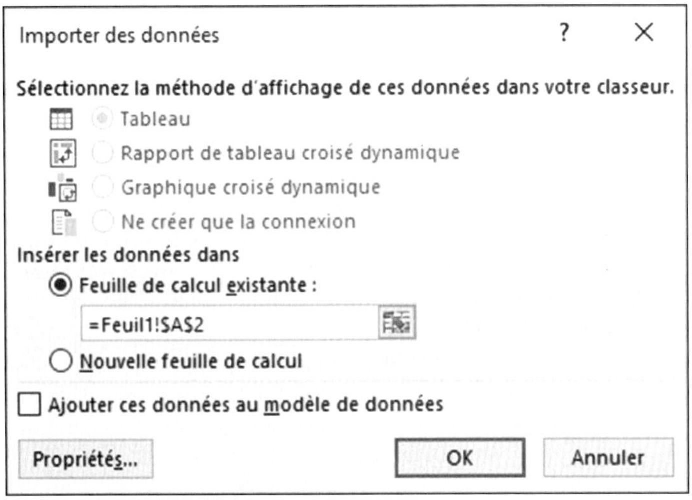

Figure 1.11 : Les données seront importées en commençant à la cellule A2.

Si vous désirez importer les données dans une nouvelle feuille de calcul, cliquez sur le bouton d'option Nouvelle feuille de calcul.

11. **Cliquez sur OK pour démarrer l'importation.**

    Les données sont placées dans la feuille de calcul (Figure 1.12).

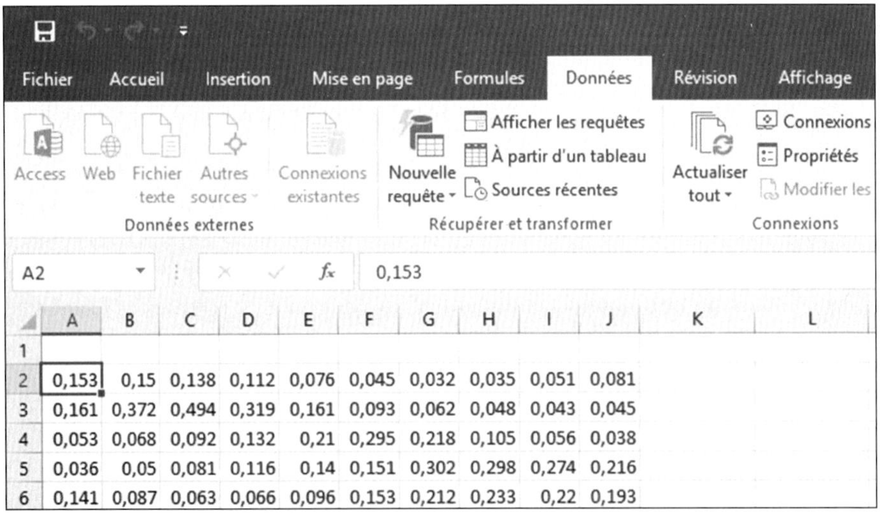

Figure 1.12 : Des données d'acquisition générées par un logiciel scientifique viennent d'être importées dans Excel. Elles sont prêtes à être représentées par un graphique.

Les autres sources de données

Dans le ruban Données, cliquez sur Récupérer et transformer > Autres sources. Le menu que montre la Figure 1.13 contient des sources très spécialisées que nous ne détaillerons pas dans ce livre.

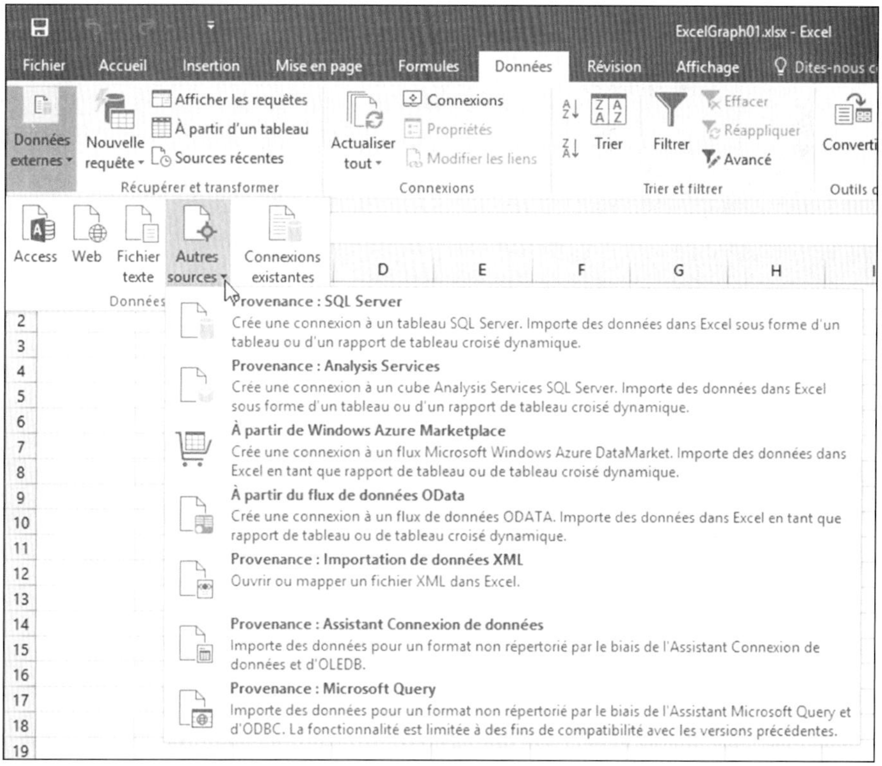

Figure 1.13 : Excel peut extraire des données depuis des sources très spécialisées.

La dernière option d'importation, nommée Connexions existantes, contient la liste des bases de données et autres sources auxquelles Excel s'est connecté pour extraire des données.

Disposer les données

Dans un graphique Excel, les données sont des « séries ». Dans la feuille de calcul, la disposition des données varie selon le type de graphique. La première colonne et/ou la première ligne contient généralement les étiquettes qui apparaîtront sur un axe du graphique. Les autres colonnes ou lignes contiennent les valeurs. Comme le révèle la Figure 1.14, Excel reconnaît automatiquement la colonne ou la ligne contenant les légendes, et celles contenant des valeurs.

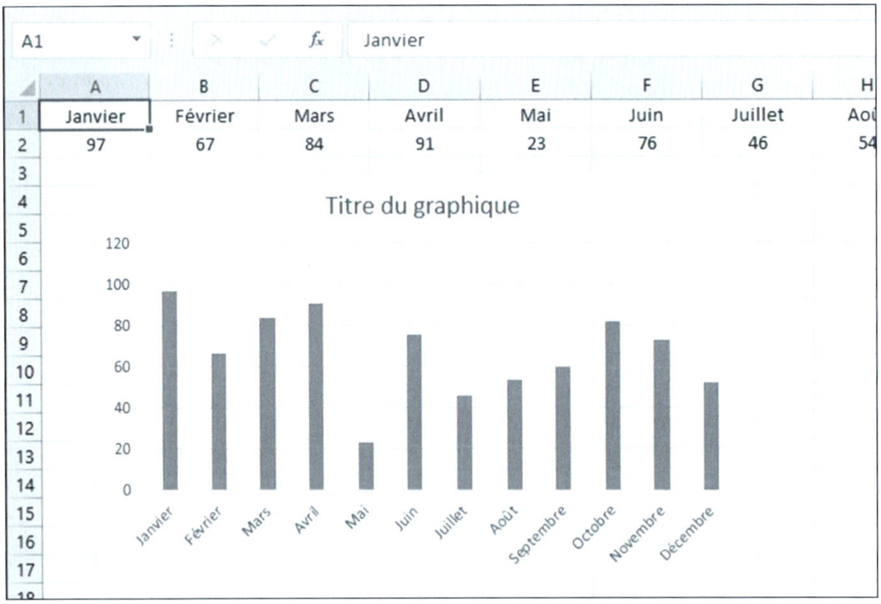

Figure 1.14 : Un graphique créé à partir de données placées dans des lignes.

En revanche, comme nous le verrons dans le prochain chapitre, certains types de graphiques exigent une disposition précise des données. Par exemple, un graphique de type Surface exige au moins deux colonnes ou deux lignes de valeurs, et dans un graphique boursier, le volume des parts échangées doit se trouver en première position, suivi du cours maximal, du cours minimal et du cours à la clôture. Un diagramme de Pareto, ou encore un graphique en rayons de soleil ou à compartimentage, exigent eux aussi une préparation particulière des données. Nous y reviendrons le moment venu.

En-têtes et légendes

Un graphique comporte généralement des légendes. Ce sont elles qui donnent du sens au graphique. Ces légendes sont considérées par Excel comme du texte. Elles n'interfèrent jamais avec les valeurs représentées dans le graphique.

Excel détecte automatiquement les légendes en analysant les cellules qui jouxtent la plage contenant les valeurs. Dans la Figure 1.15, les données présentes dans la ligne 3 et dans la colonne B sont devenues des légendes dans le graphique. Les années sont mentionnées sur l'axe des catégories, sous les colonnes colorées. Les noms des régions se trouvent dans une zone de texte, accompagnés d'un carré coloré permettant de savoir à quelles colonnes, et donc quelles années, ils se rapportent.

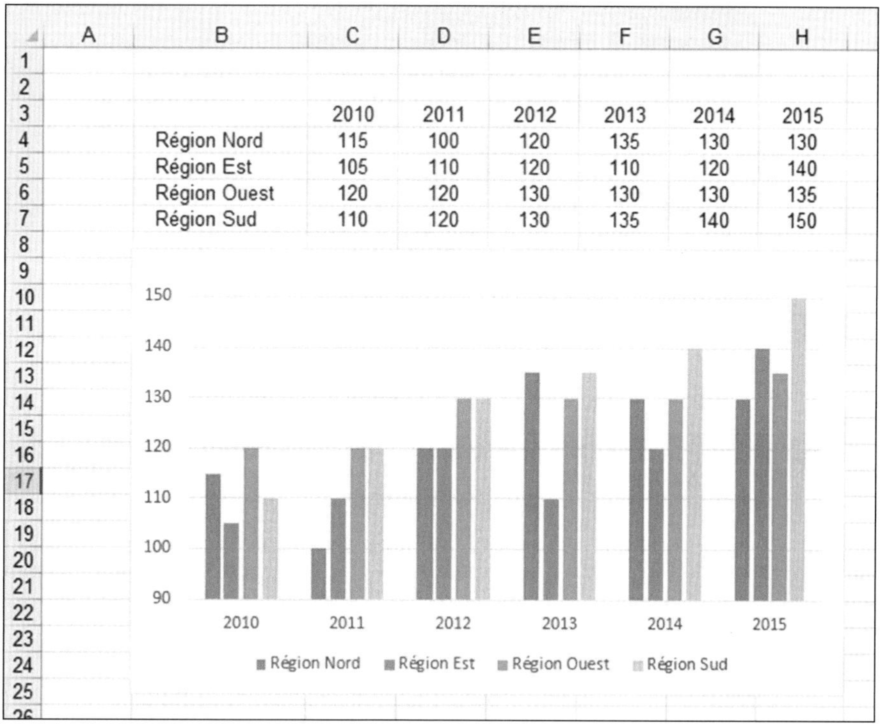

	2010	2011	2012	2013	2014	2015
Région Nord	115	100	120	135	130	130
Région Est	105	110	120	110	120	140
Région Ouest	120	120	130	130	130	135
Région Sud	110	120	130	135	140	150

Figure 1.15 : Un tableau contenant des légendes dans la ligne supérieure (Ligne 3) et dans la colonne à gauche (Colonne B).

ATTENTION !

Il est important qu'aucune donnée ne se trouve au point de départ de la ligne et de la colonne contenant les légendes. Cela est particulièrement vrai pour une série de légendes contenant des années, comme 2010, 2011, etc. Ces données sont en effet des nombres. De ce fait, si une donnée est placée à gauche des années, Excel considère que ce qui se trouve à droite de la légende – des années en l'occurrence – doit être inclus dans le graphique. Le graphique est de ce fait complètement faussé, comme cela est visible dans la Figure 1.16. L'année est considérée comme un nombre au même titre que les valeurs des régions. Comme ces dernières sont très inférieures aux millésimes, elles sont réduites à des colonnes de très petite taille.

Années	2010	2011	2012	2013	2014	2015
Région Nord	115	100	120	135	130	130
Région Est	105	110	120	110	120	140
Région Ouest	120	120	130	130	130	135
Région Sud	110	120	130	135	140	150

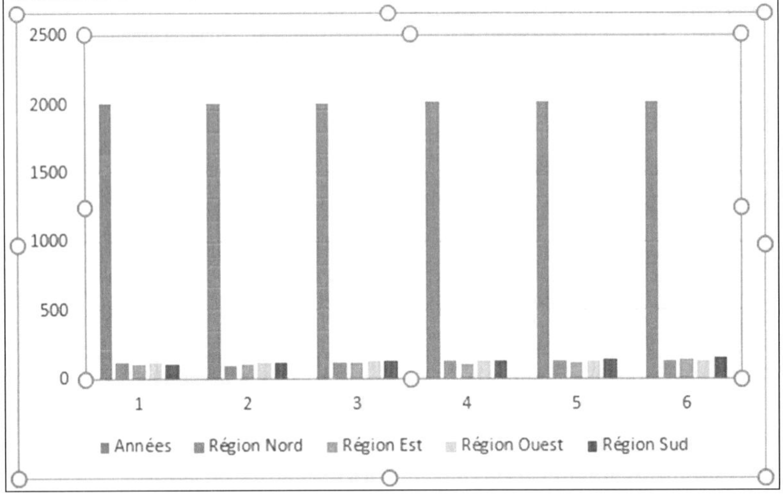

Figure 1.16 : Comme les années sont considérées comme des valeurs, le graphique est complètement faussé.

Que faire si vous devez néanmoins placer une donnée au point de départ de la ligne et de la colonne contenant les légendes ? Plusieurs solutions sont possibles.

Une première solution consiste à ne rien mettre dans la cellule qui pose problème et créer le graphique. Une fois que le graphique a été créé, vous pourrez placer ce que vous voudrez dans la cellule qui pose problème.

Les cadres de délimitation

Lorsqu'un graphique est actif, parce qu'il vient d'être créé ou parce que vous avez cliqué dessus, Excel entoure par des cadres colorés les plages prises en compte, comme le montre la Figure 1.17. Remarquez dans cette illustration que la cellule B3 n'est pas prise en compte par le graphique, contrairement à ce qui s'est passé dans la Figure 1.16 où la légende Années est incluse au même titre que les différentes régions géographiques.

Un cadre de délimitation peut être redimensionné afin d'inclure plus ou moins de cellules, ou déplacé afin d'inclure d'autres données, comme nous le verrons dans les chapitres à venir.

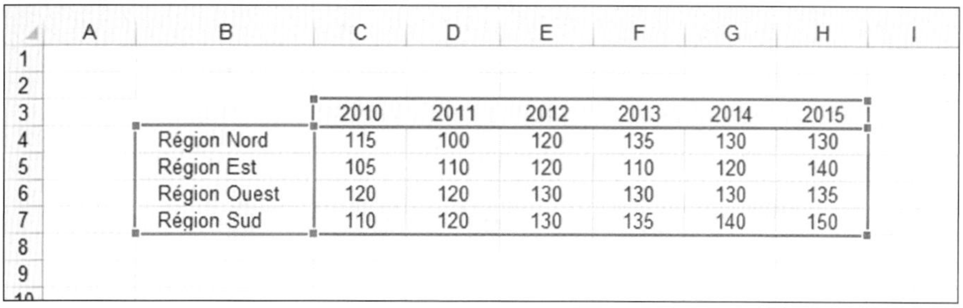

	A	B	C	D	E	F	G	H	I
1									
2									
3			2010	2011	2012	2013	2014	2015	
4		Région Nord	115	100	120	135	130	130	
5		Région Est	105	110	120	110	120	140	
6		Région Ouest	120	120	130	130	130	135	
7		Région Sud	110	120	130	135	140	150	
8									
9									

Figure 1.17 : Quand un graphique est sélectionné, les plages utilisées pour les légendes (en haut et à gauche) et la plage des valeurs (zone contenant les chiffres) sont délimitées par des cadres.

Une seconde solution consiste à sélectionner les cellules vides *avant d'y entrer les années* et de les mettre au format Texte. Pour ce faire, cliquez sur l'onglet du ruban Accueil puis, dans le groupe Nombre, déroulez le menu et choisissez l'option Texte. Saisissez ensuite les années. Que la cellule qui se trouve au point de départ de la ligne et de la colonne des légendes contienne une donnée ou non n'a désormais plus d'importance. Dans tous les cas, le graphique sera correctement créé et légendé.

Si des légendes se trouvent dans deux colonnes, l'une à gauche de la plage de données, l'autre à droite, Excel n'utilisera que les légendes de la colonne de gauche et ignorera celles de la colonne de droite. En revanche, si des légendes se trouvent dans plusieurs colonnes contiguës, il les affichera dans le graphique, comme le montre la Figure 1.18.

Gérer les séries

Lorsque vous créez un tableau simple en sachant à l'avance qu'il sera utilisé dans un graphique, disposer correctement les séries ne pose pas de problème. Mais lorsqu'un tableau existant ne peut ou ne doit pas être modifié, il faut faire avec, comme on dit. Mais là encore, Excel est doté d'outils permettant de choisir les plages de données à utiliser dans un graphique, où qu'elles se trouvent dans une feuille de calcul.

Deux commandes permettent de gérer la disposition des données dans un graphique. Leur immense avantage est qu'elles ne modifient en rien la structure de la feuille de calcul. Tous les déplacements, transpositions et suppressions de données se font en interne dans le module graphique, de sorte que les données source sont préservées. Comme toutes deux figurent sous l'onglet Outils de graphique, elles ne sont utilisables qu'après avoir créé le graphique, ou après avoir sélectionné un graphique existant. Cliquez ensuite sur l'une de ces icônes :

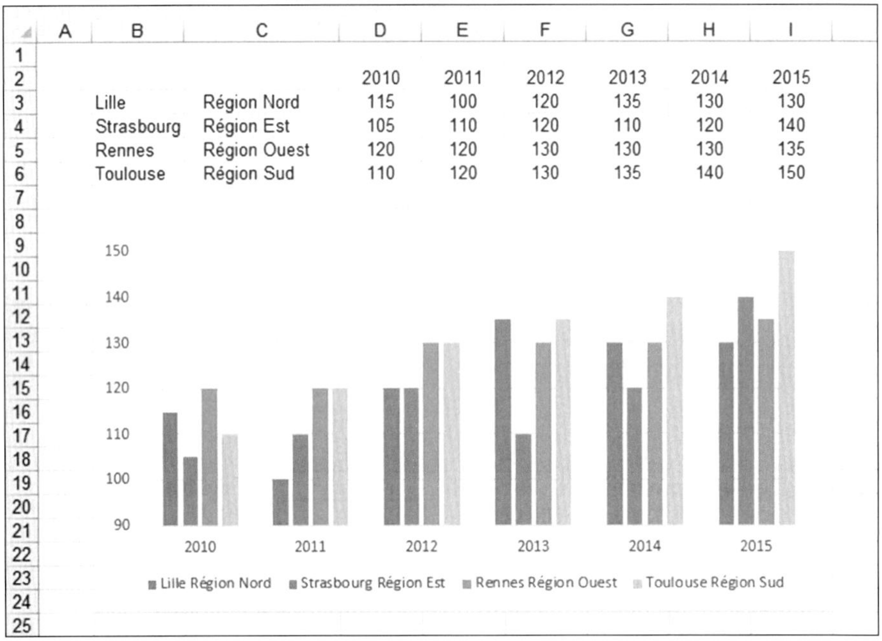

Figure 1.18 : Affichage du contenu de deux colonnes de légendes sous l'axe des catégories d'un graphique.

Intervertir les lignes/colonnes : cliquer sur cette icône transpose les séries en lignes dans des colonnes et les séries en colonnes dans des lignes. L'opération est effectuée entièrement en interne dans le module graphique d'Excel, de sorte que rien n'est modifié dans la feuille de calcul. Cet outil permet souvent de corriger l'aspect d'un graphique qui, à première vue, était complètement erroné.

ATTENTION !

Quand vous intervertissez des lignes et des colonnes, la sélection de l'ensemble des points de données d'un histogramme est parfois impossible : un seul seulement est sélectionnable et seul son contour est modifiable. Cela se produit parce que le graphique ne montre plus un ensemble de points d'une seule et même série, mais plusieurs séries distinctes.

Sélectionner des données : cette commande étant relativement complexe et riche en fonctionnalités, elle est décrite dans la prochaine section, « Choisir les séries et les données ».

Choisir les séries et les données

Vous pouvez être amené à travailler sur des tableaux qui n'ont pas été conçus en prévision d'un graphique, et sur un tableau d'une grande complexité, ou encore sur un tableau dont il vous est impossible ou interdit de modifier la structure. Si les lignes et les colonnes ne sont pas dans un ordre permettant de les utiliser dans un graphique, vous devrez recourir à la commande Intervertir les lignes/colonnes ou à la commande Sélectionner des données.

La Figure 1.19 montre un tableau simple : des chiffres de ventes de véhicules par pays, par marques et par modèles. Il est facile d'obtenir un graphique montrant les ventes par modèles, car il suffit de sélectionner les cellules dans les colonnes C et D.

G20 *fx*

	A	B	C	D
1	Pays	Marque	Modèle	Quantité
2	Australie	Ford	Falcon	3 000 000
3	Brésil	Volkswagen	Golf	4 500 000
4	Chine	Volkswagen	Santana	1 670 000
5	Tchéquie	Škoda	Octavia	4 000 000
6	France	Renault	Clio	8 535 280
7	Allemagne	Volkswagen	Golf	25 000 000
8	Inde	Hindustan	Ambassador	4 000 000
9	Italie	Fiat	Uno	8 800 000
10	Espagne	Seat	Ibiza	3 949 597
11	Suède	Volvo	Série 200	2 862 573
12	Royaume-Uni	Morris	Mini	5 505 874
13	États-Unis	Ford	Séries F	34 000 000
14				
15				

Figure 1.19 : Un tableau Excel apparemment simple.

Mais supposons à présent que vous vouliez montrer les ventes par pays. La solution de simplicité serait de couper la colonne D et de la recopier à droite de la colonne A. Seulement voilà : pour d'obscures raisons, il vous est impossible ou interdit de modifier la feuille de calcul. Vous devez vous débrouiller autrement.

Pour trouver la solution, nous allons être obligés d'atteler la charrue (la création d'un graphique) avant les bœufs (la préparation de la feuille de calcul). Nous recourrons en effet à la commande Sélectionner des données qui n'est accessible qu'après avoir créé un graphique. Ce n'est heureusement pas compliqué :

1. **Sélectionnez la plage de cellules contenant les données.**

   Dans notre exemple, c'est la plage A1:D13.

2. **Créez un graphique.**

   Un histogramme convient parfaitement. Cliquez sur l'onglet du ruban Insertion puis, dans le groupe Graphiques, cliquez sur l'icône Insérer un histogramme ou un graphique à barres. Dans le menu, à la rubrique Histogramme 2D, choisissez Histogramme groupé.

   Le graphique que nous venons de créer (eh oui, ce n'est pas plus compliqué que cela...) n'est pas satisfaisant. Il affiche certes correctement les ventes, mais sous l'axe horizontal, ce ne sont pas les modèles de voitures que nous voulons voir apparaître, mais les pays. De plus, Excel a considéré le contenu des colonnes A et B comme des légendes et il les affiche en bas du graphique où elles se mêlent les unes les autres (Figure 1.20).

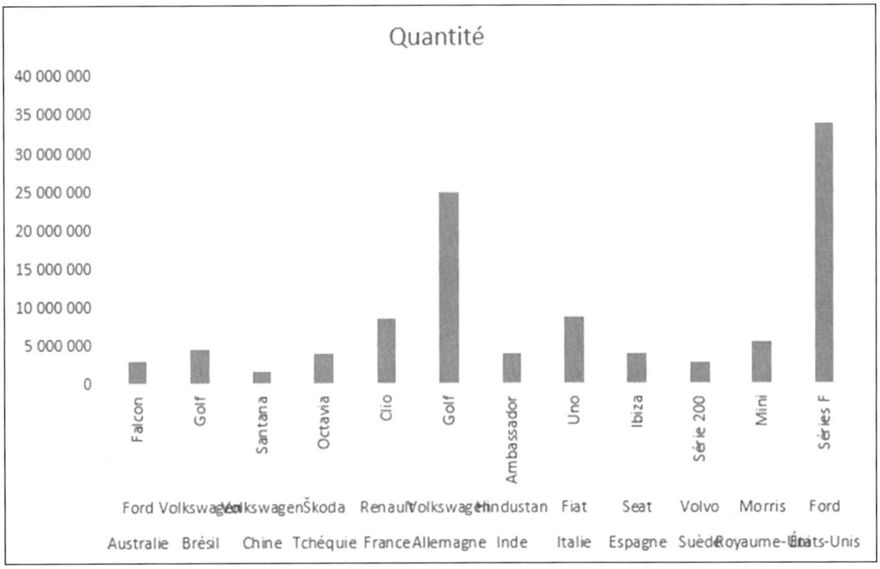

Figure 1.20 : Ce graphique n'est pas celui que nous voulions obtenir.

3. **Le graphique étant sélectionné, cliquez sur l'onglet du ruban Création.**

   Il se trouve sous l'onglet Outils de graphique.

4. **Cliquez sur l'icône Sélectionner les données.**

La boîte de dialogue Sélectionner la source de données apparaît (Figure 1.21). La fenêtre de gauche contient les séries de valeurs du tableau. Ce dernier ne comporte qu'une seule colonne de chiffres intitulée Quantité. La fenêtre de droite contient les étiquettes qui doivent apparaître sous le graphique. Il s'agit là des noms des pays.

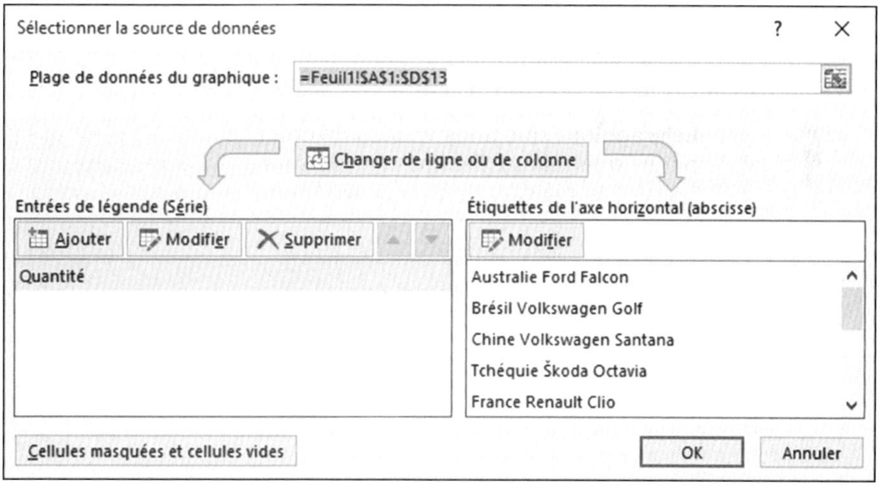

Figure 1.21 : Cette boîte de dialogue sert à gérer les lignes et les colonnes de données.

5. **En haut de la fenêtre de droite, cliquez sur le bouton Modifier.**

   Une petite boîte de dialogue nommée Étiquettes des axes apparaît (Figure 1.22). Elle contient les références de la plage de cellules contenant les légendes. Dans notre exemple, c'est la plage $A$2:$C$13.

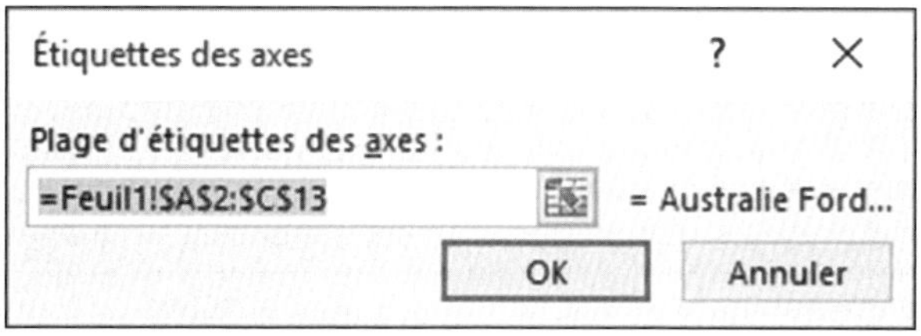

Figure 1.22 : Excel indique la plage de cellules source des légendes.

6. **Corrigez la plage de cellules.**

   Toujours dans notre exemple, nous voulons qu'Excel ne prenne en compte que les données de la colonne A. Cliquez dans le champ Plage d'étiquettes des axes, et procédez à la correction. Remplacez le C par un A : $A$2:$C$13 devient $A$2:$A$13.

7. **Cliquez sur OK pour quitter la petite boîte de dialogue.**

   Le graphique est aussitôt mis à jour, comme le montre la Figure 1.23.

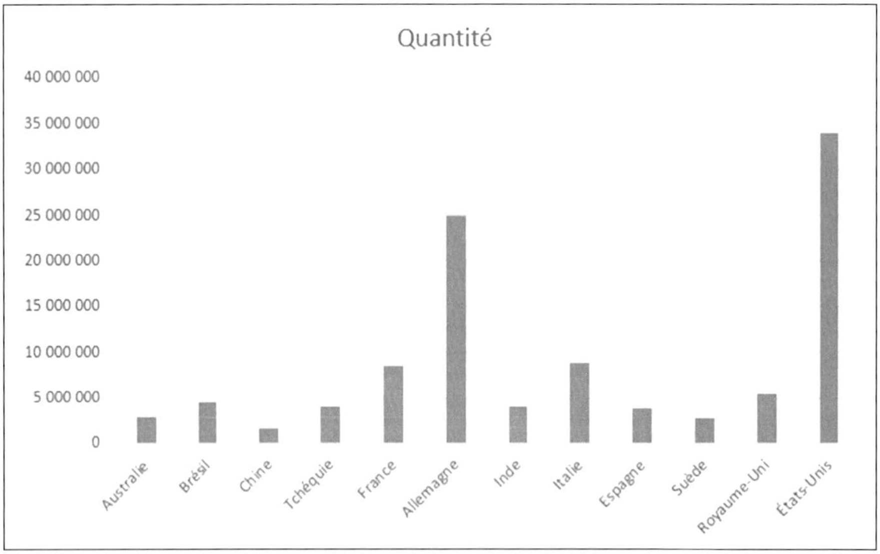

Figure 1.23 : Le graphique indique à présent les noms des pays.

8. **Cliquez de nouveau sur OK pour fermer la boîte de dialogue Sélectionner la source de données.**

Ce qu'il faut retenir de cette manipulation, c'est qu'il est possible à tout moment de changer la source des séries de données d'un graphique sans rien modifier dans la feuille de calcul. Nous reviendrons ultérieurement sur cette précieuse boîte de dialogue, entre autres pour ajouter des données qui auraient été omises dans un premier temps.

N'OUBLIEZ PAS

Il n'est pas indispensable que les données utilisées dans un graphique se trouvent sur la même feuille de calcul. Un graphique Excel peut utiliser des données situées dans une autre feuille de calcul et même dans un autre classeur, comme expliqué dans le Chapitre 5 « Présenter et filtrer les données ».

Les commandes pour graphiques

Après avoir saisi ou importé des données à représenter sur un graphique, il ne reste plus qu'à créer ce dernier. Pour ce faire, cliquez sur l'onglet du ruban Insertion.

Le ruban Insertion

Dans la partie centrale, laissée en couleur dans la Figure 1.24, plusieurs groupes contiennent des outils de création et de gestion des graphiques :

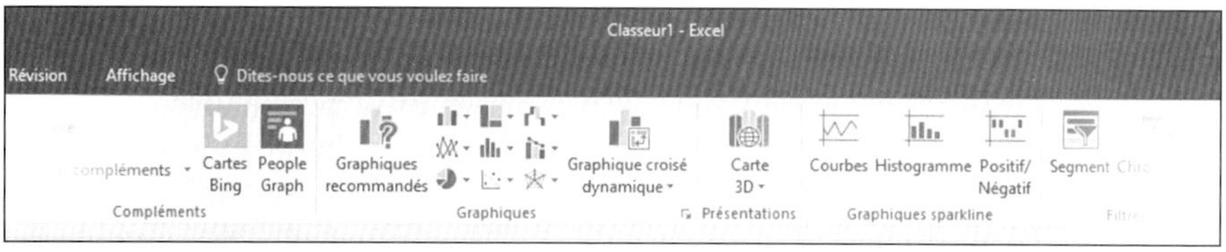

Figure 1.24 : Les groupes spécialisés dans les graphiques, dans le ruban Insertion.

- **Graphiques :** l'essentiel des commandes de création de graphiques se trouve dans ce groupe.
- **Présentations :** ce groupe ne contient qu'une seule option nommée Carte 3D. Elle sert à représenter des données sur une carte de géographie. Ce spectaculaire module est étudié dans le Chapitre 6, « Les autres fonctions graphiques ».
- **Graphiques sparkline :** ces graphiques miniatures sont affichés chacun dans une seule cellule. Ils sont eux aussi décrits au Chapitre 6.
- **Compléments :** ce sont des modules ajoutés à Excel. Certains, comme Cartes Bing et People Graph, présentent un intérêt pour les graphiques.

L'aspect des rubans varie selon la largeur de l'affichage. Si Excel n'a pas la place de s'étendre suffisamment, des icônes de grande taille sont réduites à de petites icônes. Pour Excel, Microsoft recommande une taille d'écran d'au moins 1024 x 800 pixels, mais une résolution plus élevée est conseillée.

Pour afficher Excel en plein écran et disposer ainsi d'un maximum de place pour les graphiques, double-cliquez sur sa barre de titre (c'est plus commode que de cliquer sur le bouton Agrandir, en haut à gauche). Double-cliquez de nouveau sur la barre de titre pour le réduire à sa taille fenêtrée.

Les rubans Outils de graphique

Quand un graphique est sélectionné, un onglet supplémentaire, nommé Outils de graphique, apparaît en haut d'Excel. Il régit deux rubans :

- **Création :** ce ruban (Figure 1.25) sert à concevoir le graphique et à exploiter efficacement les données qui s'y trouvent. Il contient des outils de gestion des données, ainsi que des styles qui modifient l'aspect du graphique.

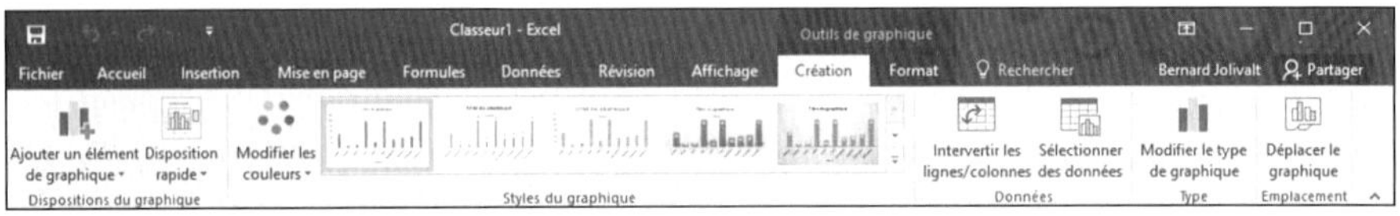

Figure 1.25 : Le ruban Création fait partie des outils de graphique.

- **Format :** ce ruban (Figure 1.26) agit sur la représentation des données. Il sert à mettre en évidence ce qui est important, mais il agit aussi au niveau de l'esthétique, ce qui est appréciable, car un beau graphique attire davantage l'attention qu'un graphique rudimentaire. Le ruban Format contient des outils de mise en forme du graphique et des divers éléments qui le composent.

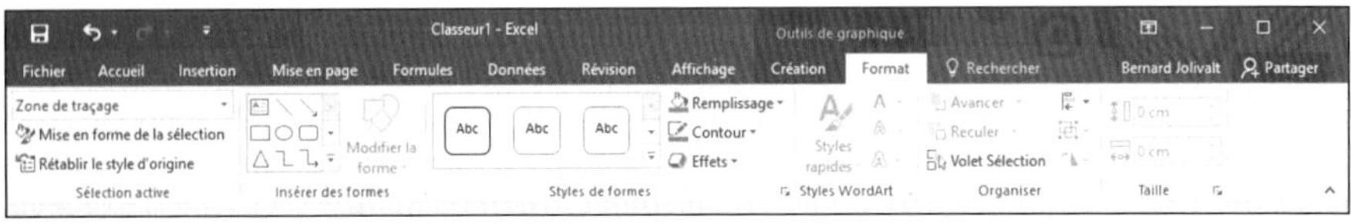

Figure 1.26 : Le ruban Format contient des commandes de mise en forme.

Nous reviendrons souvent à ces rubans tout au long de ce livre. Les autres rubans d'Excel, notamment Accueil, seront également mis à contribution, mais dans une moindre mesure.

Sélectionner des éléments

Tout au long de ce livre, vous serez amené à sélectionner des éléments du graphique, comme des séries, des points de données, la zone de graphique ou de traçage, etc. Voici quelques règles et conseils :

TRUC

Si, avant de cliquer, vous avez un doute quant à l'élément sur lequel vous allez cliquer, immobilisez un instant le pointeur de la souris. Une info-bulle – visible dans la Figure 1.27 et dans d'autres – vous indiquera ce qui se trouve dessous.

- **Sélectionner le graphique :** cliquez près du bord du graphique, un peu à l'intérieur pour sélectionner la zone de graphique, qui apparaît sous la forme d'un rectangle avec ses huit poignées de redimensionnement. Tous les éléments du graphique reposent sur cette zone qui est en quelque sorte la base du graphique.

- **Sélectionner un élément du graphique :** pour sélectionner la zone de traçage, les valeurs ou les légendes le long d'un axe, ou une zone de texte contenant le titre ou une légende, cliquez dessus. L'affichage du cadre de délimitation, comme dans la Figure 1.27, indique que l'élément est sélectionné.

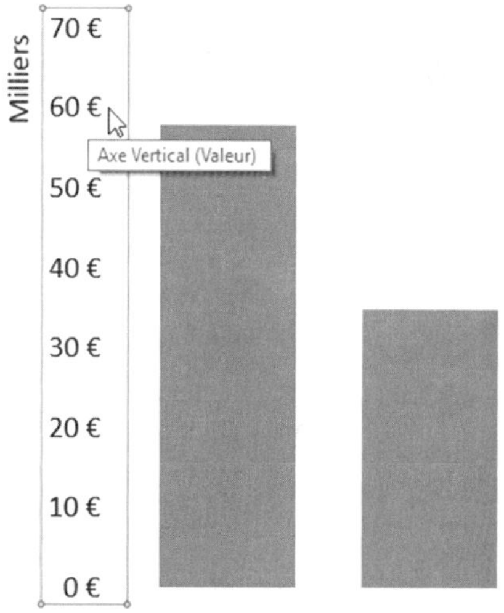

Figure 1.27 : L'axe des valeurs est sélectionné.

- **Sélectionner une série de données :** une série de données est la représentation graphique d'une série de valeurs, dans la feuille de calcul. Un graphique peut en contenir plusieurs. Pour en sélectionner une, cliquez sur l'un de ses points de données (peu importe lequel). Un cadre souvent peu visible et des cercles bleutés se trouvent sur le pourtour de chaque point de données, comme le montre la Figure 1.28.

- **Sélectionner un seul point de données :** cliquez une première fois sur n'importe quel point de données pour sélectionner la série entière, puis cliquez une seconde fois sur le point de données qui vous intéresse. Lui seul est alors sélectionné (Figure 1.29).

N'OUBLIEZ PAS

Lorsqu'un élément est sélectionné, il peut être supprimé en appuyant tout simplement sur la touche Suppr. Aucun n'y fait exception. Supprimer la zone de graphique supprime le graphique tout entier.

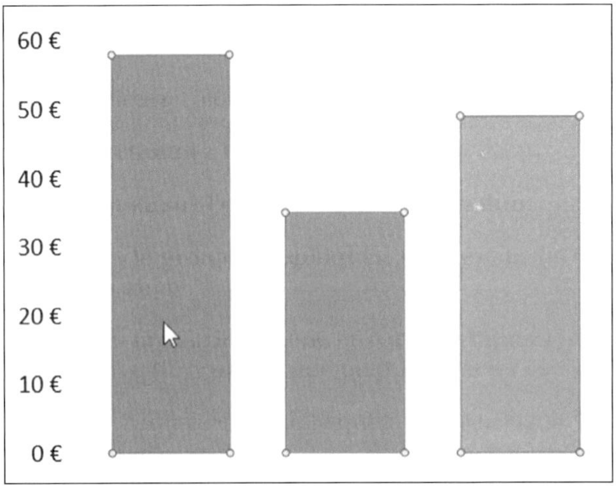

Figure 1.28 : Une série de points de données sélectionnée.

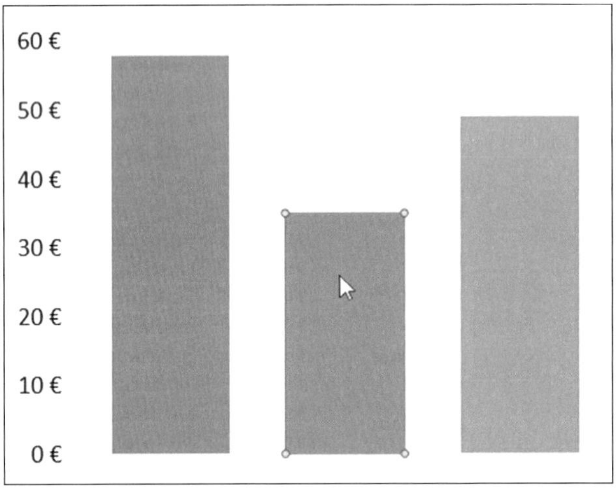

Figure 1.29 : Un seul point de données est sélectionné, comme l'indiquent le cadre et les quatre points bleutés.

Le menu de sélection

Certains éléments sont plus difficiles que d'autres à sélectionner. C'est le cas du quadrillage, qui est par défaut mince et gris clair. Le plus simple, pour sélectionner ce genre d'élément, consiste à le choisir dans un menu :

1. **Double-cliquez sur un élément du graphique – n'importe lequel – afin d'ouvrir le volet de mise en forme, à droite dans Excel.**

   Sous le titre du volet se trouve systématiquement une commande Options, suivie du nom de l'élément. Par exemple : Options de zone de traçage, ou Options des séries.

2. **Cliquez sur le bouton triangulaire à droite de Options, comme le montre la Figure 1.30.**

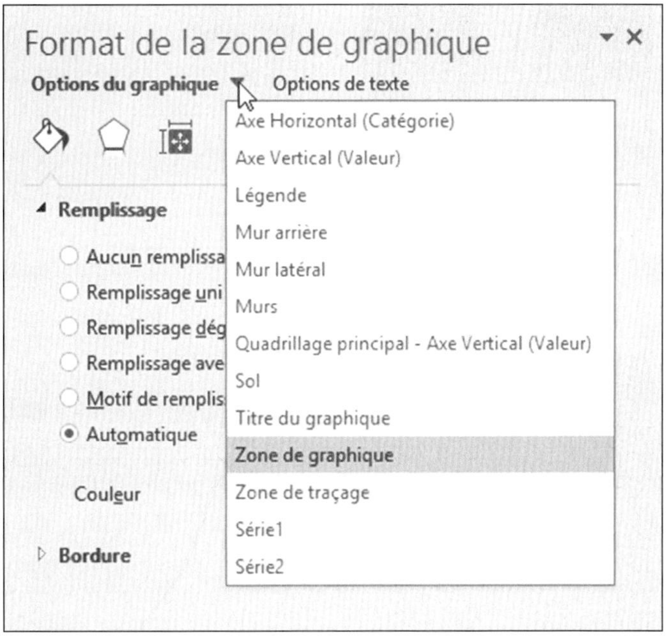

Figure 1.30 : Déployez le menu de sélection des éléments du graphique.

3. **Cliquez sur l'élément du graphique à sélectionner.**

   Vous pouvez à présent le mettre en forme à votre guise.

Le contenu du menu de sélection varie selon le type de graphique et le nombre de séries qu'il contient.

Le volet Sélection

Dans le ruban Format, le groupe Organiser contient une icône Volet Sélection. Elle ne sert pas à sélectionner des éléments du graphique, mais à sélectionner, afficher ou masquer un graphique lorsque la feuille de calcul en contient plusieurs.

Cliquez dessus pour afficher le volet Sélection à droite dans Excel (Figure 1.31). Il contient les commandes suivantes :

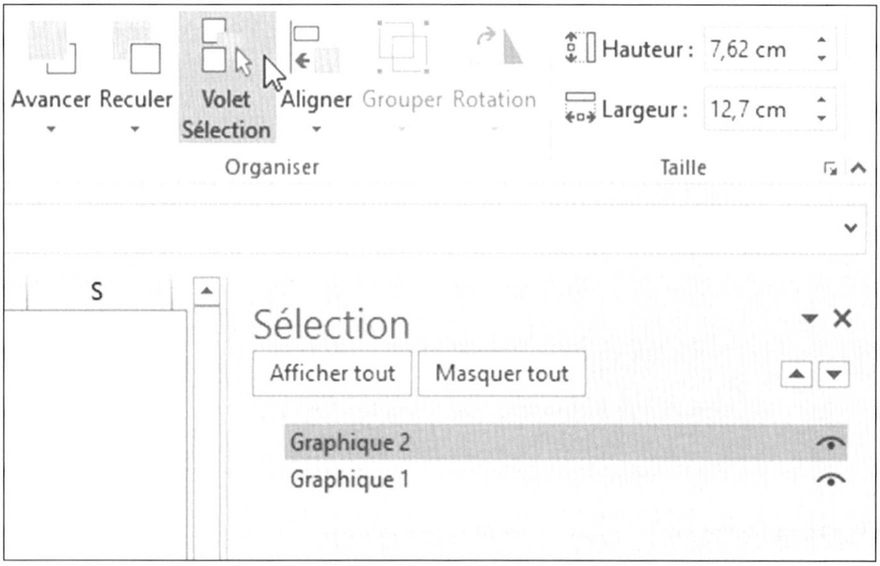

Figure 1.31 : Le volet Sélection sert à afficher ou non un graphique dans la feuille de calcul.

- **Afficher tout :** tous les graphiques présents sur la feuille de calcul sont visibles.
- **Masquer tout :** tous les graphiques de la feuille de calcul sont invisibles.

Masquer/afficher : une icône de visibilité est associée à chaque graphique. Cliquer dessus masque le graphique qui lui est associé. Cliquer de nouveau dessus le réaffiche.

Monter/descendre : ces deux icônes déplacent le graphique sélectionné dans la liste.

À propos des cadres

Lorsqu'un élément d'un graphique est sélectionné, Excel l'entoure d'un cadre et de cercles disposés sur le pourtour. Le diamètre et la couleur de ces cercles ont une signification :

Un cercle vide de grand diamètre est une poignée de redimensionnement. Elles sont au nombre de huit, placées aux coins de l'élément et au milieu des bords. Lorsque le pointeur de la souris survole l'un de ces cercles, il se change en flèche à deux pointes. Cliquez et tirez pour changer les dimensions de l'élément. Ce genre de cercle se trouve notamment sur le pourtour des zones de graphique et de traçage, et sur celui des légendes.

Des cercles bleutés de taille moyenne signalent un élément non redimensionnable, comme la zone de texte du titre du graphique (elle se redimensionne automatiquement lors de la saisie afin de contenir un texte long), un point de données ou une ligne de quadrillage.

Des cercles bleutés de petit diamètre se trouvent autour du cadre de délimitation des axes. Ces zones ne sont ni redimensionnables ni déplaçables.

À vrai dire, peu importe que vous reteniez ce code. Vous verrez bien à l'usage si la souris parvient à déplacer un élément ou non. Un peu de bon sens y pourvoira aussi : il est normal de pouvoir déplacer une zone de texte, et il est normal aussi que près des axes, les valeurs et les catégories soient figées.

Supprimer un graphique

Comme nous l'avons mentionné précédemment, tous les éléments d'un graphique, comme le titre, la légende et même les valeurs indiquées sur un axe, peuvent être supprimés en cliquant dessus afin de les sélectionner, et en appuyant ensuite sur la touche Suppr.

Pour supprimer totalement un graphique, cliquez sur le cadre extérieur, celui de la zone de graphique, et appuyez sur la touche Suppr.

TRUC

Plutôt que de supprimer des éléments du graphique, masquez-les en cliquant sur l'icône Élément de graphique, en haut à droite. Décochez ensuite les cases des éléments à ne plus afficher. Pour les réafficher, il suffit de cocher de nouveau les cases appropriées.

Toutes ces suppressions n'ont aucune incidence sur les données qui se trouvent dans la feuille de calcul.

Chapitre 2

Créer un graphique

Dans ce chapitre :

- Accéder aux graphiques
- Les types de graphiques
- Histogrammes, zones et barres
- Les graphiques statistiques
- Courbes et aires
- Secteurs et anneaux
- Les graphiques hiérarchiques
- Nuages de points et bulles
- Surface et radar
- Bourse, cascade et entonnoir
- Les graphiques combinés
- Déplacer un graphique

Il serait tentant, pour créer un graphique, de commencer par les modèles de classeur qui sont proposés dès le démarrage d'Excel, ou en cliquant sur Fichier > Nouveau, mais le fait est qu'ils ne sont pas très didactiques. Le but des modèles est de vous rendre immédiatement opérationnel pour exécuter telle ou telle tâche, mais pas de vous apprendre les fonctionnalités du tableur. Hormis un classeur nommé Tendance des dépenses, destiné à gérer le budget d'une petite entreprise, et un Diagramme de flux contenant de nombreux organigrammes, vous ne trouverez pas grand-chose sur le plan graphique. Ces deux classeurs méritent cependant d'être consultés, car ils démontrent les capacités d'Excel.

Accéder aux graphiques

Excel permet de créer toutes sortes de graphiques, comme nous le découvrirons d'ici peu. Ce n'est pas par un souci d'esthétique que Microsoft propose de nombreux types de graphiques, mais pour une raison beaucoup plus pragmatique, à savoir que certains types de données conviennent mieux à certains types de graphiques, et pas du tout à d'autres. Il ne viendrait à l'idée de personne de représenter l'évolution d'un chiffre d'affaires ou une courbe de poids par un graphique en nuage.

Le choix d'un graphique Excel peut être effectué de différentes manières. Dans le ruban Insertion, le groupe Graphiques contient neuf icônes donnant accès aux types de graphiques les plus utilisés. Cliquez sur l'une de ces icônes pour voir une palette contenant les différentes variantes du type de graphique et choisir celle que vous désirez utiliser. La Figure 2.1 montre la palette d'un graphique en secteurs. L'option Autres graphiques en secteurs, tout en bas du panneau, affiche le panneau Insérer un graphique, décrit dans la prochaine section.

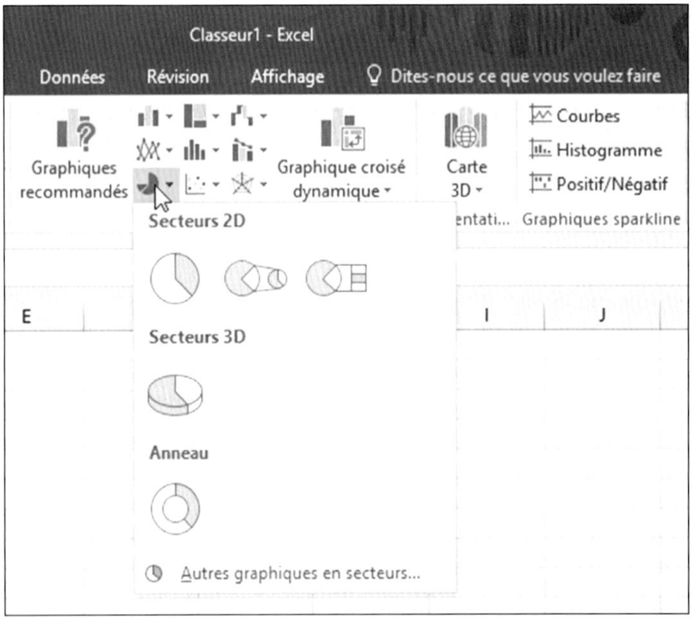

Figure 2.1 : Le menu du graphique en secteurs. Il ne reste plus qu'à choisir la variante désirée.

Le panneau Tous les graphiques

Pour accéder à la totalité des types de graphiques d'Excel – hormis les graphiques sparkline et SmartArt qui font bande à part –, il est préférable d'ouvrir le panneau Insérer un graphique :

1. **Dans une feuille de calcul, sélectionnez au moins une cellule contenant une valeur.**

2. **Cliquez sur l'onglet du ruban Insertion.**

3. **Cliquez sur le petit bouton carré en bas à droite du groupe Graphiques.**

   Excel affiche un panneau Insérer un graphique ouvert sur l'onglet Graphiques recommandés.

4. **Dans le panneau Insérer un graphique, cliquez sur l'onglet Tous les graphiques.**

   Dans le panneau que montre la Figure 2.2, le volet de gauche contient les 16 types de graphiques proposés par Excel 2016.

ATTENTION !

Seule la version d'Excel 2016 vendue par abonnement à Office 365 contient la totalité des types de fichiers. Par exemple, le très récent graphique Entonnoir décrit à la fin de ce chapitre n'est livré qu'avec cette version. Office 365 étant sans cesse mis à jour par Microsoft, de nouveaux types de graphiques, inexistants au moment où ces lignes étaient écrites, peuvent apparaître dans le ruban Insertion.

TRUC

Dans le panneau Insérer un graphique, l'option Récents contient les types de graphiques dernièrement utilisés. Cette option est intéressante lorsque vous ne vous souvenez pas exactement d'un type et de sa variante.

L'option juste dessous, Modèles, ne renvoie pas aux modèles de classeurs Excel. Elle affiche les modèles de graphiques que vous avez enregistrés en tant que tels, comme nous le verrons au Chapitre9, « Enregistrer un graphique ».

Les icônes suivantes sont celles des types de graphiques. Quand vous cliquez dessus, un ou deux grands aperçus sont affichés dans la zone principale du panneau. Vous pouvez cliquer sur un aperçu pour l'utiliser, ou chercher une variante plus appropriée parmi celles qui se trouvent en haut du panneau. Cliquez dessus pour voir son aperçu dans la zone principale. Là encore, si elle vous convient, cliquez dessus pour l'utiliser.

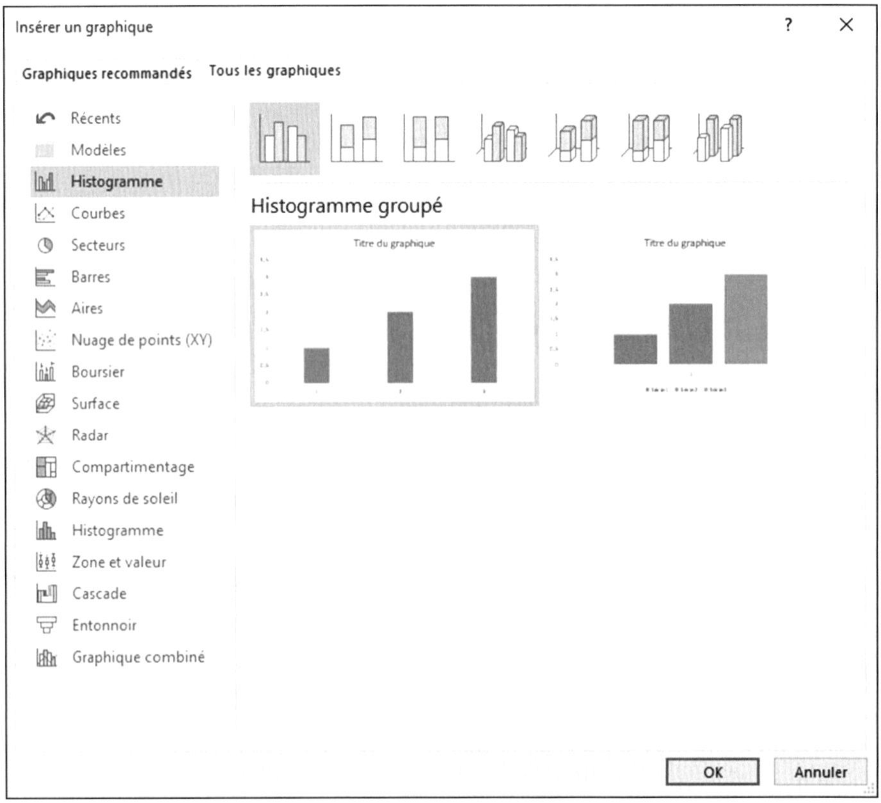

Figure 2.2 : Les différents types de graphiques d'Excel sont listés dans le volet de gauche.

Les options de graphique

Des préférences pour les graphiques sont accessibles en cliquant sur Fichier > Options > Options avancées. Le panneau que montre la Figure 2.3 contient deux rubriques :

- **Imprimer :** l'unique option est l'activation du mode Haute qualité pour les graphiques.
- **Graphique :** les options concernent l'affichage des éléments. Par défaut, toutes sont actives. Le menu Classeur actif permet de sélectionner le classeur, parmi ceux actuellement ouverts, auquel les nouvelles options doivent être appliquées.

En règle générale, il est inutile de modifier quoi que ce soit dans la rubrique Graphique. En revanche, l'option d'impression en haute qualité mérite d'être connue si des graphiques doivent apparaître dans des publications.

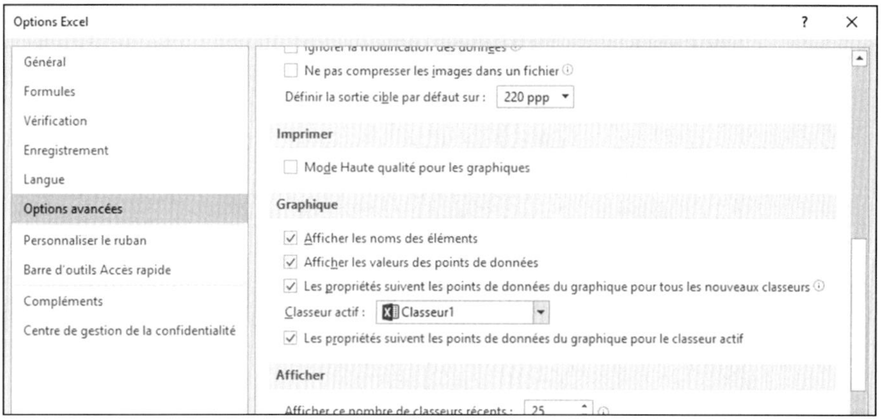

Figure 2.3 : Les options de graphique.

Lorsque vous ouvrez un ancien classeur Excel dont l'extension est .xls, c'est-à-dire antérieur à Excel 2007, il est ouvert en mode de compatibilité. Dans ce cas, le panneau Tous les graphiques évoqué précédemment ne propose que les dix types de graphiques qui existaient à l'époque, au lieu des seize de la version actuelle. Cette limitation est destinée à garantir la compatibilité ascendante du classeur. Si néanmoins vous tenez à utiliser les nouveaux types de graphiques avec un classeur à l'ancien format de fichier .xls, enregistrez-le d'abord à l'actuel format .xlsx.

Les icônes du groupe Graphiques

Immobiliser le pointeur de la souris sur l'une des icônes du groupe Graphiques du ruban Insertion affiche une brève description de l'utilisation de tel ou tel graphique, comme le montre la Figure 2.4.

Cliquez sur l'icône d'un type de graphique pour voir ses variantes (Figure 2.5). Tout en bas, un lien Autres graphiques ouvre le panneau Tous les graphiques que nous avons vu précédemment. Dans certains cas, ce lien ne fonctionne que si des données ont été préalablement sélectionnées.

C'est à partir du panneau Tous les graphiques, ouvert en cliquant sur le petit bouton en bas à droite du groupe Graphiques, dans le ruban Insertion, que nous commencerons notre exploration des types de fichiers. Ce bouton ne fonctionne que si une plage de cellules contenant des données est sélectionnée.

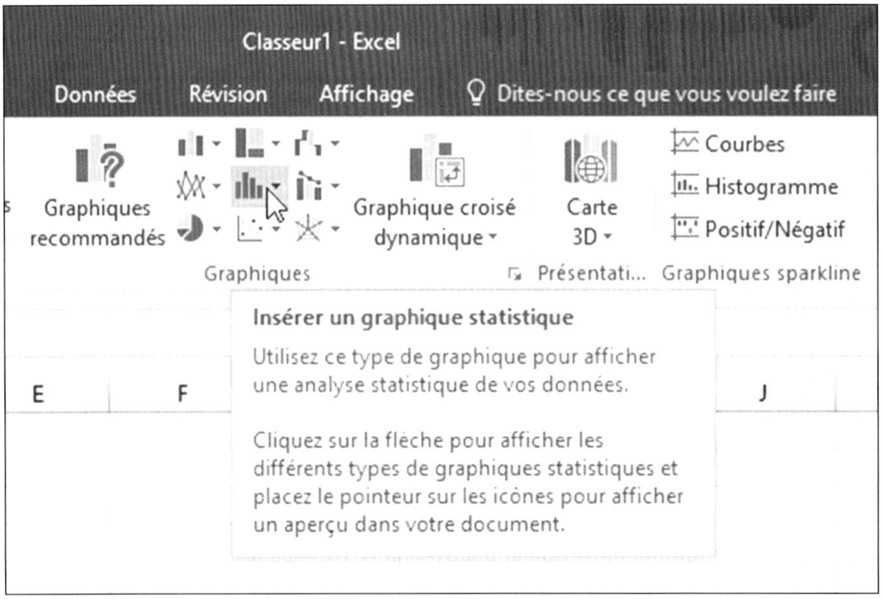

Figure 2.4 : Les icônes du ruban Insertion sont commentées.

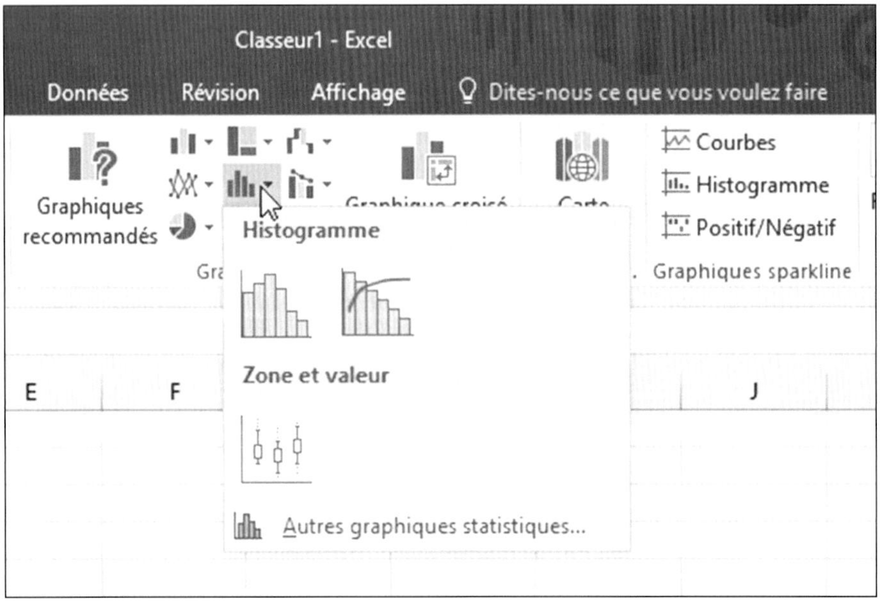

Figure 2.5 : Les variantes d'un graphique de type Histogramme.

Les types de graphiques

Excel 2016 propose pas moins de 16 types de graphiques :

- Histogramme
- Courbes
- Secteurs
- Barres
- Aires
- Nuage de points (XY)
- Boursier
- Surface
- Radar
- Compartimentage
- Rayons de soleil
- Histogramme de Pareto
- Zone et valeur
- Cascade
- Entonnoir
- Graphique combiné

Tous ces graphiques sont déclinés en plusieurs variantes, ce qui porte leur nombre à 60. Dans les sections qui suivent, nous verrons comment les utiliser. Nous recourrons aussi à quelques commandes qui facilitent leur lecture, comme la rotation ou l'éclatement des séries. En revanche, les fonctions essentiellement esthétiques seront abordées dans le prochain chapitre.

Histogrammes, zones et barres

Les graphiques montrant un histogramme ou des barres se ressemblent beaucoup. Dans le premier cas, les points de données sont des colonnes verticales, dans le second cas ce sont des colonnes horizontales. Leur usage diffère cependant comme nous le verrons dans cette section.

L'histogramme 2D

L'histogramme est l'un des types de graphiques les plus utilisés. Il sert essentiellement à montrer des ordres de grandeur, et donc à comparer des valeurs entre elles. Celui que montre la Figure 2.6 est rudimentaire : hormis l'axe des valeurs gradué en dizaines et les légendes, il ne nous apprend pas grand-chose. Nous verrons dans le prochain chapitre comment rendre un graphique plus informatif, en ajoutant notamment une légende pour les valeurs et en faisant apparaître les chiffres sur chacun des points de données ou au-dessus.

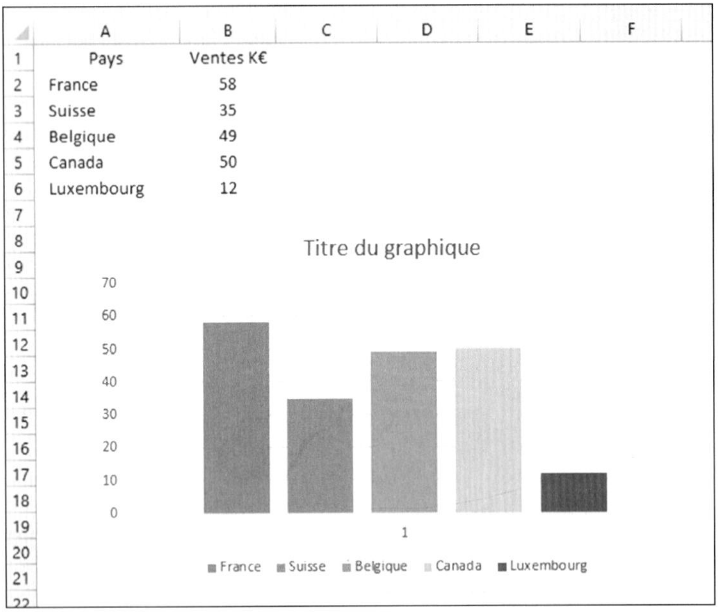

Figure 2.6 : L'histogramme est l'un des graphiques les plus courants.

Pour savoir à quelle valeur, dans la feuille de calcul, se rapporte un point de données, cliquez dessus : les cellules sources sont aussitôt sélectionnées (Figure 2.7) et dans la barre de formule, la fonction SERIE affiche plusieurs arguments :

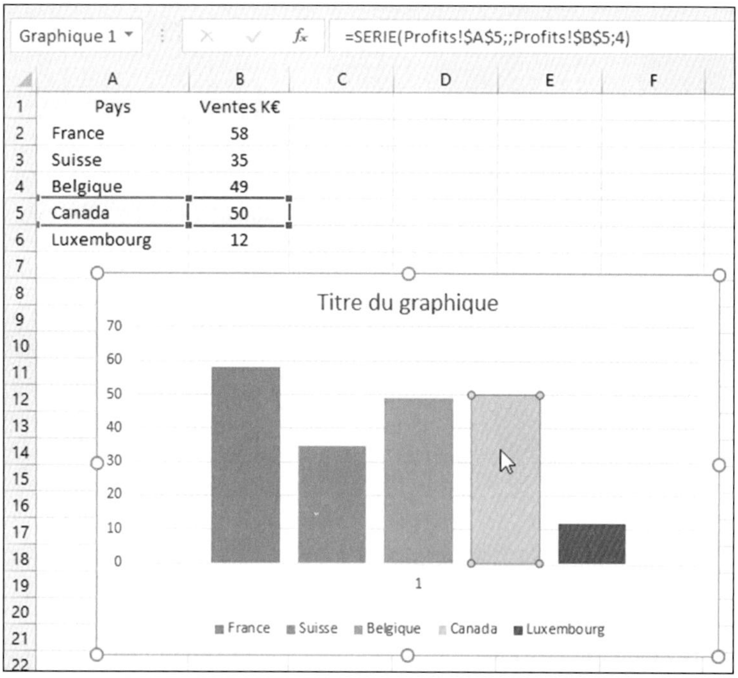

Figure 2.7 : Cliquer sur un point de données affiche ses cellules source.

- Le nom de la feuille de calcul suivi de la référence absolue de la catégorie : `Profits!$A$5`
- Un argument vide. Cet argument peut être un texte – impérativement saisi entre guillemets – qui sera affiché sous le point de donnée.
- Le nom de la feuille de calcul suivi de la référence absolue de la valeur : `Profits!$B$5`
- Le numéro d'ordre du point de données dans la série : `4`

Jusqu'à Excel 2003, les points de données étaient dynamiques. Il était possible de changer la hauteur d'une colonne d'un histogramme avec la souris, et dans la cellule associée, la valeur était automatiquement mise à jour. Cette fonctionnalité a disparu depuis Excel 2010.

Si vous désirez seulement connaître la valeur d'un point de données, immobilisez le pointeur de la souris dessus. Une info-bulle vous fournira l'information (Figure2.8).

Le graphique que vous venez de créer ne correspond pas du tout à ce que vous attendiez ? C'est peut-être parce que les données qui devaient se trouver dans des lignes sont dans des colonnes, et inversement. Pour corriger instan-

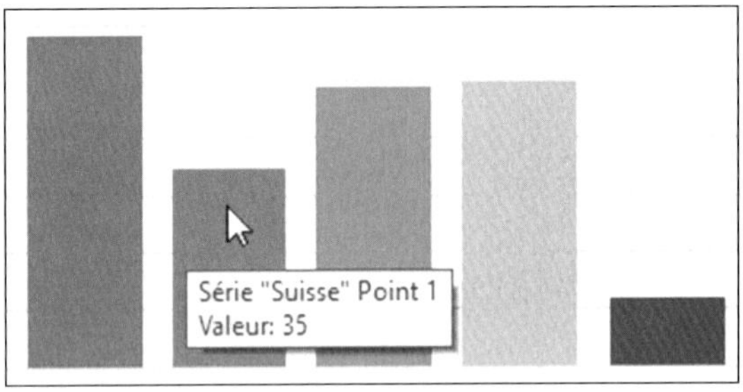

Figure 2.8 : Immobilisez le pointeur de la souris pour connaître la valeur d'un point de données.

tanément ce problème, cliquez sur le bouton Intervertir les lignes/colonnes, dans le groupe Données du ruban Insertion. Il est fort probable que le graphique ait à présent l'aspect auquel vous vous attendiez.

NOTE TECHNIQUE

Pour les matheux

Microsoft divulgue les formules mathématiques utilisées pour créer des histogrammes dans Excel 2016. Vous les trouverez à cette adresse :

`https://support.office.com/fr-fr/article/Cr%C3%A9er-un-histogramme-85680173-064b-4024-b39d-80f17ff2f4e8?ui=fr-FR&rs=fr-FR&ad=FR`

Ajouter une série de données

Lorsque la feuille de calcul contient plusieurs colonnes de valeurs, il suffit de les sélectionner avec les légendes pour qu'elles apparaissent toutes dans un graphique. Toutefois, si vous avez déjà créé un graphique et que vous avez passé du temps à le mettre en forme, le recommencer à partir de zéro en incluant cette fois la nouvelle colonne de chiffres n'est pas enthousiasmant. Il est préférable d'insérer cette dernière dans le graphique en procédant comme suit :

1. **Assurez-vous que le graphique est sélectionné.**

   Le cadre ainsi que les poignées de redimensionnement doivent être visibles. Si ce n'est pas le cas, cliquez dans le graphique.

2. **Sous l'onglet Outils de graphique, cliquez sur l'onglet Création puis, dans le groupe Données, cliquez sur l'icône Sélectionner des données.**

La boîte de dialogue que montre la Figure 2.9 s'ouvre. Dans cet exemple, les légendes sont listées dans la fenêtre de gauche, les séries de valeurs dans la fenêtre de droite. Chaque série est numérotée.

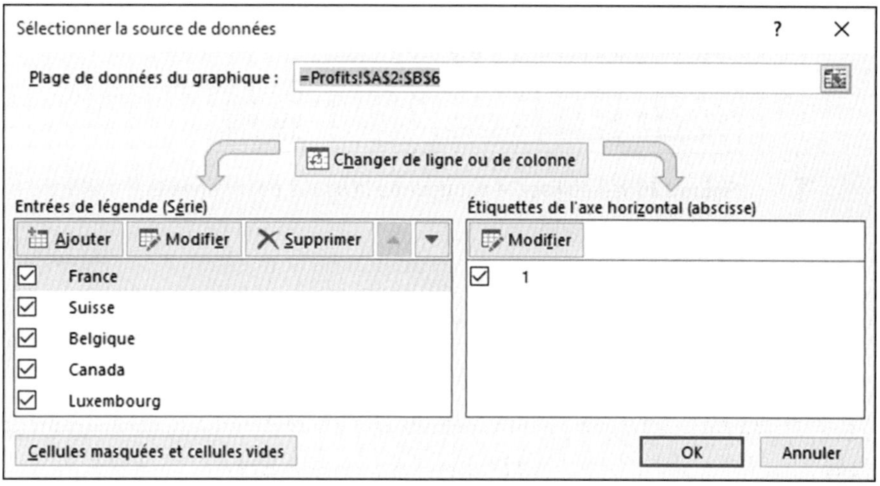

Figure 2.9 : Cette boîte de dialogue sert à gérer les données source.

3. **(Facultatif) Si les légendes – des noms de pays dans cet exemple – se trouvent dans la liste de gauche, cliquez sur le grand bouton Changer de ligne ou de colonne.**

   La ou les séries de valeurs se trouvent maintenant à droite.

4. **En haut à gauche de la liste Entrées de légendes, cliquez sur le bouton Ajouter.**

   La boîte de dialogue Modifier la série apparaît (Figure 2.10).

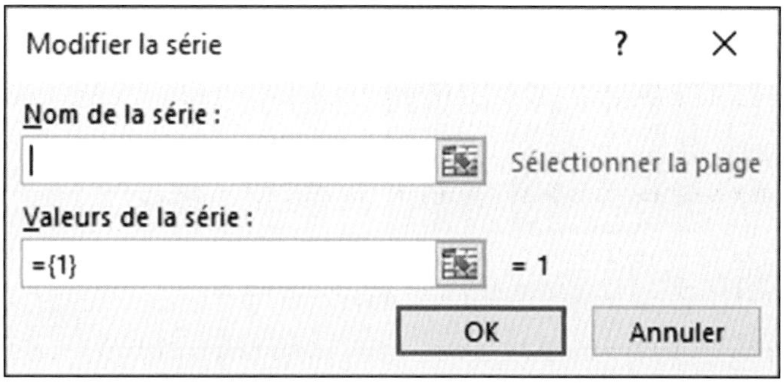

Figure 2.10 : Indiquez ici la légende ainsi que la plage de cellules contenant les valeurs.

5. **Cliquez sur l'icône qui se trouve à droite dans le champ de saisie Nom de la série.**

   La boîte de dialogue rapetisse afin d'occuper un minimum de place à l'écran et facilite ainsi le travail.

6. **Cliquez sur la cellule contenant le nom de la série – elle deviendra une légende – puis enfoncez la touche Entrée.**

   La boîte de dialogue reprend sa taille normale.

7. **Cliquez sur l'icône qui se trouve à droite dans le champ de saisie Valeurs de la série.**

   La boîte de dialogue rapetisse de nouveau.

8. **Cliquez sur la première cellule de la plage de valeurs puis, bouton de la souris enfoncé, tirez jusqu'à la dernière cellule afin de sélectionner les valeurs. Appuyez ensuite sur la touche Entrée.**

   La référence de la cellule contenant le nom de la série ainsi que les références de la plage de cellules contenant les valeurs sont visibles dans la boîte de dialogue Modifier la série. Cette boîte de dialogue étant non modale, le graphique reflète déjà vos modifications, comme le montre la Figure 2.11.

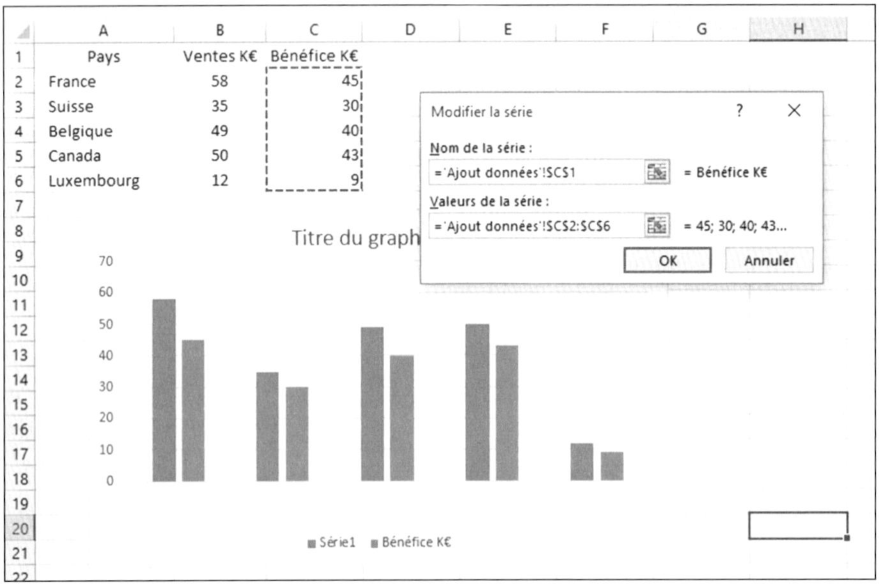

Figure 2.11 : Ajout d'une série de valeurs à un histogramme.

9. **Cliquez sur OK pour fermer la boîte de dialogue Modifier la série.**

   Le nom de la nouvelle série apparaît dans la liste à gauche.

10. **Cliquez de nouveau sur OK pour quitter la boîte de dialogue de sélection des données.**

La boîte de dialogue que nous venons d'utiliser pour ajouter une série à un graphique contient un bouton Modifier. Il sert notamment à ajouter ou ôter des valeurs à la série sélectionnée, autrement dit à allonger ou raccourcir la colonne ou la ligne de données. Comme nous le verrons dans la prochaine section, il existe une manière interactive beaucoup plus rapide de procéder, en utilisant la souris.

L'ajout de données que nous venons de décrire fonctionne pour tous les types de graphiques. Nous avons utilisé un histogramme pour cet exemple, mais la manipulation s'appliquerait tout aussi bien à un graphique en secteurs, à nuage de points, ou de tout autre type.

Modifier une série de données

Supposons que vous ayez créé un graphique et que de nouvelles données doivent être prises en compte. C'est le cas par exemple pour une courbe de poids ou de température établie au jour le jour, ou quand des données nouvelles sont ajoutées. Dans notre exemple, les données de quatre pays ont été ajoutées à celles déjà existantes.

La procédure conventionnelle consisterait à utiliser la boîte de dialogue de sélection des données utilisée précédemment pour ajouter des séries, et choisir l'option Modifier. Mais la méthode qui suit est autrement plus rapide :

1. **Dans le graphique, cliquez sur la première série de données.**

   Dans la feuille de calcul, les plages des légendes et des valeurs sont sélectionnées, comme le montre la Figure 2.12

2. **Amenez le pointeur de la souris jusque sur le petit carré qui se trouve dans le coin inférieur droit de la plage de données à modifier.**

   Le pointeur se transforme en flèche à deux pointes, et le cadre qui délimite la plage de donnée s'épaissit légèrement. Observez bien cet effet afin de ne pas agir par mégarde sur la plage contiguë.

3. **Tirez le bord du cadre dans la direction désirée afin d'englober les données supplémentaires à inclure dans le graphique.**

   Répétez les étapes 2 et 3 pour le cadre qui délimite les valeurs (Figure 2.13).

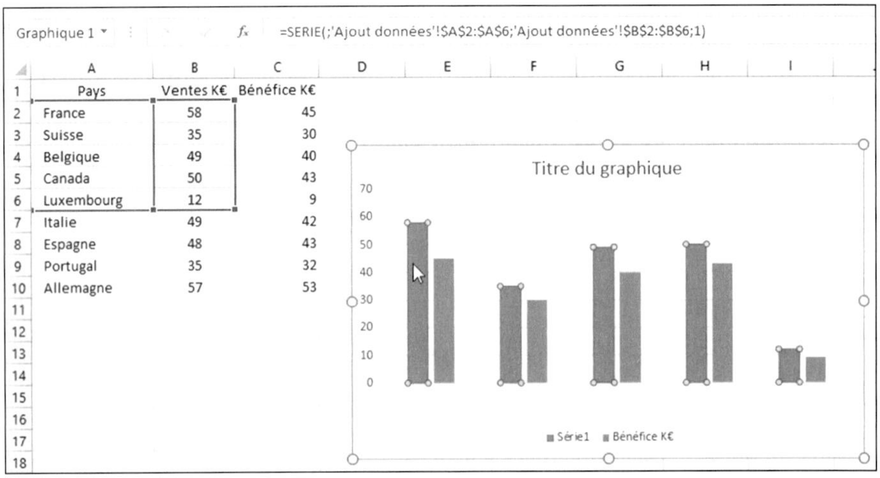

Pays	Ventes K€	Bénéfice K€
France	58	45
Suisse	35	30
Belgique	49	40
Canada	50	43
Luxembourg	12	9
Italie	49	42
Espagne	48	43
Portugal	35	32
Allemagne	57	53

Figure 2.12 : Les quatre dernières données ne sont pas incluses dans le graphique.

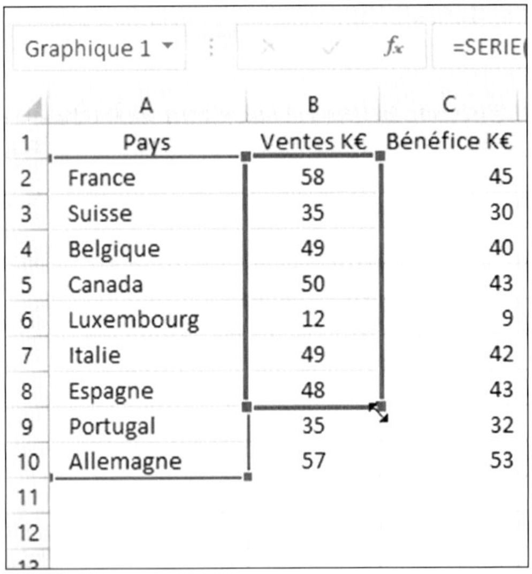

Pays	Ventes K€	Bénéfice K€
France	58	45
Suisse	35	30
Belgique	49	40
Canada	50	43
Luxembourg	12	9
Italie	49	42
Espagne	48	43
Portugal	35	32
Allemagne	57	53

Figure 2.13 : Extension des cadres de délimitation des légendes et des valeurs.

4. **Dans le graphique, cliquez sur une autre série de valeurs puis étendez le cadre comme expliqué précédemment.**

Notez que si le pointeur de la souris se transforme en pointeur accompagné d'une flèche à quatre points, vous n'étendez pas le cadre de délimitation, mais vous le déplacez. Cette action peut être utilisée dans certains cas particuliers, comme la représentation, sur le graphique, d'une partie seulement d'un ensemble de données.

Lorsque le pointeur de la souris est placé sur le carré commun à deux plages, et si la flèche à deux pointes est dans la même position que celle représentée dans la marge, il est possible de modifier simultanément la taille des deux plages.

N'OUBLIEZ PAS

La modification interactive des plages de données fonctionne pour tous les types de graphiques.

Afficher les légendes

Jusqu'à présent, nous n'avons pas fait apparaître les noms des pays, dans notre exemple, en regard de chaque valeur. L'histogramme serait plus informatif en indiquant le nom du pays sous les points de données. Voici comment faire apparaître ces informations :

1. **Cliquez dans le graphique pour le sélectionner.**
2. **En haut à droite du graphique, cliquez sur l'icône Éléments de graphique.**
3. **Dans le menu, cliquez sur le petit bouton noir à droite de la première option, Axes (assurez-vous au passage que Axes est coché).**
4. **Dans le sous-menu, cochez la case Horizontal principal (Figure 2.14).**

   Les légendes apparaissent aussitôt sous les points de données.

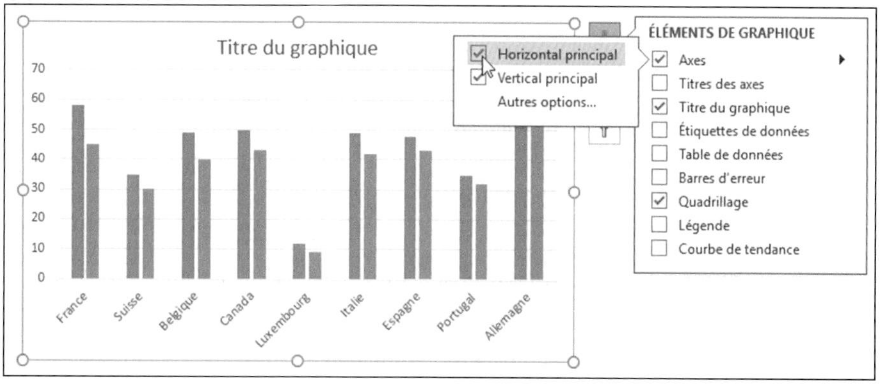

Figure 2.14 : Affichez les légendes sous les points de données.

L'histogramme groupé

L'histogramme groupé présente plusieurs ensembles de données séparés chacun par un intervalle afin de comparer globalement des résultats. Chaque groupe est séparé des autres par un intervalle.

Pour créer un histogramme groupé, placez les légendes perpendiculairement. Par exemple, placez les années sur une même ligne et les légendes des valeurs dans une colonne perpendiculaire, comme l'illustre la Figure 2.15.

	A	B	C	D	E	F
1		2012	2013	2014	2015	
2	Belgique	49	55	60	53	
3	Canada	60	62	48	65	
4	France	58	54	60	61	
5	Luxembourg	12	15	18	21	
6	Suisse	35	37	35	40	
7						
8						

Figure 2.15 : Des données prêtes à être représentées dans un histogramme groupé.

Le reste de la manipulation est assez simple :

1. **Sélectionnez l'ensemble des données puis cliquez sur l'onglet du ruban Insertion.**
2. **Dans le groupe Graphiques, cliquez sur l'icône Insérer un histogramme ou un graphique à barres.**

   Une palette des variantes apparaît.
3. **Dans la rubrique Histogramme 2D, cliquez sur la première variante : Histogramme groupé.**

   L'histogramme groupé est créé (Figure 2.16). Les légendes se trouvent sous chacun des points de données, et d'autres légendes montrent le code de couleur des années.

Les points de données mettent en évidence les variations des chiffres d'une année à l'autre, de 2012 à 2015 pour chacun des pays. L'analyse est approximative – nous verrons dans le prochain chapitre comment afficher des valeurs dans un graphique –, mais il donne une idée de l'évolution des chiffres.

ATTENTION !

Veillez à ne pas placer un nombre excessif de valeurs dans un histogramme groupé. Le graphique prendrait en effet rapidement un aspect de peigne dont les données seraient difficiles à interpréter correctement.

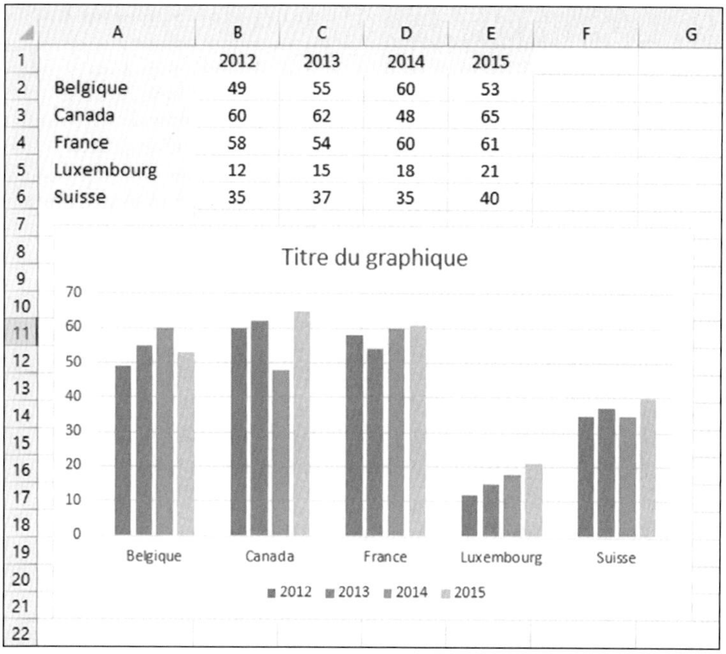

	2012	2013	2014	2015
Belgique	49	55	60	53
Canada	60	62	48	65
France	58	54	60	61
Luxembourg	12	15	18	21
Suisse	35	37	35	40

Figure 2.16 : Des données prêtes à être représentées dans un histogramme groupé.

Groupes et sous-groupes

L'histogramme groupé que nous venons de réaliser montre des chiffres relatifs à des pays d'Europe. Supposons que nous disposions à présent de chiffres de plusieurs pays provenant de différents continents – Europe, Amérique et Asie par exemple –, et que nous désirions mettre en évidence ces appartenances géographiques.

Pour cela, nous devrons préparer les données de la manière suivante :

1. **Établissez la liste des pays dans une colonne, et celle des années dans une ligne, comme pour un histogramme groupé élémentaire.**
2. **Cliquez sur l'en-tête de colonne de la liste des pays et dans le menu, choisissez Insertion.**

   Une colonne est ajoutée à gauche de la liste des pays.
3. **Dans la nouvelle colonne, sélectionnez les cellules correspondant à un même ensemble.**

Dans la Figure 2.17, la plage de cellules correspondant aux pays européens est sélectionnée.

A2 f_x

	A	B	C	D	E	F
1			2012	2013	2014	2015
2		France	58	56	60	61
3		Suisse	35	10	37	39
4		Belgique	49	39	50	46
5		Luxembourg	12	14	12	13
6		États-Unis	75	81	67	76
7		Canada	60	57	50	52
8		Brésil	55	30	15	56
9		Argentine	45	8	39	20
10		Japon	73	69	63	55
11		Chine	66	43	25	50
12		Corée	68	64	25	36
13		Inde	45	45	49	39
14						

Figure 2.17 : Sélectionnez les cellules en regard des pays appartenant à un même ensemble (ici, un continent).

4. **Dans le ruban Accueil, en bas à droite du groupe Alignement, cliquez sur l'icône Fusionner et centrer.**

5. **Saisissez le nom de l'ensemble de données – Europe, par exemple –, appuyez sur la touche Entrée, puis cliquez de nouveau sur la cellule fusionnée et cliquez sur l'icône Aligner au centre.**

   L'alignement centré n'est pas indispensable pour le graphique, mais il rend la feuille de calcul plus claire. Des données bien mises en forme sont plus faciles à comprendre et à traiter.

6. **Répétez les étapes 3 à 5 pour les autres ensembles de données.**

   La Figure 2.18 montre la feuille de calcul prête pour le graphique. Remarquez les cellules fusionnées dans la colonne A, et les options d'alignement dans le ruban Accueil.

Les données étant en place, la réalisation de l'histogramme groupé ne pose aucun problème particulier. Comme nous l'avions expliqué précédemment, sélectionnez l'ensemble des données puis, dans le ruban Insertion, cliquez sur l'icône Insérer un histogramme. Dans la palette, choisissez la première variante d'un histogramme 2D et c'est tout. La Figure 2.19 montre le résultat.

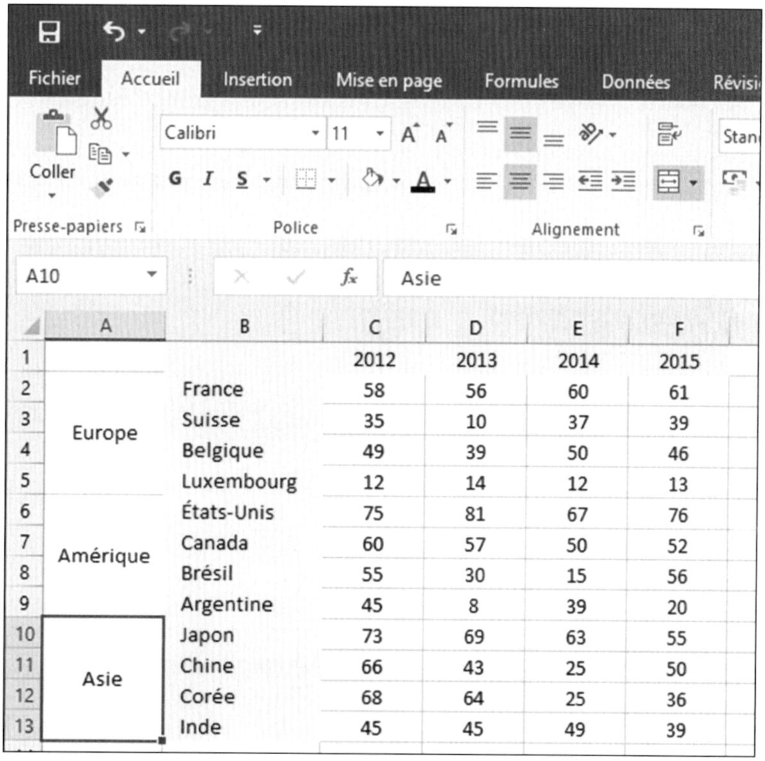

	A	B	C	D	E	F
1			2012	2013	2014	2015
2	Europe	France	58	56	60	61
3		Suisse	35	10	37	39
4		Belgique	49	39	50	46
5		Luxembourg	12	14	12	13
6	Amérique	États-Unis	75	81	67	76
7		Canada	60	57	50	52
8		Brésil	55	30	15	56
9		Argentine	45	8	39	20
10	Asie	Japon	73	69	63	55
11		Chine	66	43	25	50
12		Corée	68	64	25	36
13		Inde	45	45	49	39

Figure 2.18 : La colonne A contient les noms des ensembles de données.

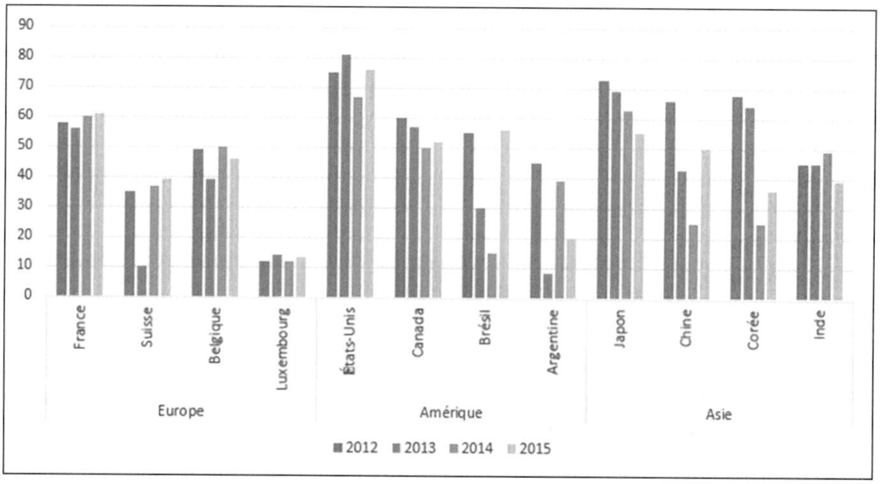

Figure 2.19 : Des données provenant de différents pays, réunies par continent.

Comme vous le constatez, les cellules fusionnées ont été traitées à la manière de conteneurs pour les cellules contenant les noms des pays. L'intervalle automatiquement ajouté par Excel, entre les ensembles, sépare parfaitement les quatre groupes de données. L'histogramme groupé est clair et informatif.

Remarquez aussi que le code de couleurs des pays est affiché en bas de l'histogramme. En revanche, pour ne pas le surcharger, la zone de texte réservée au nom du graphique a été masquée.

L'histogramme empilé

Contrairement à l'histogramme groupé, qui montre des valeurs juxtaposées, l'histogramme empilé montre des valeurs superposées. Excel propose deux types d'histogrammes empilés (Figure 2.20) :

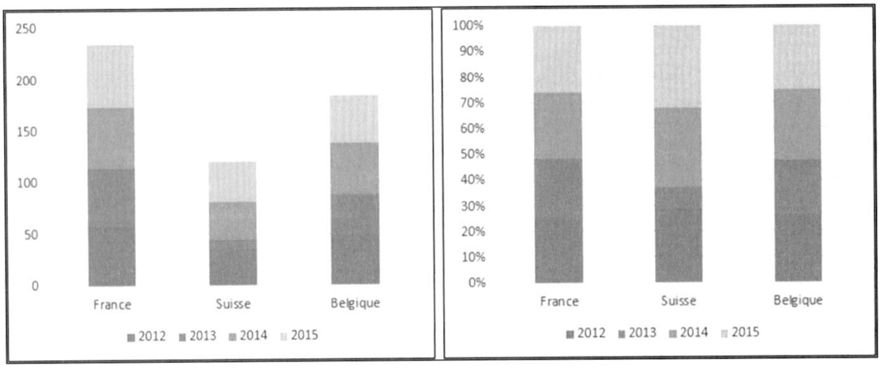

Figure 2.20 : À gauche, un empilement proportionnel. À droite, un empilement 100 %.

- **L'empilement proportionnel :** la hauteur de chaque colonne varie selon la somme des valeurs, comme le révèle l'illustration de gauche dans la Figure 2.20.
- **L'empilement 100 % :** toutes les colonnes ont la même hauteur, comme le montre l'illustration de droite dans la Figure 2.20. La hauteur des éléments dans une colonne varie en effet selon son pourcentage par rapport à la somme des valeurs.

Le choix du type d'histogramme empilé dépend de la manière d'aborder les résultats. S'il s'agit de comparer les performances totales, sur toutes les années, l'empilement proportionnel révélera sans ambiguïté les données cumulées les plus élevées et celles qui le sont moins.

En revanche, s'il s'agit d'analyser pour chaque donnée les années qui furent les meilleures ou les moins bonnes, l'empilement 100 % sera plus révélateur.

Pour créer un histogramme empilé, sélectionnez les données dans la feuille de calcul puis, dans le ruban Insertion, cliquez sur l'icône Insérer un histogramme ou un graphique à barres. Dans la rubrique Histogramme 2D, choisissez ensuite la variante Histogramme empilé (proportionnel) ou Histogramme empilé 100 %.

Indiquer un plafond

Un histogramme empilé peut servir à indiquer un dépassement de plafond. Supposons que vous répartissiez des revenus sur plusieurs comptes bancaires. Certains, comme les comptes courants, ne sont pas plafonnés, mais d'autres le sont. Par exemple, au moment où ces lignes étaient écrites, le plafond d'un Livret A pour un particulier était de 22 950 euros, et celui d'un Plan Épargne Logement de 61 200 euros. Pour faciliter notre démonstration, nous nous en tiendrons aux plafonds sans capitalisation des intérêts.

Même si vous n'avez pas l'intention de compter vos sous, étudiez attentivement cet exemple, car il aborde plusieurs concepts que vous pourrez adapter – comme beaucoup d'autres exemples de ce livre – à des situations et des contextes particuliers.

Préparation de la feuille de calcul

Pour notre exemple, nous avons créé cinq colonnes. La première, la colonne A, contient les légendes, des comptes bancaires en l'occurrence.

La colonne B est réservée à la saisie des valeurs. Elle peut être mise en forme avec un format de nombre de votre choix, Monétaire ou Comptabilité, par exemple.

Les joyeusetés commencent à la colonne C, intitulée Montant. Sur la Figure 2.21, les valeurs sont les mêmes que dans la colonne B, mais c'est normal, car aucun des chiffres saisis ne dépasse le plafond. Comme le compte courant n'est pas plafonné, la cellule C2 contient simplement la brève formule `=B2`. En revanche, celle des valeurs plafonnées est plus sophistiquée. Par exemple, C3 contient la formule suivante :

```
=SI(B3<=E3;B3;E3)
```

Dans la colonne C (Montant), la fonction SI teste un éventuel dépassement en procédant de la manière suivante :

- Le premier argument `B3<=E3` teste si la valeur dans la cellule B3 (saisie) est inférieure ou égale à la valeur dans la colonne E3 (plafond).

C3 | =SI(B3<=E3;B3;E3)

	A	B	C	D	E
1		Saisie	Montant	Excédent	Plafond
2	Compte courant	3 500 €	3 500 €		Aucun
3	Livret A	20 000 €	20 000 €	0 €	22 950
4	LDD	10 000 €	10 000 €	0 €	12 000
5	PEL :	35 000 €	35 000 €	0 €	61 200
6	Total :	68 500 €			
7					

Figure 2.21 : Un exemple de feuille de calcul contenant des tests de dépassements de plafonds.

- Si le test est vérifié, Excel se contente de recopier le contenu de la cellule B3 dans la cellule courante, puisque ce chiffre est dans la fourchette autorisée.
- Si le test n'est pas vérifié, cela signifie que la valeur saisie dans la cellule B3 est supérieure au plafond indiqué dans la cellule E3. Excel affiche alors ce plafond dans la cellule courante.

Il faut maintenant calculer l'excédent qui, ajouté à la valeur dans la colonne Montant, donnera la même valeur que dans la colonne Saisie. La cellule D3 contient la fonction suivante :

```
=SI(B3>E3;B3-E3;0)
```

Cette fois, si la valeur dans la cellule B3 (saisie) est supérieure à celle de la cellule E3 (plafond), Excel soustrait la valeur saisie du plafond et affiche ainsi l'excédent. Mais dans le cas contraire, Excel affiche zéro.

N'OUBLIEZ PAS

Il ne reste plus qu'à recopier les formules des cellules C3 et D4 vers le bas à l'aide de la poignée de recopie, et la feuille de calcul pour le graphique empilé est prête.

Création du graphique empilé

Pour commencer, saisissez une valeur manifestement excédentaire dans la colonne B (hormis dans la cellule B2, qui est invariable), comme dans la Figure 2.22. La réalisation du graphique sera grandement facilitée. Notez dès à présent que nous n'utiliserons que deux séries dans le graphique : la colonne Montant et la colonne Excédent. La somme des valeurs sur la même ligne est invariablement égale à la saisie effectuée dans la colonne B.

1. **Sélectionnez la plage de cellules A1:E5.**

	A	B	C	D	E
1		Saisie	Montant	Excédent	Plafond
2	Compte courant	3 500 €	3 500 €		Aucun
3	Livret A	20 000 €	20 000 €	0 €	22 950
4	LDD	15 000 €	12 000 €	3 000 €	12 000
5	PEL	35 000 €	35 000 €	0 €	61 200
6	Total :	73 500 €			
7					
8					

Figure 2.22 : Une feuille de calcul contenant une valeur excédentaire.

Autrement dit, cliquez dans la cellule A1 puis, touche Majuscule enfoncée, cliquez dans la cellule E5.

2. **Cliquez sur l'onglet du ruban Insertion.**

3. **Dans le groupe Graphiques, cliquez sur l'icône Insérer un histogramme ou un graphique à barres.**

4. **Dans la rubrique Histogramme 2D, cliquez sur la première variante : Histogramme empilé.**

L'histogramme qui apparaît n'est guère concluant (Figure 2.23). Les séries sont celles des colonnes et l'empilement est manifestement erroné. Nous allons y remédier.

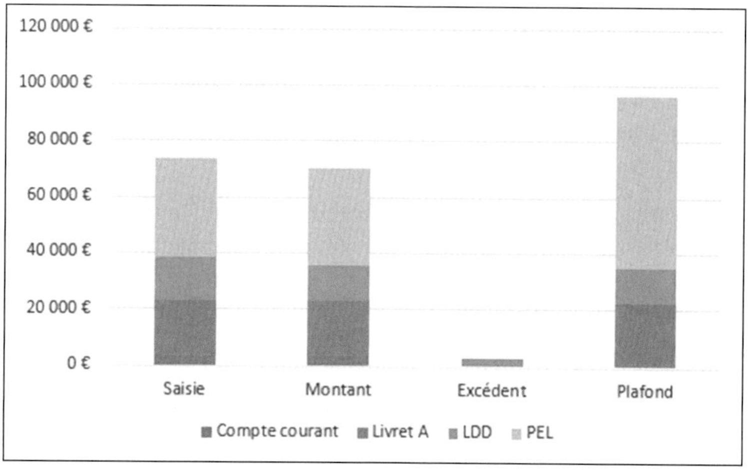

Figure 2.23 : Ce graphique n'est pas celui qui était attendu.

5. **Cliquez dans le graphique pour le sélectionner puis, sous l'onglet Outils de graphique, cliquez sur l'onglet Création.**

6. **Dans le groupe Données, cliquez sur l'icône Intervertir les lignes/ colonnes.**

   Les points de données sont maintenant conformes à ce que nous attendions, mais l'empilement n'est pas encore satisfaisant (Figure 2.24). Toutes les colonnes Saisie, Montant, Excédent et Plafond ont été prises en compte alors que nous n'avons besoin que de deux d'entre elles : Montant et Excédent. Nous devons donc supprimer du graphique les colonnes qui ne doivent pas s'y trouver.

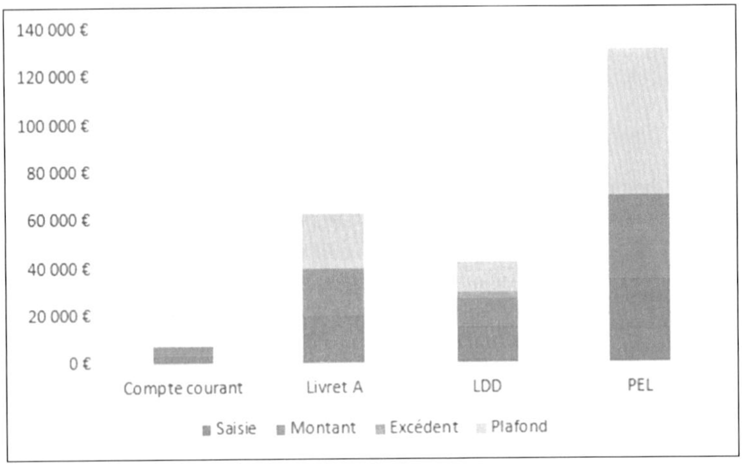

Figure 2.24 : La transposition des lignes et des colonnes affiche correctement la série de données.

7. **Toujours dans le groupe Données, cliquez sur Sélectionner des données.**

   La boîte de dialogue Sélectionner la source de données apparaît (Figure 2.25). Elle nous servira à supprimer les séries de données à ne pas afficher sur le graphique empilé : Saisie et Plafond. Nous ne conserverons que la série Montant.

8. **Cliquez sur l'option Saisie – elle est surlignée en bleu – puis, au-dessus de la fenêtre, cliquez sur le bouton Supprimer.**

   La série disparaît dans la boîte de dialogue et du graphique.

9. **Cliquez sur l'option Plafond puis sur le bouton Supprimer.**

   Cette série disparaît à son tour.

10. **Cliquez sur le bouton OK pour fermer la boîte de dialogue.**

La Figure 2.26 montre le graphique terminé. Il indique un dépassement du plafond sur le LDD (Livret de Développement Durable).

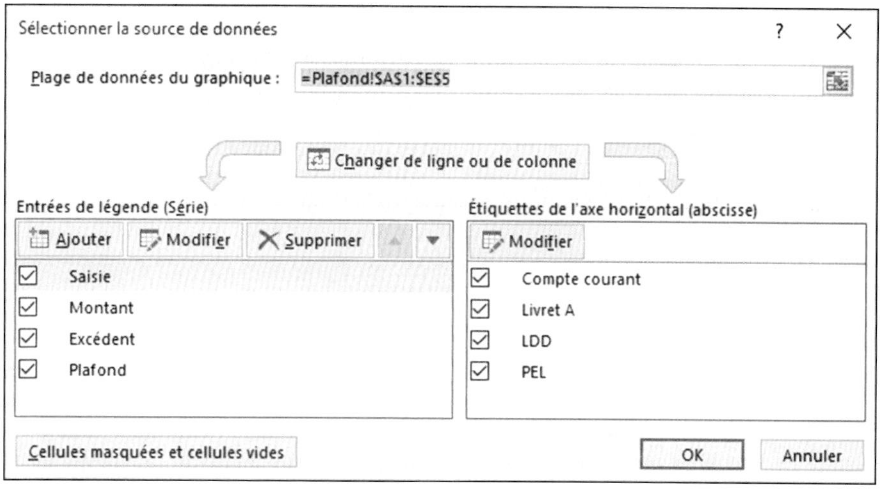

Figure 2.25 : Nous supprimerons les séries à l'aide de cette boîte de dialogue.

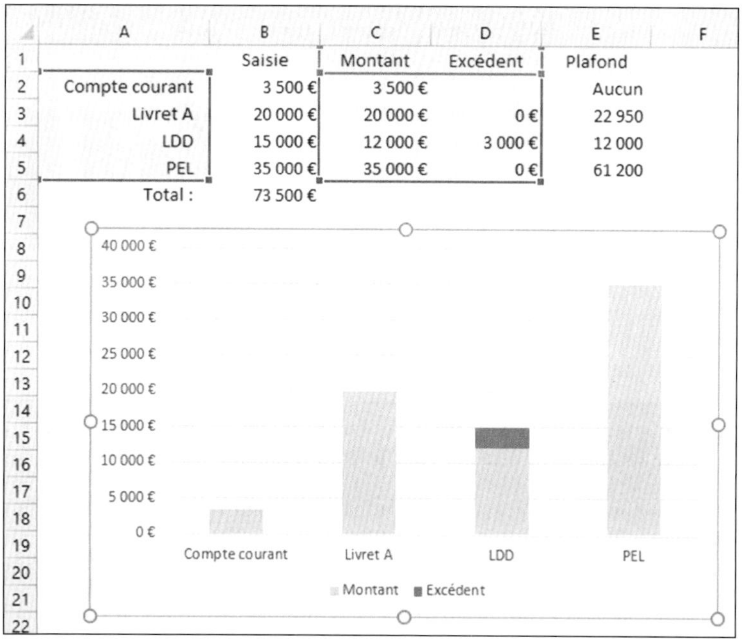

Figure 2.26 : La série LDD indique un dépassement du plafond autorisé.

Notez que dans le graphique, chaque colonne représente la totalité de la somme saisie. En cas de dépassement du plafond, la partie inférieure correspond à la somme en dessous du plafond, et la partie supérieure à la somme excédentaire. Par exemple, pour le LDD, la saisie était de 15 000 euros alors que le plafond est de 12 000 euros. La colonne montre un élément plafonnant à 12 000 euros surmonté d'un élément de 3 000 euros.

Des mises en forme seraient bien sûr les bienvenues pour ce graphique. Dans l'illustration, les couleurs d'origine ont été changées, et nous pourrions aussi afficher des valeurs. Nous reviendrons sur ces améliorations dans le Chapitre 3, « Afficher les valeurs ».

L'histogramme 3D

Comme l'illustre la Figure 2.27, l'histogramme 3D est un graphique qui, en plus des axes en abscisses et ordonnées, possède un axe en profondeur. Les axes en abscisses et ordonnées forment un plancher sur lequel reposent les points de données. Au lieu d'être de simples rectangles colorés, les points de données sont des volumes, des parallélépipèdes pour être précis.

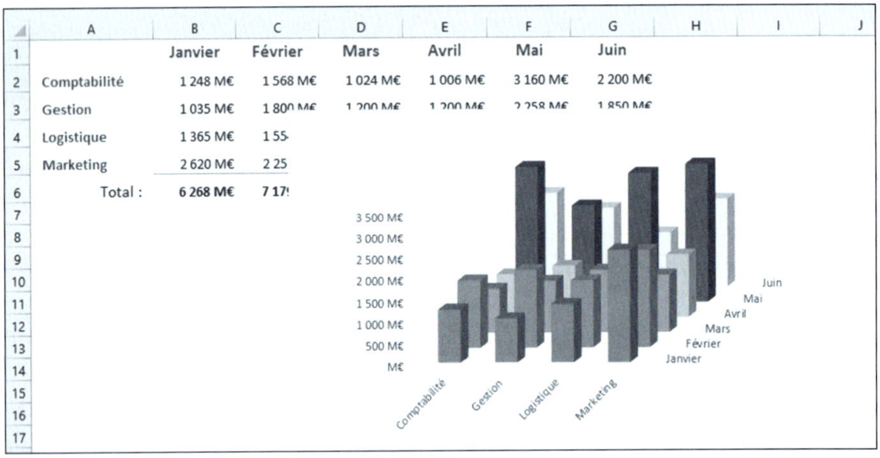

Figure 2.27 : Un histogramme 3D.

Lorsque les données sont nombreuses, ce qui est le cas sur la Figure 2.27, un histogramme 3D devient un fouillis de colonnes ou de pics difficile à évaluer ou à analyser à vue. C'est pourquoi il est préférable de limiter la quantité de données.

La réalisation d'un histogramme 3D n'est pas plus compliquée que celle des histogrammes que nous avons étudiés jusqu'à présent :

1. **Créez un tableau de chiffres avec des légendes en haut et sur un côté de la plage de valeurs.**
2. **Sélectionnez l'ensemble des données à représenter sur le graphique.**
3. **Dans le groupe Graphiques, cliquez sur l'icône Insérer un histogramme ou un graphique à barres.**
4. **Dans la rubrique Histogramme 3D, cliquez sur la variante qui se trouve complètement à droite : Histogramme empilé 3D, comme le montre la Figure 2.28.**

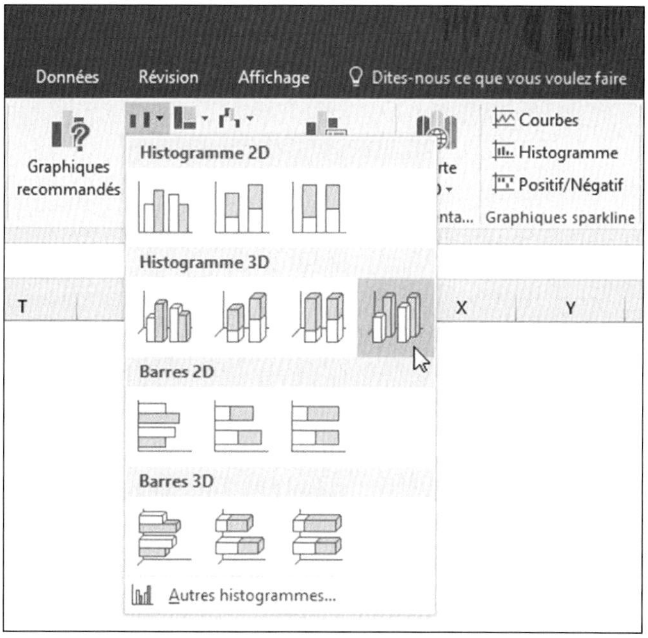

Figure 2.28 : Sélection de l'histogramme 3D.

Par défaut, la vision du graphique est celle d'un observateur situé à 20 degrés à droite et à 15 degrés en hauteur. Ce point de vue est cependant modifiable, ce qui permet de présenter les données sous divers angles.

Les axes de rotation d'un histogramme 3D

Un histogramme 3D peut être pivoté dans plusieurs sens. Pour accéder aux commandes de rotation, cliquez du bouton droit dans la zone de traçage et dans le menu, choisissez Rotation 3D. Le graphique est mis en mouvement à l'aide des commandes du volet que montre la Figure 2.29. Il apparaît à droite d'Excel. Cliquez sur les petits boutons fléchés pour augmenter ou réduire l'angle de rotation. Ou alors, cliquez dans le champ numérique puis saisissez le nombre de degrés au clavier, ou encore, cliquez sur les icônes à droite de chaque axe.

Trois commandes Rotation sont présentes en haut du panneau Rotation 3D. Pour bien comprendre leur fonctionnement, il faut savoir que l'impression de rotation du graphique est fallacieuse. Dans l'absolu, le graphique ne bouge pas. C'est le point de vue qui se déplace, comme si l'observateur tournait autour de l'histogramme (rotation X) ou montait ou descendait (rotation Y).

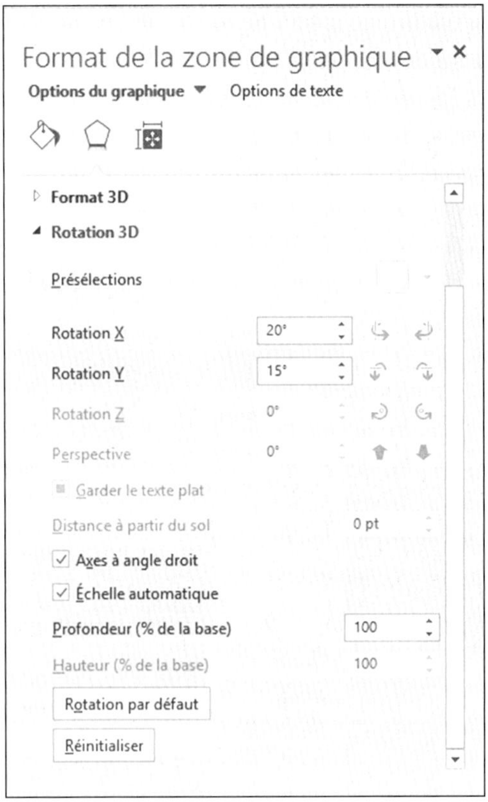

Figure 2.29 : Les commandes de rotation d'un histogramme 3D.

- **Rotation X :** cette commande déplace le point de vue autour du graphique de 0 degré (vision de face des points de données) à 360 degrés autour d'un axe vertical. À 180 et 270 degrés, les points de données sont vus de côté.

  Chaque clic incrémente une rotation du point de vue de 10 degrés. Pour appliquer une valeur intermédiaire, cliquez dans le champ de saisie et tapez le nombre de degrés désirés. Les boutons de rotation, à droite de la commande, ne sont pas utilisables avec un histogramme 3D.

- **Rotation Y :** fait monter ou descendre le point de vue selon une inclinaison angulaire de 90 degrés (vision verticale, vers le bas, sur l'histogramme 3D réduit à des carrés) jusqu'à -90 degrés (vision de l'histogramme par le bas).

- **Rotation Z :** cette fonctionnalité présente dans Excel depuis la version 2007 n'a jamais été activée, comme l'explique l'encadré « Le mystère de la rotation Z ».

Afin de montrer un histogramme 3D sous un angle à la fois plaisant et lisible, Excel applique par défaut une rotation X de 20 degrés et une rotation Y de 15 degrés.

Les commandes de rotation s'appliquent également aux graphiques 3D comme les Courbes 3D, les Secteurs 3D, les Surface 3D, etc.

Le mystère de la rotation Z

Le panneau Rotation 3D possède une option Rotation Z qui est censée faire pivoter le graphique – en fait, la zone de traçage qui le contient – autour de l'axe de profondeur. Cette bascule transversale est inopérante depuis qu'elle existe et dans sa documentation en ligne, Microsoft attire l'attention sur le fait qu'il est « impossible de spécifier un degré de rotation pour Z ». On ne saurait être plus clair. Voilà pourquoi l'option Rotation Z reste en grisé, quelle que soit la variante de l'histogramme 3D (groupé, empilé...).

La rotation Z sera peut-être activée un jour dans une future version d'Excel. Mais pour le moment, même une macro en VBA est incapable d'exécuter cette action (la propriété Rotation de la méthode Chart fait pivoter le graphique uniquement autour de l'axe X).

L'affichage Perspective

Sous les commandes de rotation, l'option Perspective produit un curieux effet d'éloignement ou de rapprochement comparable, dans le domaine de la photographie, à un déplacement du point de vue en vision grand-angulaire.

Par défaut, le réglage Perspective est inactif. Pour l'utiliser, il faut décocher la case Axes à angles droits, un peu plus bas dans le panneau Rotation 3D. Lorsque cette option est active, les points de données sont parallèles au bord de la zone de traçage (à gauche dans la Figure 2.30). C'est une présentation simple, claire et élégante. Lorsque la case Axes à angles droits est décochée (à droite dans la Figure 2.30), les points de données sont présentés en perspective.

L'effet de perspective est graphiquement saisissant, mais il ne facilite pas la lecture des données. Il est à proscrire pour des données qui doivent pouvoir être évaluées d'un seul coup d'œil, mais il peut faire bonne impression lorsque le graphique est simplement donné à voir sans chercher à être particulièrement informatif. Un histogramme 3D en perspective peut illustrer joliment un article dans un magazine ou une brochure publicitaire.

Lorsque le paramètre Rotation Y, qui règle la hauteur angulaire, est à sa valeur par défaut de 15 degrés, les premiers points de données sont grossis à tel point qu'ils occultent ceux qui sont derrière, ce qui rend le graphique

Figure 2.30 : À gauche, l'option Axes à angles droits est activée. À droite, cette option est inactive.

inutilisable. C'est pourquoi, dans la Figure 2.31, la rotation Y a été portée à 40 degrés. La commande Perspective a été réglée à 65 degrés, le meilleur compromis entre l'effet graphique et la lisibilité toute relative des points de données. Les lignes de fuite du graphique évoquent une prise de vue avec un objectif grand-angulaire.

Figure 2.31 : L'effet de la commande Perspective sur un histogramme 3D.

N'OUBLIEZ PAS

L'affichage en perspective s'applique également aux graphiques de types Courbes, Aires, et Surface. En revanche, il n'est pas applicable aux graphiques à barres et aux graphiques en secteurs.

L'échelle du graphique

Les dimensions d'un graphique, ou plus exactement de sa zone de traçage, sont liées à la taille du cadre de délimitation extérieur, mais aussi à la présence ou non des divers éléments, comme les titres ou les légendes.

Modifiez la largeur et/ou la hauteur d'un graphique à l'aide des poignées de redimensionnement situées sur le pourtour du cadre extérieur, et la zone traçage s'étend ou se réduit en proportion, et par la même occasion le graphique qu'elle contient. Modifiez les dimensions de la zone de traçage, et le graphique se déforme également.

Supprimez ou masquez le titre du graphique, par exemple, ou des légendes, et l'histogramme s'étend dans la place laissée libre. Tous ces redimensionnements volontaires ou induits démontrent à quel point il est difficile de contrôler étroitement un aspect aussi simple d'un graphique que sa taille. Ce comportement n'est pas désactivable.

Le panneau Rotation 3D comprend une option Échelle automatique, mais elle agit uniquement sur l'option Hauteur (% de la base), un peu plus bas dans le panneau. Lorsque l'échelle automatique est active, elle outrepasse cette option.

Profondeur et hauteur

Les deux options Profondeur (% de la base) et Hauteur (% de la base) sont quelque peu déroutantes. On attendrait de la première qu'elle permette de régler et fixer une fois pour toutes la hauteur des points de données, et en réalité il n'en est rien. Comme nous l'avons mentionné précédemment, les dimensions d'un graphique sont tributaires de nombreux facteurs et celles-ci viennent s'y ajouter :

- **Profondeur (% de la base) :** cette commande définit la profondeur de l'histogramme 3D. La base est le pourcentage par défaut, soit 100 %. La valeur maximale, soit 2000 %, permet d'étendre jusqu'à vingt fois la profondeur du graphique, mais en pratique, l'effet est calamiteux.

  Une augmentation de la profondeur d'environ 200 % s'accompagne d'un rapprochement apparent des rangées de points de données, et d'une bascule du graphique : le dessus des points de données devient visible, mais sans que le paramètre Rotation Y change.

- **Hauteur (% de la base) :** cette commande n'est utilisable que si la case Échelle automatique est désactivée. La suppression de zones de texte comme les titres ou les légendes n'a plus d'effet sur la hauteur des points de données. Ils ne changent pas de taille.

  En revanche, varier le pourcentage change l'aspect de l'histogramme 3D. Dans un premier temps, augmenter le pourcentage augmente corrélativement la taille des points de données, ce qui est appréciable. Il est ainsi possible de faire en sorte qu'ils occupent au mieux l'espace dans la zone de traçage. Mais si un point de données ne peut plus grandir parce qu'il a atteint la bordure supérieure, l'ensemble des points va se serrer dans un espace de plus en plus étroit afin que toutes les valeurs soient représentées. Faute de pouvoir grandir, les points de données se resserrent, laissant de vastes marges vides de chaque côté.

En bas du panneau Rotation 3D, deux boutons – Rotation par défaut et Réinitialiser – permettent respectivement de mémoriser les réglages afin de les réutiliser dans le même classeur, ou remettre les réglages à leurs valeurs par défaut.

N'OUBLIEZ PAS

À l'instar des réglages précédents, ceux-ci s'appliquent également à d'autres types de graphiques 3D.

Le graphique à barres

Un graphique à barres (Figure 2.32) n'est pas qu'un simple histogramme ayant été pivoté à 90 degrés. Cela peut parfois être le cas, lorsque le texte des légendes, sur l'axe des catégories, est trop long pour être affiché sous un histogramme. Mais un graphique à barres sert surtout à représenter la répartition d'un certain nombre de valeurs, ou des proportions quand les barres se succèdent horizontalement, à la manière d'un graphique empilé.

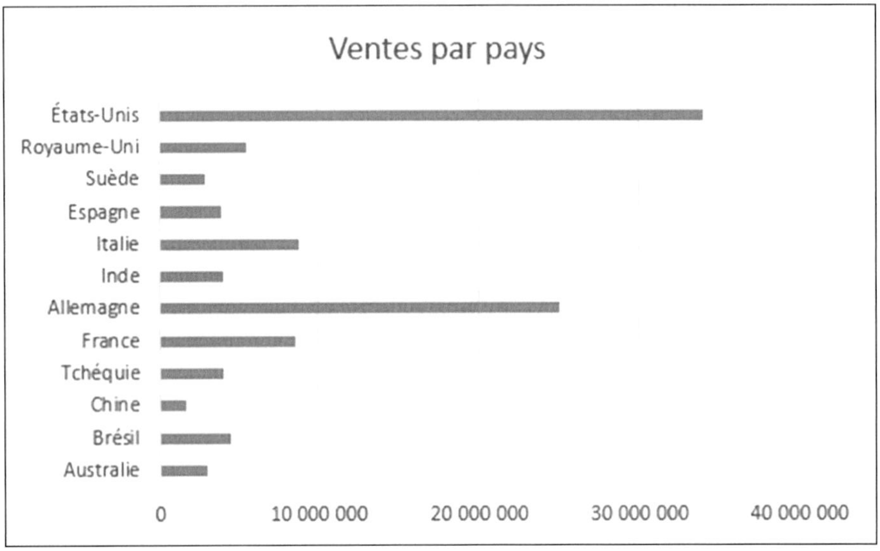

Figure 2.32 : Un graphique à barres.

Comme le révèle le graphique à barres, les très grandes disparités de valeurs sont plus aisément évaluables que sur un histogramme. La disposition horizontale des barres exprime efficacement la notion d'avance ou de retard de la concurrence.

La pyramide des âges

L'utilisation la plus classique des graphiques à barres est la pyramide, notamment la pyramide des âges bien connue des statisticiens. Dans la Figure 2.33, des éléments démographiques ont été saisis dans la feuille de calcul : des tranches d'âges ainsi que le nombre d'hommes et de femmes dans chacune de ces tranches.

Le graphique à barres a été réalisé en sélectionnant la plage de cellules A2:C6 et en cliquant ensuite sur l'onglet du ruban Insertion puis sur l'icône Insérer

	A	B	C
1	Tranche d'âge	Hommes	Femmes
2	0-14 ans	6 350 008	6 066 407
3	15-24 ans	4 025 283	3 842 989
4	25-54 ans	12 823 675	12 671 013
5	55-64 ans	4 008 672	4 294 218
6	65 ans et plus	5 360 078	7 111 423

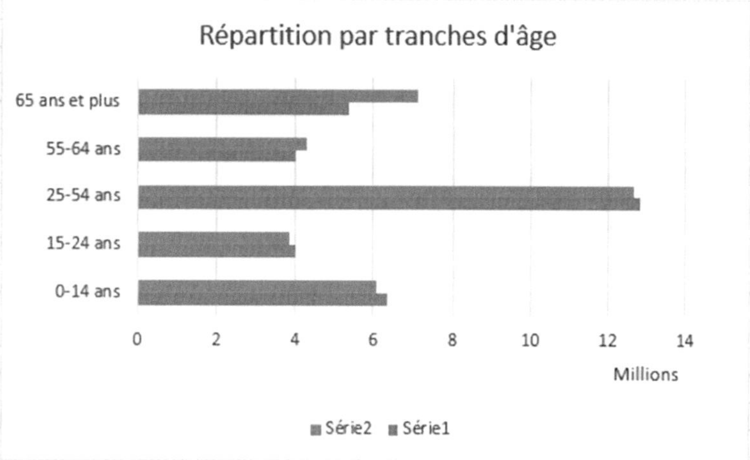

Source des données : CIA World Factbook

Figure 2.33 : Des données démographiques dans un graphique à barres.

un histogramme ou un graphique à barres. Puis, dans la rubrique Barres 2D, nous avons sélectionné l'option Barres groupées.

Le graphique ainsi obtenu met en évidence l'importance de chaque tranche d'âge par rapport à la population globale et, à l'intérieur de chaque tranche, la proportion d'hommes et de femmes. Il apparaît ainsi que si les femmes sont un peu moins nombreuses que les hommes parmi les jeunes et les adultes, elles sont davantage représentées à partir de 55 ans et surtout après 65 ans. Mais cela, un classique histogramme groupé l'aurait révélé tout aussi bien.

L'intérêt d'un graphique à barres, pour des statistiques de ce genre, est la possibilité de créer une pyramide des âges dans laquelle les hommes seraient placés d'un côté de l'axe vertical, les femmes de l'autre, comme dans celle que montre la Figure 2.34. Pour réaliser un graphique du même genre, nous devrons recouvrir à quelques subterfuges.

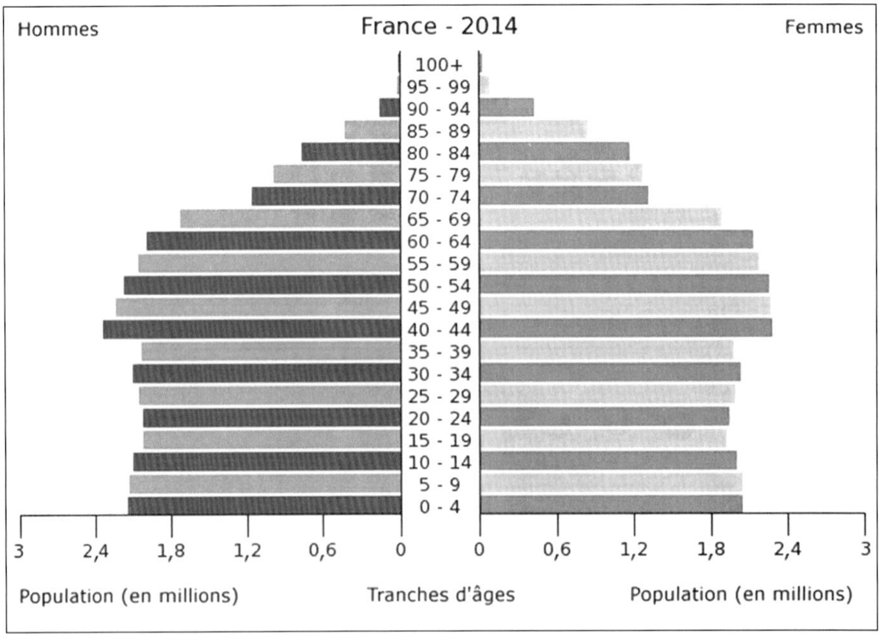

Document CIA World Factbook

Figure 2.34 : Une pyramide des âges.

Préparation de la feuille de calcul

Pour réaliser une pyramide des âges, la disposition des données, telle qu'elle apparaît dans la Figure 2.32 au début de cette étude des graphiques à barres, n'est pas exploitable.

Un graphique à barres empilées, comme celui de la Figure 2.35, n'est pas idéal, car les valeurs de la série Femmes sont simplement placées après celles de la série Hommes. Un tel graphique n'a que peu d'intérêt.

Commençons par préparer la feuille de calcul. Pour que les données de la série Femmes, que nous placerons à gauche du graphique, puissent s'étendre de l'axe vertical central vers la gauche, ces valeurs doivent être négatives. En vous basant sur le tableau dans la Figure 2.33, cliquez sur l'en-tête de la colonne B et dans le menu, choisissez Insertion. Une colonne vide est ainsi ajoutée avant la colonne Hommes, comme le montre la Figure 2.36. Réglez au besoin sa largeur. Sélectionnez-la en cliquant sur son en-tête et mettez-la au format Nombre, sans décimale, mais en séparant les milliers (rappelons aux oublieux qu'un moyen de le faire consiste à cliquer dans la sélection puis de choisir Format de cellule > Nombre. Mettez ensuite Nombre de décimales à

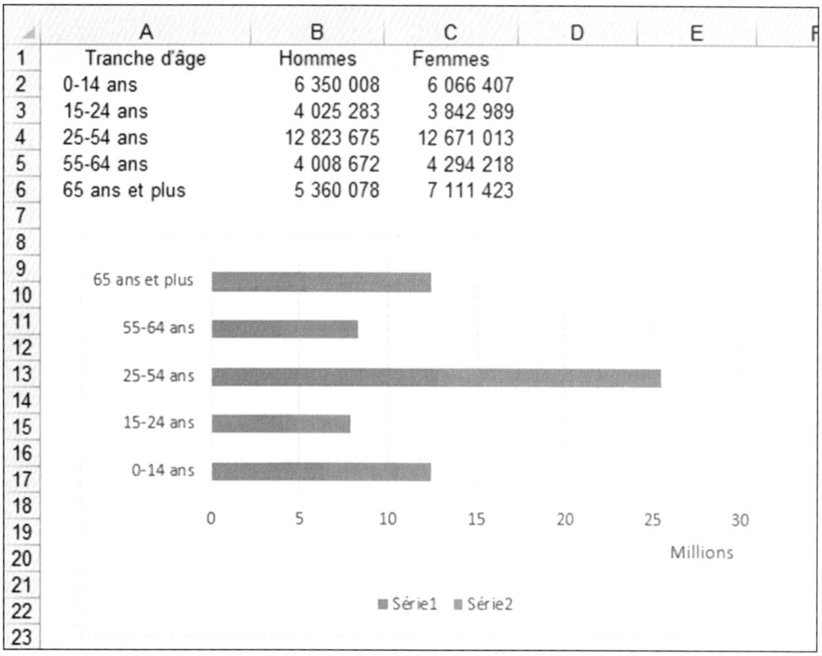

	A	B	C	D	E
1	Tranche d'âge	Hommes	Femmes		
2	0-14 ans	6 350 008	6 066 407		
3	15-24 ans	4 025 283	3 842 989		
4	25-54 ans	12 823 675	12 671 013		
5	55-64 ans	4 008 672	4 294 218		
6	65 ans et plus	5 360 078	7 111 423		

Figure 2.35: Les tranches d'âge ne sont pas représentatives dans un graphique à barres empilées.

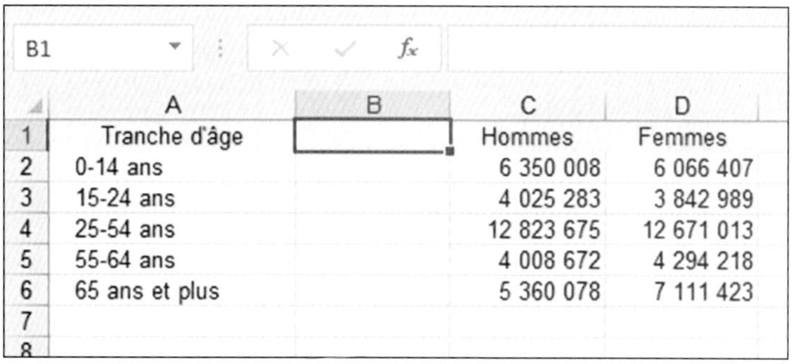

B1

	A	B	C	D
1	Tranche d'âge		Hommes	Femmes
2	0-14 ans		6 350 008	6 066 407
3	15-24 ans		4 025 283	3 842 989
4	25-54 ans		12 823 675	12 671 013
5	55-64 ans		4 008 672	4 294 218
6	65 ans et plus		5 360 078	7 111 423

Figure 2.36 : Une nouvelle colonne vient d'être créée.

zéro et cochez la case Utiliser le séparateur de milliers). Saisissez ensuite **Femmes** dans la cellule B1.

Procédez ensuite comme suit :

1. **Dans la colonne B2, saisissez :**

```
=0-D2
```

Cette formule affiche la valeur de B2 sous la forme d'une valeur négative.

2. **Cliquez sur le bouton de recopie, dans le coin inférieur droit du cadre de la cellule active puis, bouton de la souris enfoncé, tirez-le vers le bas jusqu'à la dernière ligne qui, dans la colonne D contient une valeur.**

   La colonne B contient les valeurs négatives, comme le montre la Figure 2.37.

B2 | =0-D2

	A	B	C	D
1	Tranche d'âge	Femmes	Hommes	Femmes
2	0-14 ans	-6 066 407	6 350 008	6 066 407
3	15-24 ans	-3 842 989	4 025 283	3 842 989
4	25-54 ans	-12 671 013	12 823 675	12 671 013
5	55-64 ans	-4 294 218	4 008 672	4 294 218
6	65 ans et plus	-7 111 423	5 360 078	7 111 423
7				
8				
9				

Figure 2.37 : La colonne B contient des valeurs négatives.

Les données sont prêtes à être représentées sur le graphique à barres.

Réalisation de la pyramide des âges

Comme nous disposons de données exploitables pour une pyramide des âges, il ne reste plus qu'à créer le graphique à barres approprié :

1. **Sélectionnez la plage de cellules A1:C6.**

   La colonne D contenant des valeurs positives pour les statistiques Femmes est bien évidemment omise.

2. **Cliquez sur l'onglet du ruban Insertion.**

3. **Dans le groupe Graphiques, cliquez sur l'icône Insérer un histogramme ou un graphique à barres.**

4. **Dans la rubrique Barres 2D, cliquez sur la variante Barres empilées.**

   Excel crée un graphique représentant la pyramide des âges (Figure 2.38).

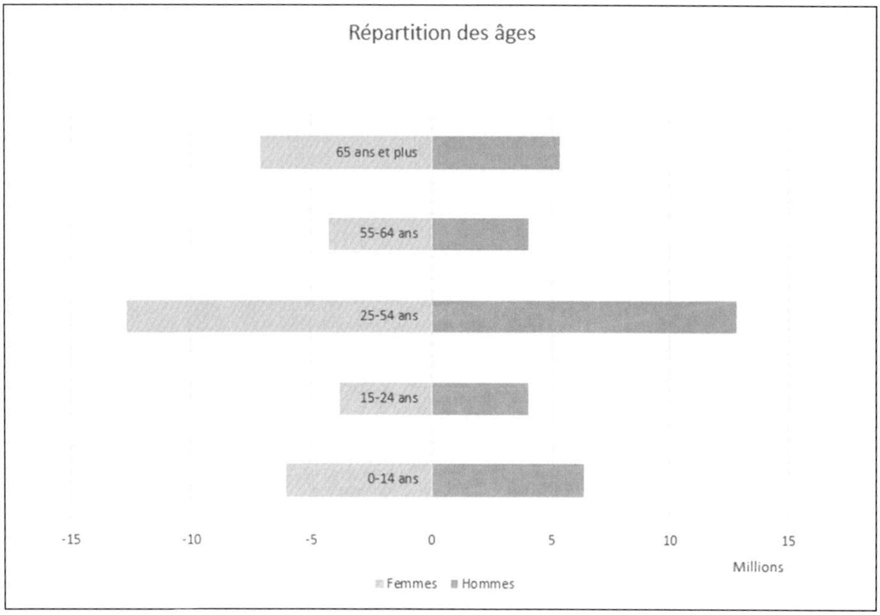

Figure 2.38 : Une pyramide selon l'âge et le sexe d'une population.

La pyramide des âges représentée sur la Figure 2.38 n'est pas parfaite. À cause de l'astuce consistant à utiliser une colonne de valeurs négatives, l'axe en abscisse affiche le nombre de femmes en valeurs négatives.

Notez aussi que quelques mises en forme ont été apportées au graphique. Les couleurs des points de données ont été modifiées – nous verrons comment procéder dans le prochain chapitre – et sur l'axe horizontal, les millions sont indiqués, et non les unités sous la forme 5 000 000, par exemple. Voici comment effectuer cette simplification :

1. **Cliquez du bouton droit sur l'axe horizontal puis, dans le menu, choisissez Mise en forme de l'axe (Figure 2.39).**

   Le volet Format de l'axe apparaît à droite.

2. **Cliquez sur le menu Unités d'affichage.**

3. **Dans la liste, choisissez Millions (Figure 2.40).**

   Dans le graphique, les valeurs sont représentées par millions, ce qui est plus élégant qu'une pléthore de zéros.

De nombreuses autres mises en forme peuvent être appliquées à un graphique. Nous les étudierons dans les Chapitres 3 et 4

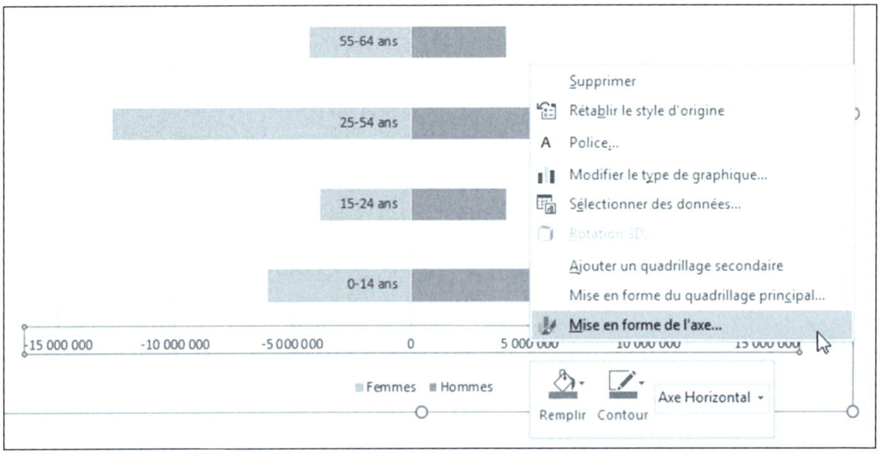

Figure 2.39 : Modifiez les unités affichées sur l'axe.

Espacer les séries

Supposons que vous désiriez créer une pyramide des âges, mais en séparant les deux séries de données, comme dans la Figure 2.41. Vous utiliserez ensuite cet espace à votre guise, en ajoutant une zone de texte, ou une forme, ou tout ce que vous voudrez.

Pour créer cet espace, vous devrez ajouter deux colonnes de valeurs au tableau, l'une avec des nombres négatifs, l'autre avec des nombres positifs, afin que l'espace se répartisse de part et d'autre de l'axe vertical. La valeur à utiliser dépend de l'ordre de grandeur des valeurs à représenter.

TRUC

Pour pouvoir régler facilement l'espacement, saisissez la valeur de réglage dans la cellule C2. Ensuite, dans la cellule C3, saisissez **=C2** puis recopiez cette formule vers le bas avec la poignée de recopie. De même, dans la cellule B2, saisissez

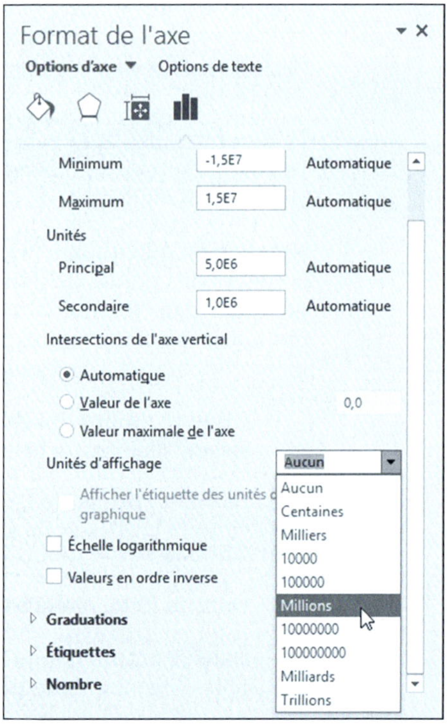

Figure 2.40 : Choisissez les millions comme unité d'axe.

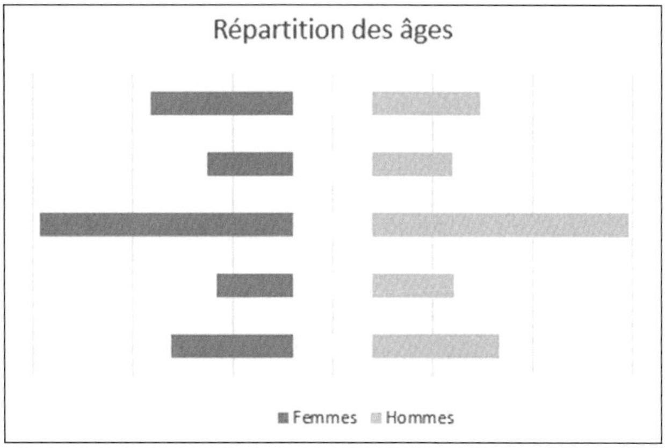

Figure 2.41 : Les données des femmes et des hommes ont été séparées.

=0-C2 puis recopiez la cellule vers le bas. Ainsi, il vous suffira de modifier la valeur de départ, dans la cellule C2, pour que l'espacement dans le graphique soit mis à jour.

Sélectionnez ensuite les données dans les colonnes B, C, D et E puis créez le graphique à barres empilées. Comme Excel choisit automatiquement les couleurs selon le thème courant, vous devrez modifier la couleur des deux séries d'espacement et mettre en blanc, comme expliqué dans le Chapitre 4, « La mise en forme des graphiques ». Il vous faudra aussi supprimer les axes, notamment l'axe des valeurs dont les chiffres sont faussés par les valeurs d'espacement. Pour ce faire, cliquez sur un axe afin de le sélectionner et appuyez ensuite sur la touche Suppr.

Les graphiques statistiques

Excel étant doté de nombreuses fonctions statistiques, il est normal qu'il soit aussi doté de graphiques à vocation statistique. Ils ne sont pas très nombreux, mais néanmoins appréciables. Le premier est le diagramme de Pareto, le second un graphique nommé Zone et valeur.

Le diagramme de Pareto

Excel permet de créer des histogrammes statistiques appelés diagrammes de Pareto. Ils reposent sur une loi des probabilités dite principe des 20/80, selon laquelle 20 % des causes produisent 80 % des effets. Par exemple, 20 % des produits en vente dans un magasin génèrent 80 % des bénéfices. Ou encore,

20 % des défauts représentent 80 % des pannes. Il suffirait par conséquent d'agir sur les 20 % de causes déterminantes pour influencer fortement la globalité d'un phénomène. Ce principe des 20/80 est ainsi un puissant outil de hiérarchisation des priorités et de prises de décisions.

Pour que les résultats soient exploitables, la création d'un diagramme de Pareto exige une préparation préalable des données. Voici un exemple inspiré de celui qui se trouve sur le site Internet `www.commentprogresser.com/outilpareto.html`. Il est censé mettre en évidence les causes majeures de mécontentement d'un produit. Il s'agit ici d'un appareil photo dont les caractéristiques ont été jugées par un panel d'utilisateurs. Le constructeur désire connaître celles qui devraient être améliorées afin de satisfaire le plus grand nombre de clients.

Préparer les données

La Figure 2.42 montre la liste des appréciations négatives ainsi que le nombre d'utilisateurs qui les ont signalées, et le total des scores. Ces derniers ont été triés dans l'ordre décroissant, du plus élevé au plus faible.

	A	B	C	D
1	Critiques négatives			
2	Sensibilité ISO réduite	52		
3	Confort de la visée	45		
4	Vitesse d'obturation réduite	43		
5	Non anti-ruissellement	42		
6	Pas de flash	38		
7	Robustesse faible	38		
8	Déclencheur bruyant	35		
9	Menus compliqués	32		
10	Poids excessif	31		
11	Ergonomie à revoir	28		
12	Gamme d'objectifs réduite	25		
13	Pas de GPS	19		
14	Rafale trop lente	18		
15	Pas de Wi-Fi	12		
16	Total :	458		
17				

Figure 2.42 : Une liste de critiques négatives.

Il faut ensuite calculer le pourcentage de chacun des critères. Dans la cellule C2 de notre exemple, saisissez la formule suivante :

```
=B2/B$16*100
```

Recopiez-la ensuite vers le bas, jusqu'à la ligne 15, avec la poignée de recopie automatique. Le signe $, dans B$16, rend la référence partiellement absolue afin qu'à chaque ligne de la colonne C, le diviseur soit toujours la valeur de la cellule B16.

Après avoir calculé les pourcentages de chaque critique négative, il faut calculer les pourcentages cumulés. Dans la cellule D2, tapez :

```
=C2
```

Ensuite, dans la cellule D3, saisissez cette formule :

```
=C3 + D2
```

Recopiez ensuite le contenu de la cellule D3 vers le bas avec la poignée de recopie. Cette action cumule les pourcentages ligne après ligne, comme le montre la Figure 2.43. La dernière cellule, D15 dans notre exemple, doit contenir 100.

	A	B	C	D
1	Critiques négatives		%	%
2	Sensibilité ISO réduite	52	11,35	11,35
3	Confort de la visée	45	9,83	21,18
4	Vitesse d'obturation réduite	43	9,39	30,57
5	Non anti-ruissellement	42	9,17	39,74
6	Pas de flash	38	8,30	48,03
7	Robustesse faible	38	8,30	56,33
8	Déclencheur bruyant	35	7,64	63,97
9	Menus compliqués	32	6,99	70,96
10	Poids excessif	31	6,77	77,73
11	Ergonomie à revoir	28	6,11	83,84
12	Gamme d'objectifs réduite	25	5,46	89,30
13	Pas de GPS	19	4,15	93,45
14	Rafale trop lente	18	3,93	97,38
15	Pas de Wi-Fi	12	2,62	100,00
16	Total :	458		
17				

Figure 2.43 : La liste après le calcul des pourcentages et des pourcentages cumulés.

Les données sont à présent prêtes pour une représentation sur un diagramme de Pareto.

Créer le diagramme de Pareto

Procédez comme suit pour créer le diagramme de Pareto :

1. **Sélectionnez les données à représenter dans l'histogramme de Pareto.**

   Elles se trouvent dans les colonnes A (objets des critiques), B (nombres d'avis), C (pourcentages d'avis) et D (pourcentages cumulés). En fait, il faut tout sélectionner sauf les en-têtes.

2. **Cliquez sur l'onglet du ruban Insertion.**

3. **Dans le groupe Graphiques, cliquez sur l'icône Insérer un graphique statistique.**

4. **Dans la rubrique Histogramme, cliquez sur la variante de droite (Figure 2.44).**

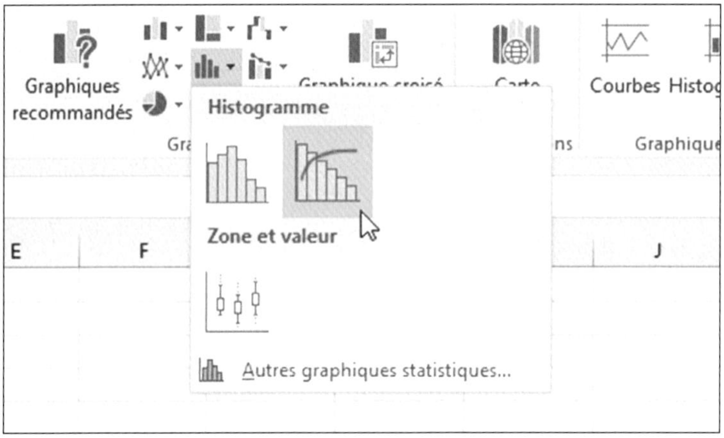

Figure 2.44 : Sélection de l'histogramme de Pareto.

   Elle crée un histogramme combiné contenant les colonnes ainsi que la ligne de Pareto.

   La première variante de graphique, à gauche, simplement nommée Histogramme, crée les colonnes montrant la fréquence des avis, mais sans la ligne de Pareto.

5. **Cliquez du bouton droit sur l'une des colonnes puis, dans le menu, choisissez Ajouter des étiquettes de données > Ajouter des étiquettes de données.**

   Les valeurs des colonnes sont ainsi affichées.

ATTENTION !

Excel est malheureusement incapable d'afficher des valeurs sur la ligne de Pareto, ce qui rend l'interprétation des données très approximative.

Le diagramme de Pareto est aussitôt créé (Figure 2.45). Les colonnes bleues représentent la fréquence en pourcentage de chaque avis négatif. La ligne de Pareto rouge représente le pourcentage cumulé. L'axe à gauche représente le nombre maximal de critiques, et l'axe à droite représente le pourcentage de satisfaction.

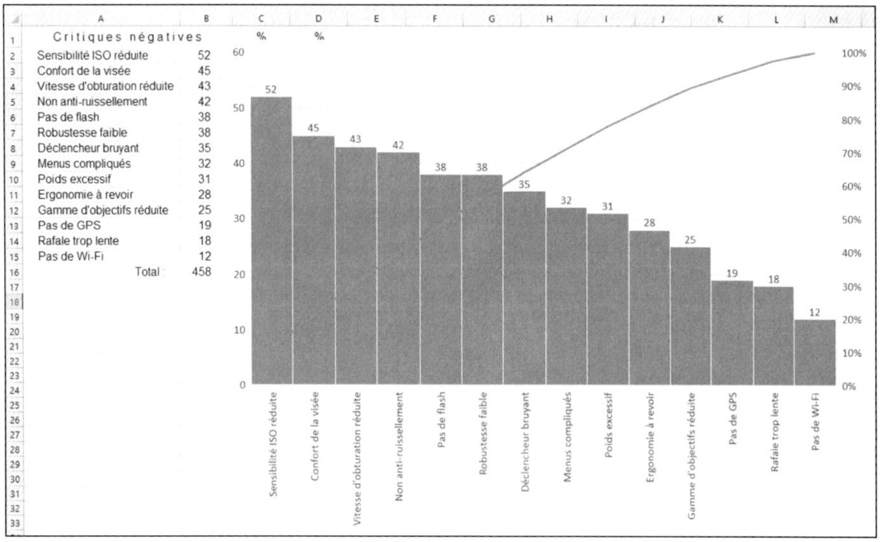

Figure 2.45 : Le diagramme de Pareto.

Faute d'étiquettes, le diagramme de Pareto affiché par Excel ne fournit qu'une approximation des valeurs. Par exemple, en choisissant d'améliorer les trois premiers critères, à gauche, c'est-à-dire la sensibilité ISO réduite du capteur, le confort du viseur et la vitesse d'obturation perfectible, le fabricant contentera environ 30 % des insatisfaits, selon l'axe des valeurs à droite. Il arrivera à près de 50 % de clients satisfaits en corrigeant aussi les deux critères suivants : la résistance au ruissellement du boîtier et l'ajout d'un flash intégré.

L'histogramme Zone et valeur

L'histogramme Zone et valeur est un outil d'analyse statistique. Il sert à représenter des données réparties au sein de quartiles afin de voir les valeurs moyennes et les valeurs hors normes.

Commençons par créer l'histogramme Zone et valeur :

1. **Placez les légendes dans une colonne et les chiffres à analyser dans la colonne contiguë.**

   Plusieurs colonnes de chiffres peuvent être analysées simultanément.

2. **Sélectionnez les deux colonnes.**
3. **Cliquez sur l'onglet du ruban Insertion.**
4. **Dans le groupe Graphiques, cliquez sur l'icône Insérer un graphique statistique.**
5. **Dans la rubrique Zone et valeur, cliquez sur l'unique icône qui s'y trouve (fort opportunément nommée Zone et valeur elle aussi).**

   Excel crée le graphique que montre la Figure 2.46.

	A	B
1	Genre	Prix
2	Littérature	26,00 €
3	Livres pratiques	35,00 €
4	Littérature	32,00 €
5	Livres scolaires	27,00 €
6	Littérature	17,00 €
7	Littérature	35,00 €
8	Livres scolaires	28,00 €
9	Livres scolaires	22,00 €
10	Littérature	33,00 €
11	Littérature	21,00 €
12	Livres pratiques	17,00 €
13	Livres scolaires	26,00 €
14	Livres pratiques	27,00 €
15	Littérature	35,00 €
16	Littérature	33,00 €
17	Livres pratiques	25,00 €
18	Littérature	17,00 €
19	Livres scolaires	29,00 €
20	Littérature	29,00 €
21	Littérature	75,00 €
22	Livres scolaires	27,00 €
23	Livres scolaires	50,00 €

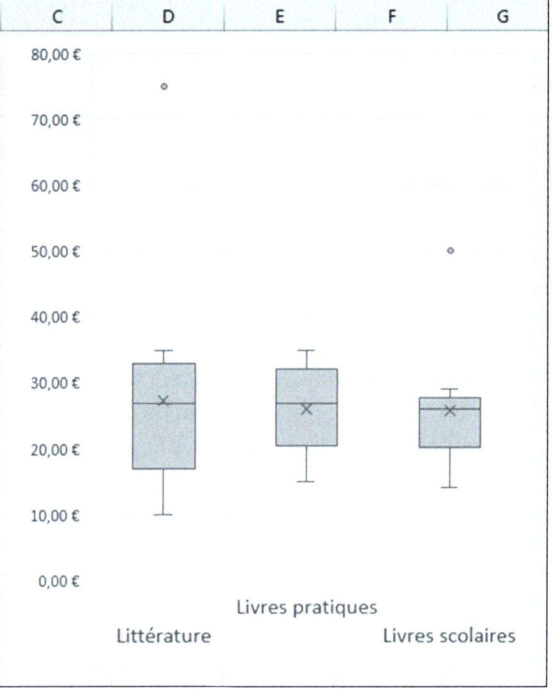

Figure 2.46 : Un graphique Zone et valeur.

Le graphique Zone et valeur de notre exemple révèle la répartition selon leur prix de trois genres de livres vendus dans une librairie : littérature, livres pratiques et livres scolaires. La seconde colonne contient le prix des différents livres.

Une zone est créée pour chaque série de valeurs. Elle se présente sous la forme d'un rectangle semblable à celui de la Figure 2.47 et elle comprend quatre éléments : deux parties formant le rectangle et deux segments, en haut et en bas de la zone, appelés « moustaches ». Ces dernières délimitent le maximum local et le minimum local (reportez-vous à la Figure 2.47).

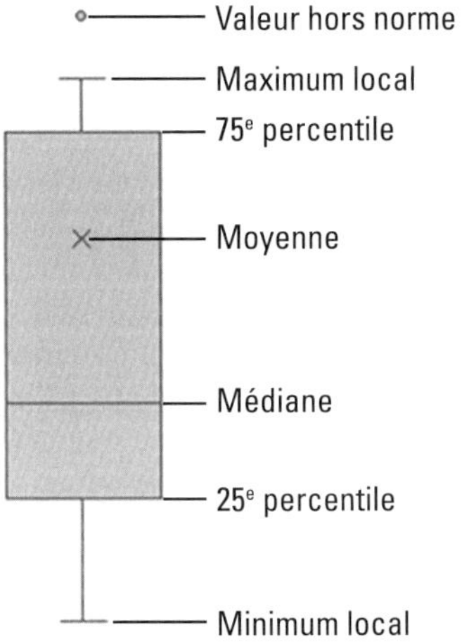

Figure 2.47 : Comment lire une zone et sa valeur.

Ces quatre éléments correspondent aux différents quartiles. Le premier, de 0 à 25 %, correspond à la moustache inférieure. Le deuxième quartile, qui s'étend jusqu'à 50 %, correspond à la ligne horizontale qui sépare la zone en deux. Cette ligne est la valeur médiane. Le bord supérieur de la zone est au troisième quartile, soit 75 %. Enfin, la moustache supérieure correspond au dernier quartile, le plus élevé de l'ensemble des données.

La croix indique la moyenne de toutes les valeurs prises en compte par le graphique. Si le tableau contient des valeurs hors normes, elles sont représentées par des points.

Médianes inclusives et exclusives

Par défaut, la valeur médiane n'est pas calculée. De ce fait, la zone rectangulaire est toujours un peu plus étendue que si la médiane était prise en compte. Pour l'inclure, cliquez du bouton droit sur une zone puis, dans le menu, choisissez Mettre en forme une série de données. Cette action affiche le panneau que montre la Figure 2.48. Cliquez ensuite sur le bouton d'option Médiane inclusive.

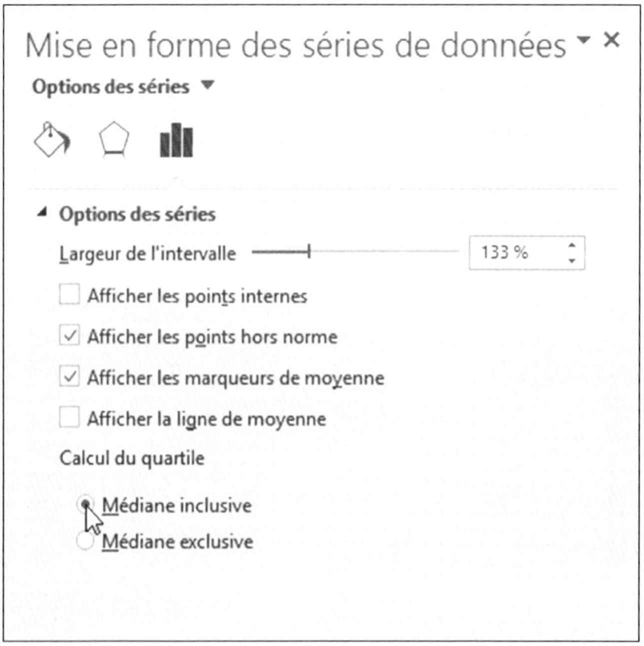

Figure 2.48 : Indiquez ici si le calcul du quartile doit inclure ou exclure la médiane.

Notez que le volet Mise en forme des séries de données contient aussi des options permettant d'afficher les points de données à l'intérieur des zones rectangulaires, et d'afficher la ligne de moyenne.

Courbes et aires

Ces deux graphiques servent à représenter des évolutions et des tendances. Les courbes montrent clairement la progression d'un ou de plusieurs facteurs. Dans l'absolu, les aires sont aussi des courbes, car, même si elles ressemblent à des plaques verticales, seul le profil du bord supérieur est significatif.

Le graphique en courbes

Un graphique en courbes est composé de points reliés par des droites. Il sert principalement à montrer l'évolution d'une variable dans le temps, comme la température, le poids, le cours d'une action, un salaire, etc. La durée est représentée sur l'axe horizontal, la valeur sur l'axe vertical.

La Figure 2.49 montre la courbe de poids d'un jeune chien. Les points de données se rapportent aux poids saisis dans la ligne 3.

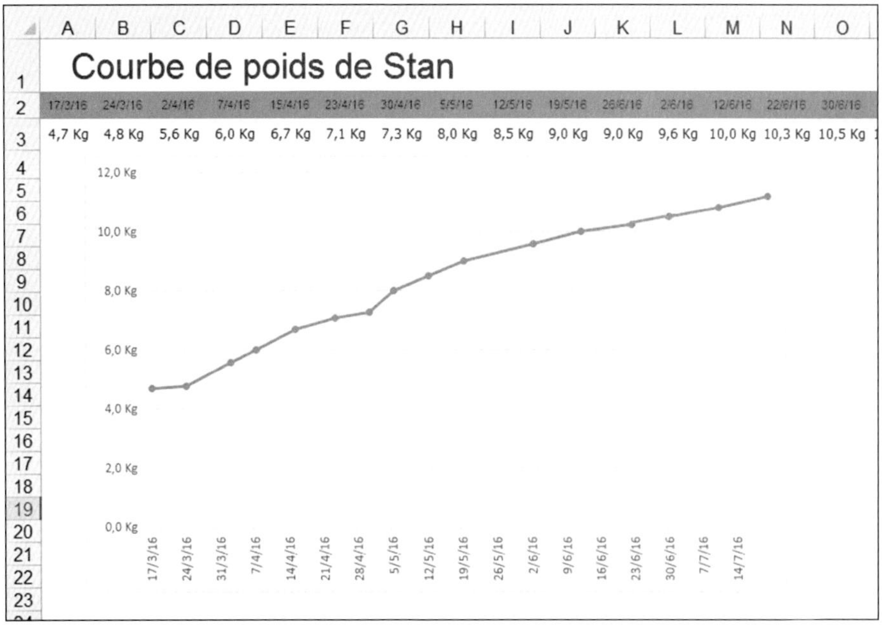

Figure 2.49 : La courbe de poids d'un cocker de quelques mois.

Procédez comme suit pour créer un graphique en courbes :

1. **Sélectionnez la plage de cellules A1:E5.**

   Autrement dit, cliquez dans la cellule A1 puis, touche Majuscule enfoncée, cliquez dans la cellule E5.

2. **Cliquez sur l'onglet du ruban Insertion.**

3. **Dans le groupe Graphiques, cliquez sur l'icône Insérer un graphique en courbes ou en aires.**

4. **Dans le panneau qui suit, sélectionnez le type de courbe désiré parmi les rubriques Courbe 2D et Courbe 3D (Figure 2.50).**

Lorsque plusieurs courbes sont représentées afin de comparer des évolutions, elles sont différenciées par des couleurs qu'Excel attribue automatiquement selon le thème courant. Nous verrons dans le Chapitre 4, « La mise en forme des graphiques », comment les modifier.

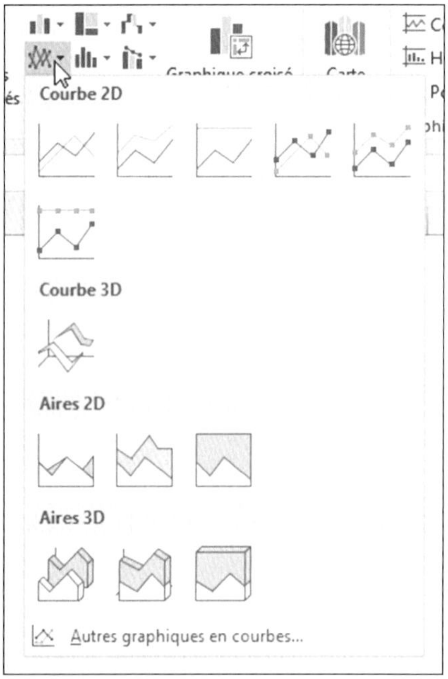

Figure 2.50 : Le panneau de sélection des graphiques en courbes.

Pour le moment, il s'agit de choisir un type de courbe. Comme pour tous les types de graphiques, survoler les icônes des rubriques Courbe 2D et Courbe 3D avec la souris affiche un aperçu du graphique.

Limiter l'échelle

La Figure 2.51 montre les courbes obtenues à partie du tableau visible à l'arrière-plan. La comparaison des résultats n'est pas facile parce que les chiffres sont tous compris entre une même fourchette de 105 et 150. Or, Excel détermine toujours, pour l'axe des valeurs, une échelle allant de 0 jusqu'à la prochaine graduation supérieure à la valeur maximale, 150 en l'occurrence.

Pour rendre le graphique plus informatif, nous devons limiter l'échelle à des valeurs entre 100 et 160 en procédant de la manière suivante :

1. **Cliquez du bouton droit sur l'axe vertical – celui des valeurs – et dans le menu, choisissez Mise en forme de l'axe.**

   Le volet Format de l'axe apparaît.

2. **Dans la rubrique Options de l'axe, saisissez 100 dans le champ Minimum, comme le montre la Figure 2.52. Appuyez ensuite sur la touche Entrée.**

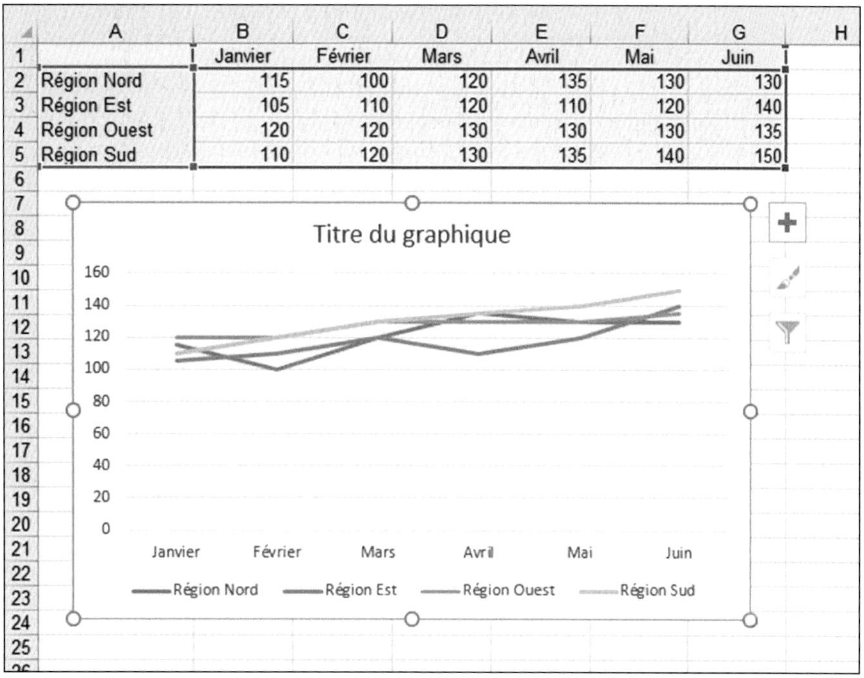

Figure 2.51 : Les courbes de résultats de quatre régions.

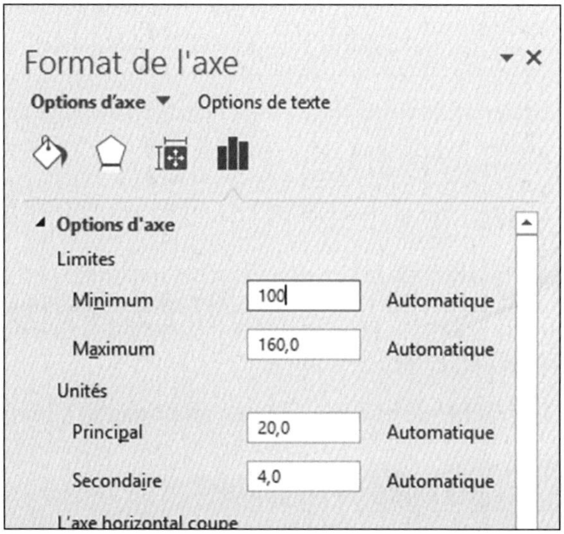

Figure 2.52 : Réglez ici la valeur minimale et la valeur maximale à afficher sur l'axe des valeurs.

Il est inutile de modifier la valeur maximale, car celle proposée par Excel nous convient.

Sitôt après avoir appuyé sur la touche Entrée, le graphique est mis à jour. Dans la Figure 2.53, l'évolution des valeurs est beaucoup plus révélatrice que précédemment. Le graphique en courbes a en quelque sorte été étiré en hauteur, d'où une meilleure lisibilité. Il révèle par exemple la constance de la progression de la région Sud (courbe jaune) et la progression entre les mois d'avril et de mars suivie d'une stagnation des résultats de la région Ouest (courbe grise).

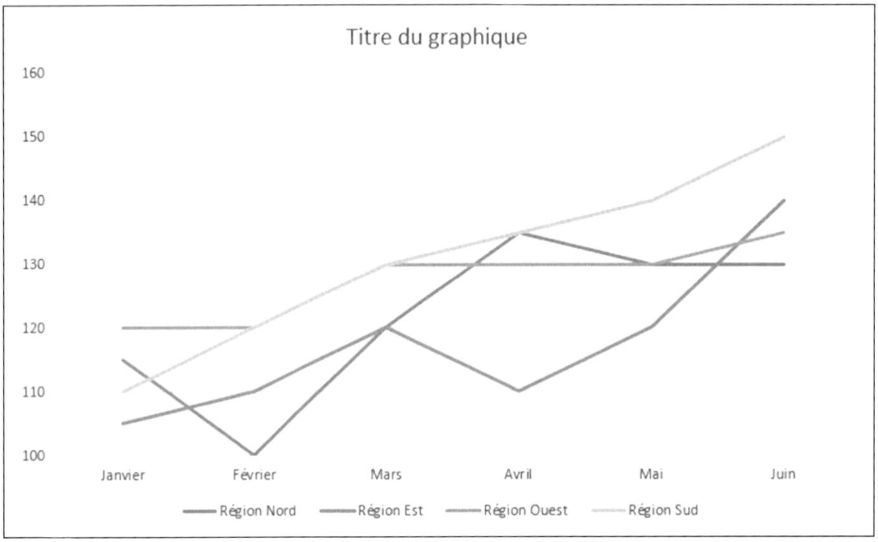

Figure 2.53 : L'échelle des valeurs du graphique a été réduite à une plage de 100 à 160.

Déplacer une série

Une partie de la courbe grise de la région Ouest est masquée par la courbe jaune de la région Sud car leurs chiffres de février et de mars sont identiques. Si vous préférez que la courbe grise soit visible, mettez-la à l'avant-plan, par rapport à la courbe jaune, en procédant ainsi :

1. **Cliquez sur le graphique et assurez-vous que l'onglet Création est actif.**

   Il appartient à l'onglet Outils de graphique.

2. **Dans le groupe Données, cliquez sur l'icône Sélectionner les données.**

La boîte de dialogue Sélectionner la source de données apparaît. Dans la fenêtre Entrées de légendes, à gauche, les séries apparaissent dans l'ordre où elles figurent dans le tableau de la feuille de calcul.

3. **Dans la fenêtre Entrées de légendes, cliquez sur le nom de la courbe à placer à l'avant-plan.**

   Il s'agit pour cet exercice de la courbe Région Sud.

4. **En haut à droite de la fenêtre, cliquez sur le bouton Déplacer vers le haut, comme le montre la Figure 2.54.**

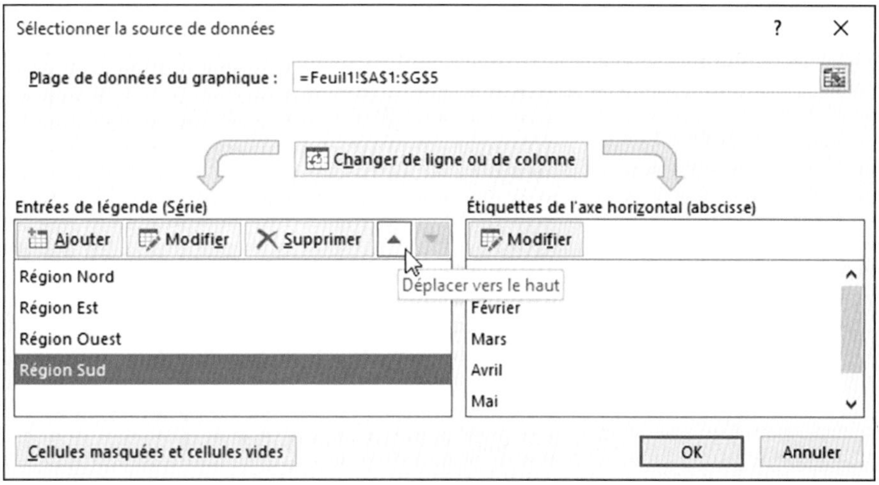

Figure 2.54 : Déplacez des séries pour les mettre en avant ou en arrière sur le graphique.

   Dans le graphique, la courbe est aussitôt mise à jour, comme l'illustre la Figure 2.55.

   Cliquez sur OK pour quitter la boîte de dialogue Sélectionner la source de données.

Cette manipulation est intéressante pour mettre une série en valeur par rapport à une autre, mais elle oblige à effectuer un choix : la courbe que l'on met en valeur l'est au détriment d'une autre.

Une autre solution consiste à recourir à des courbes 3D. L'orientation judicieuse du graphique permettra de montrer toutes les courbes sans en léser aucune. Plutôt que de recréer le graphique dès le début, nous nous contenterons d'en changer la variante.

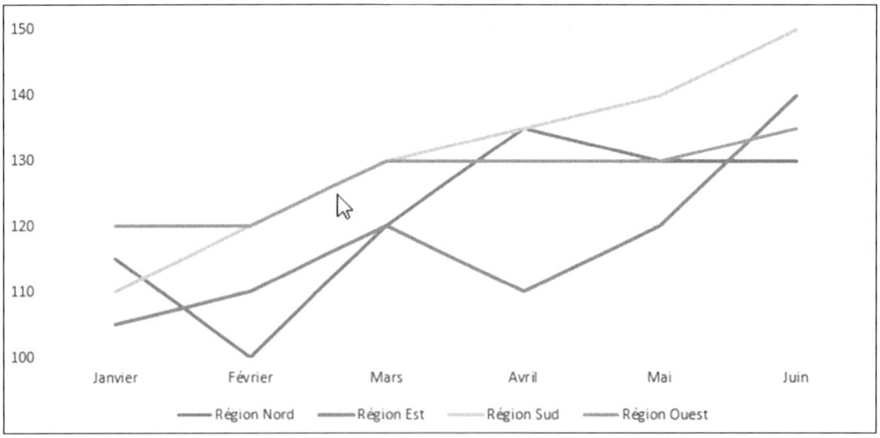

Figure 2.55 : L'ordre des courbes grise et jaune a été modifié par rapport à celui de la Figure 2.50.

Changer de variante

Nous ne changerons ici que la variante du graphique en courbes. Il ne se posera donc aucun problème de structure du tableau de données, comme ce serait le cas avec certains changements de type (nous y reviendrons au Chapitre 5, « Présenter et filtrer des données »). Voici comment changer un graphique en courbes 2D en graphique en courbes 3D :

1. **Dans le groupe Type du ruban Création, cliquez sur l'icône Modifier le type de graphique.**

   La boîte de dialogue Modifier le type de graphique apparaît.

2. **Cliquez sur l'icône Courbe 3D.**

   Un aperçu du graphique est affiché dans la boîte de dialogue, comme le montre la Figure 2.56.

3. **Cliquez sur le bouton OK.**

   Le graphique est mis à jour. Chaque série de valeur est représentée par un ruban coloré, conformément à l'aperçu affiché dans la boîte de dialogue Modifier le type de graphique.

4. **Pour orienter différemment le graphique, cliquez du bouton droit dans la zone de graphique ou sur une série puis, dans le menu, choisissez Rotation 3D.**

   Le volet Format de la zone de graphique apparaît.

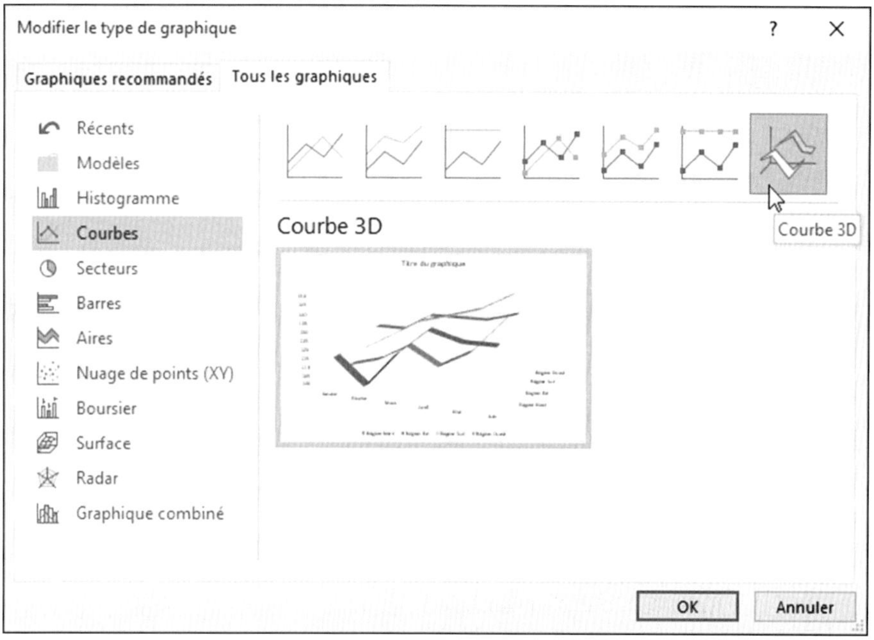

Figure 2.56 : Choisissez une nouvelle variante de graphique en courbe.

5. **Utilisez la commande Rotation X pour déplacer le point de vue horizontalement autour du graphique, la Rotation Y pour élever ou abaisser le point de vue, et la commande Perspective pour le rapprocher ou l'éloigner.**

   Dans la Figure 2.57, l'ordre des graphiques est plus évident qu'avec des courbes 2D. La comparaison des chiffres exige en revanche plus d'efforts.

Les courbes empilées

Le graphique en courbes possède des variantes à courbes empilées. Leur interprétation est complètement différente de celle des courbes 2D et 3D. En effet, comme le révèle la Figure 2.58, les résultats ne sont plus comparés entre eux, mais cumulés. Chaque courbe est la somme de ses points de données et de ceux qui se trouvent dessous.

En fait, les courbes empilées sont inadaptées pour ce genre de graphique. Elles servent en effet à montrer des variations à l'intérieur d'un ensemble. Dans l'aide d'Excel, Microsoft recommande d'utiliser les graphiques de type Aire à la place des courbes empilées. C'est un choix parfaitement judicieux,

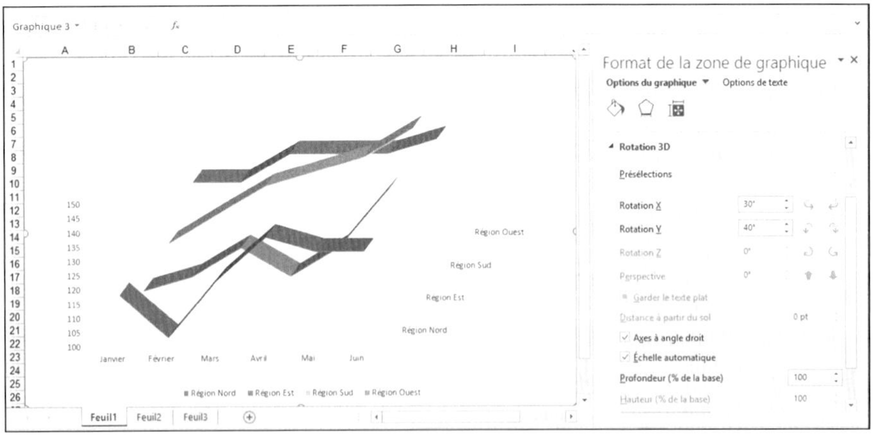

Figure 2.57 : Un graphique en courbes 3D. L'orientation a été modifiée afin d'améliorer la présentation.

	Janvier	Février	Mars	Avril	Mai	Juin
Région Nord	115	100	120	135	130	130
Région Est	105	110	120	110	120	140
Région Ouest	120	120	130	130	130	135
Région Sud	110	120	130	135	140	150

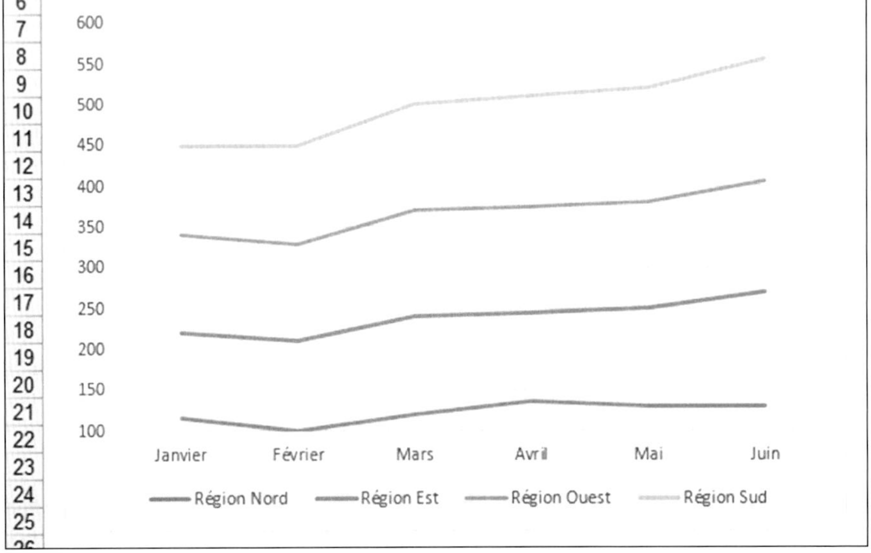

Figure 2.58 : Les courbes empilées cumulent les valeurs au lieu de permettre leur comparaison.

car les aires ne sont en définitive que des courbes sous lesquelles de la couleur a été ajoutée.

Le graphique en aires

Un graphique en aires est apparenté à un graphique en courbes. Comme le montre la Figure 2.59. Il est parfait pour montrer l'évolution de plusieurs valeurs les unes par rapport aux autres.

	A	B	C	D	E	F	G
1		2010	2011	2012	2013	2014	2015
2	Europe	250	300	320	300	350	400
3	États-Unis	50	75	80	150	80	110
4	Japon	100	50	120	250	200	180

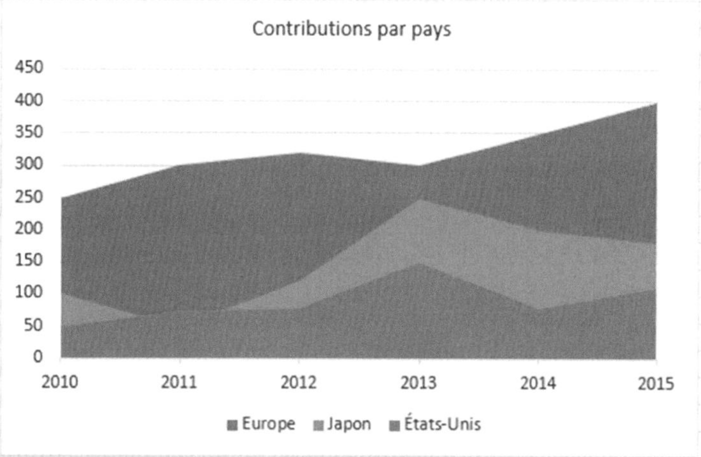

Figure 2.59 : Un graphique en aires montre l'évolution des valeurs.

Les données s'occultent partiellement entre elles. Lorsqu'une série est plus faible que les autres, tout au long de l'axe horizontal, elle peut n'être qu'à peine visible, voire complètement occultée par des séries dont les valeurs sont plus importantes.

Vous devrez alors recourir à la boîte de dialogue Sélectionner la source de données, comme nous l'avons expliqué à propos des graphiques en courbes, pour faire reculer ou avancer les séries (Figure 2.60) jusqu'à ce que leur ordre soit satisfaisant. Rappelons que cette commande se trouve dans l'onglet Création des Outils de graphique.

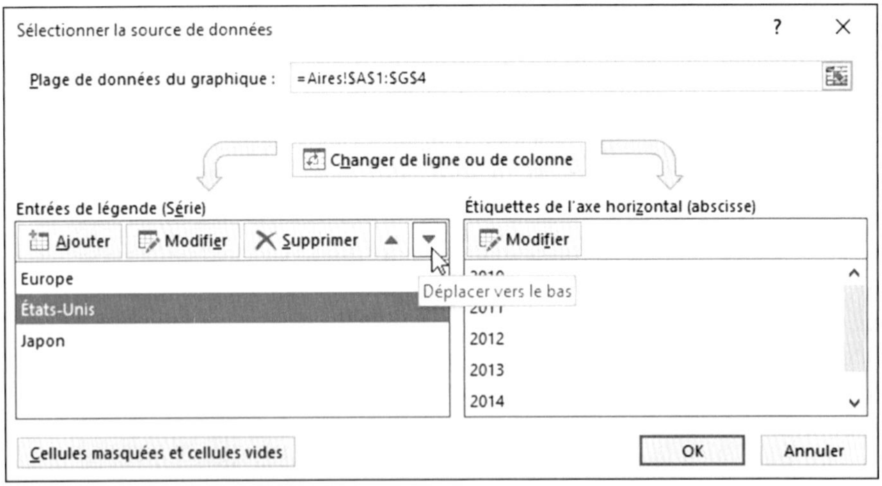

Figure 2.60 : Réglez l'ordre des aires avec les boutons Déplacer vers le haut (vers l'arrière-plan dans le graphique) et Déplacer vers le bas (vers le premier plan dans le graphique).

Vous recourrez aussi à la boîte de dialogue Sélectionner la source de données pour réorganiser des séries d'un graphique en aires 3D semblable à celui que montre la Figure 2.61. Cliquez ensuite du bouton droit dans la zone de graphique et dans le menu, choisissez Rotation 3D. Réglez ensuite les rotations X et Y. Réglez l'intervalle entre les séries avec la commande Profondeur (% de la base).

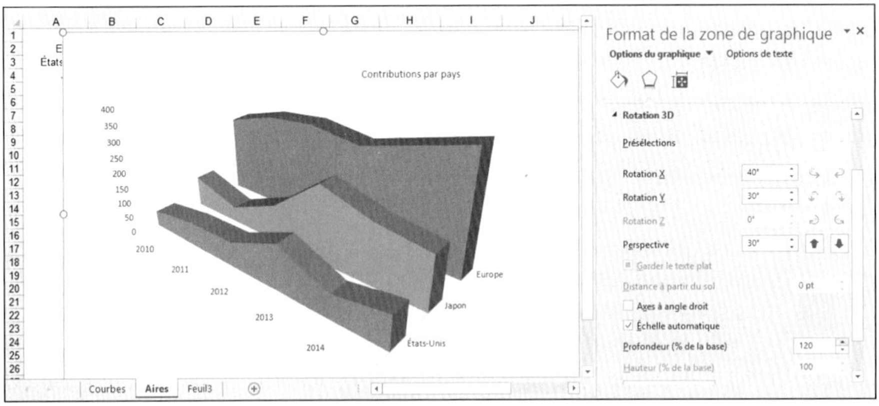

Figure 2.61 : Réglez l'orientation du graphique à aires.

Le graphique en aires empilées

Le graphique en aires empilées, qu'il soit 2D ou 3D, montre la participation de chaque série par rapport à l'ensemble des valeurs. Le graphique en aires 3D de la Figure 2.62 permet d'évaluer l'évolution dans le temps de la proportion de chaque pays vis-à-vis de la collecte globale. Notez que dans la variante 3D, la commande Profondeur (% de la base) règle l'épaisseur du graphique.

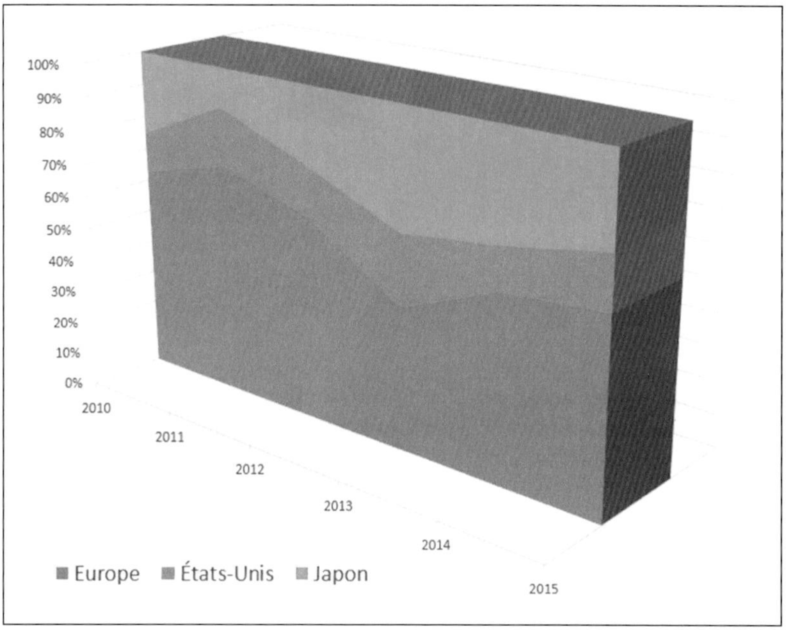

Figure 2.62 : Un graphique à aires empilées 3D.

Il existe aussi, tout comme pour les graphiques en courbes, une variante de graphique empilé en pourcentage. Dans cette présentation, les courbes et les aires sont affichées en pourcentage sur l'axe des valeurs.

Secteurs et anneaux

À l'instar des histogrammes et des courbes, les graphiques en secteurs, familièrement appelés « camembert » en France, sont très prisés. Les graphiques en anneaux sont moins utilisés.

Le graphique en secteurs

Avec l'histogramme, le graphique en secteurs comme celui que montre la Figure 2.63, est abondamment utilisé dans quantité de documents. Il sert à représenter la proportion des diverses données par rapport à leur totalité. La totalité du cercle représente 100 %.

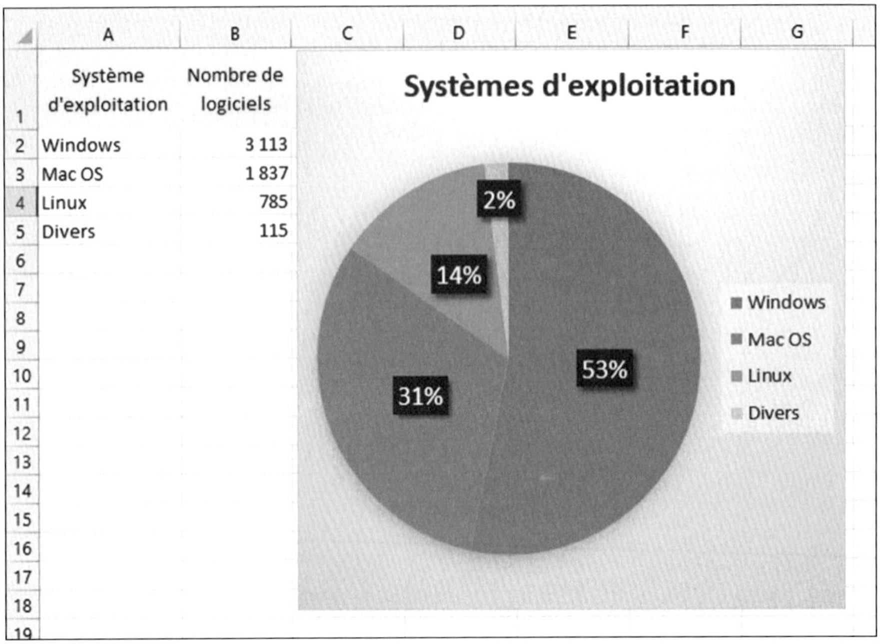

Figure 2.63 : Un graphique en secteurs montrant la répartition des systèmes d'exploitation utilisés par les applications, dans une logithèque.

Procédez comme suit pour créer un graphique en secteurs :

1. **Disposez les données puis sélectionnez-les.**

   Vous ne pouvez utiliser qu'une seule ligne ou qu'une seule colonne de valeurs.

   Si vous sélectionnez plusieurs lignes ou colonnes de données, Excel ne prendra en compte que les valeurs sous la ligne de légendes ou que les valeurs à droite d'une colonne de légendes. Les autres seront ignorées.

2. **Cliquez sur l'onglet du ruban Insertion.**

3. **Dans le groupe Graphiques, cliquez sur l'icône Insérer un graphique en secteurs ou en anneaux.**

4. **Dans la rubrique Secteurs 2D,cliquez sur la première variante : Secteurs.**

   Le graphique en secteurs est créé.

Faire pivoter un graphique en secteurs

L'orientation d'un graphique en secteurs telle qu'elle est appliquée par Excel n'est pas toujours idéale. Afin de mettre en évidence certaines données plutôt que d'autres, ou pour des raisons purement esthétiques, vous pourriez vouloir faire pivoter le graphique à votre guise. Pour ce faire, cliquez du bouton droit sur le graphique et, dans le menu, choisissez Mettre en forme une série de données.

Excel affiche les glissières que montre la Figure 2.64. Cliquez sur le curseur Angle du premier secteur, puis tirez-le. La rotation est appliquée dès que le bouton de la souris est relâché. Si vous préférez orienter le graphique à un angle précis, saisissez ce dernier dans le champ numérique ou réglez-le degré par degré en cliquant sur les boutons fléchés avec la souris.

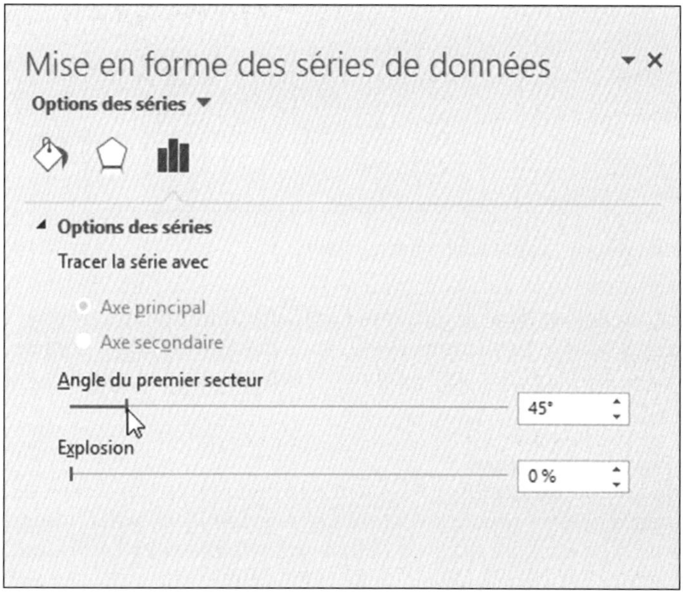

Figure 2.64 : Faites pivoter le graphique en secteurs 2D.

Séparer les secteurs

Séparer les secteurs les uns des autres est un moyen efficace pour montrer les divers éléments. Pour cela, cliquez du bouton droit sur le graphique et, dans le menu, choisissez Mettre en forme une série de données. Dans le volet qui apparaît, cliquez sur le curseur de la glissière Explosion puis réglez l'espacement (Figure 2.65).

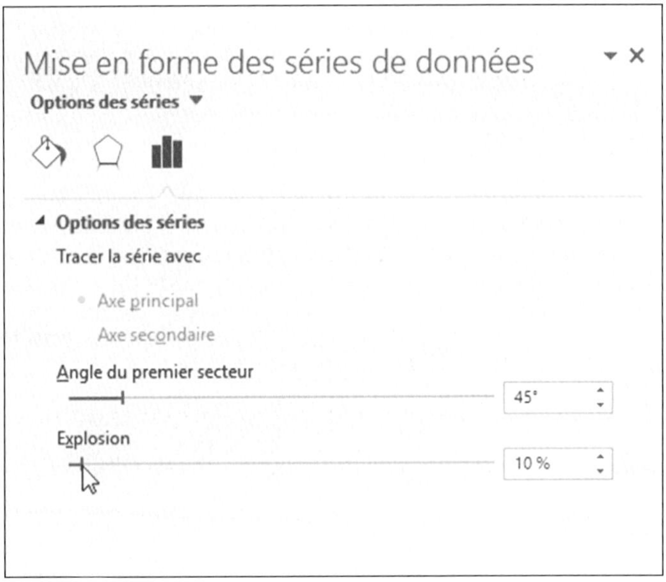

Figure 2.65 : Réglez l'espacement des secteurs.

ATTENTION !

Allez-y doucement avec la glissière Explosion, car elle est très sensible. Ce n'est certes pas de la nitroglycérine, mais au-delà de 10 %, comme dans la Figure 2.66, les secteurs sont vraiment trop écartés les uns des autres.

Extraire un secteur

Plutôt que d'éclater tous les secteurs d'un graphique, vous pouvez aussi choisir de n'en extraire qu'un ou plusieurs afin d'attirer l'attention dessus. La procédure est encore plus simple que l'éclatement : cliquez sur le secteur à extraire puis, bouton de la souris enfoncé, tirez-le vers l'extérieur comme l'illustre la Figure 2.67. L'éclatement est appliqué dès que le bouton de la souris est relâché.

Si vous comptez déplacer plusieurs secteurs, la méthode paramétrique, à l'aide de la glissière ou en saisissant un pourcentage, sera plus commode.

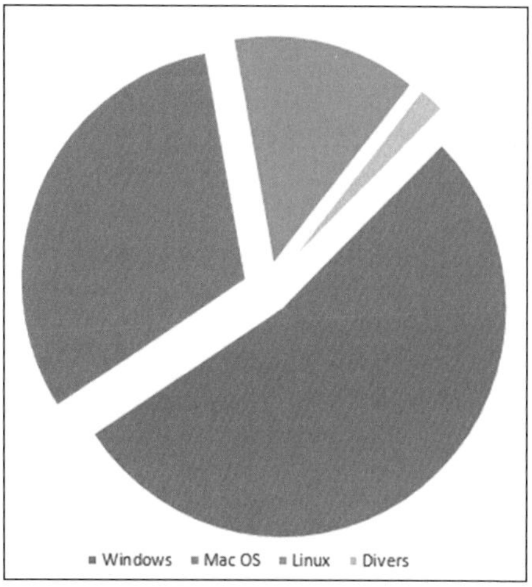

Figure 2.66 : Des secteurs écartés de 10 %.

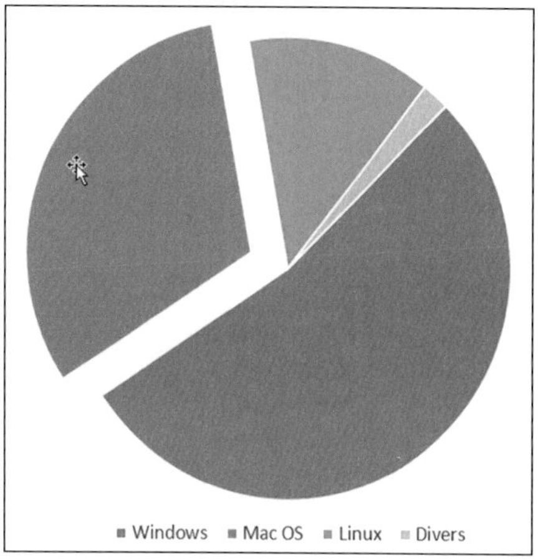

Figure 2.67 : Tirez le secteur vers l'extérieur.

Elle permet en effet de déplacer les secteurs sur des distances identiques. La procédure est presque la même que pour l'explosion :

1. **Cliquez sur le graphique afin de sélectionner tous ses secteurs.**
2. **Cliquez sur le secteur à extraire afin de ne sélectionner que lui.**

   Le secteur sélectionné est reconnaissable aux petits cercles bleutés aux extrémités des rayons (Figure 2.68).

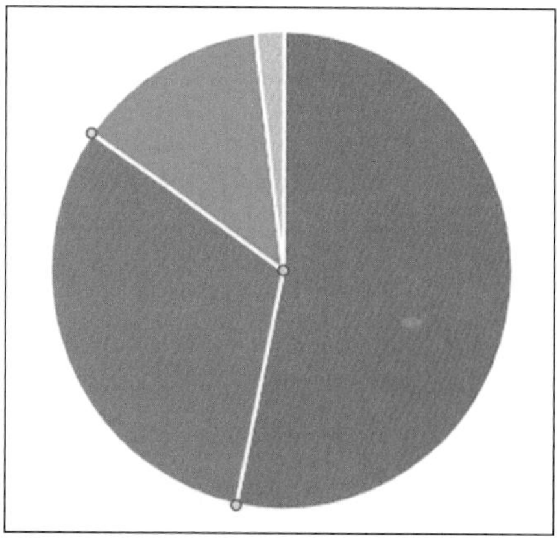

Figure 2.68 : Le secteur rouge est sélectionné.

3. **Cliquez du bouton droit sur le secteur sélectionné et dans le menu, choisissez l'option Mettre en forme le point de données.**
4. **Dans le volet Mettre en forme le point de données, actionnez la glissière Éclatement de point.**

   Le déplacement du secteur se produit dès que le bouton de la souris est relâché (Figure 2.69). Notez le pourcentage de déplacement si vous désirez appliquer le même à d'autres secteurs.

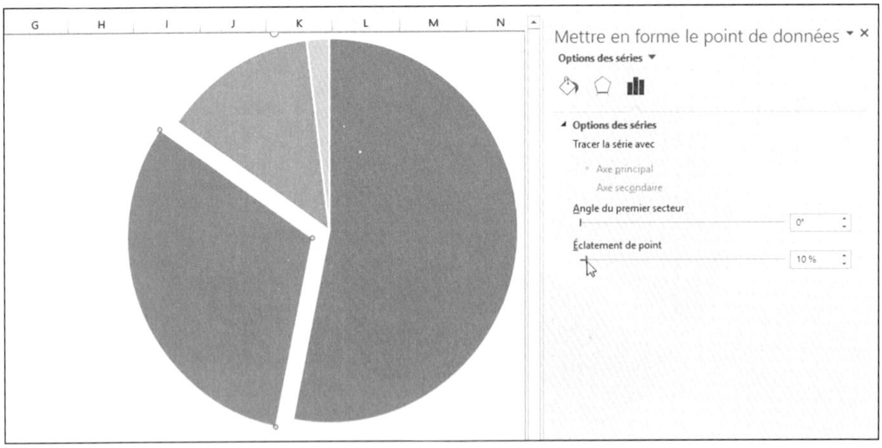

Figure 2.69 : Réglez le déplacement du secteur en notant le pourcentage.

Ou alors, saisissez ou réglez un pourcentage dans le champ à droite de la glissière.

À l'instar de l'éclatement des secteurs, veillez à ne saisir qu'un pourcentage de déplacement réduit, car cette commande est très sensible.

5. **Répétez la procédure pour les autres secteurs à déplacer.**

   Le déplacement simultané de plusieurs secteurs est en effet impossible.

Le graphique en secteurs 3D

Le menu de l'icône de sélection d'un graphique en secteurs contient également une variante Secteurs 3D très attractive (Figure 2.70) qui dynamise la présentation des données.

Faire pivoter un graphique en secteurs

Comme tous les graphiques 3D, celui-ci est orientable en cliquant dessus du bouton droit et en choisissant l'option Rotation 3D, dans le menu. Le volet Format de la zone de graphique apparaît à droite dans Excel. Il contient les classiques commandes de rotation dont voici les effets :

- **Rotation X :** fait pivoter le graphique sur 360 degrés autour de son axe vertical. Utilisez cette option pour mettre en avant les secteurs importants, et mettre à l'arrière-plan les secteurs les moins intéressants.

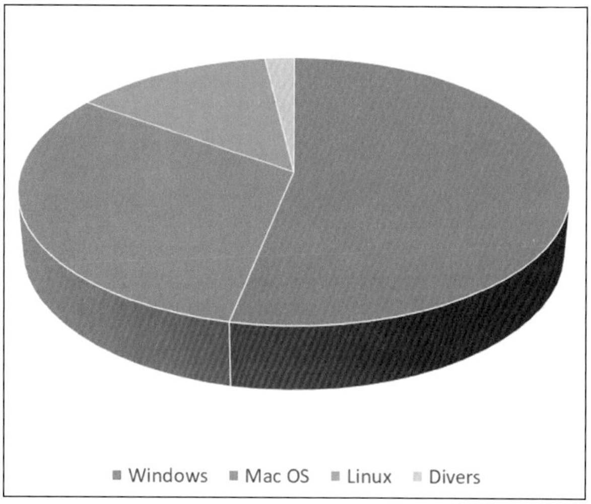

Figure 2.70 : Un graphique en secteurs 3D.

- **Rotation Y :** bascule le graphique d'avant en arrière et inversement. À 90°, le graphique 3D est complètement debout ; il est réduit à un simple graphique en secteurs 2D. À 0°, il est vu par la tranche, ce qui n'offre aucun intérêt.
- **Perspective :** cette commande n'est utilisable que si la case Axes à angle droit, un peu plus bas, est décochée. Elle déplace le point de vue au-dessus du graphique, donnant l'impression de le survoler sur l'axe de profondeur.
- **Hauteur :** cette commande ne fonctionne que si la case Échelle automatique est décochée. Elle règle l'épaisseur du graphique 3D, de 5 %, c'est-à-dire très mince, jusqu'à 500 % où le graphique est très épais.

Bien qu'elle soit utilisable, la commande Profondeur est sans effet sur le graphique en secteurs.

Toutes les manipulations que nous avons vues à propos de l'éclatement d'un graphique en secteurs 2D s'appliquent à la variante 3D. Vous pouvez éclater la totalité de ses secteurs ou seulement certains d'entre eux.

Le secteur de secteurs

Sous ce nom étrange se cache un double graphique en secteurs. Pour bien comprendre le principe, nous allons reprendre l'illustration qui avait ouvert cette présentation des graphiques en secteurs. Comme le montre la Figure 2.71, il représente les parts des systèmes d'exploitation dans une logithèque. Ceux tournant sous Windows se taillent la part du lion avec 53 %. Ils sont suivis des logiciels tournant sous Mac OS, avec 31 % puis ceux tournant sous Linux avec 14 %. En revanche, de minuscules secteurs regroupent des logiciels tournant sous des systèmes d'exploitation moins connus ou défunts, comme BeOS, DEC Alpha, MIPS, OS/2 Warp ou TOS. À eux tous, ils ne représentent que 2 % de la logithèque.

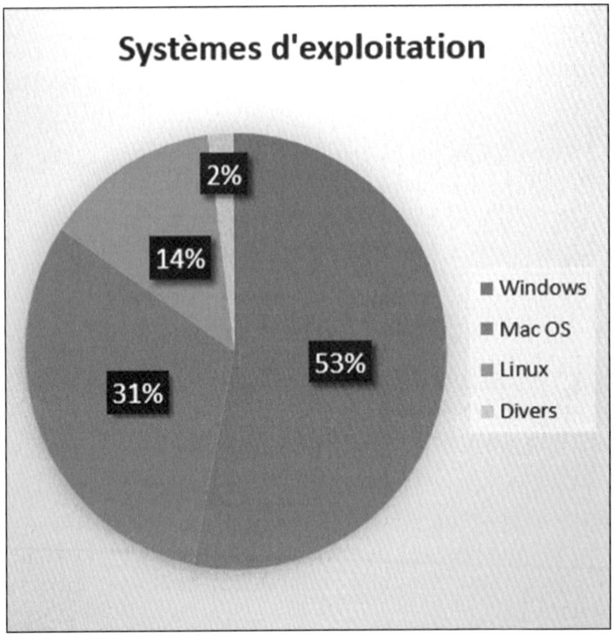

Figure 2.71 : La partie « Divers » recouvre plusieurs valeurs.

Supposons qu'en dépit de leur faible représentation, nous tenons à montrer la part respective de ces logiciels minoritaires dans la logithèque. La solution que propose Excel consiste à conserver le graphique en secteurs en l'état, et lui adjoindre un sous-graphique réservé aux valeurs faibles ou infinitésimales. Dans le graphique original, la part représentée par les logiciels minoritaires apparaît toujours, mais sous la forme d'un seul secteur qu'Excel appelle automatiquement Autre.

Commençons par créer un secteur de secteurs :

1. **Disposez les données de la manière appropriée pour créer un graphique en secteurs, puis sélectionnez-les.**

   Vous ne pouvez utiliser qu'une seule ligne ou qu'une seule colonne de valeurs.

Il est toutefois possible de créer des graphiques en secteurs à plusieurs séries en optant pour un graphique en anneaux dont la zone centrale est réduite à zéro, comme expliqué plus loin dans la section « Régler l'épaisseur des anneaux », à propos de la création d'un graphique en anneaux.

2. **Cliquez sur l'onglet du ruban Insertion.**
3. **Dans le groupe Graphiques, cliquez sur l'icône Insérer un graphique en secteurs ou en anneaux.**
4. **Dans la rubrique Secteurs 2D, cliquez sur la variante Secteurs de secteur.**

   Excel crée les deux graphiques en secteurs visibles dans la Figure 2.72. À gauche se trouve le graphique en secteurs, à droite le graphique détaillant le contenu du secteur Autre.

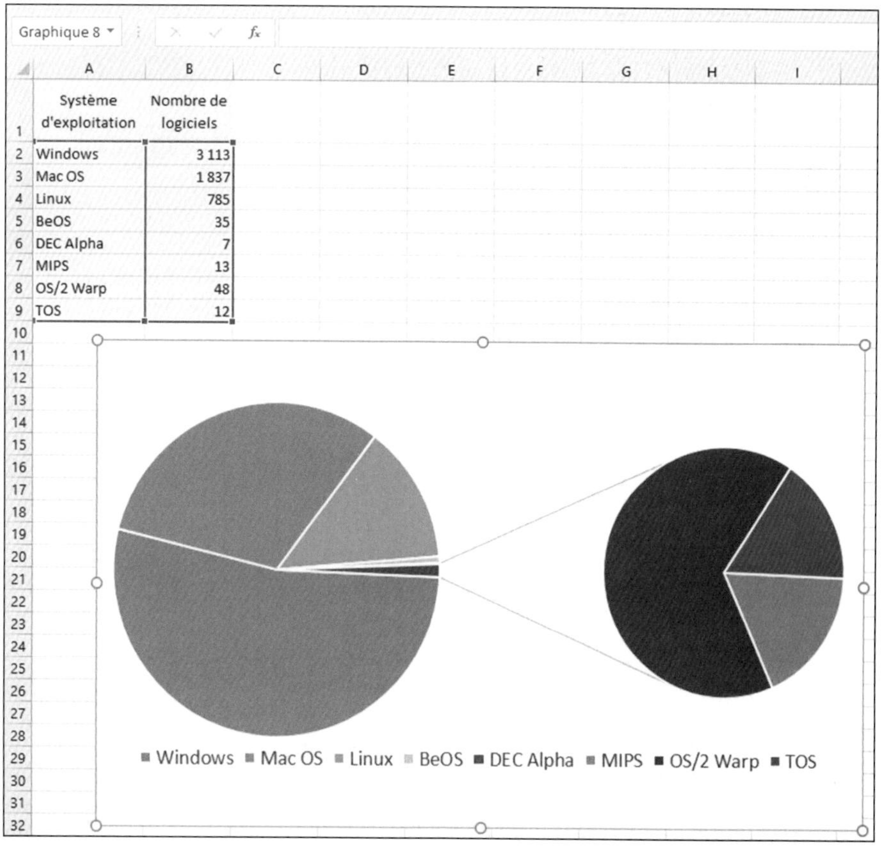

Figure 2.72 : Un graphique en secteurs général (à gauche) et le sous-secteur réservé aux valeurs faibles (à droite).

Pour choisir rapidement une présentation pour vos données, et afficher au besoin des étiquettes de valeur, cliquez sur le bouton Disposition rapide, à droite dans le ruban Création, puis survolez les différentes présentations (Figure 2.73). Choisissez ensuite celle qui vous convient. Cet outil est disponible pour tous les types de graphiques. Nous y reviendrons.

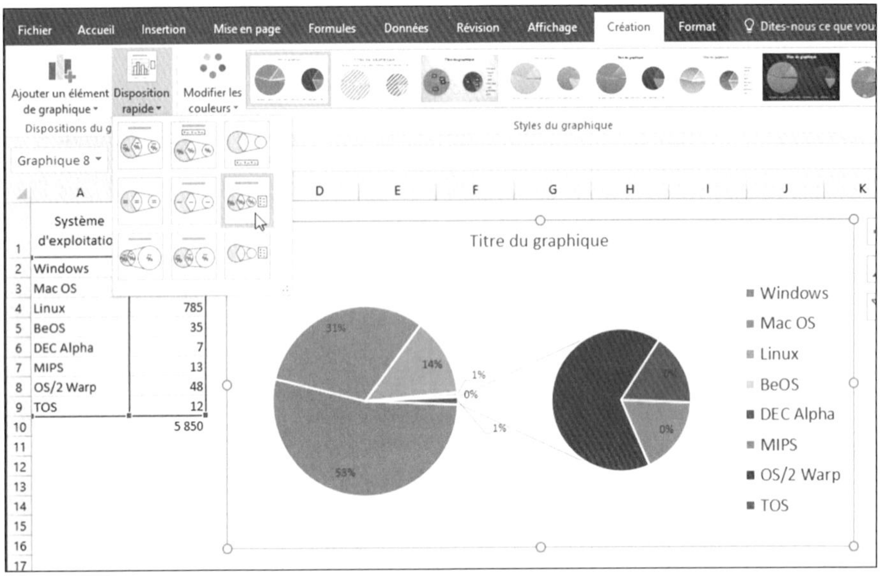

Figure 2.73 : Une mise en forme rapide d'un secteur de secteurs.

Mais vérifions nos graphiques. Celui de gauche contient les trois secteurs des valeurs majoritaires, Windows, Mac OS et Linux, mais aussi les secteurs des valeurs minoritaires BeOS (0,6 %, couleur orange) et DEC Alpha (0,12 %, couleur grise), et le secteur Autre dont le contenu est détaillé à droite : MIPS (0,22 %), OS/2 Warp (0,82 %) et TOS (0,21 %). Il serait plus logique que la totalité des valeurs faibles soit reportée dans le graphique Autre, mais c'est Excel qui décide. Or, rien n'est prévu pour répartir manuellement les secteurs. Ils restent dans leurs graphiques respectifs, même si les valeurs sont par la suite considérablement modifiées.

Les barres de secteur

Si la présentation des graphiques en secteurs par deux cercles ne vous satisfait pas, sachez qu'il est possible d'afficher le contenu des secteurs de faible valeur dans un histogramme empilé, comme le montre la Figure 2.74. La procédure, et tout ce qui en découle, est la même que pour les secteurs de secteurs.

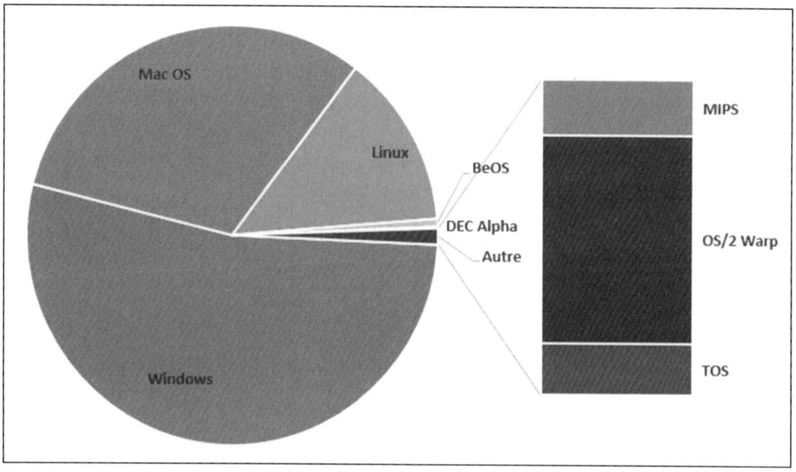

Figure 2.74 : Un graphique en secteurs et à barres.

Pour afficher ce genre de graphique, cliquez sur l'icône des graphiques en secteurs, dans le ruban Insertion. Ensuite, dans le menu choisissez la variante Barres de secteur.

Le graphique en anneaux

Les graphiques en secteurs que nous venons d'évoquer ont tous un point commun : ils n'acceptent qu'une seule série de valeurs, autrement dit qu'une seule ligne ou qu'une seule rangée de valeurs. Pour contourner cette limitation, Excel propose le graphique en anneaux dans lequel un ou plusieurs cercles concentriques correspondent chacun à une série de données. Chaque anneau représente 100 % des valeurs de la série.

Dans la Figure 2.75, les séries Europe, États-Unis et Japon sont disposées concentriquement. Les valeurs sont placées sur le pourtour. Elles commencent tout en haut du graphique, et si elles étaient déroulées et mises à plat, le graphique en anneaux deviendrait un graphique à barres empilées.

Un graphique en anneaux n'est pas facile à déchiffrer ; un graphique à barres sera souvent plus informatif. L'impossibilité d'afficher les légendes de données Europe, États-Unis et Japon est un handicap. Il est certes possible de les identifier en survolant un cercle avec la souris, comme le révèle la Figure 2.75, mais si le graphique doit être imprimé, cet affichage ne sera d'aucun secours. Une solution consiste à ajouter des zones de texte ou des formes de type Bulles et légendes afin de compléter le graphique en anneaux. Nous verrons cela dans d'autres chapitres.

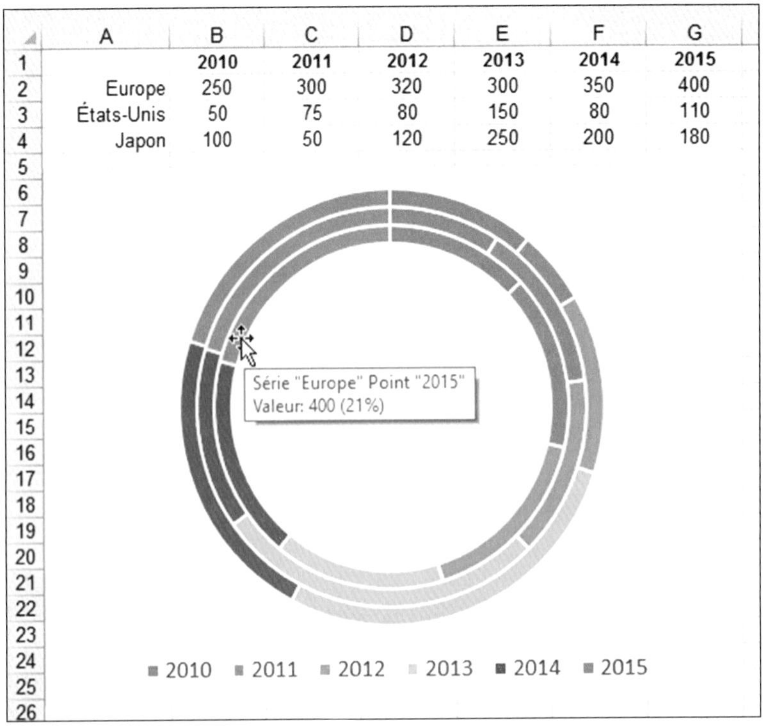

Figure 2.75 : Un graphique en anneaux. Les séries sont concentriques : Japon à l'extérieur, États-Unis au milieu et Europe à l'intérieur. Les valeurs sont placées en cercle.

Faire pivoter l'anneau

Le positionnement de la valeur zéro en haut du graphique en anneaux est parfait. Mais si pour une raison ou pour une autre elle doit se trouver ailleurs, cliquez du bouton droit sur une série circulaire puis, dans le menu, choisissez Mise en forme de la série de données. Dans le volet Mise en forme de la série de données, réglez la rotation – de 0 à 360 degrés – avec la glissière Angle du premier secteur.

Régler l'épaisseur des anneaux

L'épaisseur des séries de données est réglable en faisant varier le diamètre de la partie centrale. Plus il est petit, plus les séries ont de la place pour s'élargir. Pour ce faire, cliquez du bouton droit sur une série circulaire puis, dans le menu, choisissez Mise en forme de la série de données. Dans le volet Mise en forme de la série de données, réglez la glissière Taille du centre, comme le montre la Figure 2.76.

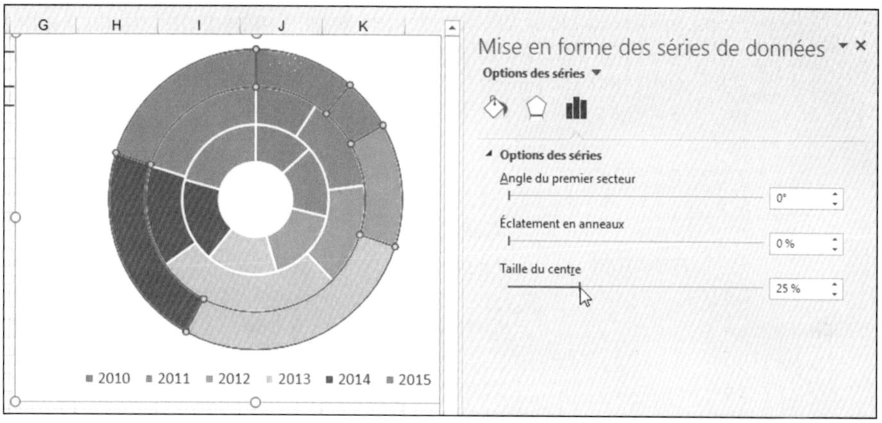

Figure 2.76 : Augmentez l'épaisseur des séries en réduisant le diamètre de la zone centrale.

TRUC

Lorsque la glissière Taille du centre est à zéro, le graphique en anneaux ressemble à un graphique en secteurs à plusieurs séries (Figure 2.77).

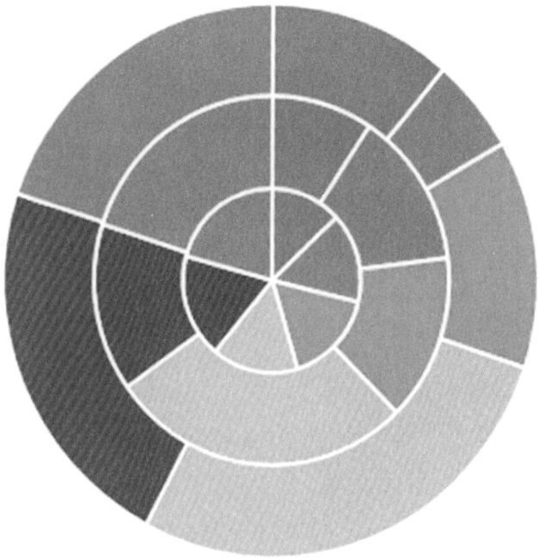

Figure 2.77 : Un graphique en secteurs à plusieurs séries.

Séparer les secteurs des anneaux

Le volet Mise en forme de la série de données évoqué dans les deux sections précédentes contient une glissière Éclatement en anneaux. Elle n'est applicable qu'à une seule série. Cette dernière peut être l'unique série du secteur en anneaux ou, s'il en contient plusieurs, la série extérieure du graphique.

Les graphiques hiérarchiques

Les graphiques hiérarchiques sont une nouveauté d'Excel 2016. Il en contient deux : le graphique en rayon de soleil, qui répartit des anneaux sur plusieurs segments hiérarchisés, le graphique de compartimentage, qui met en évidence les tailles respectives des données.

Nous partirons pour l'étude de ces graphiques d'une même feuille de calcul, celle de la Figure 2.78. Elle montre les ventes dans une librairie. Les colonnes A à C sont hiérarchisées du plus vaste au plus particulier, par rayons, genre de livres et sujets de ces livres

	A	B	C	D
1	**Rayon**	**Genre**	**Sujet**	**Ventes**
2	LITTÉRATURE	Polard	Policier	7 266 €
3			Espionnage	3 143 €
4		Classique	France	1 128 €
5			Étranger	486 €
6		Jeunesse		2 146 €
7		Moderne	France	10 371 €
8			Étranger	3 338 €
9	DOCUMENTS	Biographies		10 523 €
10		Essais		2 384 €
11		Politique	Institutions	12 155 €
12			Personnalités	8 507 €
13	LIVRES PRATIQUES	Cuisine	Terroir	7 930 €
14			Patisserie	1 479 €
15			Exotique	6 406 €
16		Photographie	Matériel photo	439 €
17			Prise de vue	5 097 €
18		Informatique		6 427 €
19		Santé	Diététique	509 €
20			Sports	7 609 €
21			Médical	6 681 €
22	BEAUX-LIVRES	Peinture		5 712 €
23		Architecture	Moderne	3 006 €
24			Ancienne	10 674 €
25		Art de vivre	Décoration	9 429 €
26			Mode	7 141 €
27			Voyage	1 453 €
28		Photographie	Photographes	3 386 €
29			Pays	4 360 €
30	HISTOIRE	Antiquité	Grécoromaine	5 669 €
31		France		4 260 €
32			Moyen-âge	4 351 €
33			Guerres mondiale	9 456 €

Figure 2.78 : Des données prêtes à être traitées par un graphique hiérarchique.

Le graphique Rayon de soleil

À première vue, il ressemble à un graphique en anneau, mais son usage n'est pas du tout le même. La différence fondamentale entre ces deux représentations commence dès la feuille de calcul. Alors qu'un graphique en anneau n'accepte qu'une seule ligne ou colonne de légendes, le graphique en rayons de soleil traite plusieurs lignes ou colonnes de texte, comme le montre la feuille de calcul pour cet exemple.

Voici comment afficher un graphique Rayon de soleil hiérarchisant les ventes :

1. **Sélectionnez l'ensemble des données à hiérarchiser.**
2. **Cliquez sur l'onglet du ruban Insertion.**

3. **Dans le groupe Graphiques, cliquez sur l'icône Insérer un graphique hiérarchique.**
4. **Dans le volet qui apparaît, cliquez sur Rayons de soleil.**

   Le graphique en rayons de soleil est affiché (Figure 2.79).

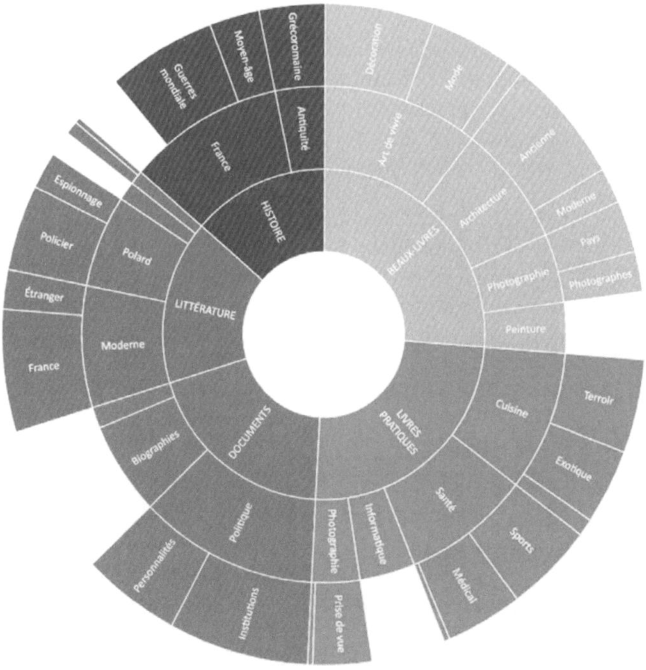

Figure 2.79 : Excel vient de créer le graphique hiérarchique Rayons de soleil.

5. **Pour bien lire le contenu du graphique, agrandissez-le à l'aide des poignées de redimensionnement.**

Le graphique en rayons de soleil se lit du centre vers l'extérieur. L'anneau intérieur montre la proportion, en terme de chiffre d'affaires, des rayons de la librairie. Il apparaît qu'à eux seuls, le rayon des beaux livres (en jaune) et des livres pratiques (en gris) effectuent la moitié des ventes. Dans le rayon Histoire (en bleu), l'Histoire de France l'emporte largement sur l'Antiquité, et la période des guerres mondiales est plus vendeuse que celle du Moyen-âge.

Pour bien lire les légendes du graphique, il est recommandé de l'agrandir. Mais même ainsi, de nombreux segments ne sont pas légendés. Par exemple, le rayon Littérature fait deux petites ventes, mais sans préciser lesquelles. Il faut immobiliser le pointeur de la souris au-dessus de ces éléments pour découvrir qu'il s'agit de la littérature classique et des livres pour la jeunesse.

Le graphique à compartimentage

Le graphique à compartimentage est plus apte que le précédent à montrer une structure hiérarchique sous la forme de volumes. Dans son principe, il rappelle celui des logiciels d'occupation d'un disque dur. Voyons ce qu'il en est pour notre librairie fictive.

Effaçons le graphique Rayons de soleil en cliquant sur sa bordure extérieure et en appuyant sur la touche Suppr. Sélectionnons de nouveau les données, mais cette fois, dans le ruban Insertion, cliquons sur l'icône Insérer un graphique hiérarchique et dans la palette, choisissons la variante Compartimentage. Excel affiche le graphique que montre la Figure 2.80.

La légende en haut du graphique indique les couleurs correspondant à chacun des rayons de la librairie. Ces mêmes légendes figurent tout en haut du graphique. Cette présentation prête à confusion, car des compartiments contiennent deux légendes : en haut, celle de la hiérarchie de premier niveau, et en bas, la légende de la hiérarchie de second niveau.

Procédez comme suit pour améliorer le graphique :

1. **Cliquez du bouton droit sur une série puis, dans le menu, choisissez Mettre en forme une série de données.**

2. **En haut du volet Mise en forme des séries de données, cliquez sur l'icône Options des séries.**

   Les commandes de la Figure 2.81 apparaissent.

3. **Cliquez sur le bouton d'option Bannière.**

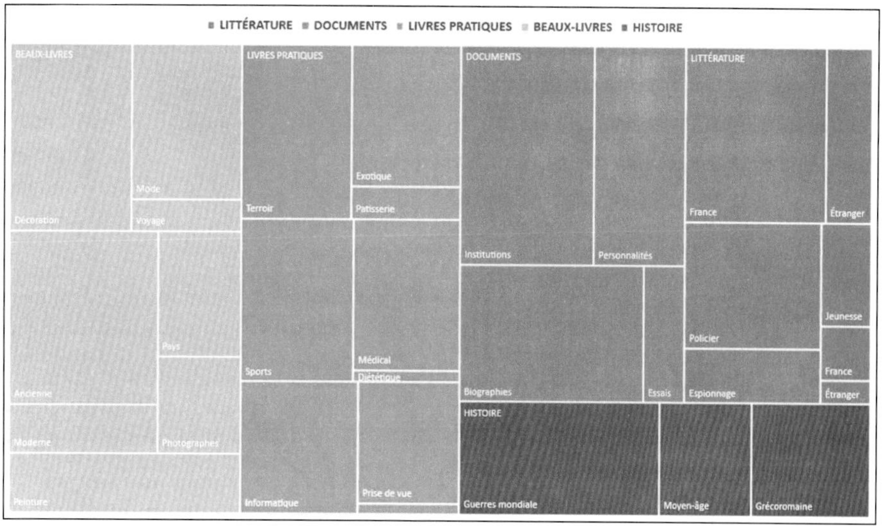

Figure 2.80 : Un graphique à compartimentage basé sur les mêmes valeurs que le graphique en rayons de soleil.

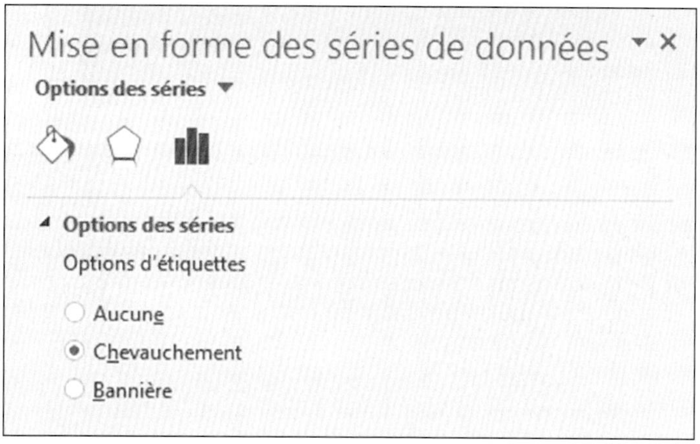

Figure 2.81 : Réglez ici la présentation des niveaux hiérarchiques.

Le niveau hiérarchique supérieur est mieux rendu, comme le révèle la Figure 2.82. Elle montre la moitié droite du graphique vu précédemment. Remarquez les compartiments des rayons Documents, Littérature et Histoire. Les niveaux inférieurs sont plus évidents.

Remarquez l'absence de tout élément non légendé. Même pour les valeurs faibles, Excel affiche une information.

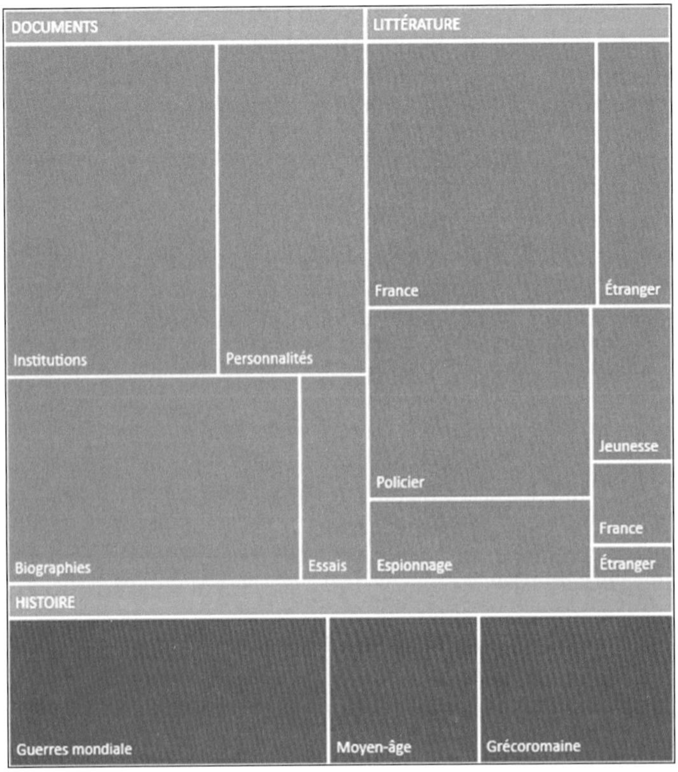

Figure 2.82 : Une partie du graphique à compartiments présentée en mode Bannière.

Le graphique serait encore plus parlant avec les chiffres de vente dans chaque compartiment. Cette information est obtenue en immobilisant le pointeur de la souris au-dessus d'un compartiment ou mieux, en le mettant en forme comme expliqué au prochain chapitre, de manière à ce que les chiffres des ventes soient visibles.

Nuages de points et bulles

Le graphique en nuage de points et le graphique à bulles servent tous deux à représenter des relations entre les valeurs sélectionnées. Le premier est basé sur un graphique de type XY, le second est également basé sur un graphique XY, mais avec un élément supplémentaire : le diamètre des bulles, qui quantifie les valeurs d'une troisième série de données.

Le graphique en nuage de points

Le graphique en nuage de points sert classiquement à représenter les relations entre deux ensembles de valeurs, comme l'illustre la Figure 2.83. Elle montre la corrélation entre la température, sur une douzaine de jours consécutifs, et les ventes de crèmes glacées.

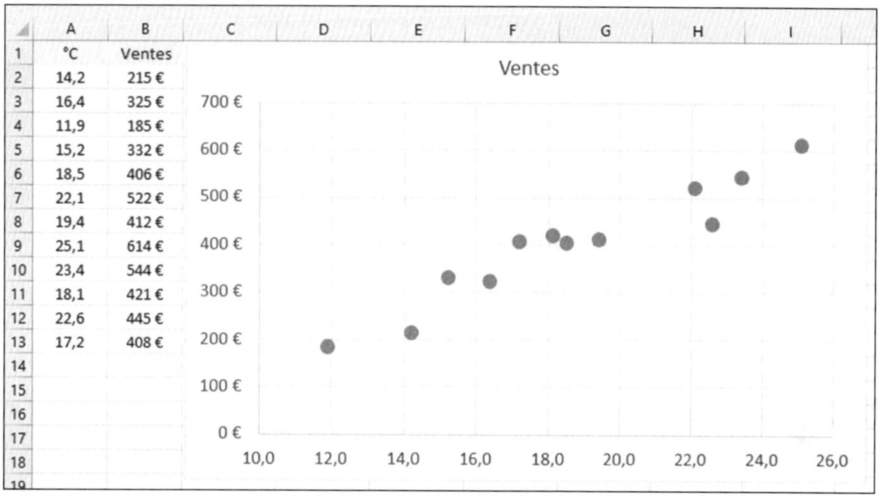

Figure 2.83 : Corrélation entre les températures (axe X) et la vente de crèmes glacées (axe Y).

La capacité du graphique en nuage de points à mettre des corrélations en évidence en fait un outil précieux dans les milieux scientifiques, et aussi dans les entreprises.

Il est notamment utilisé pour comparer de très grands nombres de points de données. Plus ils sont nombreux – de l'ordre de plusieurs centaines, voire de plusieurs milliers –, plus la comparaison est intéressante. Le graphique en nuage de points convient parfaitement au traitement de la répartition de groupes de valeurs et de points de données. En revanche, l'affichage de plusieurs séries de données est à proscrire, car le graphique deviendrait rapidement illisible et donc inexploitable.

Dans un graphique à points, les données sur l'axe des catégories (x) et sur l'axe des valeurs (y) sont numériques. Chaque point de données est ainsi repéré selon ses coordonnées XY de la manière suivante dans Excel :

- ↑ Ascendantes de bas en haut sur l'axe des valeurs (y).
- → Ascendantes de gauche à droite sur l'axe des catégories (x).

Procédez comme suit pour créer un graphique en nuages de points :

1. **Sélectionnez les données.**

   Vous pouvez inclure les en-têtes si vous le désirez.

2. **Cliquez sur l'onglet du ruban Insertion.**

3. **Dans le groupe Graphiques, cliquez sur l'icône Insérer un graphique en nuage de points (X, Y) ou en bulles.**

   Excel affiche la palette que montre la Figure 2.84. Elle contient cinq variantes de graphiques en nuage de points.

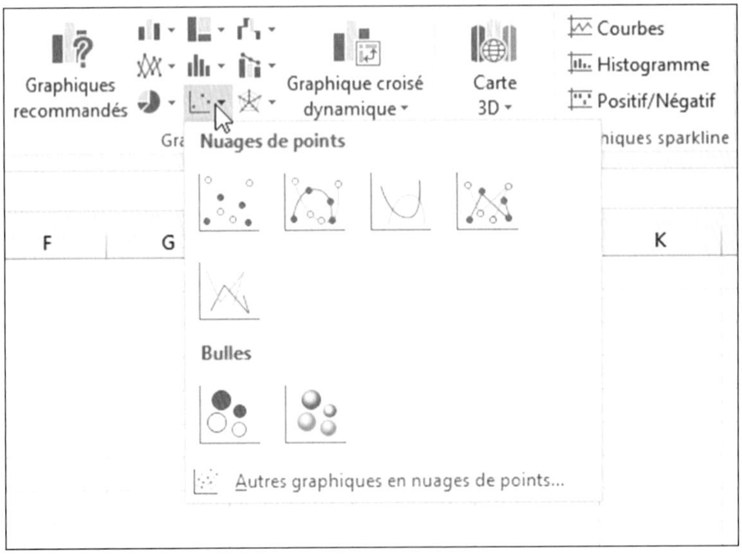

Figure 2.84 : Sélection d'un graphique en nuage de points.

4. **Sélectionnez la variante du graphique à utiliser.**

   Survoler les variantes avec le pointeur de la souris affiche un aperçu du graphique. Cliquez sur celui que vous désirez utiliser.

La Figure 2.85 montre la corrélation entre l'ancienneté dans une entreprise et l'expérience acquise, représentée par une note de 0 à 10. La corrélation entre ces deux critères n'est pas évidente.

Une variante à courbe lissée et marqueur – la deuxième icône dans la palette – relie les points de chaque série par une courbe (Figure 2.86). La corrélation entre l'ancienneté (courbe bleue) et l'expérience (courbe rouge) est plus visible.

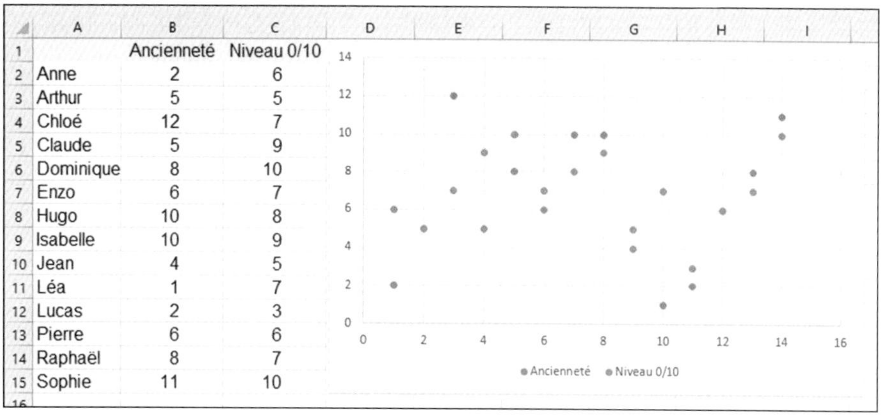

	A	B	C
1		Ancienneté	Niveau 0/10
2	Anne	2	6
3	Arthur	5	5
4	Chloé	12	7
5	Claude	5	9
6	Dominique	8	10
7	Enzo	6	7
8	Hugo	10	8
9	Isabelle	10	9
10	Jean	4	5
11	Léa	1	7
12	Lucas	2	3
13	Pierre	6	6
14	Raphaël	8	7
15	Sophie	11	10

Figure 2.85 : Une corrélation ancienneté/expérience.

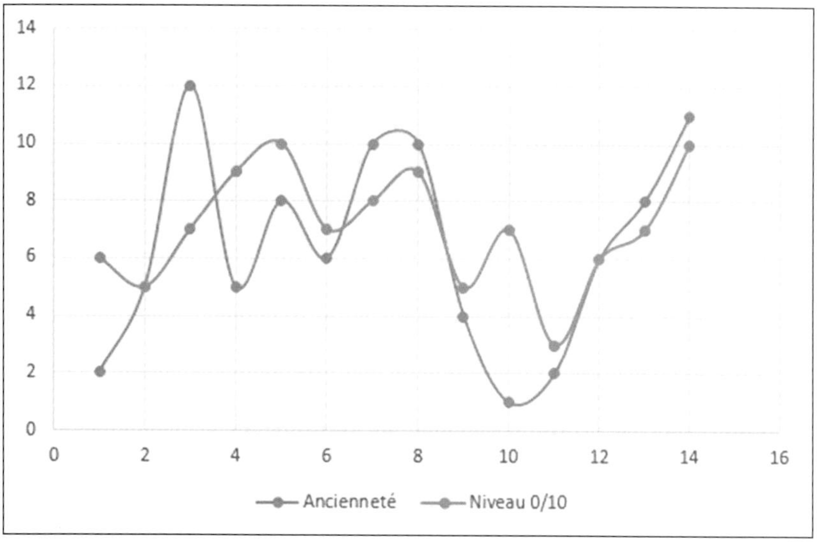

Figure 2.86 : Mise en évidence de la corrélation entre l'ancienneté et l'expérience.

Les autres variantes du graphique en nuage de points ne diffèrent que par la présentation. Excel peut n'afficher que la courbe, sans les marqueurs ronds, ou remplacer la courbe par des droites avec ou sans marqueurs.

N'OUBLIEZ PAS

Une courbe de tendance peut être ajoutée à une série de données en cliquant du bouton droit sur cette dernière et en choisissant, dans le menu, Ajouter une courbe de tendance. Cette fonctionnalité est décrite dans le Chapitre 5, « Présenter et filtrer des données ».

Un graphique à nuage de points XYZ

Dans leur ouvrage *Magique Excel* publié aux éditions Pearson, que j'avais traduit en 2007, Jens Fleckenstein, Walter Fricke et Boris Georgi expliquent en détail comment des fonctions d'Excel peuvent être détournées pour obtenir des résultats spectaculaires sans l'aide d'aucune programmation VBA.

La représentation d'un cercle est relativement simple à partir d'une table trigonométrique, car il est en deux dimensions. Dans la Figure 2.87, la cellule B3 contient la formule suivante basée sur la fonction RADIANS, recopiée jusque dans la cellule B15 :

```
=SIN(RADIANS (A3))
```

La cellule C3 contient la formule suivante, elle aussi recopiée jusque dans la cellule C15 :

```
=COS(RADIANS(A3))
```

Pour obtenir le cercle, il ne reste plus qu'à sélectionner la plage de cellules B3:B15 contenant les formules trigonométriques, et choisir, dans la palette du graphique à nuage de points, la variante Nuage de points avec courbe lissée et marqueurs (pour ne pas afficher les points, choisissez plutôt la variante Nuage de points avec courbe lissée).

Jusque-là, rien de très spectaculaire. En revanche, aucun type de graphique, dans Excel, n'est capable de représenter un nuage en points tridimensionnel XYZ. Il est de ce fait impossible de représenter un cube. Les auteurs de *Magique Excel* y sont pourtant parvenus en combinant les fonction SIN et COS avec la fonction matricielle PRODUITMAT, avec en prime la possibilité de faire pivoter le cube grâce à des barres, comme le montre la Figure 2.88, et de zoomer en indiquant une focale.

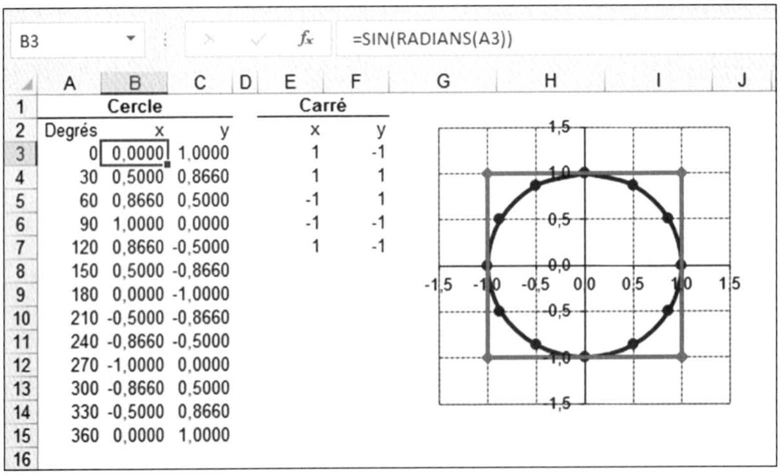

	A	B	C	D	E	F
1		Cercle			Carré	
2	Degrés	x	y		x	y
3	0	0,0000	1,0000		1	-1
4	30	0,5000	0,8660		1	1
5	60	0,8660	0,5000		-1	1
6	90	1,0000	0,0000		-1	-1
7	120	0,8660	-0,5000		1	-1
8	150	0,5000	-0,8660			
9	180	0,0000	-1,0000			
10	210	-0,5000	-0,8660			
11	240	-0,8660	-0,5000			
12	270	-1,0000	0,0000			
13	300	-0,8660	0,5000			
14	330	-0,5000	0,8660			
15	360	0,0000	1,0000			
16						

Figure 2.87 : Tracé d'un cercle à l'aide d'un graphique à nuage de points.

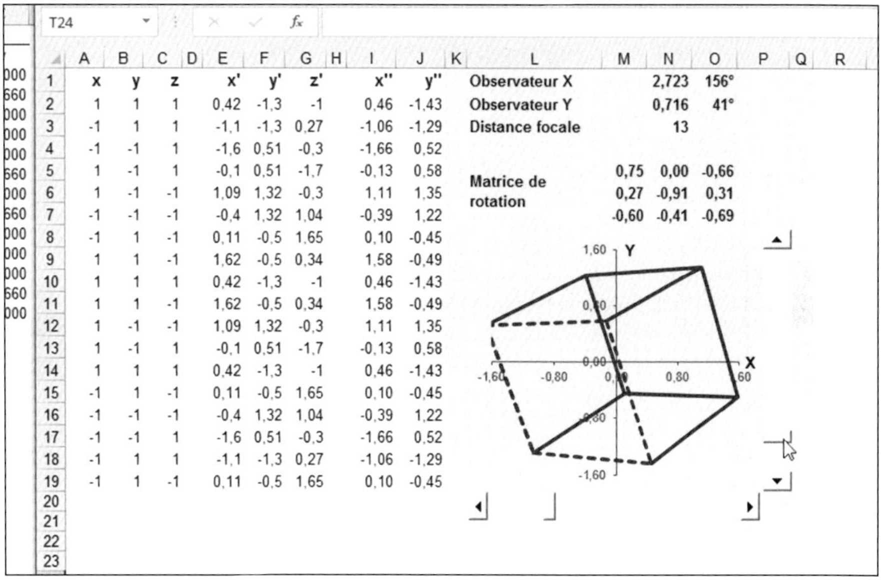

	x	y	z	x'	y'	z'	x''	y''
2	1	1	1	0,42	-1,3	-1	0,46	-1,43
3	-1	1	1	-1,1	-1,3	0,27	-1,06	-1,29
4	-1	-1	1	-1,6	0,51	-0,3	-1,66	0,52
5	1	-1	1	-0,1	0,51	-1,7	-0,13	0,58
6	1	-1	-1	1,09	1,32	-0,3	1,11	1,35
7	-1	-1	-1	-0,4	1,32	1,04	-0,39	1,22
8	-1	1	-1	0,11	-0,5	1,65	0,10	-0,45
9	1	1	-1	1,62	-0,5	0,34	1,58	-0,49
10	1	1	1	0,42	-1,3	-1	0,46	-1,43
11	1	1	-1	1,62	-0,5	0,34	1,58	-0,49
12	1	-1	-1	1,09	1,32	-0,3	1,11	1,35
13	1	-1	1	-0,1	0,51	-1,7	-0,13	0,58
14	1	1	1	0,42	-1,3	-1	0,46	-1,43
15	-1	1	-1	0,11	-0,5	1,65	0,10	-0,45
16	-1	-1	-1	-0,4	1,32	1,04	-0,39	1,22
17	-1	-1	1	-1,6	0,51	-0,3	-1,66	0,52
18	-1	1	1	-1,1	-1,3	0,27	-1,06	-1,29
19	-1	1	-1	0,11	-0,5	1,65	0,10	-0,45

Observateur X	2,723	156°
Observateur Y	0,716	41°
Distance focale	13	

Matrice de rotation		
0,75	0,00	-0,66
0,27	-0,91	0,31
-0,60	-0,41	-0,69

Figure 2.88 : Un cube orientable obtenu grâce à un nuage de points XYZ.

Le graphique à bulles

Comme nous l'avons mentionné au début de cette section, le graphique à bulles est une variante plus sophistiquée du graphique à nuage de points. Aux deux séries X et Y peuvent en effet s'en ajouter une troisième, circulaire ou sphérique. De ce fait, le graphique montre les interrelations entre les variables X, Y et les bulles. Il sert entre autres à présenter des statistiques démographiques ainsi que des interdépendances complexes qui n'apparaissent pas forcément dans un graphique à deux variables.

Le diamètre de la bulle est proportionnel à sa valeur. Le graphique à bulles de la Figure 2.89 compare les chiffres de plusieurs villes françaises : la population, la superficie et le salaire moyen.

L'ordre des colonnes est déterminant. L'aspect d'un graphique à bulles, et donc sa signification et son interprétation, peuvent changer complètement selon l'ordre dans lequel les données sont fournies. Quand elles sont disposées en colonnes, ce qui est le plus souvent le cas, la répartition s'effectue de la manière suivante, en supposant que la première colonne est A, comme dans l'exemple :

- Colonne A : elle contient les légendes associées aux bulles.

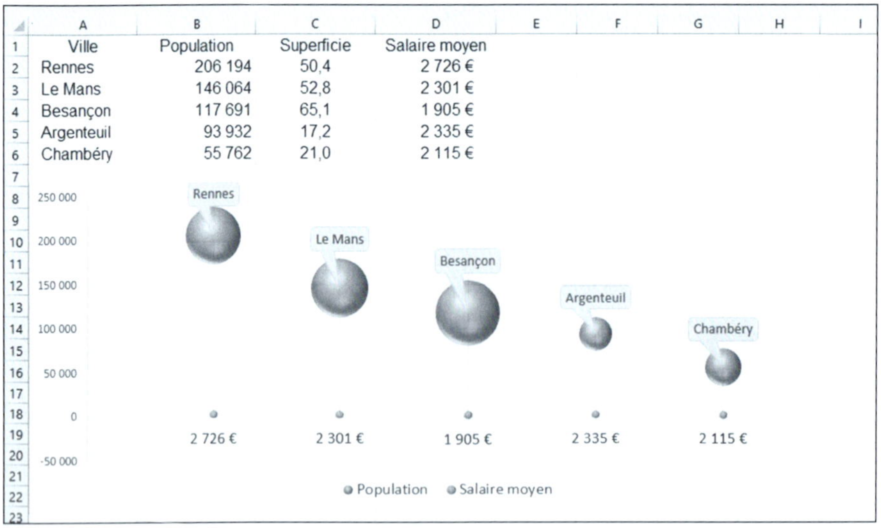

Ville	Population	Superficie	Salaire moyen
Rennes	206 194	50,4	2 726 €
Le Mans	146 064	52,8	2 301 €
Besançon	117 691	65,1	1 905 €
Argenteuil	93 932	17,2	2 335 €
Chambéry	55 762	21,0	2 115 €

Figure 2.89 : Des statistiques urbaines.

- Colonne B : les nombres sont affichés sur l'axe des valeurs et déterminent la position en hauteur des bulles dans le graphique.
- Colonne C : les nombres déterminent le diamètre des bulles.
- Colonne D : les nombres sont affichés sur l'axe des catégories.

Après avoir créé le tableau, la réalisation du graphique à bulles est sans détour :

1. **Sélectionnez les données : la colonne des légendes et les trois séries de nombres.**
2. **Cliquez sur l'onglet du ruban Insertion.**

3. **Dans le groupe Graphiques, cliquez sur l'icône Insérer un graphique en nuage de points (X, Y) ou en bulles.**
4. **Dans la rubrique Bulles de la palette, choisissez la variante Bulles (des cercles), ou la variante Bulles en 3D (des sphères), comme le montre la Figure 2.90.**

De nombreuses mises en forme permettent d'agrémenter le graphique et d'afficher les informations importantes. Certaines ont été utilisées pour notre exemple. Nous verrons tout cela dans les prochains chapitres.

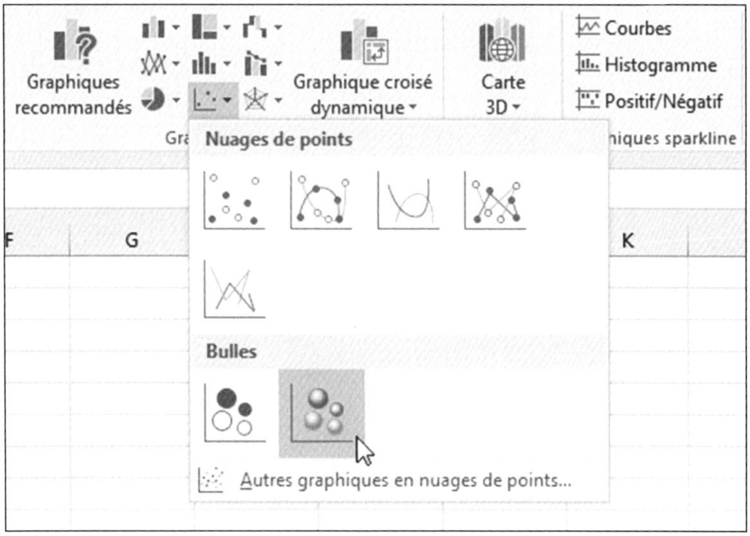

Figure 2.90 : Sélection d'un graphique à bulles en 3D.

Des boules animées

En ce qui concerne les graphiques à bulles, les auteurs de *Magique Excel* ont fait une fois de plus très fort en animant une série de sphères sur un plan inclinable, comme le montre la Figure 2.91.

Le tableau matriciel en haut à gauche gère la position et la taille des huit sphères. Le diamètre de la plus grande détermine le diamètre des autres. La colonne K régit le point de vue de l'observateur. Un tri des valeurs permet de gérer les occultations des sphères à l'arrière-plan. Et tout cela bien sûr, sans une ligne de programmation en VBA.

Surface et radar

Ces deux types de graphiques montrent des points de données répartis sur un plan, mais leurs usages sont fondamentalement différents.

Le graphique en surface

Le graphique en surface montre une représentation tridimensionnelle d'un tableau de points. Les données sont réparties sur un quadrillage en longueur

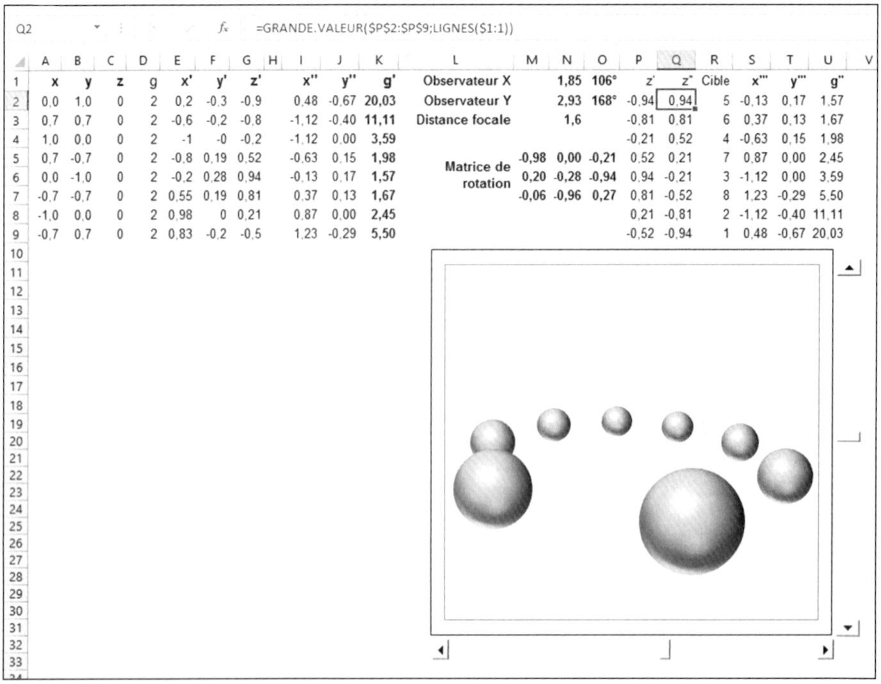

Q2 =GRANDE.VALEUR($P$2:$P$9;LIGNES($1:1))

	A	B	C	D	E	F	G	I	J	K	L	M	N	O	P	Q	R	S	T	U
1	x	y	z	g	x'	y'	z'	x''	y''	g'	Observateur X		1,85	106°	z'	z"	Cible	x'''	y'''	g''
2	0,0	1,0	0	2	0,2	-0,3	-0,9	0,48	-0,67	20,03	Observateur Y		2,93	168°	-0,94	0,94	5	-0,13	0,17	1,57
3	0,7	0,7	0	2	-0,6	-0,2	-0,8	-1,12	-0,40	11,11	Distance focale		1,6		-0,81	0,81	6	0,37	0,13	1,67
4	1,0	0,0	0	2	-1	-0	-0,2	-1,12	0,00	3,59					-0,21	0,52	4	-0,63	0,15	1,98
5	0,7	-0,7	0	2	-0,8	0,19	0,52	-0,63	0,15	1,98	Matrice de	-0,98	0,00	-0,21	0,52	0,21	7	0,87	0,00	2,45
6	0,0	-1,0	0	2	-0,2	0,28	0,94	-0,13	0,17	1,57	rotation	0,20	-0,28	-0,94	0,94	-0,21	3	-1,12	0,00	3,59
7	-0,7	-0,7	0	2	0,55	0,19	0,81	0,37	0,13	1,67		-0,06	-0,96	0,27	0,81	-0,52	8	1,23	-0,29	5,50
8	-1,0	0,0	0	2	0,98	0	0,21	0,87	0,00	2,45					0,21	-0,81	2	-1,12	-0,40	11,11
9	-0,7	0,7	0	2	0,83	-0,2	-0,5	1,23	-0,29	5,50					-0,52	-0,94	1	0,48	-0,67	20,03

Figure 2.91 : La glissière horizontale incline le plan de rotation, la glissière verticale fait tourner les bulles autour du centre de la fenêtre.

et en largeur, selon les références lignes/colonnes des cellules dans la feuille de calcul. La hauteur des points de données dépend des valeurs.

Ce type de graphique est souvent utilisé pour les cartes topographiques, au travers de champs de valeurs, ou pour représenter des phénomènes physiques, comme des propagations d'ondes en trois dimensions.

Pour afficher un graphique en surface, sélectionnez un tableau de nombres puis procédez comme suit :

1. **Cliquez sur l'onglet du ruban Insertion.**

2. **Dans le groupe Graphiques, cliquez sur l'icône Insérer un graphique en surface ou en radar, puis cliquez sur l'icône Surface 3D (Figure 2.92).**

   Excel affiche le graphique. Comme le révèle la Figure 2.93, les plages de valeurs sont mises en évidence par des couleurs différentes. Vous pouvez en changer en choisissant d'autres thèmes dans le ruban Création. Le lissage de la surface dépend du nombre de points : plus ils sont nombreux, plus les facettes sont petites et mieux l'arrondi est rendu. Excel applique un discret effet d'ombrage.

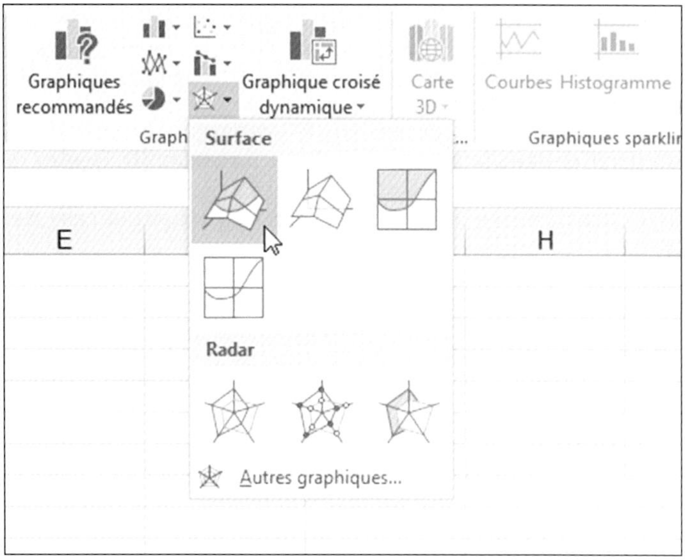

Figure 2.92 : Sélectionnez le graphique Surface 3D.

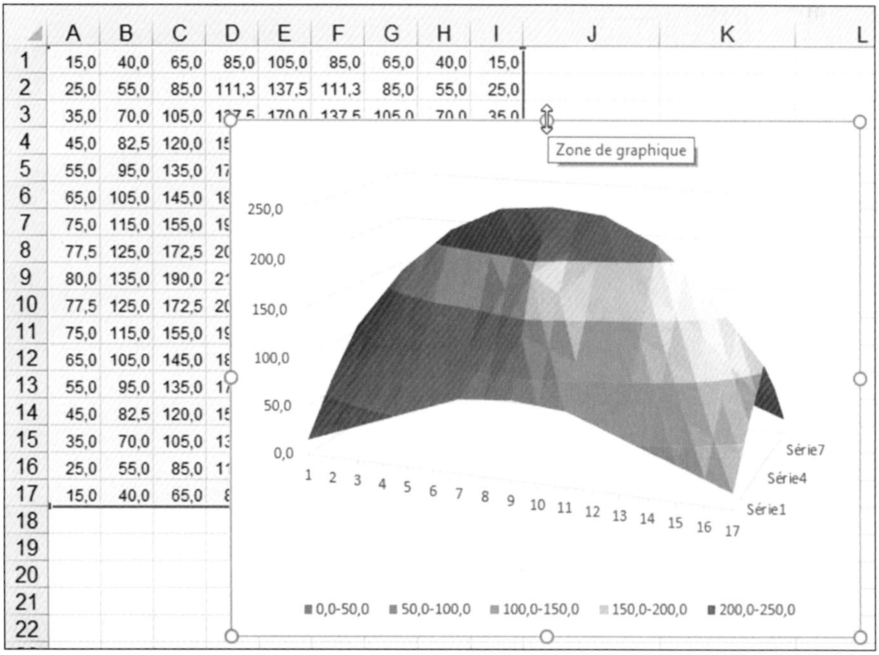

Figure 2.93 : Augmentez la hauteur d'un graphique Surface 3D pour lui donner plus de relief.

Si le graphique paraît un peu plat, cliquez sur la poignée de redimensionnement au milieu du bord supérieur du cadre de la zone de graphique puis, bouton de la souris enfoncé, tirez-le vers le haut

3. **Pour changer l'angle de vue sur le graphique, cliquez dessus du bouton droit et dans le menu, choisissez Rotation 3D. Réglez ensuite les paramètres Rotation X, Rotation Y et Perspective à votre convenance. Voyez aussi ce que donne l'affichage en cochant la case Axes à angle droit.**

Un graphique Surface 3D peut être représenté de diverses manières. Par exemple, cliquez du bouton droit sur l'axe des valeurs, à gauche, et dans le menu, choisissez Mise en forme de l'axe. Dans le volet Format de l'axe, que nous étudierons dans le prochain chapitre, la rubrique Options d'axe contient deux cases intéressantes pour le graphique en surface :

- **Échelle logarithmique :** cochez cette case pour convertir la hauteur des points du graphique selon une échelle logarithmique de base 10 (Figure 2.94).

  Cette option est également proposée pour d'autres types de graphiques.

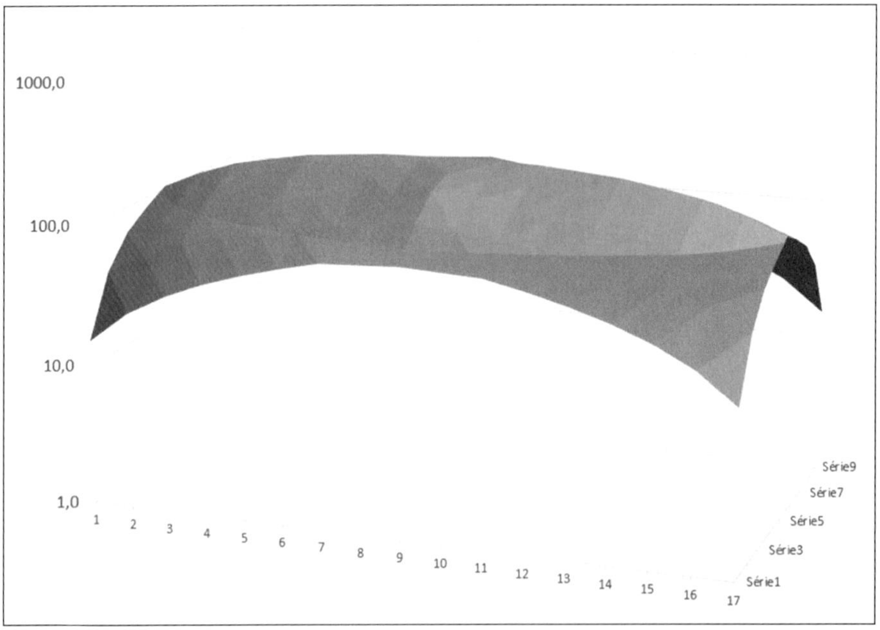

Figure 2.94 : Une représentation logarithmique de la surface présentée dans la figure précédente. Remarquez l'axe des valeurs, à gauche.

- Valeurs en ordre inverse : le graphique est retourné. Dans certains cas, les données sont plus lisibles de cette manière.

Un graphique en surface est décliné en plusieurs variantes. L'option Surface 3D avec structure apparente, par exemple, ne montre qu'un maillage (Figure 2.95). Les options Contour et Contour filaire montrent le graphique vu de dessus, en seulement deux dimensions.

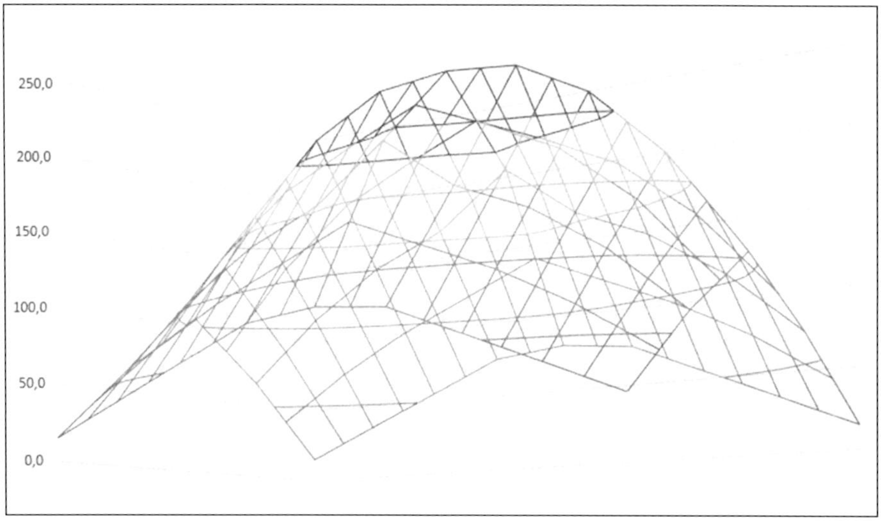

Figure 2.95 : Une représentation filaire d'une surface 3D.

Le graphique en radar

Le graphique en radar est bien connu des lecteurs de tests techniques. Il figure en effet dans d'innombrables magazines et site Internet pour donner une vision synoptique des performances d'un matériel. Mais il peut être appliqué à n'importe quels chiffres dans n'importe quel autre domaine, dès lors qu'il s'agit de comparer des performances ou des résultats.

Dans le graphique, la valeur zéro est au centre d'une figure géométrique : un pentagone si les données sont au nombre de cinq, un hexagone si elles sont au nombre de six, et ainsi de suite. Lorsque toutes les valeurs sont égales, la figure est régulière. Si les valeurs sont inégales, elles sont d'autant plus élevées qu'elles sont éloignées du centre.

Voici comment créer un graphique en radar avec Excel :

1. **Saisissez les données dans la feuille de calcul, en plaçant les légendes dans une colonne et les valeurs dans la colonne à côté de la précédente.**

   Les données ne doivent pas être trop nombreuses dans un graphique en radar, car ce dernier perdrait de sa lisibilité. Pour que le graphique soit clair, les données doivent être bien séparées les unes des autres sur le graphique. En règle générale, n'excédez pas une dizaine de valeurs.

2. **Sélectionnez les données.**

3. **Cliquez sur l'onglet du ruban Insertion.**

4. **Dans le groupe Graphiques, cliquez sur l'icône Insérer un graphique en surface ou en radar, puis cliquez sur l'icône Radar avec marqueurs.**

   Excel crée un graphique en radar similaire à celui que montre la Figure 2.96.

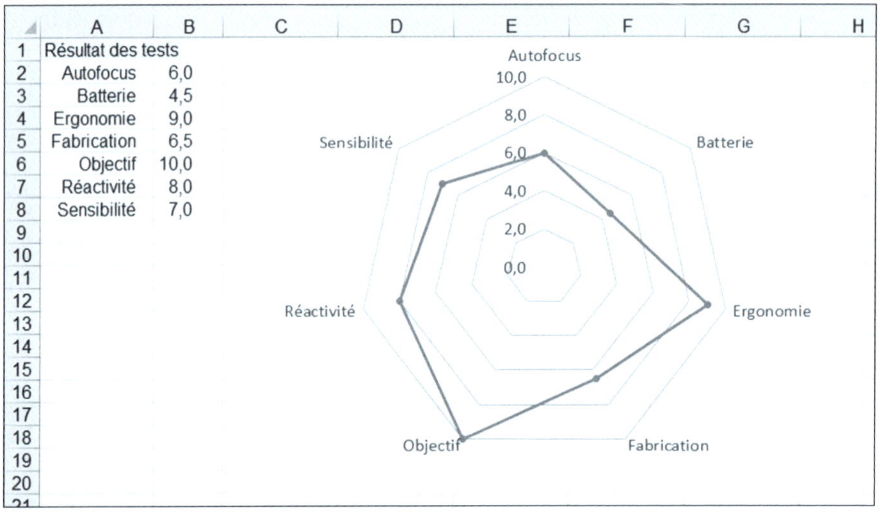

Figure 2.96 : Le graphique en radar d'un test de matériel.

Le graphique en radar de la Figure 2.96 montre dès le premier coup d'œil que l'ergonomie et l'objectif sont les points forts de l'appareil photo qui a été testé, mais que la batterie, et donc l'autonomie, posent problème.

Mieux voir les graduations

Par défaut, les graduations concentriques du graphique en radar d'Excel sont très claires. Si votre écran d'ordinateur est plutôt lumineux, elles risquent de ne pas être visibles, ce qui rendrait le graphique quasiment incompréhensible. Procédez comme suit pour rendre les graduations plus foncées :

1. **Survolez lentement la zone de graphique avec le pointeur de la souris.**
2. **Dès que l'info-bulle Quadrillage principal apparaît (Figure 2.97) apparaît, cliquez du bouton droit puis, dans le menu, choisissez Format du quadrillage.**

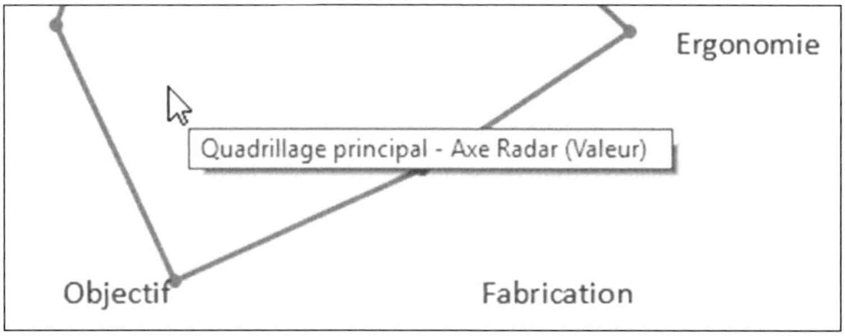

Figure 2.97 : Localisez l'invisible quadrillage concentrique à l'aide du pointeur de la souris.

3. **Dans le volet Mise en forme du quadrillage principal, cliquez sur l'icône Couleur puis sélectionnez-en une dans le nuancier, comme le montre la Figure 2.98.**

La palette de sélection du graphique en radar contient deux autres variantes que celle à marqueurs que nous venons d'utiliser. La première est l'option Radar simple : seuls les traits reliant les données sont tracés, sans les ronds aux coins. L'autre, nommée Radar plein, emplit le polygone avec une couleur unie.

Bourse, cascade et entonnoir

Sous ce titre en inventaire à la Prévert se cachent plusieurs graphiques d'usage moins courant que les histogrammes et les graphiques à secteurs, mais néanmoins fort utiles. Dans le ruban Insertion, ils sont tous accessibles en cliquant sur l'icône Insérer un graphique Cascade ou boursier. Cette option comprend aussi le récent graphique en entonnoir.

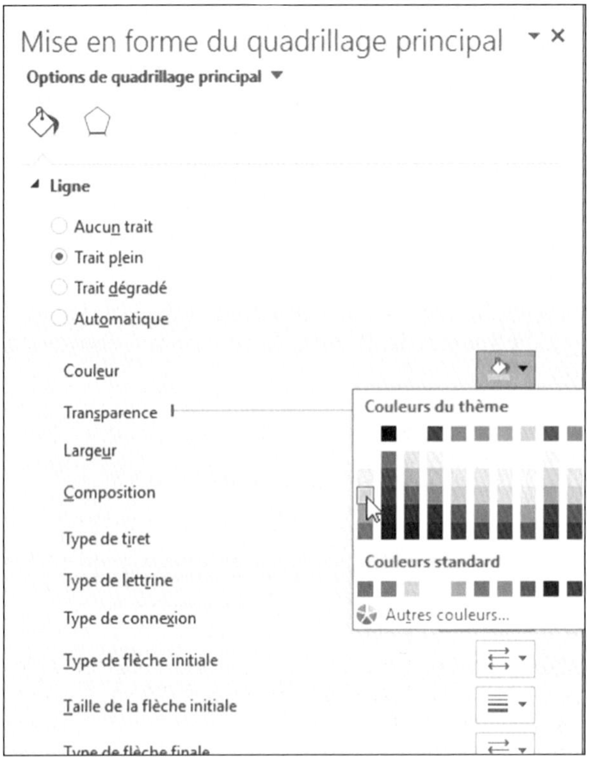

Figure 2.98 : Choisissez une couleur qui montre mieux le quadrillage. Un gris foncé est idéal.

Le graphique boursier

Un graphique boursier représente des fluctuations de cours. Le plus simple est le graphique en courbes montrant un cours à la clôture de l'action selon une certaine périodicité : horaire, quotidienne, mensuelle...

Excel propose quatre types de graphiques boursiers. Leur nom, dans la palette qui sert à les sélectionner, indique l'ordre dans lequel les données doivent être placées dans la feuille de calcul :

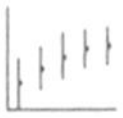

Max-Min-Clôture : graphique en lignes verticales utilisé pour les analyses techniques. Il indique la valeur maximale du cours au moment donné, sa valeur minimale à ce même moment et sa valeur à la clôture (Figure 2.99).

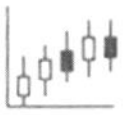

Ouverture-Max-Min-Clôture : graphique en chandeliers utilisés pour montrer des historiques de cours. Les chandeliers blancs correspon-

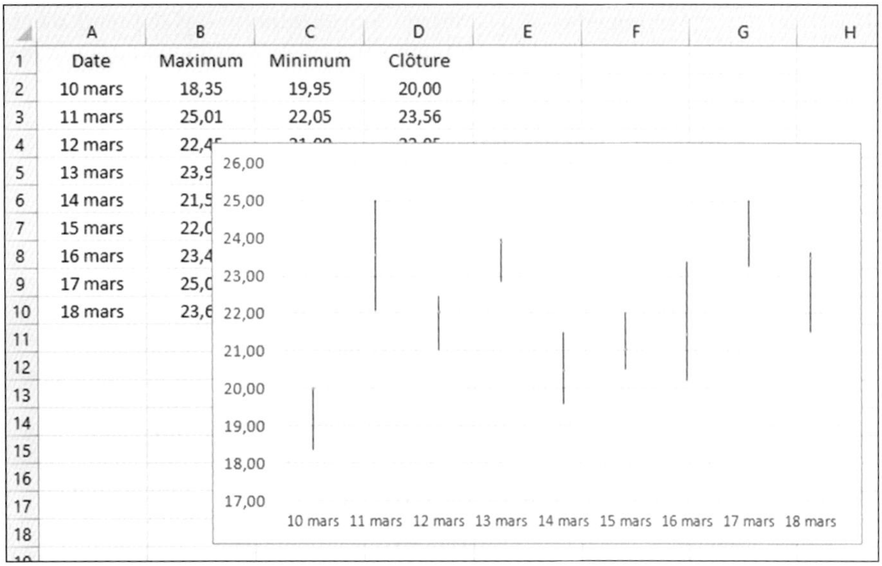

Figure 2.99 : Un graphique Max-Min-Clôture.

dent aux jours de hausse, les chandeliers noirs aux jours de baisse (Figure 2.100). Le bas du rectangle correspond à l'ouverture, le haut du rectangle à la clôture. La hauteur d'un chandelier indique l'amplitude de la variation du cours entre l'ouverture et la fermeture. Le trait indique le cours maximum (trait vers le haut) et/ou minimal (trait vers le bas) atteint au cours de la période.

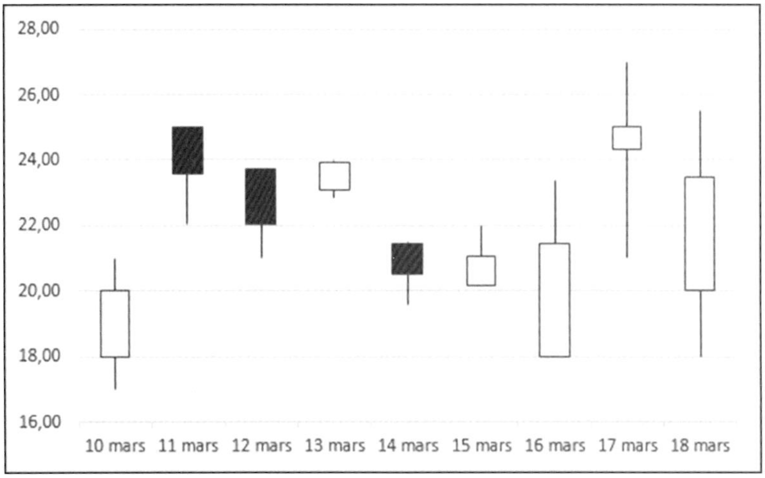

Figure 2.100 : Un graphique Ouverture-Max-Min-Clôture en chandeliers.

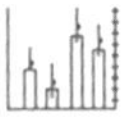

Volume-Max-Min-Clôture : représentation des volumes d'échange sous la forme d'un histogramme. Les cours maximaux, minimaux et à la clôture sont représentés par des lignes verticales (Figure 2.101).

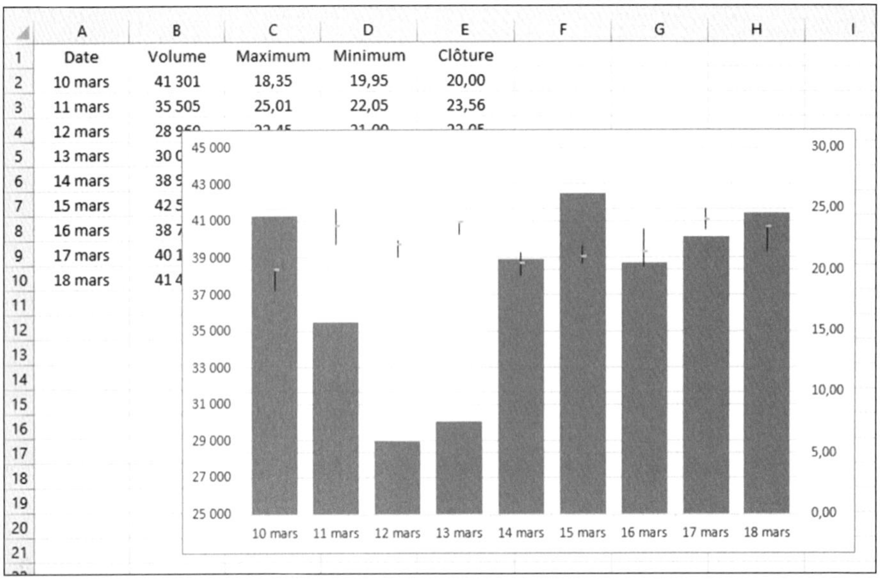

Figure 2.101 : Un graphique Volume-Max-Min-Clôture. Remarquez les lignes verticales Max-Min-Clôture en haut de l'histogramme.

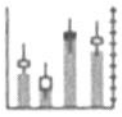

Volume-Ouverture-Max-Min-Clôture : représentation des volumes d'échange sous forme d'histogramme, et des chandeliers, avec les chiffres maximaux, minimaux et à la clôture (Figure 2.102).

Le choix du graphique à utiliser dépend de l'analyse que vous désirez effectuer. Veillez à ce que les données soient disposées dans l'ordre préconisé, sélectionnez-les puis choisissez le graphique en cliquant, dans le ruban Insertion, sur l'icône Insérer un graphique Cascade ou boursier (Figure 2.103). Choisissez ensuite le graphique dans la rubrique Stock.

Les graphiques boursiers sont beaucoup plus nombreux que ceux que propose Excel. Pour en savoir plus sur ces derniers, connaître aussi les autres et savoir les interpréter, visitez ce site spécialisé, mais néanmoins très accessible : www.abcbourse.com/apprendre/11_comment_lire_un_graphique.html.

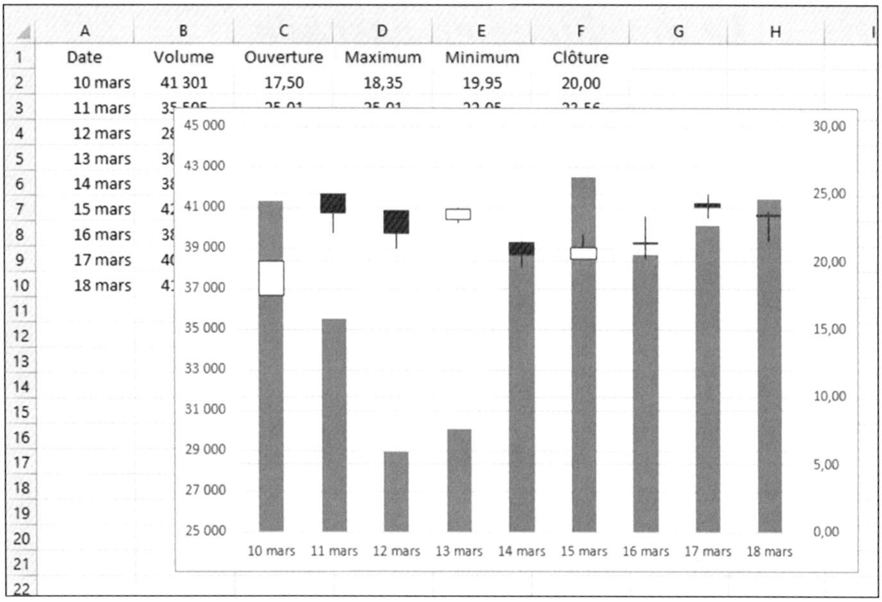

Figure 2.102 : Un graphique Volume-Ouverture-Max-Min-Clôture.

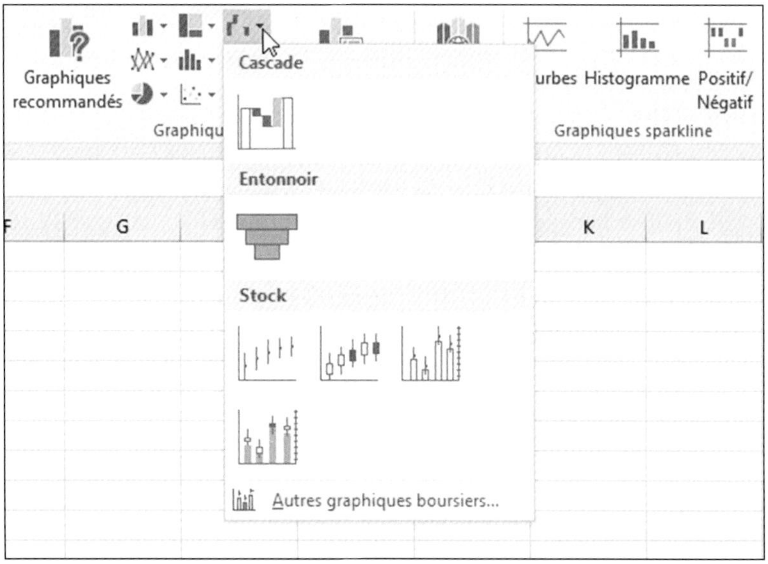

Figure 2.103 : En bas de la palette, la rubrique Stock contient plusieurs graphiques boursiers.

Le graphique en cascade

Un graphique en cascade montre les totaux cumulés au fur et à mesure qu'ils sont additionnés ou soustraits. Les recettes (nombres positifs) sont représentées par des colonnes bleues surmontées d'une étiquette indiquant la valeur de la recette, les dépenses (nombres négatifs) sont représentées par des colonnes rouges sous lesquelles se trouve la valeur de la dépense. Les totaux et les sous-totaux sont des colonnes grises reposant sur la base du graphique. Cela ne vous paraît pas très clair ? Cela le deviendra au travers d'un exemple.

En attendant, et pour bien comprendre le principe d'un graphique en cascade, examinez le schéma de la Figure 2.104, dans lequel des lignes de connexion ont été dessinées. La première colonne à gauche indique une recette de 265 781 euros. La colonne qui la jouxte commence au niveau de la ligne de connexion, mais comme elle est rouge, elle indique une dépense de 118 740 euros (remarquez que le chiffre négatif est affiché sous la colonne) et de ce fait, la colonne est descendante. La colonne suivante est bleue, et donc montante, car elle indique une recette de 75 500 euros. Tout le graphique se poursuit sur ce principe d'apports et de retraits.

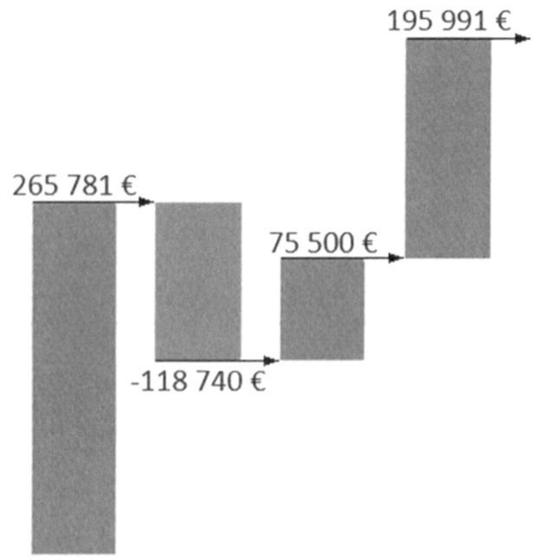

Figure 2.104 : La lecture d'un graphique en cascade.

N'OUBLIEZ PAS

Les lignes de connexion peuvent être affichées sur le graphique en cliquant sur une colonne. Dans le volet Mise en forme des séries de données qui apparaît, cochez la case Afficher les lignes de connexion. La Figure 2.109, plus loin dans cette section, en montre quelques-unes.

Préparer les données

En prévision d'un graphique en cascade, les nombres placés dans la feuille de calcul doivent clairement indiquer s'ils sont positifs (recettes) ou négatifs (dépenses), comme dans la Figure 2.105. C'est pourquoi vous devez taper le signe moins, suivi du nombre, lors de la saisie.

TRUC

Choisissez un format de cellule mettant les nombres négatifs en rouge, avec leur signe. C'est le cas des formats Nombre et Monétaire (mais ni Standard, ni Comptabilité).

Dans le tableau de la Figure 2.105, les cellules contenant des totaux ont été mises en gras. Le calcul qui s'y trouve prend toujours en compte le total

B7 | f_x | =B3+B4+B5+B6

	A	B	C
1	Chiffre d'affaire	**245 631 €**	
2	Marchandises	-20 150 €	
3	**Marge brute**	**265 781 €**	
4	Frais de gestion	-118 740 €	
5	Subventions	**75 500 €**	
6	Logistique	-26 550 €	
7	**Résultat net**	**195 991 €**	
8	Publicité	**26 745 €**	
9	Déplacements	-35 000 €	
10	Divers	-55 000 €	
11	**Résultat d'exploitation**	**132 736 €**	
12	Taxes	-45 400 €	
13	**Bénéfice net**	**87 336 €**	
14			

Figure 2.105 : Des nombres prêts à être représentés par un graphique en cascade.

qui précède, plus haut dans la liste. Par exemple, la cellule B7, en regard de Résultat net, contient la formule suivante :

```
=B3 + B4 + B5 + B6
```

Autrement dit, cette formule englobe également le résultat de la cellule B3, celle de la marge brute.

Créer le graphique en cascade

La création du graphique en cascade n'est pas plus compliquée que celle d'un histogramme. Voici comment procéder :

1. **Sélectionnez le tableau de données.**

2. **Cliquez sur l'onglet du ruban Insertion.**

3. **Dans le groupe Graphiques, cliquez sur l'icône Insérer un graphique Cascade ou boursier.**

4. **Cliquez ensuite sur l'unique icône de la rubrique Cascade (Figure 2.106).**

   Excel confectionne aussitôt un graphique similaire à celui de la Figure 2.107. Les colonnes bleues et rouges correspondent à des nombres

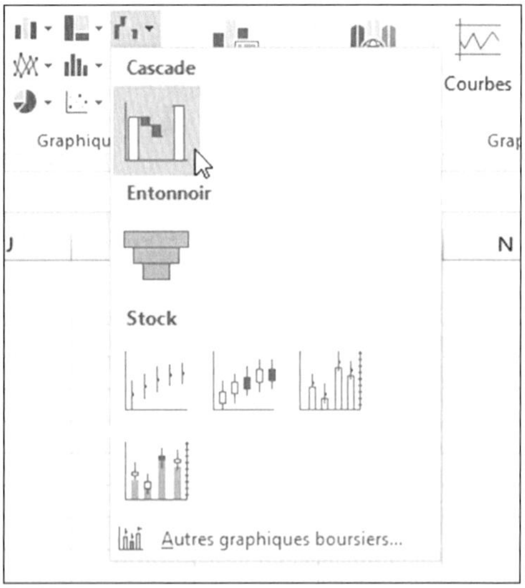

Figure 2.106 : Créez le graphique en cascade.

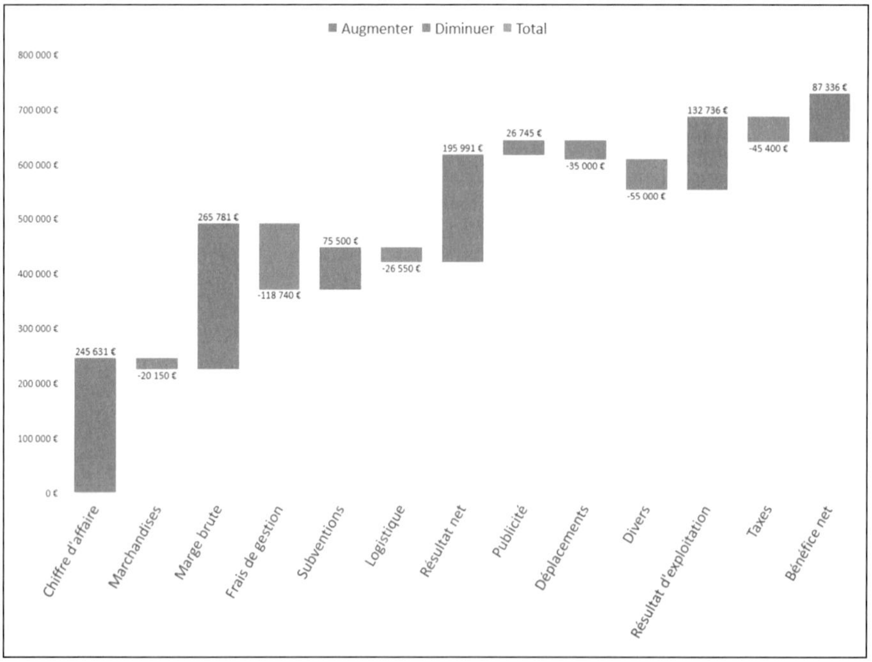

Figure 2.107 : Excel vient de créer un graphique en cascade. Quelques aménagements sont cependant nécessaires.

positifs et négatifs, dans le tableau de la feuille de calcul, mais un point est discutable. Le graphique considère en effet les sous-totaux et le résultat final comme des recettes ou des dépenses, ce qui n'est bien sûr pas le cas.

En haut du graphique, la légende contient trois séries : Augmenter (pour les recettes), Diminuer (pour les dépenses) et Total, qui devrait être représenté par des colonnes grises. Or, elles sont absentes du graphique.

En fait, vous devez indiquer manuellement à Excel les nombres qui sont des totaux. Commencez par identifier la première d'entre elles en vous basant sur la légende, en bas du graphique. Dans notre exemple, un sous-total s'appelle Marge brute.

5. **Cliquez sur une colonne du graphique afin de sélectionner la série de données.**

   Cette action affiche également le volet Mise en forme des séries de données.

6. **Cliquez sur la colonne correspondant à un total ou à un sous-total.**

   Les autres colonnes s'éclaircissent. Dans le volet de mise en forme, une option supplémentaire vient d'apparaître.

7. **Cliquez sur la case Définir en tant que total (Figure 2.108).**

   La colonne sélectionnée à l'étape 6 devient grise et s'étend jusqu'à la base du graphique. Si vous affichez la ligne de connexion, comme dans

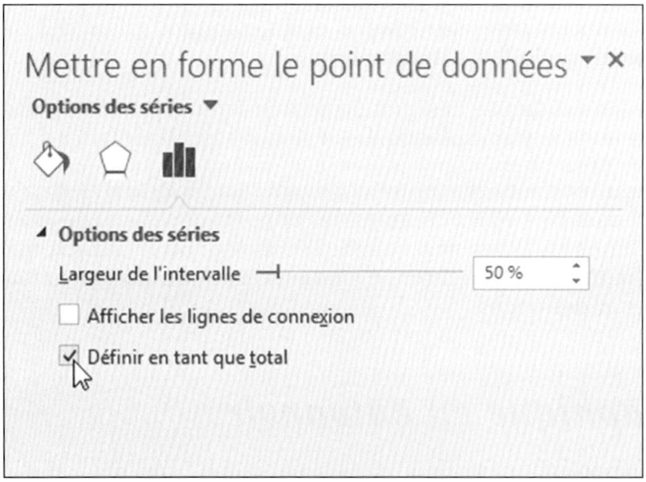

Figure 2.108 : Faites de la colonne un total (et non une recette ou une dépense).

la Figure 2.109, vous constaterez que les connexions ne s'effectuent qu'au-dessus de la colonne de total. Elle est là à titre indicatif, mais ne fausse plus le graphique.

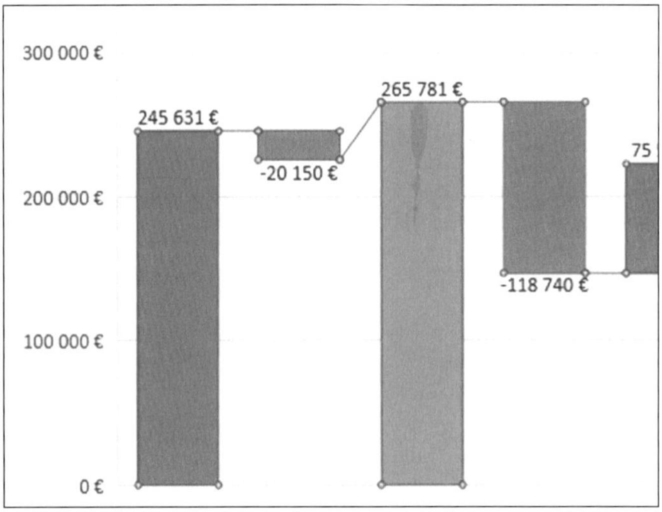

Figure 2.109 : La ligne de connexion reste au niveau de la colonne d'un total (en gris).

8. **Répétez les étapes 6 et 7 pour toutes les colonnes de sous-total et de total. Dans la Figure 2.110, quatre colonnes ont ainsi été redéfinies. Comparez le graphique final avec celui de la Figure 2.107. Remarquez les valeurs positives au-dessus des colonnes bleues, les valeurs négatives sous les colonnes rouges, et les colonnes grises des totaux qui reposent sur la base du graphique.**

Notez que les valeurs de début et de fin démarrent souvent – mais pas toujours – sur la base du graphique. Les colonnes intermédiaires sont flottantes.

Un graphique en cascade montre comment vous êtes arrivé au résultat final en décomposant les effets cumulés des apports positifs et négatifs. Il est utile dans de nombreux domaines, comme l'économie ou la finance, mais aussi en démographie, pour montrer l'évolution d'une population en fonction des naissances et des décès.

Le graphique en entonnoir

Ce graphique n'est présent que dans la version d'Excel souscrite au travers d'un abonnement Office 365. Il présente des valeurs préalablement triées de la plus élevée à la plus faible.

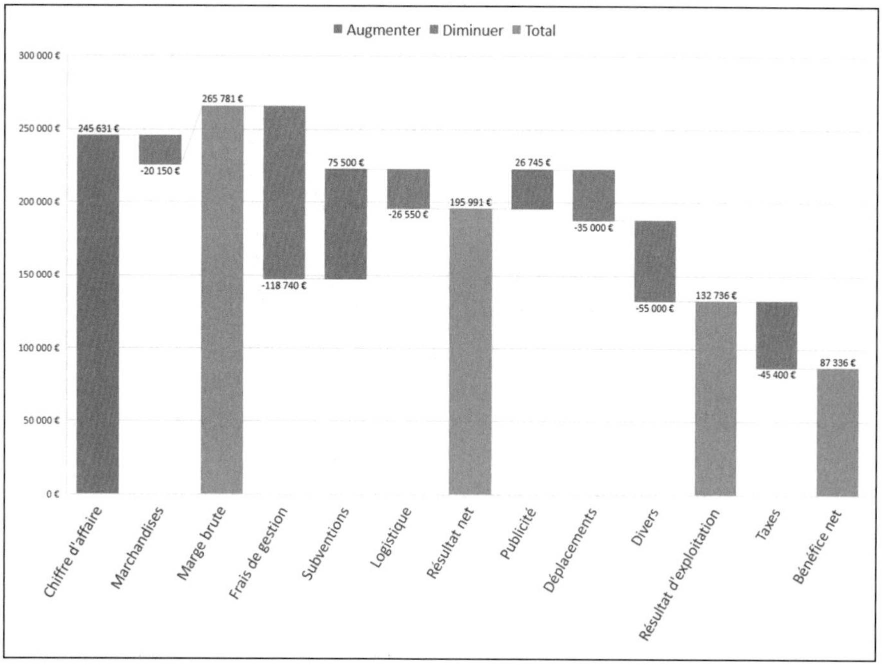

Figure 2.110 : Le graphique en cascade montre le flux de données positives et négatives, mais sans être faussé par les totaux.

La Figure 2.112 montre le filtrage du lectorat possible d'un magazine selon des spécificités successives. D'un magazine recouvrant tous les aspects de la simulation (financière, scientifique, aéronautique, ludique...), soit un nombre d'acheteurs estimé à 65 000 d'après une étude préalable, nous en arrivons à seulement 10 000 dans le concept final : un magazine réservé à la simulation de vol de loisir. Voici comment afficher un graphique en entonnoir montrant le filtrage successif d'un lectorat :

Simuler avec un graphique en entonnoir

Le graphique révèle la part de chaque filtrage dans le chiffre final. La démonstration est éloquente, mais elle le serait encore plus en associant des tests avec la fonction SI permettant d'envisager différents cas de figure. Par exemple, dans la Figure 2.112, la colonne A est réservée au caractère permettant d'inclure ou d'exclure la ligne du calcul : la présence d'un X indique que le critère – la légende dans la colonne B – est pris en compte. Son absence indique que le critère a été exclu. La perte de lecteur n'est alors pas prise en compte et dans le graphique, le texte du critère n'est plus affiché.

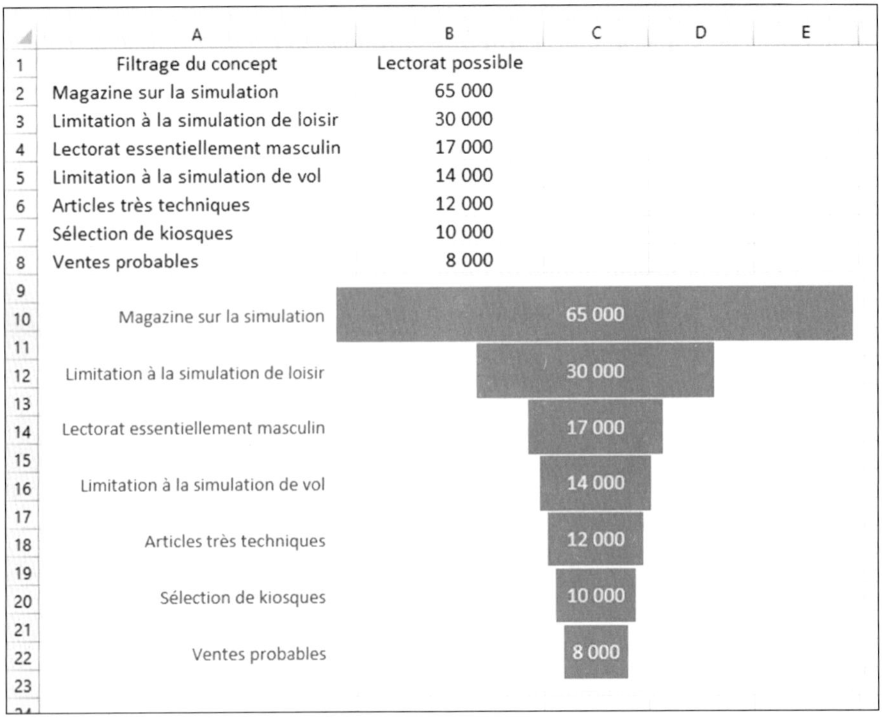

Figure 2.111 : Un lectorat qui se réduit peu à peu selon les spécificités du magazine.

Pour effectuer ce genre de simulation, la structure de la feuille de calcul doit être modifiée. Au lieu de n'indiquer que les légendes et les valeurs, il faut ajouter une colonne supplémentaire D contenant les valeurs à retrancher.

La validation des critères est effectuée par des fonctions SI à partir de la cellule C3 (l'une d'elles est visible dans la Figure 2.112). Elle contient la formule suivante :

```
=SI(A3="x";C2-D3;C2)
```

Cette formule se lit ainsi : si la cellule A3 contient le caractère "x", la cellule courante C3 doit afficher le nombre situé dans la cellule au-dessus duquel a été retranché le nombre situé dans la cellule à droite. Si au contraire la cellule A3 ne contient rien, cela signifie qu'Excel ne doit pas tenir compte du critère de filtrage et donc ne rien calculer. Dans ce cas, la cellule courante C3 se contente de réafficher la valeur de la cellule située au-dessus.

Recopiez cette formule jusqu'à la cellule C7 en utilisant la poignée de recopie. La dernière cellule, tout en bas, `Ventes probables`, est un résultat final qui n'effectue aucun test. Elle contient simplement la formule suivante :

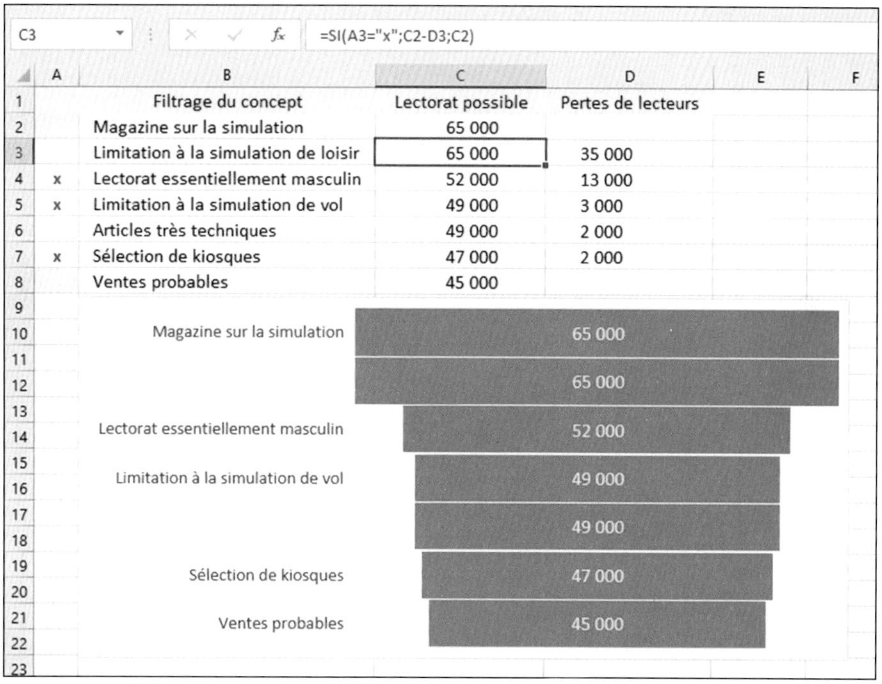

C3 =SI(A3="x";C2-D3;C2)

	A	B	C	D	E	F
1		Filtrage du concept	Lectorat possible	Pertes de lecteurs		
2		Magazine sur la simulation	65 000			
3		Limitation à la simulation de loisir	65 000	35 000		
4	x	Lectorat essentiellement masculin	52 000	13 000		
5	x	Limitation à la simulation de vol	49 000	3 000		
6		Articles très techniques	49 000	2 000		
7	x	Sélection de kiosques	47 000	2 000		
8		Ventes probables	45 000			

Figure 2.112 : L'absence du X dans la cellule A6, montre le graphique en entonnoir si les articles prévus dans le magazine n'étaient pas limités à la simulation de loisir et s'ils étaient moins techniques.

```
=C7
```

Si vous le désirez, vous pouvez ajouter un autre test avec la fonction SI qui affiche la légende ou la masque selon que la cellule dans la colonne A contient ou ne contient pas le caractère X :

```
=SI(A3="x";"Limitation à la simulation de loisir";"")
```

Dans le dernier argument de la fonction SI, les deux guillemets sans rien dedans délimitent une chaîne de caractères vide. Rien n'est alors affiché dans la cellule.

Le graphique en entonnoir à géométrie variable que nous venons de décrire permet de montrer l'incidence ou non d'un critère sur le résultat final.

Le graphique combiné

Le graphique combiné permet, comme son nom l'indique, d'afficher simultanément plusieurs types différents. Il est ainsi possible de montrer les interrelations de différentes séries de chiffres au cours de leur évolution.

Le graphique combiné le plus classique montre à la fois un histogramme et une courbe. Celui de la Figure 2.113 contient deux axes de valeurs : l'un à gauche pour l'histogramme et l'autre à droite, avec une échelle différente, pour la courbe.

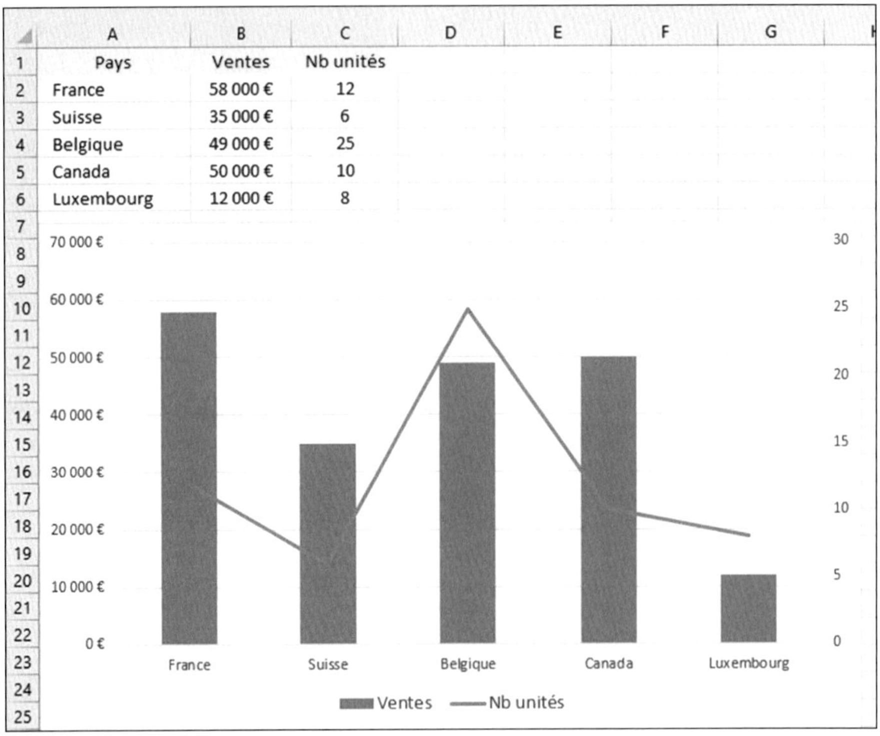

Figure 2.113 : Une courbe affichée par-dessus un histogramme.

Un graphique combiné est rapidement créé en procédant ainsi :

1. **Placez les données dans autant de colonnes que vous désirez tracer de séries de types différents.**

   Reportez-vous à la Figure 2.113 pour voir un exemple de répartition des données.

2. **Sélectionnez l'ensemble du tableau.**

   Incluez dans la sélection les légendes et les en-têtes.

3. **Cliquez sur l'onglet du ruban Insertion.**

4. **Dans le groupe Graphiques, cliquez sur l'icône Insérer un graphique combiné.**

5. **Cliquez ensuite sur l'icône Colonne groupée - Ligne sur l'axe secondaire (Figure 2.114).**

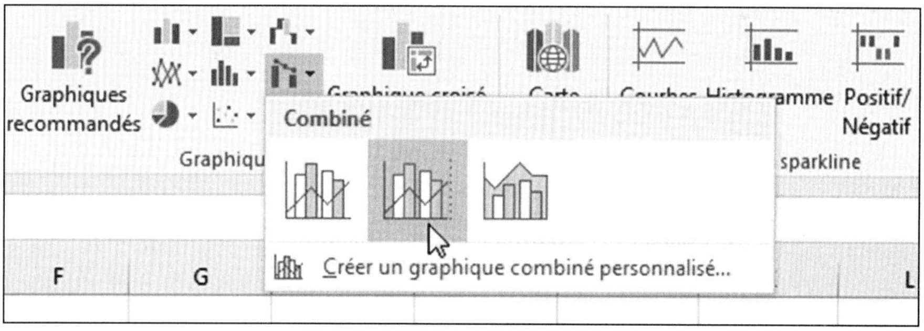

Figure 2.114 : Sélectionnez un graphique combiné affichant deux axes de valeurs.

   Cette icône ajoute l'axe de valeur secondaire, à droite du graphique combiné. Si vous n'en voulez pas, cliquez sur la première icône, Colonne groupée - Ligne.

Après avoir cliqué sur l'icône de la variante de graphique combiné désirée, le graphique est affiché dans la feuille de calcul.

Le graphique combiné personnalisé

À l'étape 4, dans la section précédente, la palette de sélection de la variante de graphique combiné contient une option Créer un graphique combiné personnalisé. Cliquer dessus ouvre la boîte de dialogue Insérer un graphique, que montre la Figure 2.115.

La partie inférieure de la boîte de dialogue contient un sélecteur permettant de choisir le type de graphique et l'axe à utiliser. Commencez par cocher la case Axe secondaire de la série à afficher. Déroulez ensuite le menu correspondant puis faites votre choix parmi les types de graphiques et leurs variantes.

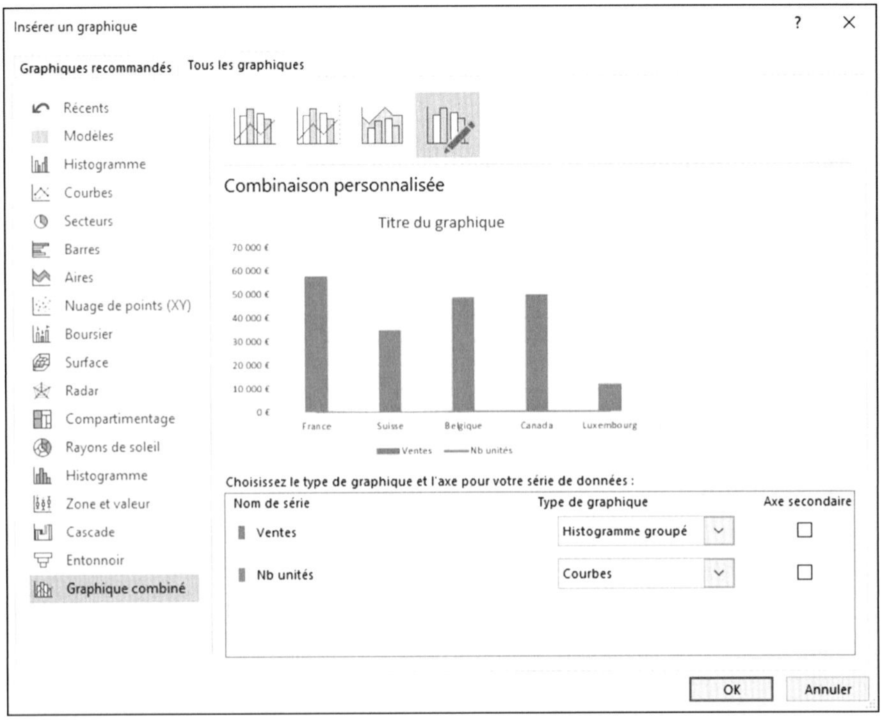

Figure 2.115 : Accédez au graphique combiné personnalisé.

De nombreuses combinaisons de graphiques sont possibles, y compris les plus hideuses, comme mêler les colonnes verticales d'un histogramme aux barres horizontales d'un graphique à barres. Surimpressionner un histogramme par-dessus un graphique à secteurs peut être artistique, mais peu exploitable quant aux données. Pensez toujours à la clarté et à la lisibilité des données lorsque vous mêlez des types de graphiques.

Déplacer un graphique

Par défaut, un graphique est toujours incorporé dans la feuille de calcul où se trouvent les données. Il est déplaçable et redimensionnable à l'aide des huit poignées qui se trouvent sur son cadre extérieur, comme nous l'avons vu dans le chapitre précédent.

Un graphique peut cependant être déplacé dans une feuille prévue uniquement pour contenir ce type d'élément. Cette option est commode si la place manque dans la feuille de données, ou si vous préférez tout simplement qu'un ou plusieurs graphiques soient présentés sur leur propre feuille.

Procédez comme suit pour déplacer un graphique vers une feuille de graphique :

1. **Cliquez dans le graphique afin de le sélectionner.**
2. **Sous l'onglet Outils de graphique, cliquez sur l'onglet Création.**

3. **Dans le groupe Emplacement, à droite dans le ruban, cliquez sur l'icône Déplacer le graphique.**

   Excel ouvre la boîte de dialogue que montre la Figure 2.116. Elle contient deux options :

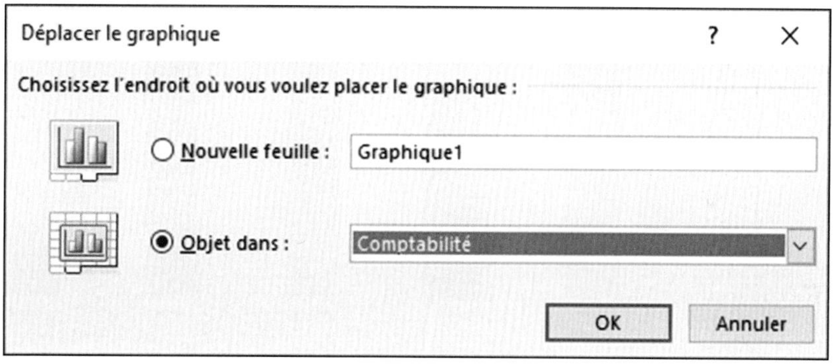

Figure 2.116 : Choisissez la destination du graphique.

   - **Nouvelle feuille :** cette option déplace le graphique dans une feuille de graphique. Le nom par défaut est Graphique1, mais vous pouvez en choisir un autre.
   - **Objet dans :** le menu contient la liste des feuilles de calcul du classeur courant. Sélectionnez-en une pour déplacer le graphique vers cette feuille.

4. **Cliquez sur le bouton d'option Nouvelle feuille.**
5. **(Facultatif) Changez le nom de la feuille.**

   Le nom de la feuille apparaîtra dans l'onglet en bas à gauche du classeur, parmi les onglets des feuilles de calcul.

6. **Cliquez sur OK.**

   Le graphique est transféré dans une feuille de calcul (Figure 2.117).

La feuille de graphique ne contient aucune cellule. De ce fait, l'icône *fx*, qui ouvre le sélecteur de fonctions, est inopérante. De même, dans la plupart

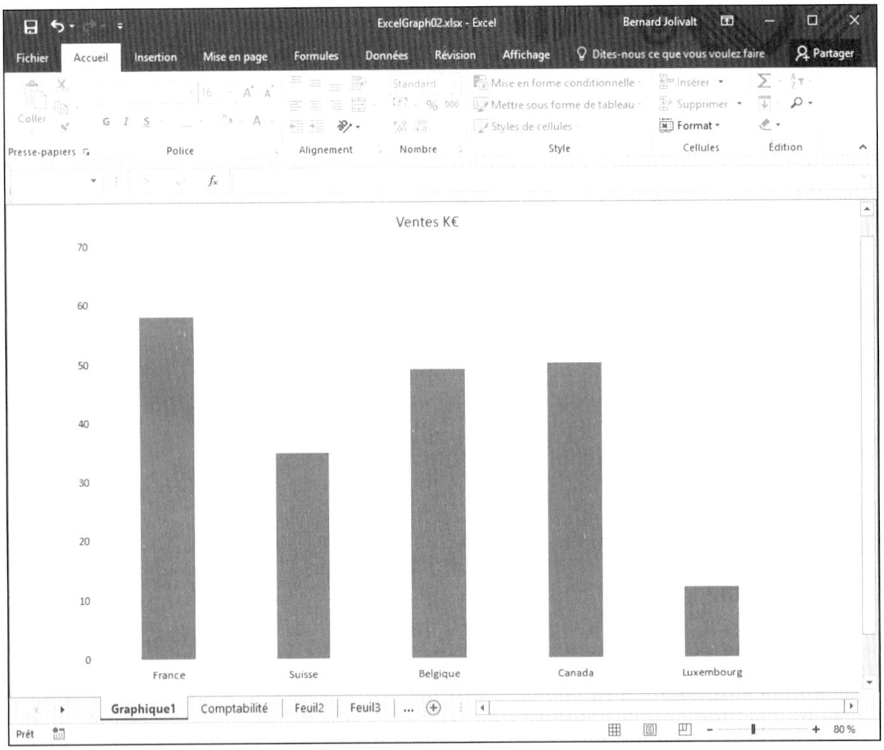

Figure 2.117 : Une feuille de graphique.

des rubans, de nombreuses fonctions d'Excel sont inactives, car elles ne s'appliquent pas à un graphique. Les rubans Création et Format, sous l'onglet Outils de graphique, sont en revanche pleinement opérationnels.

ATTENTION !

Que le graphique ait été transféré vers une feuille de graphique, comme nous venons de le voir, ou vers une autre feuille de calcul, notez ces points importants :

- Le graphique déplacé disparaît de la feuille de calcul où il se trouvait.
- Le déplacement d'un graphique ne peut pas être annulé.
- Des liens dynamiques subsistent entre les données et leur représentation. De ce fait, chaque fois que vous modifiez un élément dans le tableau d'origine, cette modification apparaît automatiquement sur la feuille de calcul.
- Ne supprimez pas la feuille de calcul contenant les données d'origine, car faute d'en disposer, le graphique n'afficherait que des valeurs nulles.

Nous en avons fini avec cette longue présentation des types de graphiques Excel. L'un d'eux, le graphique croisé dynamique, sera abordé dans le Chapitre 5, « Présenter et filtrer des données ».

Chapitre 3

Afficher les valeurs

Dans ce chapitre :

- Les commandes de mise en forme
- Régler la largeur et l'intervalle
- La mise en forme des axes
- Afficher des valeurs sur les données
- Ajouter des étiquettes

Dans ce chapitre et dans le suivant, nous améliorons l'apparence des graphiques. Nous commencerons par mettre en évidence des éléments importants d'un graphique : l'affichage des valeurs sur les axes et sur les points de données.

Nous ferons tout d'abord un petit repérage des lieux. Les commandes de mise en forme d'un graphique, qu'il s'agisse des valeurs ou des couleurs, sont en effet dispersées dans plusieurs rubans et volets.

Les commandes de mise en forme

Rappelons que quand un graphique est sélectionné, un onglet supplémentaire nommé Outils de graphique apparaît en haut d'Excel. Il contient deux onglets, Création et Format. D'autres commandes de mise en forme se trouvent dans des volets qui apparaissent à droite dans Excel. Des commandes Mettre en forme se trouvent aussi en bas de nombreux menus contextuels.

Le ruban Création

Dans le ruban Création, les outils de mise en forme d'un graphique (voir Figure 3.1) se réduisent à deux commandes :

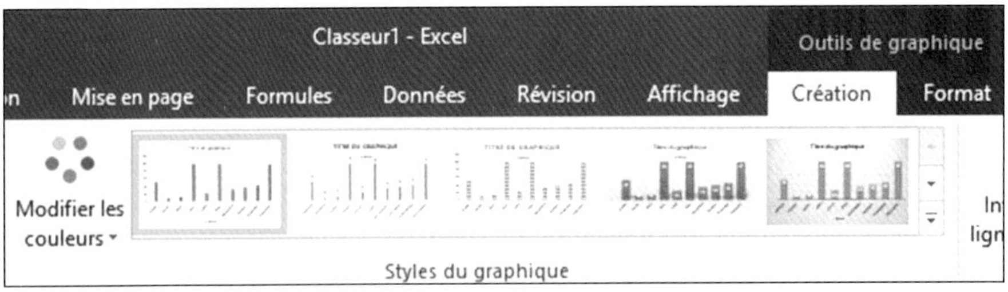

Figure 3.1: Le groupe Styles du graphique du ruban Création.

Modifier les couleurs : sert à changer le jeu de couleurs d'une série de points de données.

Styles du graphique : sert à changer l'apparence globale du graphique.

Nous aurons l'occasion de revenir d'ici peu sur ces commandes.

Le ruban Format

Presque toutes les commandes de ce ruban (Figure 3.2) servent à mettre le graphique en forme. Nous les utiliserons beaucoup dans ce chapitre.

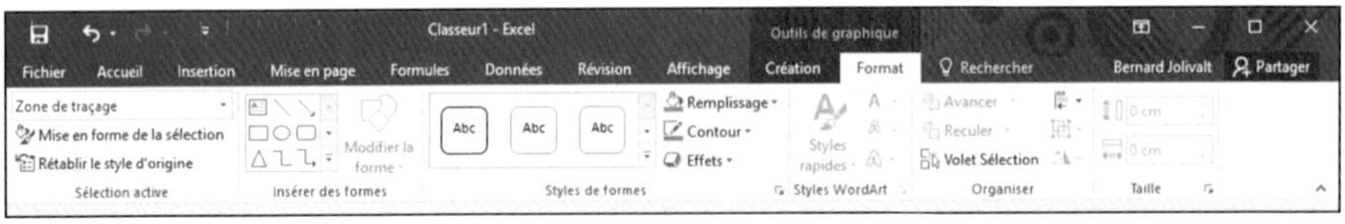

Figure 3.2: Le ruban Format contient la plupart des commandes de mise en forme.

Le ruban Accueil

À gauche de ce ruban, juste après les commandes du presse-papiers, le groupe Police contient des options (Figure 3.3) qui nous seront fort utiles pour mettre en forme les titres, légendes, axes et zones de texte d'un graphique. Dans le groupe Alignement, une seule icône est utilisable. Il s'agit de Orientation, qui permet d'incliner un texte comme celui des légendes, des valeurs, du titre, etc.

Cliquez sur le bouton en bas à droite du groupe Police pour accéder à une boîte de dialogue permettant de configurer très exactement la typographie. Elle permet notamment de régler la taille au dixième de point près.

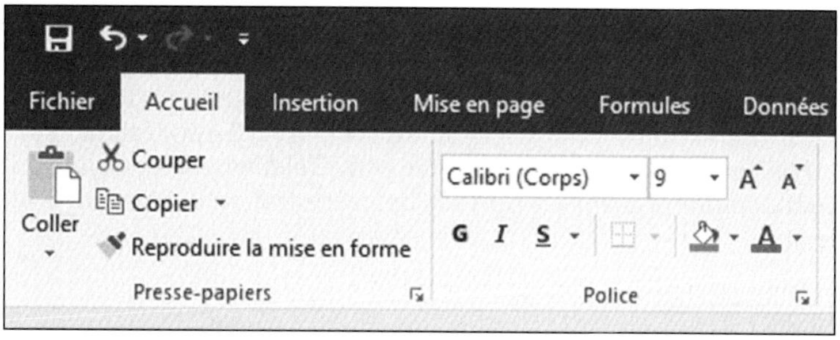

Figure 3.3: Dans le ruban Accueil, le groupe Police sert à mettre le texte des graphiques en forme.

Nous utiliserons aussi des commandes présentes dans le panneau de mise en forme décrit ci-après.

L'icône Style

Les mises en forme que propose Excel en cliquant sur l'icône Styles du graphique, en haut à droite d'un graphique (Figure 3.4), sont les mêmes que celles qui se trouvent dans le groupe Styles du graphisme du ruban Création.

L'avantage du clic sur l'icône Styles du graphique est la rapidité. Quel que soit le ruban actuellement utilisé, ces styles sont en permanence accessibles d'un clic, à condition que le graphique ait été préalablement sélectionné.

Un style est commode lorsque vous êtes pressé et que vous n'avez pas le temps de peaufiner des mises en forme. Il peut aussi servir de point de départ pour obtenir un graphique personnalisé.

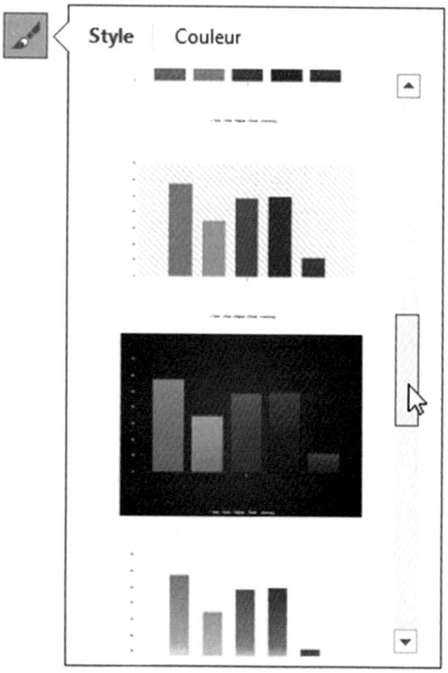

Figure 3.4: Choisissez rapidement un style de graphique.

Le menu de mise en forme

Lorsque vous cliquez du bouton droit sur un élément d'un graphique, un menu contextuel similaire à celui de la Figure 3.5 apparaît. Il est réparti dans deux panneaux. Le premier sert à mettre l'élément sélectionné en couleur, le second contient diverses options de présentation des données et de mise en forme.

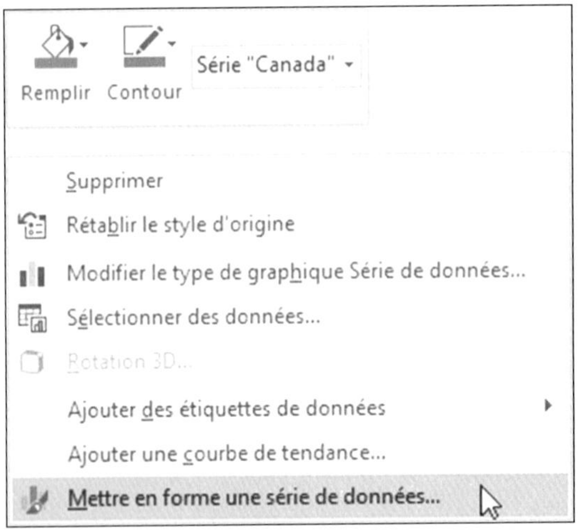

Figure 3.5: Ces panneaux apparaissent en cliquant du bouton droit sur un élément du graphique.

Rétablir le style d'origine

Dans le menu affiché en cliquant du bouton droit sur un élément du graphique, l'option Rétablir le style d'origine peut prêter à confusion.

En effet, contrairement à ce que son nom peut laisser supposer, cette option ne permet pas d'annuler un style que l'on vient de créer. Elle concerne les modèles de graphique, une fonctionnalité étudiée dans le Chapitre 9, « Enregistrer un graphique ». Comme l'explique Microsoft sur son site, un modèle de graphique contient la mise en forme du graphique ainsi que ses couleurs.

Lorsque vous utilisez un modèle de graphique pour créer un graphique dans un autre classeur, le nouveau graphique utilise les couleurs du modèle de graphique, et non celles du thème du document appliqué au classeur à ce moment-là.

L'option Rétablir le style d'origine sert à utiliser les couleurs de graphique du thème du classeur courant, à la place des couleurs du modèle de graphique.

De par sa nature, le contenu d'un menu contextuel varie selon l'élément sélectionné. Nous aborderons donc les diverses options contextuelles aux moments opportuns. Une option est néanmoins présente dans chaque menu : celle qui sert à mettre en forme. Dans la Figure 3.5, le pointeur de la souris est en train de la sélectionner.

Les panneaux de mise en forme

Après avoir cliqué sur l'option Mise en forme [suivie du nom de l'élément], Excel affiche un volet à droite du tableur, plus ou moins similaire à celui de la Figure 3.6. Nous en avons déjà rencontré au cours des exercices dans un chapitre précédent et nous y aurons encore souvent recours dans celui-ci.

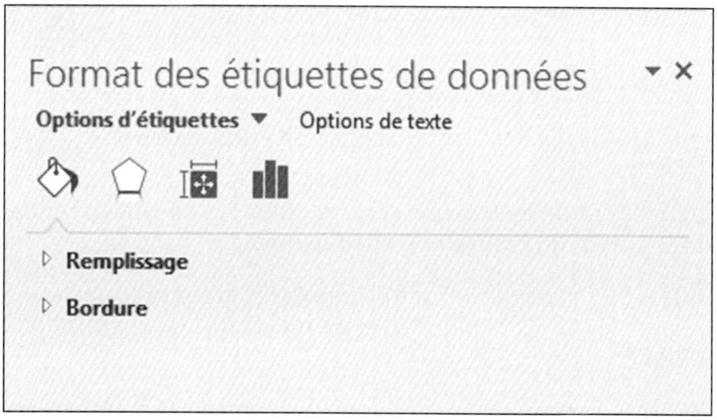

Figure 3.6: Ce volet contient de nombreuses options de mise en forme.

Contrairement aux apparences, ce volet contient de nombreuses options. À l'instar d'un menu contextuel, elles varient selon l'élément de graphique sélectionné.

Rappelons que plutôt que de sélectionner un autre élément ou une autre série de données directement sur le graphique, en cliquant dessus, Excel permet de passer rapidement de l'un à l'autre au travers d'un menu. Pour ce faire, cliquez sur le petit bouton fléché à droite de Options des séries. Il contient une liste d'éléments et de séries (voir Figure 3.7) dans laquelle il suffit de choisir l'élément à mettre en forme.

Tous les volets de mise en forme contiennent au moins les deux premières des icônes ci-après :

- **Remplissage et ligne :** cliquez sur la minuscule icône triangulaire, à gauche des rubriques Remplissage et Bordure, pour accéder aux options

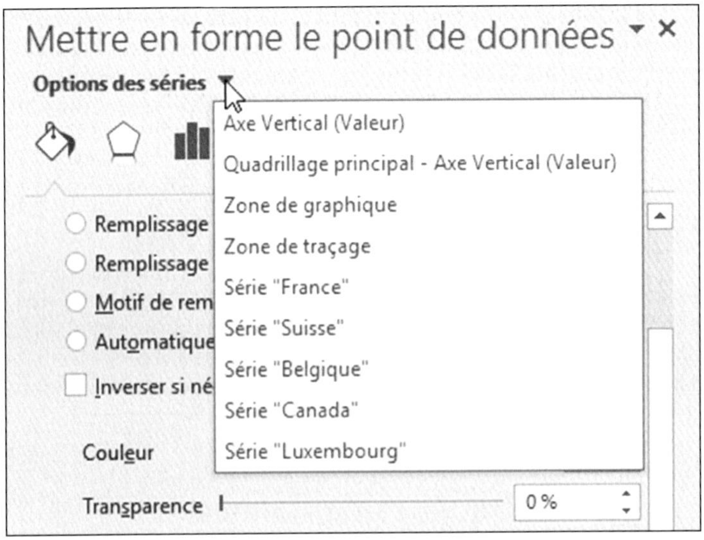

Figure 3.7 : Accédez directement aux éléments à mettre en forme.

permettant de mettre une série de données en couleur et de régler l'apparence du contour de chaque donnée.

- **Effets :** les rubriques Ombre, Lumière, Contours adoucis et Format 3D règlent les effets d'ombrage et de relief ainsi que la rotation du graphique.

- **Taille et propriétés :** les options de la rubrique Taille règlent les dimensions du cadre du graphique. Comme il est beaucoup plus facile de redimensionner un graphique avec la souris, vous les utiliserez sans doute peu. Elles seront néanmoins précieuses si vous devez régler les dimensions à des tailles très précises, au dixième de millimètre près.

  Les options de la rubrique Alignement règlent le positionnement de l'élément sélectionné. Par exemple, vous choisissez d'afficher des étiquettes contenant des valeurs au-dessus des points de données, ou alors au milieu, en haut ou en bas.

- **Options d'axe ou d'étiquettes :** le contenu de ce panneau varie selon qu'un axe ou des étiquettes sont sélectionnés. Il sert notamment à configurer l'échelle et les informations présentes sur un axe, ou la manière de présenter des valeurs sur les points de données.

Si l'élément sélectionné est du texte – titre du graphique, légendes, axe... – le panneau Format contient un jeu d'options supplémentaires nommé Options de texte. Les icônes suivantes sont alors affichées :

- **Remplissage et contour de texte :** ces options peuvent servir à agrémenter le titre d'un graphique.
- **Effets du texte :** ces effets ressemblent à ceux des magnifiques styles WordArt présents dans le panneau Format. Utilisez-les cependant avec parcimonie, pour appliquer par exemple un effet de réflexion au titre d'un graphique. Dans certains cas, le texte peut être pivoté.
- **Zone de texte :** la zone de texte est le cadre qui entoure le titre, les légendes, les axes ou tout autre élément de ce genre. Elle apparaît sous la forme d'un cadre redimensionnable lorsqu'il est sélectionné (Figure 3.8).

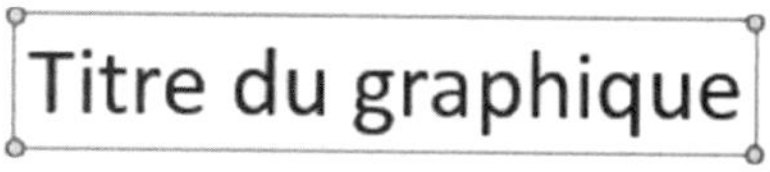

Figure 3.8 : Une zone de texte.

TRUC

Beaucoup d'options des volets Mettre en forme se trouvent également dans les rubans Création et Format, où ils sont plus rapidement accessibles et mis en œuvre.

Nous en avons fini avec la localisation des commandes de mise en forme. Passons à présent à leur mise en pratique.

Régler la largeur et l'intervalle des séries

Quand Excel crée un graphique, il crée une zone de graphique d'une taille prédéfinie, puis il place les séries en leur appliquant une taille et un intervalle occupant au mieux la surface de la zone de traçage (Figure 3.9).

Pour régler la hauteur des colonnes d'un histogramme, vous avez le choix entre deux méthodes. La première consiste, si la place le permet, à augmenter la hauteur de l'ensemble du graphique, en tirant le bord du cadre de la zone de graphique et/ou de la zone de traçage vers le haut. La seconde méthode consiste à changer l'échelle de l'axe des valeurs, comme nous le verrons plus loin dans ce chapitre.

Pour régler la largeur et l'intervalle des colonnes, vous devez agir sur deux commandes accessibles en double-cliquant sur une série de données. L'ensemble des points de données est alors sélectionné et un volet Mise en forme des séries de données apparaît à droite de la feuille de calcul. Excel l'ouvre spontanément sur l'onglet Options des séries. Il contient les deux glissières visibles dans la Figure 3.10.

L'action de ces glissières est un peu déroutante, car elle varie selon l'ordre dans lequel les données sont introduites dans le graphique, un histogramme par exemple. Dans la Figure 3.11, l'illustration du haut montre l'histogramme

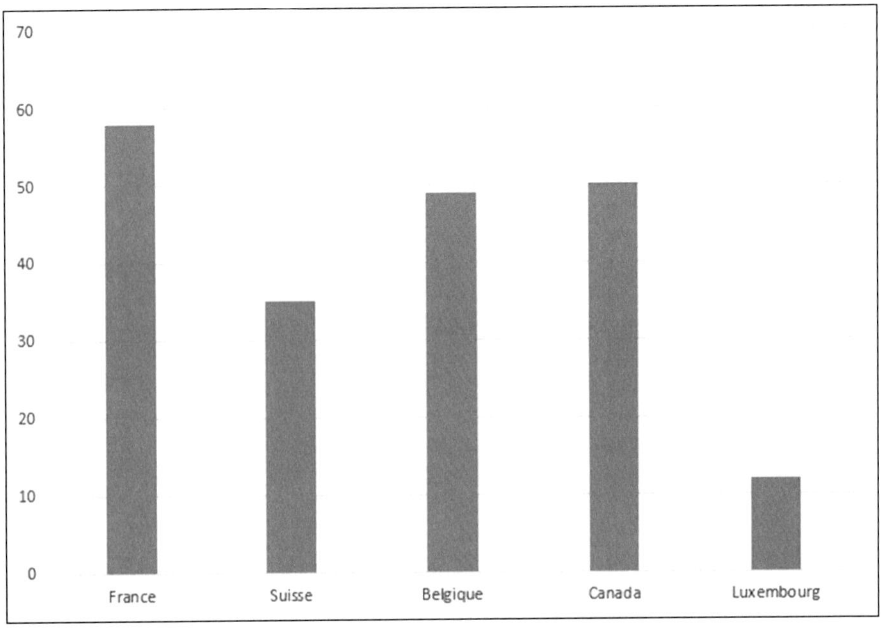

Figure 3.9 : Un histogramme tel qu'il a été créé par Excel.

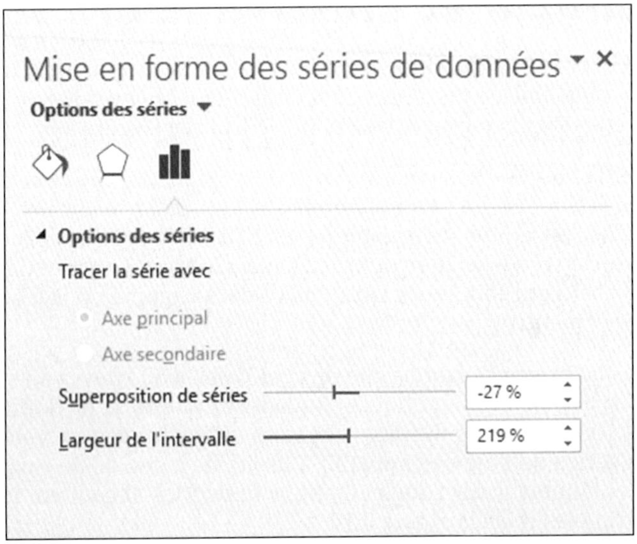

Figure 3.10 : Ces glissières règlent la largeur et l'intervalle des colonnes.

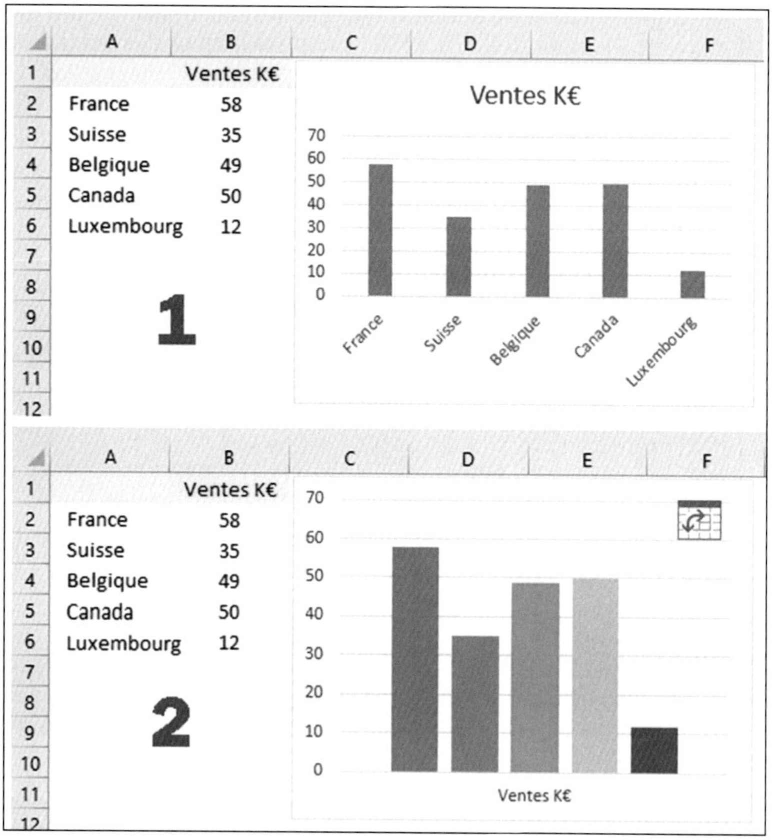

Figure 3.11 : Un histogramme créé par Excel (en haut) et le même après la permutation des lignes et des colonnes (en bas).

tel qu'il vient d'être créé par Excel (cas n°1). Dans l'illustration du bas, les lignes et les colonnes ont été permutées (cas n°2) en cliquant sur l'icône Intervertir les lignes/colonnes.

Notez que lorsque vous créez un graphique en cliquant, sur le ruban Insertion, sur l'icône de création d'un histogramme, seul le premier cas est proposé, d'où la nécessité d'intervertir les lignes et les colonnes. En revanche, le panneau Insérer un graphique > Tous les graphiques propose le choix entre chacune des deux présentations.

Revenons au volet Mise en forme des séries de données, et plus exactement au panneau Options des séries où se trouvent les deux réglages de largeur et d'intervalle des colonnes :

- **Superposition de séries :** cette glissière, dont les valeurs de la glissière s'étendent de -100 % à +100 %, règle la largeur des colonnes.

  Dans le cas n°1 (reportez-vous à la Figure 3.11), cette glissière est inopérante.

  Dans le cas n°2, lorsqu'elle est 0 %, les colonnes se touchent. Lorsque le curseur est tiré à une valeur négative, les colonnes s'écartent les unes des autres. Lorsqu'il est tiré vers une valeur positive, les colonnes se recouvrent. La Figure 3.12 montre trois réglages.

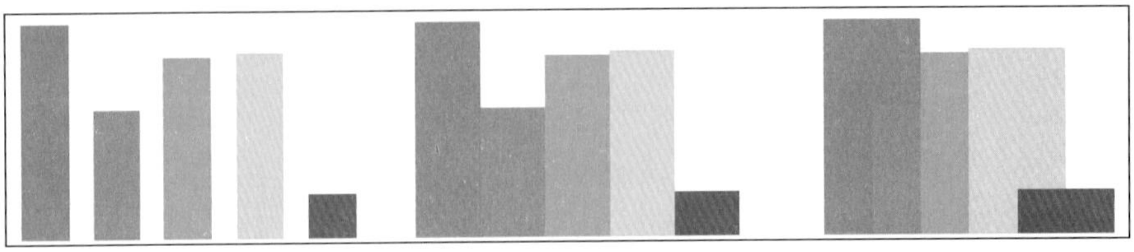

Figure 3.12 : Une superposition de colonnes de -50 % (à gauche), 0 % (au milieu) et +50 % (à droite).

  Lorsque le graphique est du type Empilé, la glissière Superposition de séries réduit la largeur des points de données. Il en résulte un effet de décalage des points de série les uns par rapport aux autres. Les colonnes ou les barres semblent alternées au lieu d'être superposées ou juxtaposées.

- **Largeur de l'intervalle :** cette glissière règle l'espacement entre les colonnes. Le réglage s'étend de 0 % à 500 %.

  Dans le cas n°1, l'intervalle est nul à 0 %. Les colonnes se touchent et occupent toute la largeur de la zone de traçage. À 100 %, la largeur de l'intervalle est égale à la largeur des colonnes. À 500 %, l'intervalle est cinq fois plus large que les colonnes. La largeur de ces dernières est de ce fait très réduite.

  Dans le cas n°2, la glissière Largeur de l'intervalle est sans effet sur l'intervalle. Elle réduit la largeur totale de l'histogramme, augmentant de ce fait l'espace de part et d'autre du groupe de colonnes.

Si le volet Mise en forme des séries de données ne s'ouvre pas directement sur le panneau Options des séries, cliquez sur l'icône représentée dans la marge. Elle se trouve en haut à gauche du volet.

N'OUBLIEZ PAS

Les options de réglage de la largeur et de l'intervalle varient selon le type de graphique sélectionné :

- **Histogramme 3D, Barres 3D :**
  - Profondeur de l'intervalle
  - Largeur de l'intervalle
- **Barres, graphiques boursiers à histogramme :**
  - Superposition des séries
  - Largeur de l'intervalle
- **Graphique en secteurs :**
  - Angle du premier secteur
  - Explosion
- **Cascade, Entonnoir, Histogramme de Pareto, Zone et valeur :**
  - Largeur de l'intervalle

Les graphiques de type Aires, Anneaux, Courbes, Radar, Rayons de soleil et Surface sont dépourvus de ces options de réglage.

La mise en forme des axes

Quand Excel crée un graphique, les informations affichées sur l'axe des catégories et sur l'axe des valeurs ne sont pas toujours des plus lisibles. Les caractères sont souvent trop petits, l'orientation des légendes inappropriée et, dans certains cas, l'échelle ne facilite pas la lecture et l'évaluation des séries de données.

Pour toutes ces raisons, les informations figurant dans le graphique doivent être mises en forme.

N'OUBLIEZ PAS

Les modifications concernant la typographie et le remplissage des axes sont aussi applicables à d'autres zones de texte comme le titre du graphique et les légendes.

Modifier la police

Modifier la police des valeurs ou des catégories) figurant sur les axes n'est pas plus difficile que pour un traitement de texte :

1. **Cliquez sur le texte à mettre en forme.**

La zone de texte est sélectionnée. Elle est entourée d'un cadre déplaçable et redimensionnable.

2. **Cliquez sur l'onglet Accueil.**
3. **Utilisez les commandes présentes dans le groupe Police pour régler la taille des caractères (Figure 3.13), leur typographie et leur couleur.**

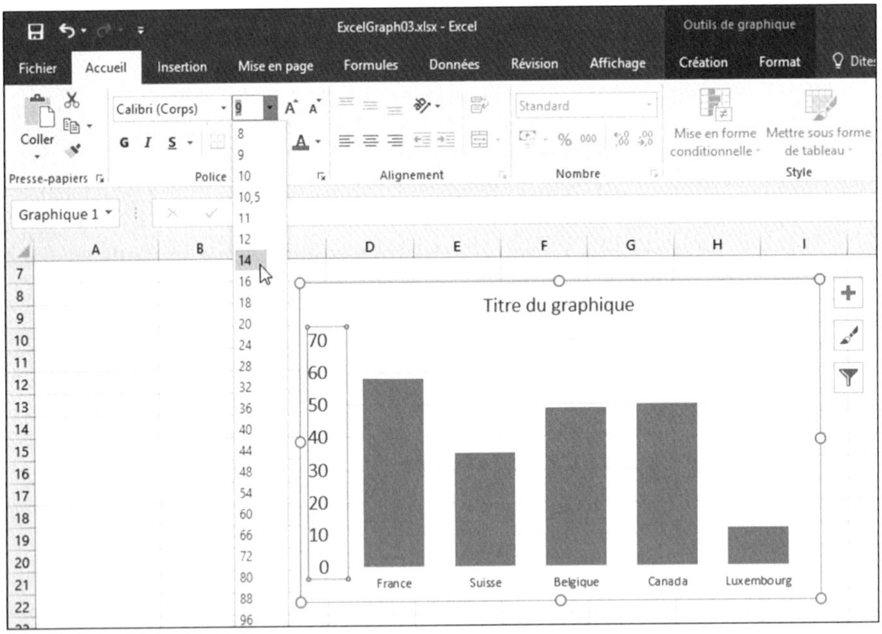

Figure 3.13 : Réglage de la taille de la police de l'axe des valeurs.

En général, la seule augmentation de la taille de la police rend un graphique beaucoup plus lisible. Abstenez-vous des typographies trop fantaisistes. Même le classique Time New Roman n'est pas recommandé à cause de ses empattements. Tenez-vous-en au Calibri proposé par défaut par Excel, ou à l'Arial.

Dans le ruban Accueil, l'icône Couleur de remplissage ne remplit que des petits carrés sur lesquels se trouve chaque valeur. L'effet n'est généralement pas très heureux, comme le montre la Figure 3.14. En réalité, appliquer une couleur de remplissage à un axe est superflu, car c'est toujours la couleur de la zone de graphique que l'on voit.

Notez que pour des raisons évidentes, la zone de texte d'un axe n'est ni déplaçable ni redimensionnable.

Incliner du texte

Lorsque vous appliquez une taille de polie élevée à un titre de graphique, Excel redimensionne automatiquement la zone de texte. En revanche, lorsque vous agrandissez la police des légendes à tel point qu'elles risquent de se télescoper, Excel les incline afin de préserver leur lisibilité, comme le montre la Figure 3.15.

N'importe quel texte, y compris celui des axes de valeurs, peut également être incliné manuellement de deux manières. Dans les deux cas, cliquez dans la zone de texte afin de la sélectionner. Vous avez ensuite le choix entre ces deux méthodes :

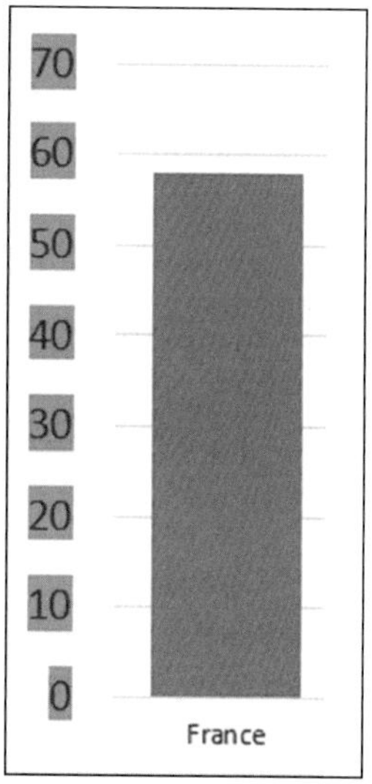

Figure 3.14 : Évitez d'appliquer une couleur de remplissage aux axes.

Affichez le ruban Accueil puis dans le groupe Alignement, cliquez sur l'icône Orientation (Figure 3.16). Choisissez ensuite la rotation désirée.

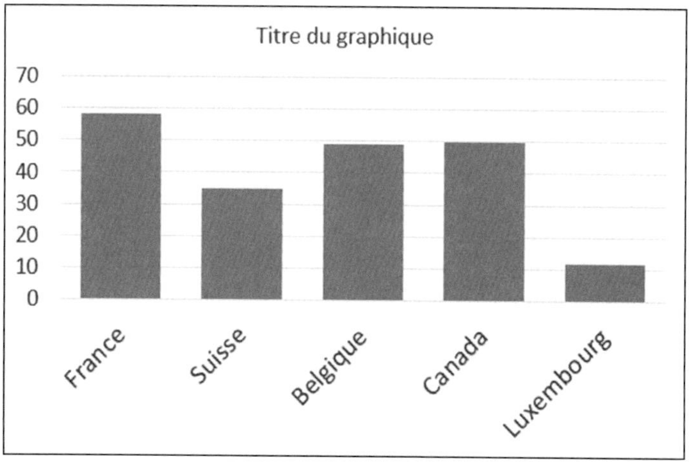

Figure 3.15 : Excel incline automatiquement le texte des légendes s'il est trop encombrant.

Double-cliquez dans la zone de texte, celle de l'axe des catégories, par exemple, afin d'afficher le volet Format de l'axe. Cliquez ensuite sur l'icône Taille et propriété.

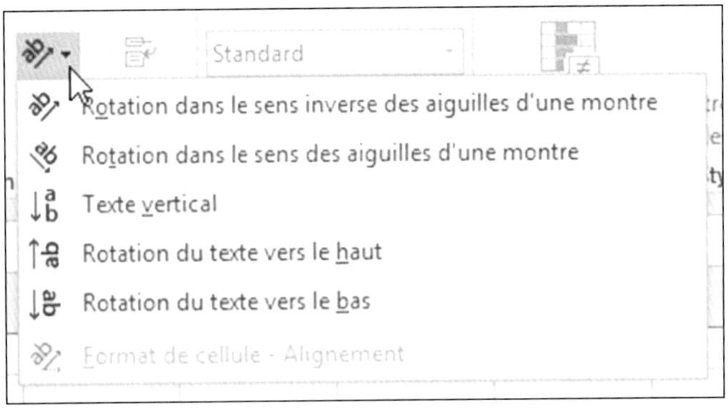

Figure 3.16 : Les options d'orientation du texte du ruban Accueil.

Le volet Format de l'axe que montre la Figure 3.17 contient à peu près les mêmes commandes que la palette de l'icône Orientation :

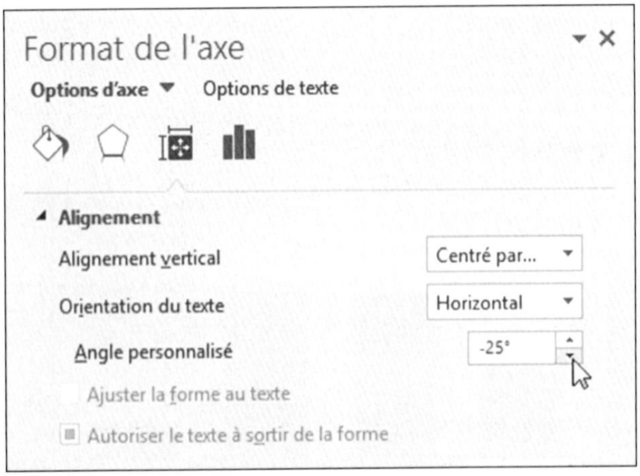

Figure 3.17 : Les options d'orientation du texte du volet Format de l'axe.

- **Alignement vertical :** un menu propose de positionner le texte dans la zone de texte, celle du titre par exemple. Ses options sont sans effets sur les légendes d'un graphique.
- **Orientation du texte :** le menu permet d'afficher le texte dans différents sens. Les options sont moins nombreuses que celles de l'icône Orientation.
- **Angle personnalisé :** cette option n'est utilisable que si l'option Orientation du texte est en mode Horizontal. Dans ce cas, le texte est incli-

nable de 0 à -90 degrés (l'arrière du texte se relève) et de 0 à +90 degrés (l'avant du texte se relève).

Configurer l'échelle de l'axe des valeurs

La configuration de l'axe des valeurs est primordiale dans un graphique. Lorsqu'Excel crée un graphique, il analyse les valeurs et s'efforce de déterminer l'échelle des valeurs la plus appropriée. C'est ce qui s'est produit dans la Figure 3.18, où l'axe des valeurs s'étend de 94 à 106 afin de s'adapter au plus juste aux valeurs du tableau. Ces dernières s'étendent en effet de 99 à 105.

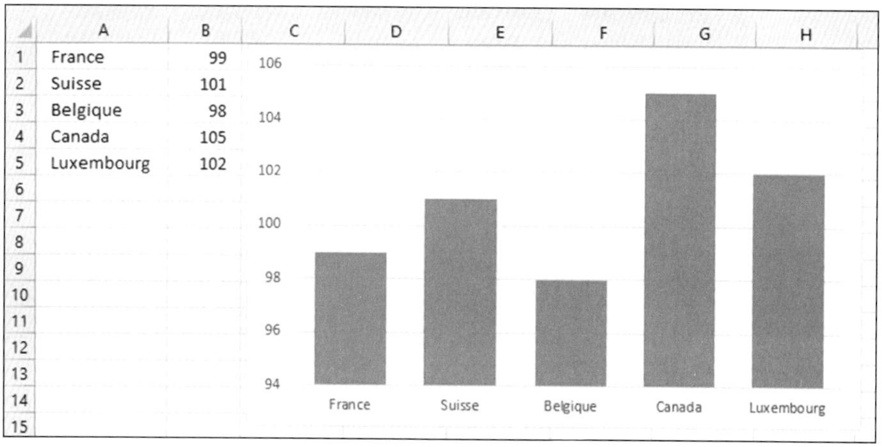

Figure 3.18 : L'échelle automatique s'est adaptée aux valeurs.

Cette adaptation est due à la fonction d'échelle automatique d'Excel. Que se serait-il passé si elle n'existait pas ? Le graphique aurait ressemblé à celui de la Figure 3.19. À cause des faibles différences entre les points de données, cet histogramme n'a plus aucun intérêt.

Excel permet de configurer manuellement les valeurs minimale et maximale à afficher sur un axe de valeurs :

1. **Cliquez sur l'axe des valeurs afin de le sélectionner.**

   Le volet Format de l'axe apparaît.

2. **En haut du volet, cliquez sur l'icône Options d'axe.**

3. **Si nécessaire, cliquez sur le petit bouton triangulaire à gauche de la rubrique Options d'axes afin de déployer son contenu, que montre la Figure 3.20.**

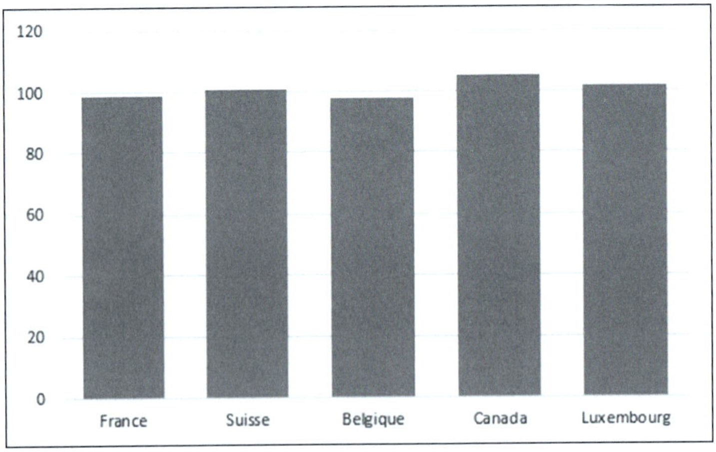

Figure 3.19 : Une échelle de 0 à 120 est inappropriée pour ces valeurs.

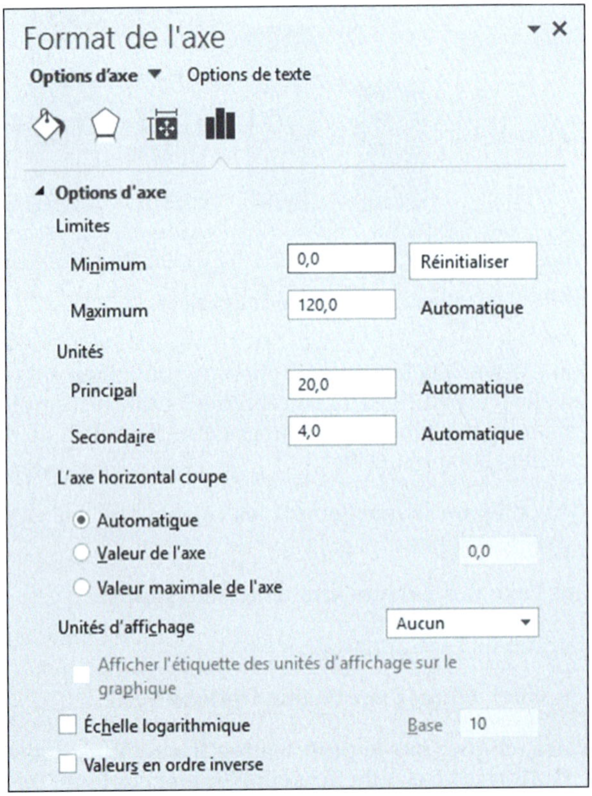

Figure 3.20 : Les options de l'axe des valeurs.

4. **Dans le groupe Limites, saisissez la valeur minimale de l'échelle ainsi que la valeur maximale. Appuyez à chaque fois sur la touche Entrée afin de valider les changements.**

   Excel reconfigure l'axe afin d'appliquer les modifications.

Remarquez les mentions à droite des champs Minimum et Maximum. Par défaut, la mention Automatique est indiquée. Lorsque vous modifiez l'un des champs, elle est remplacée par un bouton Réinitialiser. Cliquez dessus pour qu'Excel recalcule de nouveau automatiquement l'échelle.

Régler les unités de l'axe

L'unité est la graduation qu'Excel affiche sur l'axe, comme 0, 20, 40, 60, etc. Là encore, l'intervalle est automatiquement déterminé et appliqué par Excel. Il se base pour cela sur les valeurs figurant dans la feuille de calcul.

Pour changer ces unités, modifiez les champs suivants, dans le groupe Unités :

- **Principal :** ces unités sont celles du quadrillage.
- **Secondaire :** ces unités sont des subdivisions des unités principales. Par défaut, elles ne sont pas visibles sur le graphique.

En réalité, ni les unités principales, ni les unités secondaires, sont affichées sur le graphique. Il se trouve que les unités principales coïncident avec le quadrillage. Comme sur un récipient gradué utilisé en cuisine, les graduations sont des repères qu'Excel n'affiche pas, sauf si vous lui demandez de le faire :

1. **Dans le volet Format de l'axe, cliquez sur le petit bouton triangulaire à gauche de la rubrique Graduations afin d'accéder à ses réglages.**

   Par défaut, les deux options sont Aucun.

2. **Cliquez sur le menu Type principal puis choisissez un emplacement pour l'axe.**

   Pour cet exemple, nous choisissons l'option Sur l'axe. Les graduations seront ainsi à la fois intérieures et extérieures.

3. **Faites-en autant pour l'option Type secondaire, comme le montre la Figure 3.21.**

Les graduations sont maintenant affichées sur l'axe, comme l'illustre la Figure 3.22. Les graduations principales, en regard du quadrillage, sont nettement reconnaissables, car elles sont à cheval sur l'axe vertical. Les graduations secondaires se trouvent vers l'intérieur du graphique.

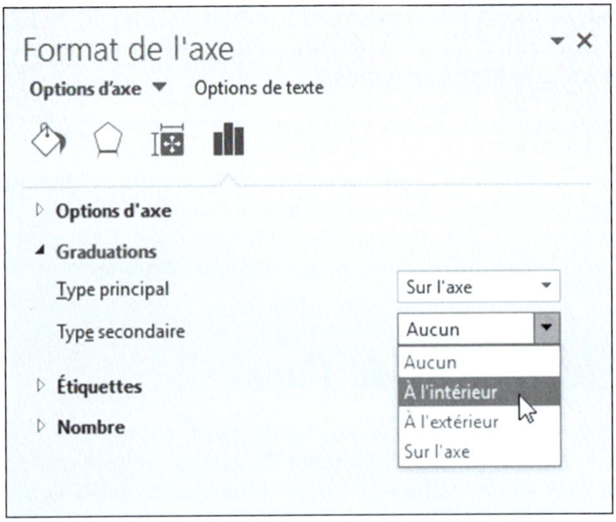

Figure 3.21 : Affichez les graduations sur l'axe des valeurs.

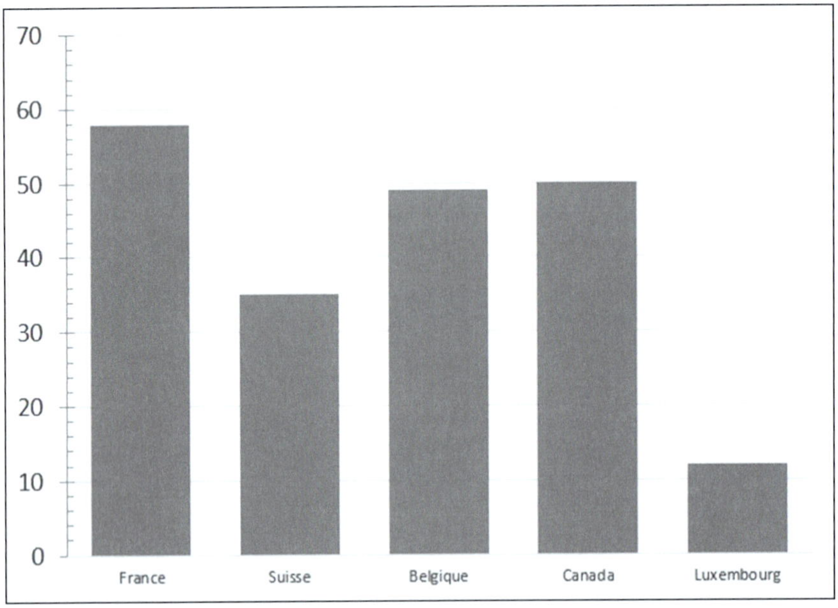

Figure 3.22 : Des graduations principales et secondaires affichées sur l'axe des valeurs.

Régler l'axe horizontal

L'axe horizontal des valeurs se confond avec l'axe des catégories. Lorsqu'un histogramme contient des valeurs négatives, Excel affiche les unités négatives et décale par conséquent l'axe horizontal vers le haut.

Pour décaler manuellement l'axe horizontal, accédez au volet Format de l'axe comme expliqué précédemment puis, dans le groupe L'axe horizontal coupe, cliquez sur le bouton d'option Valeur de l'axe puis saisissez le décalage.

Afficher les unités

Il ne s'agit pas ici des unités évoquées précédemment à propos des graduations de l'axe, mais d'une manière de simplifier l'affichage des grands nombres.

Supposons que le graphique qui nous a servi jusque-là pour nos exercices contienne, non plus des valeurs modestes, mais des grands nombres, des millions en l'occurrence. Nous pouvons les mettre en forme dans la feuille de calcul afin de séparer les milliers, ce qui rend la lecture de l'histogramme plus confortable, car Excel conserve le format des nombres lorsqu'il les utilise dans un graphique. Mais comme le révèle la Figure 3.23, ces grands nombres n'en sont pas moins fort envahissants dans le graphique.

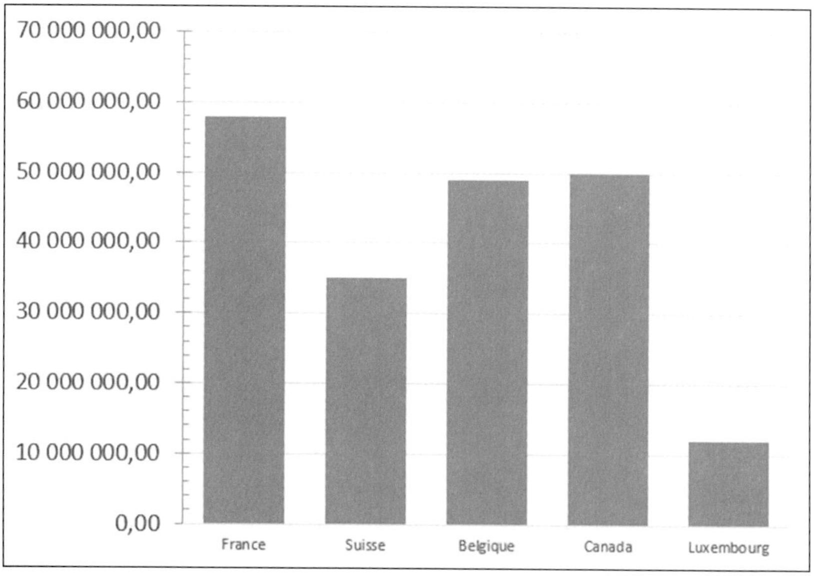

Figure 3.23 : Des grands nombres sur l'axe des valeurs.

Au lieu d'afficher 30 000 000 par exemple, il serait moins lourd d'afficher 30 millions. La solution réside une fois de plus dans le volet Format de l'axe, plus précisément dans le volet Options de l'axe.

Déroulez le menu de l'option Unités d'affichage puis, dans le menu, choisissez l'unité à afficher (Figure 3.24).

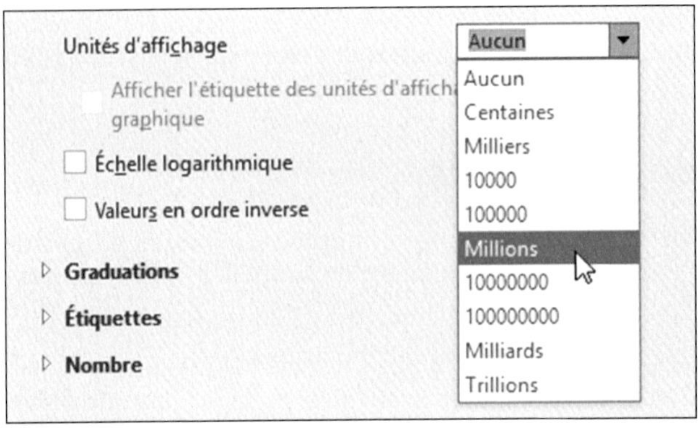

Figure 3.24 : Choisissez l'unité à afficher sur l'axe des valeurs.

Sur l'axe des valeurs, les nombres sont aussitôt simplifiés et une zone de texte Millions est ajoutée en haut à gauche de l'axe, comme sur la Figure 3.25. Cette zone de texte est modifiable, déplaçable et redimensionnable.

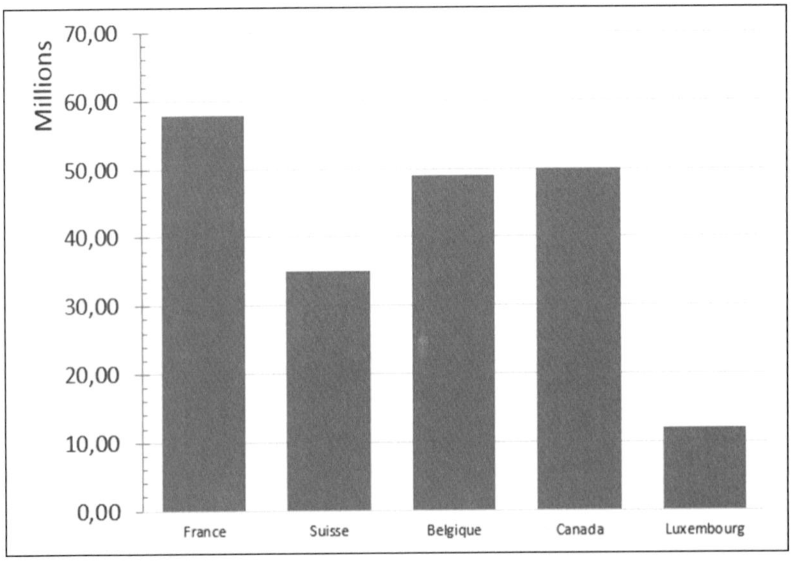

Figure 3.25 : L'axe des valeurs est gradué en millions.

Que se passerait-il si au lieu d'avoir choisi Millions, vous aviez choisi l'option 10000 ? L'axe serait gradué 1 000,00 puis 2 000,00 et ainsi de suite, et dans le coin en haut à gauche, la zone de texte indiquerait x 10000.

Deux cases méritent notre attention en bas du volet Format de l'axe. La première, Échelle logarithmique affiche une échelle logarithmique en base 10. L'autre case, Valeurs en ordre inverse, bascule le graphique. L'axe horizontal est alors en haut de l'écran au lieu d'être en bas.

Le format des nombres

Lorsque vous créez un graphique, Excel s'efforce de conserver le format des nombres tel qu'il apparaît dans la feuille de calcul. Si les nombres ont été mis en forme avec un format de cellule Monétaire, à deux décimales et le symbole monétaire de l'euro, cette présentation sera conservée dans le graphique.

Mais vous pouvez décider de ne pas conserver cette mise en forme. Pour en définir une autre, sélectionnez l'axe des valeurs, accédez au volet Format de l'axe et cliquez sur l'icône Options de l'axe.

Ensuite, cliquez sur le bouton à gauche de Nombre afin d'accéder au volet de la Figure 3.26. Il contient tous les formats de nombres habituellement configurables, dans la feuille de calcul, avec les options du groupe Nombre du ruban Accueil, ou configurable avec les options affichées en cliquant du bouton droit sur une ou plusieurs cellules et en choisissant Format de cellule > Nombre.

Par exemple, pour n'afficher que des valeurs sans aucune décimale ni symbole monétaire, mais en séparant les milliers, vous choisirez l'option Nombre, dans le menu Catégorie. Vous saisirez 0 dans le champ Décimales et vous cocherez la case Utiliser le séparateur de milliers.

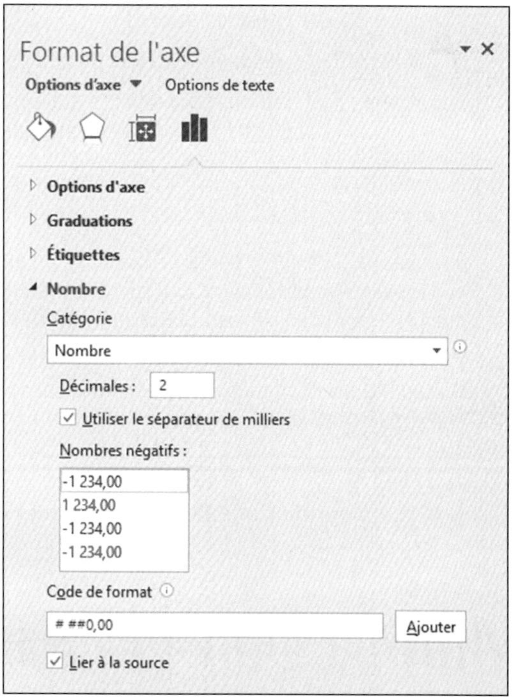

Figure 3.26 : Les options de formats de nombres.

Les codes de format

Les codes de format permettent de configurer un nombre ou une date d'une manière qui ne figure pas dans les formats du menu Catégorie. Des signes spéciaux, listés ci-après, indiquent à Excel comment il doit présenter les nombres ou les dates.

Réserve l'emplacement pour un chiffre et tient compte du séparateur. Exemple : le nombre 12345 sera affiché 12 345 si le format est ## ### (ici, le séparateur est l'espace).

0 Réserve un certain nombre d'emplacements pour les chiffres ; si le chiffre est plus court que l'emplacement, il est précédé du nombre de zéros requis pour respecter le format. Exemple : le nombre 12345 sera affiché 00012 345 si le format est 00000000.

?,? Chaque point d'interrogation réserve l'emplacement d'un chiffre. Le nombre sera aligné sur la virgule.

_ Insère un blanc (le nombre de caractères de soulignement doit être pair).

[Rouge] Affiche le chiffre dans la couleur spécifiée, ici en rouge. Une couleur peut être choisie dans la liste suivante : Bleu, Cyan, Jaune, Magenta, Rouge, Vert, Blanc et Noir. Le nom de la couleur doit toujours être mis entre crochets.

"" Encadre un texte qui doit apparaître tel quel avant ou après un chiffre. Exemples : ####,##__"francs suisses".

@ Affiche le numéro de série d'une date.

Par exemple, pour afficher des valeurs entières suivies de m² (mètres carrés), il faut saisir cela dans le champ Code de format (sur le clavier, le chiffre 2 en exposant se trouve à gauche de la touche 1) :

```
###" m²"
```

Appuyez ensuite sur le bouton Ajouter. Excel affiche les valeurs comme dans la Figure 3.27. Les codages que vous concoctez ne sont pas mémorisés dans la boîte de dialogue Format de cellule, mais ils le sont dans le menu Type, juste au-dessus du champ de saisie du codage. Vous pourrez les utiliser ailleurs dans le classeur Excel.

Lorsqu'elle est décochée, la case Lier à la source supprime le codage personnalisé du graphique, mais il reste mémorisé dans le volet Format de l'axe.

L'option Code de format permet de définir un format de nombre personnalisé.

Afficher des valeurs sur les données

Sur de nombreux graphiques, Excel n'affiche pas les valeurs des points de données. Seules les lignes du quadrillage permettent de les évaluer. Pour connaître les chiffres précis, il est indispensable de se reporter au tableau

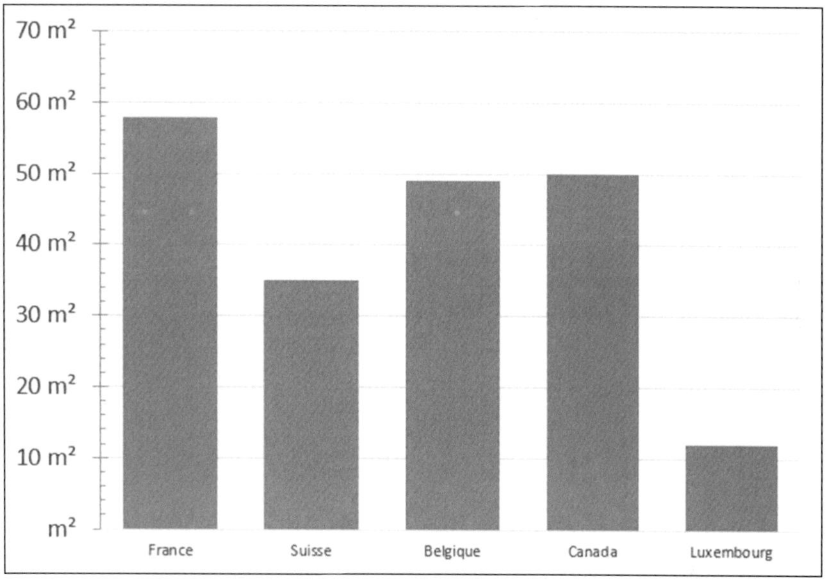

Figure 3.27 : Une mise en forme personnalisée de l'axe des valeurs.

d'origine, sur la feuille de calcul. Or, ce n'est pas toujours commode, soit parce le graphique est loin de ce tableau, soit parce qu'il se trouve sur une feuille de graphique, ce qui oblige à cliquer sur l'onglet de la feuille de calcul contenant ces données.

Une solution consisterait à afficher ce tableau sous le graphique. Excel a prévu cette option sous la forme d'une table de données. Nous reviendrons sur cette option dans le Chapitre 5, « Présenter et filtrer les données ». Le fait est que l'idéal serait d'afficher les valeurs dans des étiquettes, sur ou à proximité des points de données.

Les valeurs affichées sur un graphique sont dynamiques. Lorsqu'elles sont modifiées dans le tableau source, les points de données sont mis à jour, mais aussi les étiquettes.

Utiliser un style de graphique

L'option la plus rapide, pour afficher des valeurs dans un graphique, consiste à utiliser un style de données. Tous les types de graphiques proposent au moins un thème à étiquettes de données. La Figure 3.28 montre le Style 11 appliqué à un graphique en secteurs, mais vous en trouverez aussi pour les histogrammes et pour beaucoup d'autres encore.

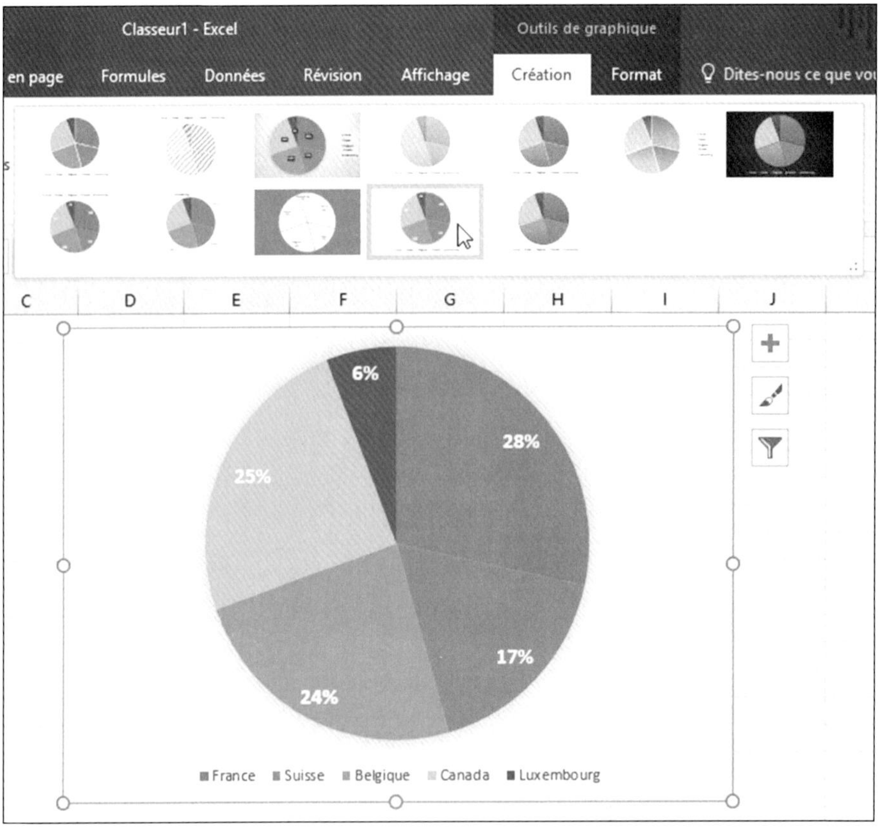

Figure 3.28 : Un style affichant des étiquettes de valeur.

Pour appliquer un style, assurez-vous que le graphique est sélectionné – peu importe l'élément sur lequel vous avez cliqué – puis survolez les aperçus du groupe Styles du graphique avec la souris. Le graphique prend aussitôt l'apparence de l'aperçu survolé.

Pour voir tous les styles du type de graphique actuellement affiché, cliquez sur le bouton en bas à droite du groupe Styles du graphique.

Les étiquettes de données sont des zones de texte déplaçables, redimensionnables et modifiables. Retenez ceci à propos des étiquettes :

- **Modifier toutes les étiquettes :** cliquez sur une étiquette et toutes les autres le sont. Si vous modifiez la police de l'une d'elles, toutes les autres seront modifiées de la même manière, ce qui garantira la cohérence de l'ensemble.

- **Ne modifier qu'une seule étiquette :** cliquez d'abord sur une étiquette – peu importe laquelle – afin de les sélectionner toutes. Cliquez ensuite sur l'étiquette à modifier. Vous pouvez changer sa police, mais aussi la repositionner ailleurs dans la zone de traçage.

Après avoir sélectionné la ou les étiquettes, vous pourrez modifier sa police de caractères avec les commandes du groupe Police, à gauche dans l'onglet Accueil, comme le montre la Figure 3.29.

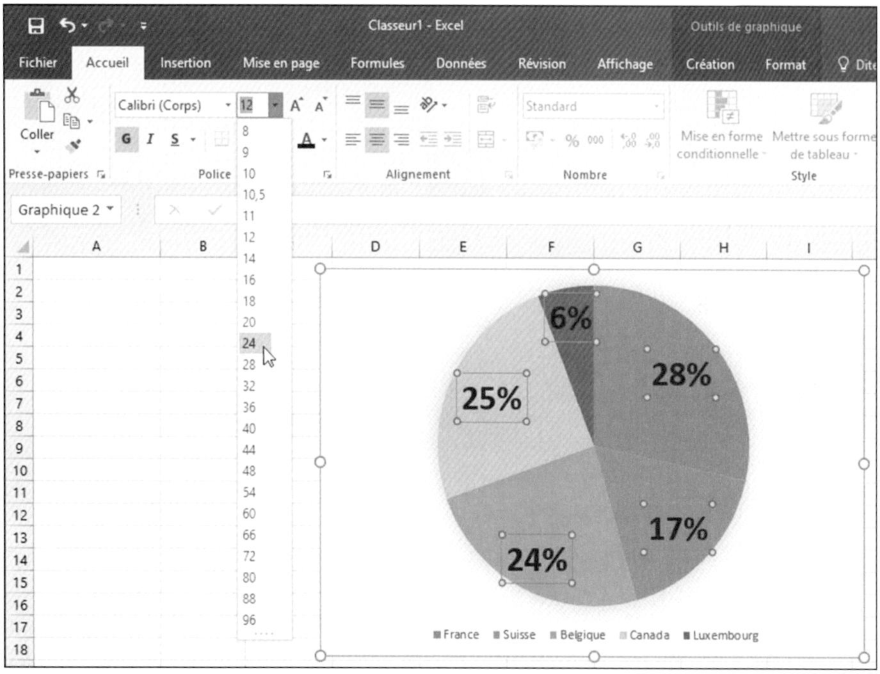

Figure 3.29 : Modification de la couleur et de la taille des caractères de toutes les étiquettes.

Appliquer un style de graphique aux étiquettes de données est une option rapide et facile, mais leur aspect n'est pas toujours celui que vous auriez souhaité. Par exemple, le contenu des étiquettes peut vous convenir, mais pas leur emplacement par rapport aux données ni les couleurs du graphique que le style peut modifier considérablement. L'idéal est de ne contrôler que l'ajout des étiquettes (aspect et positionnement dans ou à côté des points de données). C'est ce que nous ferons dans la prochaine section.

Ajouter des étiquettes

Ajouter des étiquettes manuellement permet de les contrôler totalement, sans être parasité par des mises en forme superflues comme le font les styles de graphique. La procédure n'est pas compliquée :

1. **Cliquez du bouton droit sur un point de données.**
2. **Dans le menu qui apparaît, cliquez sur Ajouter des étiquettes de données > Ajouter des étiquettes de données. Eh oui, deux fois à la queue leu leu comme le montre la Figure 3.30.**

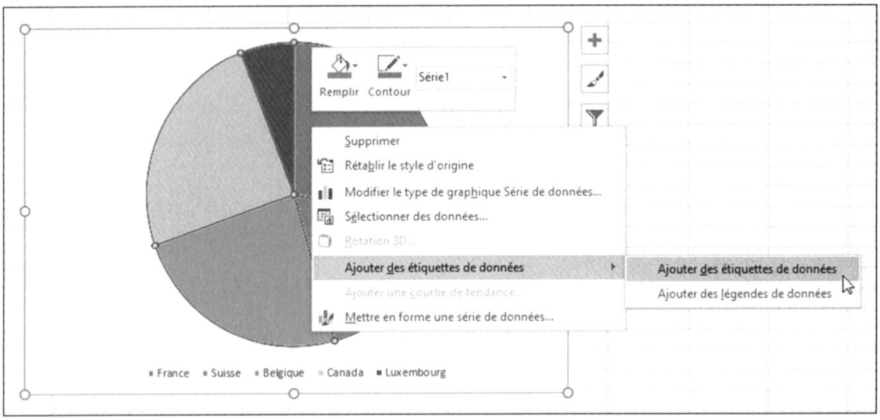

Figure 3.30 : Ajout d'étiquettes de données à un graphique en secteurs.

Excel place des étiquettes de valeur noire de petite taille dans chacun des points de données. À vous ensuite de les sélectionner en cliquant sur l'une d'elles et de mettre leur police en forme comme expliqué précédemment.

Mettre les étiquettes en forme

La mise en forme des étiquettes ne se limite pas aux seules commandes typographiques du groupe Police, de l'onglet Accueil. D'autres options sont disponibles en cliquant du bouton droit sur une étiquette de données. Un menu contextuel en deux parties, similaire à celui de la Figure 3.31, apparaît.

La partie supérieure du menu contient deux commandes, Remplir et Contour, qui servent à appliquer une couleur de fond aux étiquettes sélectionnées, ou une bordure. Sauf cas particulier, ces commandes ne sont guère appropriées pour des étiquettes, car elles en font des confettis peu esthétiques. Si une

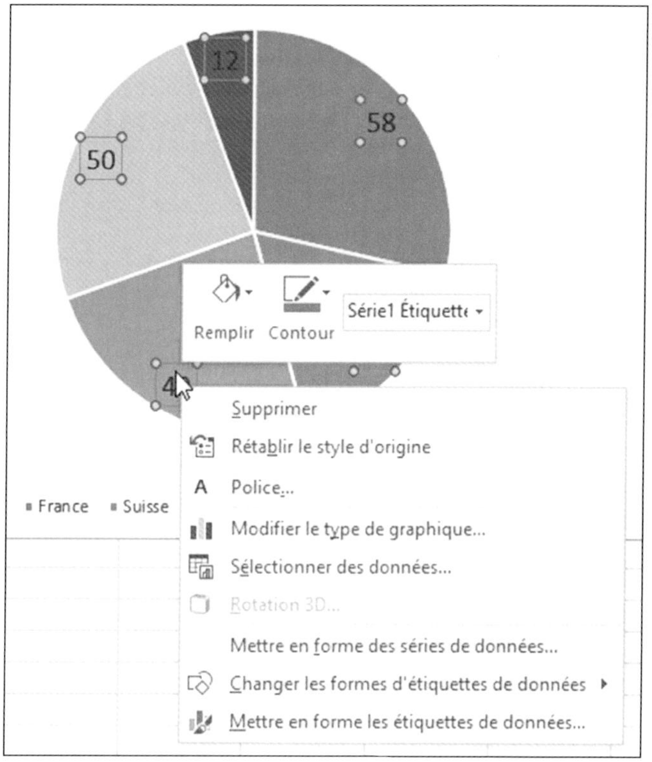

Figure 3.31 : Le menu contextuel des étiquettes de données.

valeur n'est pas bien visible sur le point de données d'un graphique, il vaut mieux ne changer que la couleur de sa police, ou changer la couleur du point de données, plutôt que le fond de l'étiquette.

La partie inférieure du menu contient deux options que nous allons examiner : Changer les formes d'étiquettes de données et Mettre en forme les étiquettes de données (ou Changer la forme d'étiquette de données et Mettre en forme l'étiquette de données, si une seule est sélectionnée).

Nous verrons plus loin dans ce chapitre comment ajouter des formes à un graphique à partir du ruban Insertion. Pourquoi recourir spécifiquement à la fonction Changer les formes d'étiquettes de données ? Tout simplement parce que les formes du menu Insertion ne peuvent recevoir que du texte ou des chiffres statiques, alors que la fonction de l'étiquette préserve sa nature dynamique. De ce fait, si la valeur change dans la feuille de calcul, elle ne change pas dans une forme conventionnelle, mais elle est mise à jour dans la forme d'étiquette.

Changer la forme des étiquettes

Dans le menu contextuel d'une étiquette de donnée, l'option Changer la forme d'étiquette de données remplace le rectangle transparent par l'une des formes sélectionnables dans le menu que montre la Figure 3.32. En général, la forme d'une seule étiquette est changée afin d'attirer l'attention sur l'une des valeurs du graphique, mais rien n'empêche d'en changer plusieurs, voir toutes.

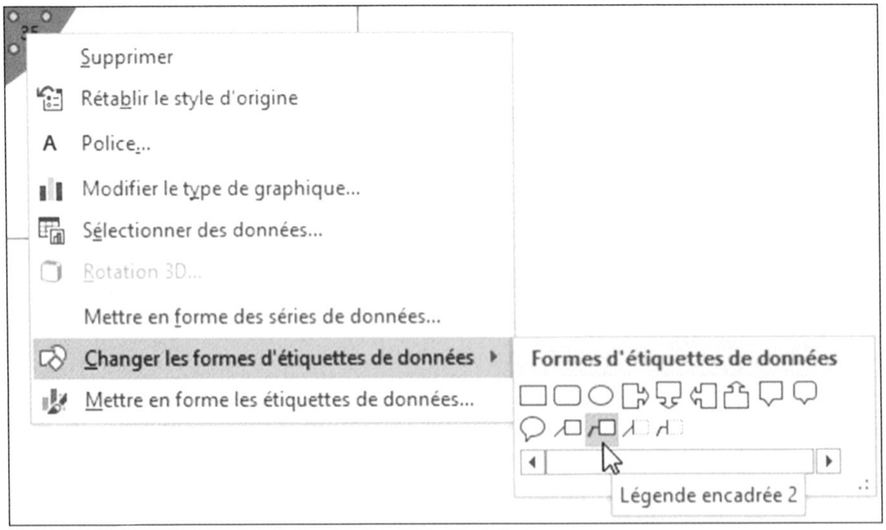

Figure 3.32 : Les diverses formes d'étiquettes de données.

Procédez comme suit pour changer la forme d'un seul point de données :

1. **Cliquez sur une étiquette de données.**

   Cela les sélectionne toutes.

2. **Cliquez sur l'étiquette de données dont vous voulez changer la forme.**

   Elle seule est sélectionnée et sera donc modifiée.

3. **Cliquez du bouton droit sur l'unique étiquette de données sélectionnée et dans le menu, choisissez Changer la forme d'étiquette de données.**

   Le volet Forme d'étiquettes de données apparaît (reportez-vous à la Figure 3.32).

4. **Cliquez sur une forme d'étiquette.**

La forme apparaît. Elle est entourée de plusieurs poignées de redimensionnement permettant de régler la taille de la partie contenant le texte, mais aussi les dimensions des autres éléments de la forme, comme la flèche. Nous verrons cela dans la section « Ajouter une forme », dans le prochain chapitre. La Figure 3.33 montre une étiquette de données mise en forme avec un remplissage et un contour.

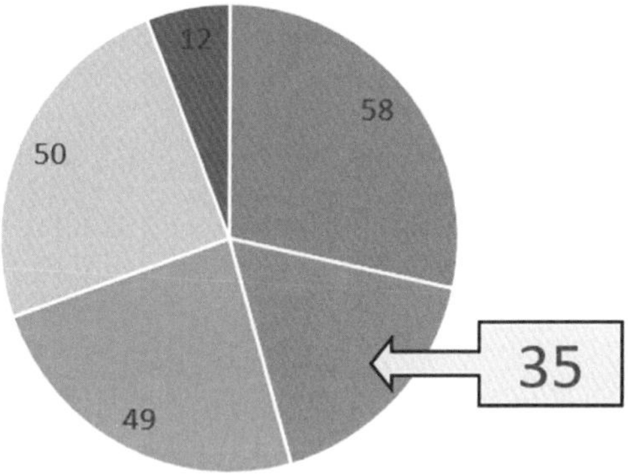

Figure 3.33 : Une étiquette de données changée et mise en forme.

Les options d'étiquette

Plusieurs options sont associées aux étiquettes. Pour y accéder, sélectionnez la ou les étiquettes qui doivent en recevoir, cliquez dessus du bouton droit et dans le menu contextuel, choisissez Mettre en forme l'étiquette de données (ou Mettre en forme les étiquettes de données, si plusieurs ont été sélectionnées).

Cette action ouvre le volet Format d'étiquette de données que montre la Figure 3.34. Il contient plusieurs cases permettant de configurer les étiquettes d'un graphique. Nous les examinerons toutes dans les sections qui suivent.

Ajouter du texte dans des étiquettes

Du texte peut être ajouté dans les étiquettes, juste avant la valeur. C'est une manière de documenter un graphique qui s'ajoute au texte des légendes. Voici comment procéder :

1. **Dans la feuille de calcul, saisissez les textes à placer dans les étiquettes. Leur nombre doit être égal au nombre d'étiquettes et l'ordre**

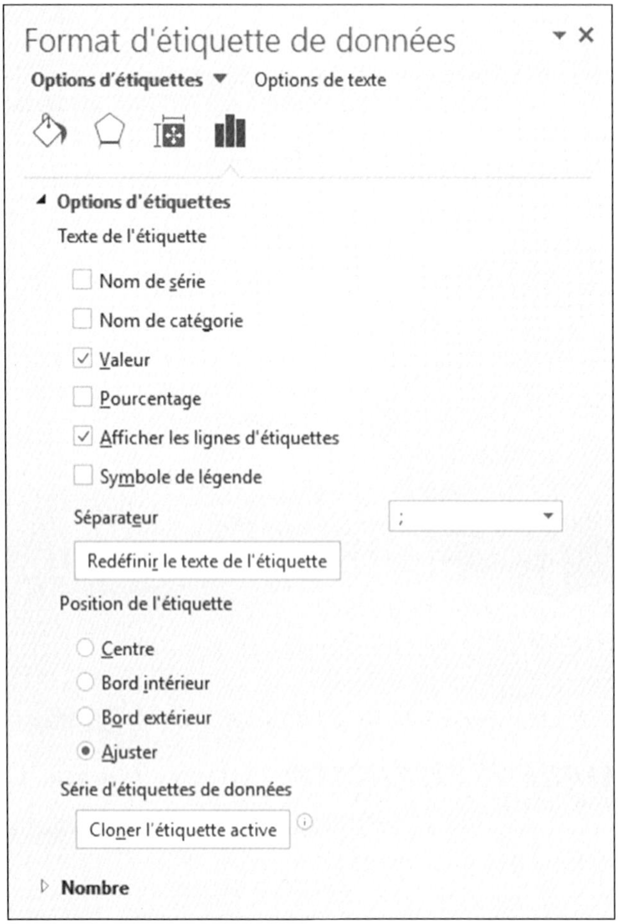

Figure 3.34 : Les options d'étiquettes.

identique aux légendes et/ou aux valeurs du graphique. L'emplacement des textes dans la feuille de calcul n'a pas d'importance.

2. **Cliquez du bouton droit sur une étiquette afin de les sélectionner toutes puis, dans le menu contextuel, choisissez Mettre en forme les étiquettes de données.**

   Le volet Format des étiquettes de données s'ouvre à droite dans Excel.

3. **Cochez la case Valeur à partir des cellules pour ouvrir la petite boîte de dialogue Plage d'étiquettes de données que montre la Figure 3.35.**

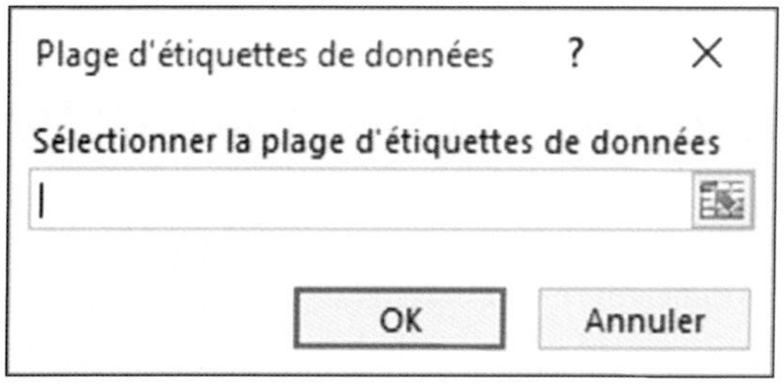

Figure 3.35 : Cette boîte de dialogue sert à ajouter du texte avant les valeurs.

Notez que l'option Valeur à partir des cellules n'est proposée que si toutes les étiquettes d'une série sont sélectionnées. Elle n'est pas affichée lorsqu'une seule étiquette seulement est sélectionnée.

4. **Ne touchez pas à la boîte de dialogue. Cliquez immédiatement sur la première cellule contenant le texte défini à la première étape puis, bouton de la souris enfoncé, tirez de manière à sélectionner tous les textes à joindre aux étiquettes.**

   Si le texte en question se trouve dans une autre feuille ou dans un autre classeur Excel, vous devrez saisir les références exactes dans le champ Plage d'étiquettes de données.

5. **Cliquez sur le bouton OK de la petite boîte de dialogue.**

   Les données sont associées aux valeurs respectives, comme le montre la Figure 3.36, séparées de ces dernières par un point-virgule.

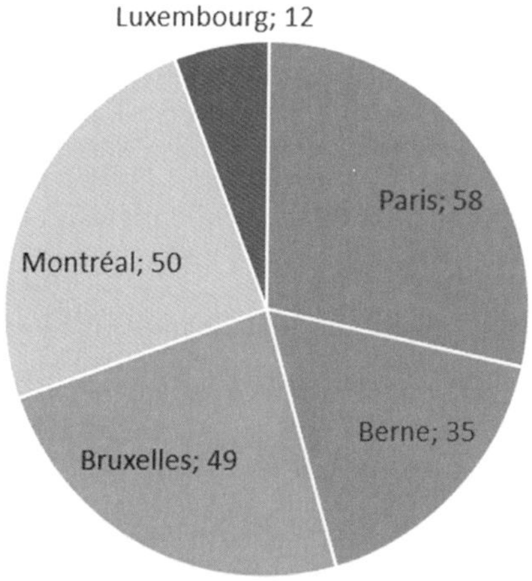

Figure 3.36 : Du texte a été ajouté dans la série de valeurs.

Changer de séparateur

Dans la Figure 3.36, textes et valeurs sont séparés par un point-virgule. Si cette présentation ne vous convient pas, assurez-vous que les étiquettes sont toujours sélectionnées puis, en bas de la rubrique Options d'étiquettes, cliquez sur le menu Séparateur. Choisissez ensuite celui que vous désirez utiliser : la virgule, le point, un retour à la ligne ou une espace (Figure 3.37).

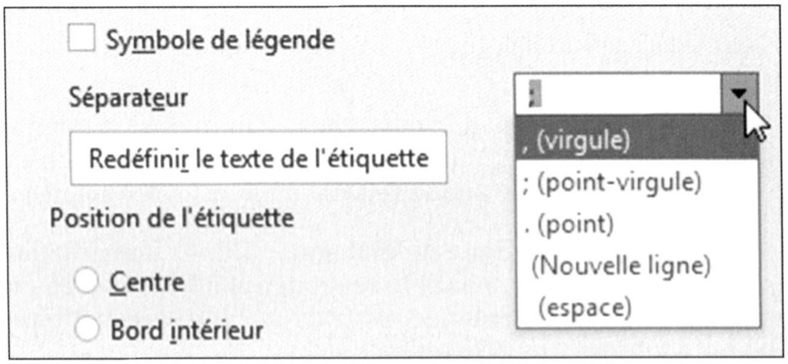

Figure 3.37 : Choisissez un séparateur de données.

Il n'est malheureusement pas prévu de créer un séparateur personnalisé, comme une espace suivie d'un tiret.

Les autres options d'étiquettes

Nous n'en avons pas fini avec le volet Format des étiquettes de données. Revenons à la rubrique Texte de l'étiquette. Après l'option Valeur à partir des cellules que nous venons de décrire (rappelons qu'elle n'est affichée que si toutes les étiquettes d'une série sont sélectionnées), nous trouvons les options suivantes :

- **Nom d'une série :** affiche le nom de la série dans la ou les étiquettes sélectionnées.
- **Nom de la catégorie :** affiche le nom des légendes.
- **Valeur :** lorsque cette case est décochée, les valeurs des points de données ne sont plus affichées. Cette option est commode si vous ne voulez afficher que du texte dans les étiquettes.
- **Pourcentage :** si l'option précédente est cochée, le pourcentage est affiché dans chaque étiquette, comme le montre la Figure 3.38. Le total des pourcentages d'une série est toujours 100 %.

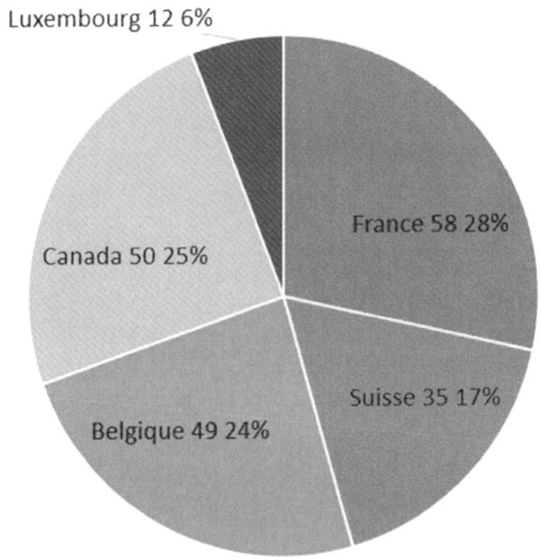

Figure 3.38 : Affichage des catégories (légendes), des valeurs et du pourcentage.

- **Afficher les lignes d'étiquettes :** quand Excel a placé les étiquettes sur des points de données, et que vous en tirez une en dehors de cet élément, un trait relie l'étiquette au point de données, comme on le voit en haut de la Figure 3.39. Ce trait est commode pour indiquer à quel point de données se rapporte une valeur, surtout lorsque ces points sont étroits et contigus. Si une ligne d'étiquettes est superflue pour la compréhension du graphique, masquez-la en décochant cette option.

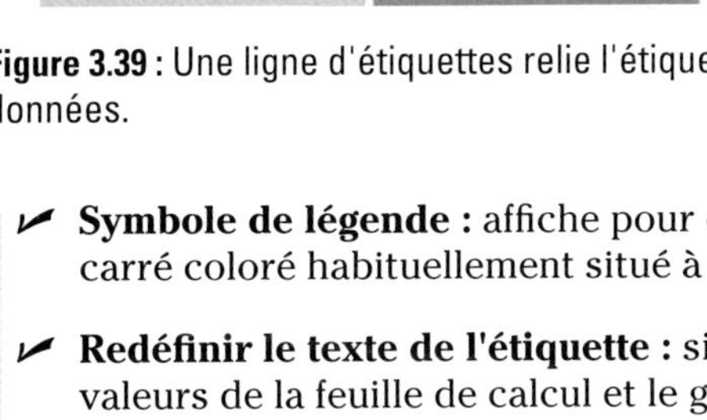

Figure 3.39 : Une ligne d'étiquettes relie l'étiquette Luxembourg à son étroit point de données.

- **Symbole de légende :** affiche pour chaque point de données le petit carré coloré habituellement situé à gauche des légendes.
- **Redéfinir le texte de l'étiquette :** si la liaison dynamique entre les valeurs de la feuille de calcul et le graphique a été perdue, cliquer sur ce bouton la restaure.

Les options à cases sont cumulatives. Il est ainsi possible d'afficher plusieurs éléments à la fois dans les étiquettes sélectionnées.

Positionner les étiquettes

Par défaut, Excel place les étiquettes sur les points de données. Il est cependant possible de lui demander de les placer à d'autres endroits en sélectionnant l'une des options de la rubrique Position de l'étiquette que montre la Figure 3.40.

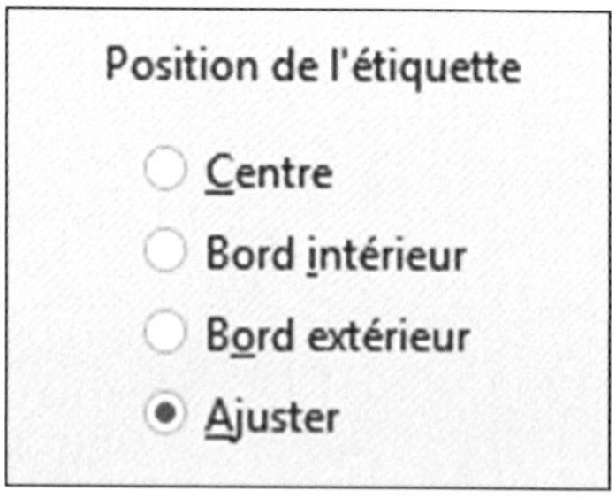

Figure 3.40 : Les options de position d'un graphique à secteurs.

Les options sont suffisamment explicites pour ne pas nécessiter d'explications. Le contenu de ce volet varie selon le type du graphique. Par exemple, pour un graphique en courbes ou un graphique en nuage de points, vous pourrez placer les étiquettes au-dessus ou en dessous de points de données.

Mettre les nombres en forme

Pour finir cette visite du volet Format des étiquettes de données, il nous reste à voir la rubrique Nombre. En fait, son contenu est identique au volet décrit précédent dans la section « Le format des nombres », à propos de l'axe des valeurs. Ici, les mêmes fonctionnalités s'appliquent aux valeurs des étiquettes de données. Reportez-vous à cette précédente section pour en savoir plus.

Chapitre 4

La mise en forme des graphiques

Dans ce chapitre :

- Changer la couleur d'un graphique
- Appliquer une image
- Appliquer une texture
- Mettre le quadrillage en forme
- Changer la forme des colonnes 3D
- Appliquer des effets
- Ajouter une forme
- Modifier la zone de graphique
- La disposition rapide
- Ajouter une zone de texte

Nous abordons à présent l'aspect esthétique d'un graphique. De ce fait, ce chapitre est relativement ludique, mais ne nous y trompons pas : un beau graphique, bien présenté, est mieux perçu. Et si vous devez utiliser des graphiques dans un document de prestige, une présentation classieuse sera appréciée.

Rappelons que les commandes de mise en forme d'Excel sont dispersées dans plusieurs rubans et volets. Au besoin, relisez le début du chapitre précédent pour les localiser.

ATTENTION !

Avant de vous lancer dans des mises en forme dont le résultat peut être hasardeux, enregistrez une copie du classeur Excel, ou travaillez sur une copie de la feuille de calcul. Vous pourrez ainsi facilement revenir en arrière si le résultat s'avère calamiteux.

Changer la couleur d'un graphique

Quand Excel crée un graphique, il ne s'embarrasse pas de fioritures. Comme le montre la Figure 4.1, il affiche les informations de base et applique une même couleur à tous les points de données. Même un amateur d'art minimaliste n'y trouverait pas son compte.

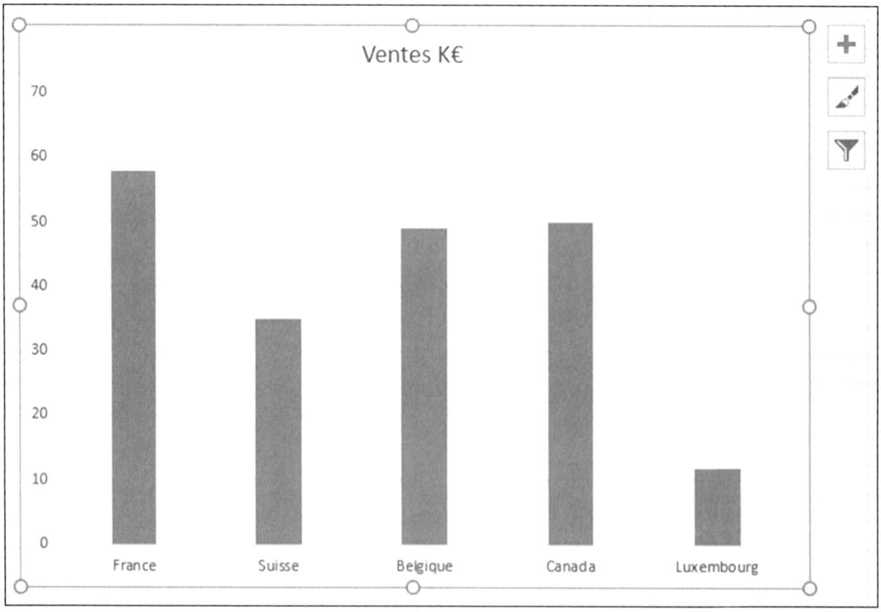

Figure 4.1: Un graphique austère et triste.

Pour mieux voir les effets des changements de couleurs, nous avons augmenté la largeur des colonnes de l'histogramme avec les commandes de mise en forme Superposition de séries et Largeur de l'intervalle. Nous reviendrons sur ces réglages dans ce chapitre.

Changer toutes les couleurs

Excel permet de changer globalement les couleurs d'une série de données. Chaque point de données aura une couleur différente de celle des autres. Voici comment :

1. **Cliquez sur un point de donnée.**

   L'ensemble des points de données est aussitôt sélectionné.

2. **À gauche dans le ruban Création, cliquez sur l'icône Modifier les couleurs.**

   Excel déploie la palette de teintes que montre la Figure 4.2. Elle contient deux nuanciers, l'un nommé En couleur, l'autre nommé Monochrome.

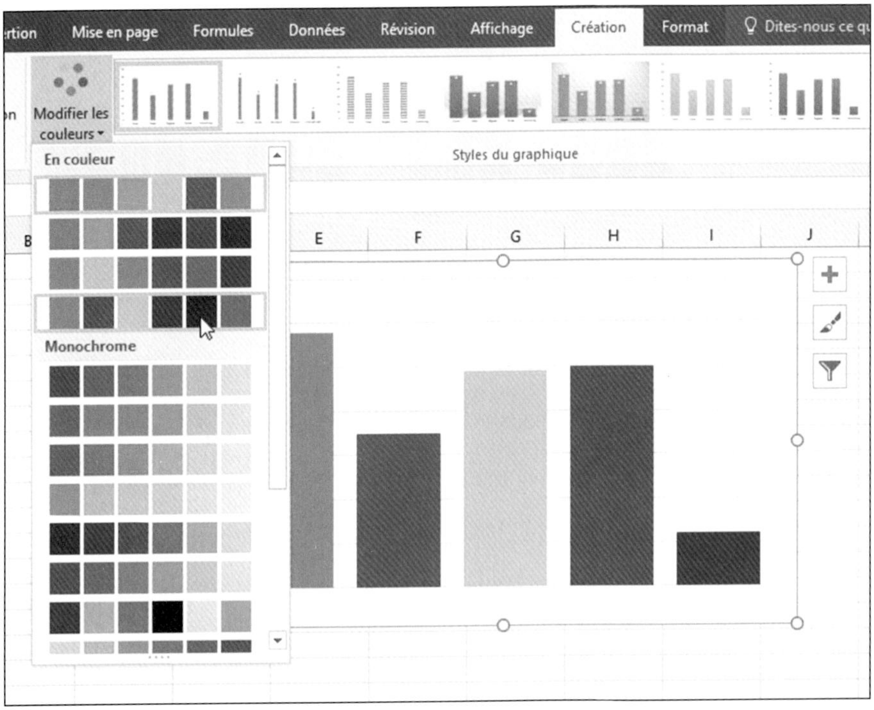

Figure 4.2 : Choisissez vos couleurs.

Le nuancier En couleur contient quatre jeux de six teintes placées dans des rubans horizontaux. Ces agencements chromatiques – appelés « thèmes » dans le jargon de Microsoft – ont été élaborés pour appliquer instantanément différentes couleurs aux points de données, en veillant à ce qu'elles s'harmonisent entre elles.

Dessous, le nuancier Monochrome contient 13 teintes d'une même couleur en dégradé. Ou plus exactement, des teintes de plus en plus claires d'un point de données à un autre, comme le montre la Figure 4.3. Excel applique automatiquement le dégradé à chacun des groupes de données.

En réalité, le nuancier Monochrome ne contient que sept jeux de couleurs. Les six premiers sont des teintes et le septième est un dégradé de

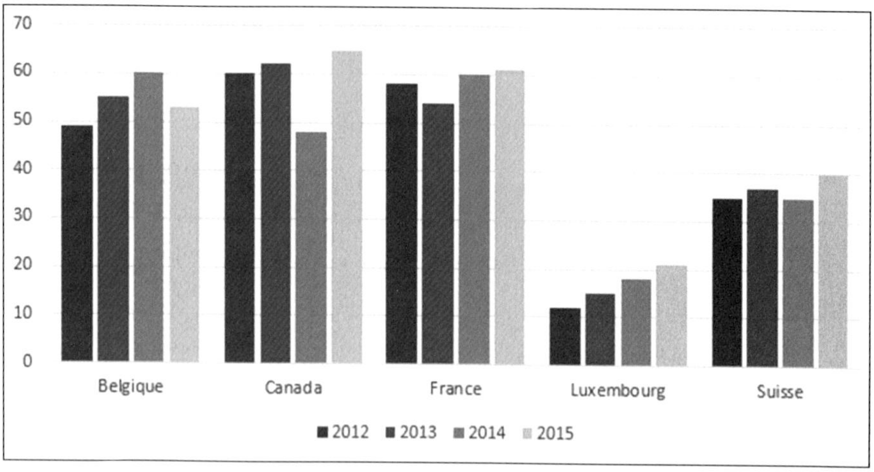

Figure 4.3 : Un dégradé de teintes appliqué à chacun des groupes d'un histogramme.

gris, du blanc au noir. Les six derniers nuanciers sont les mêmes que les premiers, mais en ordre inverse.

3. **Cliquez sur le jeu de couleurs à appliquer aux points de données.**

   Peu importe la teinte sur laquelle vous cliquez, dans un nuancier. Vous choisissez en effet un jeu de couleurs, et non une couleur en particulier, sauf pour les dégradés de la rubrique Monochrome.

Lorsque le nombre de points de données est supérieur à six, le jeu de couleurs est répété autant de fois que nécessaire.

TRUC

Si Excel n'applique pas correctement les couleurs – par exemple, une même teinte est appliquée à toute la série de données –, c'est peut-être parce que le graphique est mal orienté. Cliquez dans ce cas sur l'icône Intervertir les lignes/colonnes, dans la rubrique Données du ruban Création, et voyez si cette action corrige le problème.

Varier les couleurs

Pour appliquer rapidement différentes couleurs à un graphique, sans vous compliquer l'existence avec l'embarras du choix des couleurs, demandez à Excel de les sélectionner et de les appliquer pour vous :

1. **Cliquez du bouton droit sur une série de points de données puis, dans le menu, choisissez l'option Mettre en forme une série de données.**
2. **Dans le volet, cliquez sur l'icône Remplissage et ligne.**

3. **À la rubrique Remplissage, cochez la case Varier les couleurs par point.**

   Excel applique un jeu de couleurs à la série de points de données, comme le montre la Figure 4.4.

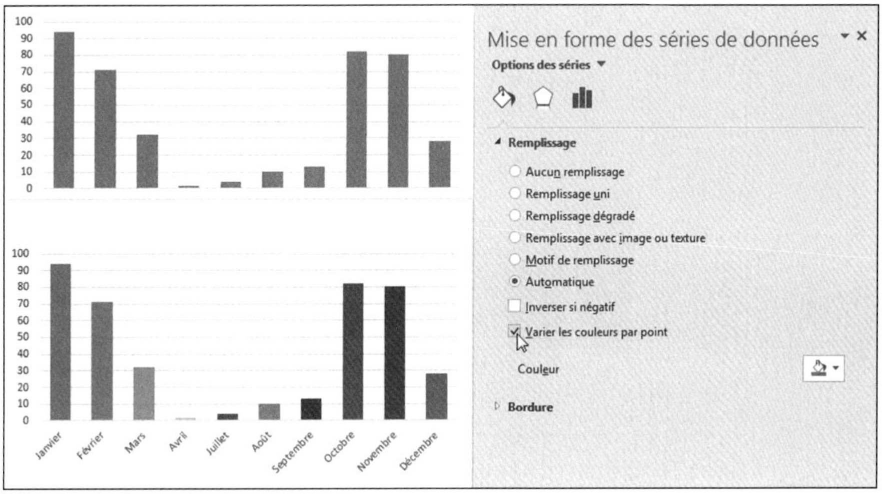

Figure 4.4 : Le graphique monochrome d'origine est en haut à gauche. En dessous, la même série après avoir coché la case Varier les couleurs par point.

Changer une seule couleur

En dépit de leurs indéniables qualités, les jeux de teintes appliqués avec la commande Modifier les couleurs ne sont pas forcément ceux que vous désirez. Excel permet heureusement de choisir soi-même une couleur pour tel ou tel point de donnée. Vous pourrez ainsi modifier à votre guise un jeu de couleurs appliqué comme expliqué précédemment, et personnaliser ainsi les teintes, ou mieux encore, partir de zéro en choisissant la couleur de chaque point de donnée.

Voici comment procéder :

1. **Cliquez sur un point de donnée.**

   Tous les points de données sont sélectionnés, comme le révèlent le cadre et les petits ronds bleutés à leurs coins.

2. **Cliquez sur la donnée dont vous désirez changer la couleur.**

   Elle seule est entourée d'un cadre à petits ronds.

3. Dans le ruban Format, cliquez sur l'icône Remplissage puis cliquez sur l'une des couleurs standard ou sur une couleur du thème, comme le montre la Figure 4.5.

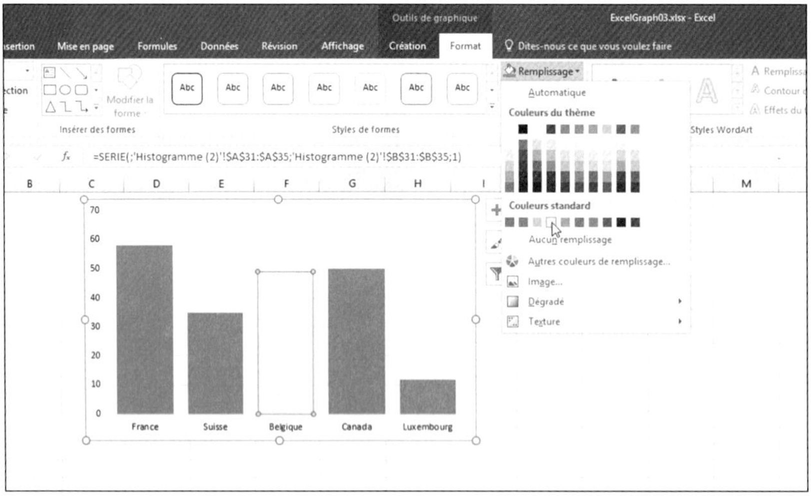

Figure 4.5 : Cliquez sur la couleur à appliquer au point de données sélectionné.

La couleur est appliquée au point de données.

Vous pouvez de la même manière appliquer un contour aux points de données. Au lieu de cliquer sur l'icône Remplissage, cliquez sur l'icône Contour, juste en dessous. Dans la boîte de dialogue, l'option Épaisseur permet de choisir la largeur du trait, et l'option Tirets configure l'aspect du contour : pointillés, tirets longs ou courts, alternance tirets-points...

Si vous ne trouvez pas votre bonheur dans les couleurs du thème ou dans les couleurs standard des boîtes de dialogue Remplissage et Contour, cliquez sur l'option Autre couleur de remplissage, ou sur l'option Autres couleurs de contours, un peu plus bas dans le volet. Vous accédez ainsi à une boîte de dialogue permettant de configurer exactement la couleur désirée (voir encadré « Le sélecteur de couleurs de Windows »).

Les commandes que nous venons d'utiliser pour changer la couleur d'une série de données ou d'un seul point peuvent aussi être réglées à partir du volet Mise en forme des séries de données, ou du volet Mettre en forme le point de données. Cliquez sur l'icône Remplissage et ligne, puis utilisez les commandes visibles dans la Figure 4.7. Chacun des volets contient toutes les options offertes par le clic sur les icônes Remplissage et Contour, dans le ruban Format, et bien souvent, un volet en contient davantage. C'est le cas, par exemple, pour l'application d'une couleur en dégradé décrite dans la prochaine section.

Le sélecteur de couleurs de Windows

Vous aurez rarement à jouer les artistes dans Excel. Mais s'il vous est recommandé de respecter une charte de couleurs précises, dans un graphique, le sélecteur de couleurs de Windows saura créer exactement la couleur requise. Un écran parfaitement étalonné est de rigueur, à moins que l'on vous ait communiqué le dosage rouge-vert-bleu des couleurs à reproduire.

Pour accéder au sélecteur Couleurs, cliquez sur l'option Autres couleurs chaque fois qu'elle se présente. La boîte de dialogue de gauche, dans la Figure 4.6, apparaît. L'espace colorimétrique qu'elle propose n'est pas très riche. Pour configurer une teinte parmi les 16 777 216 qui sont affichables, cliquez sur l'onglet Personnalisées, en haut à gauche.

La boîte de dialogue Personnalisées, à droite dans la Figure 4.5, permet de choisir une couleur en indiquant exactement le dosage de ses composants chromatiques en mode RVB (rouge, vert, bleu) ou TSL (teinte, saturation, luminosité). La glissière à droite du nuancier règle la saturation. Si le codage d'une couleur ne vous est pas familier, choisissez une teinte en cliquant dans le nuancier.

Ce sélecteur de couleurs est utilisable avec la plupart des applications tournant sous Windows.

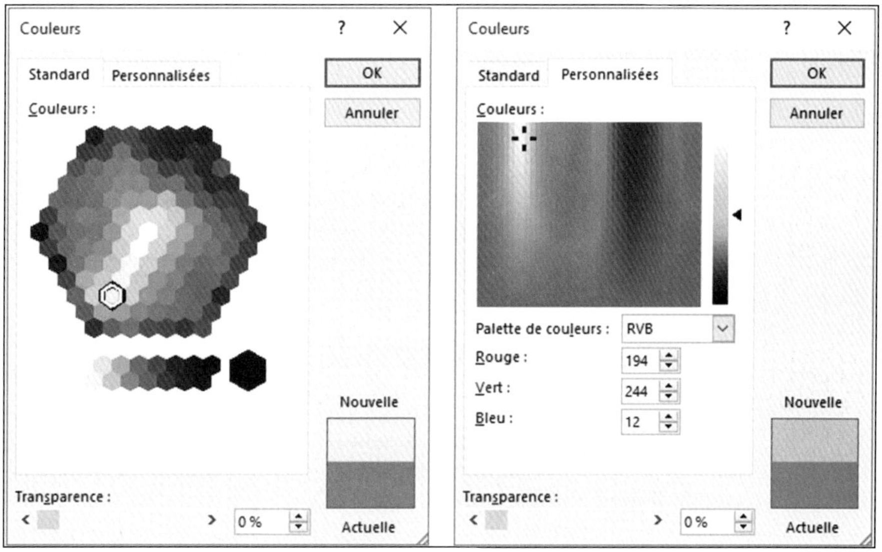

Figure 4.6 : Les deux panneaux du sélecteur de couleurs de Windows.

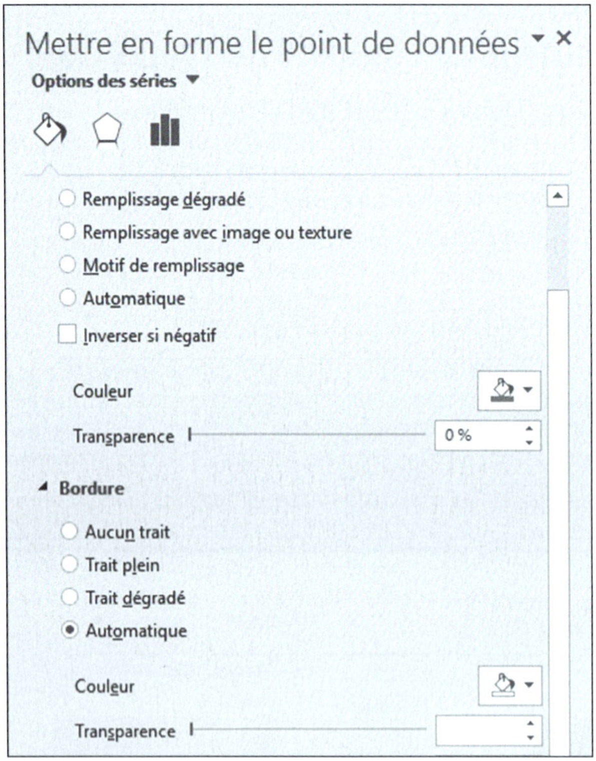

Figure 4.7 : Les commandes du volet latéral sont souvent les mêmes que celles des rubans.

Appliquer un dégradé de couleurs

Un dégradé de couleurs est un passage progressif d'une teinte à une autre. À l'instar d'une couleur unie, il peut n'avoir qu'un intérêt esthétique, mais judicieusement utilisé, il peut alléger un graphique et mettre des éléments en valeur. Il peut aussi simuler un effet 3D.

N'OUBLIEZ PAS

Un dégradé de couleur peut être appliqué à n'importe quel élément d'un graphique présentant une surface : la zone de graphique, la zone de traçage, comme dans la Figure 4.8, une zone de texte et même, bien que l'effet ne soit guère réussi, les valeurs des axes.

Dans les exercices qui suivent, nous appliquerons des dégradés à un histogramme. Le résultat final dépend toujours de l'élément mis en forme. Undégradé qui rend bien sur une colonne d'histogramme ne sera pas forcément aussi réussi sur un graphique à secteurs, et inversement.

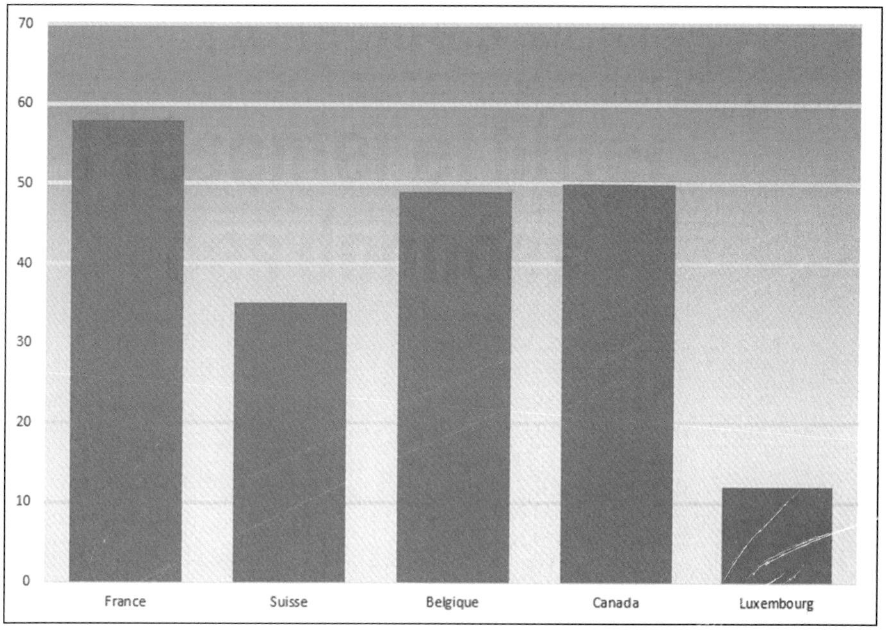

Figure 4.8 : Un dégradé appliqué à la zone de traçage du graphique.

Appliquer un dégradé prédéfini

Un dégradé peut être appliqué depuis le ruban Format, en cliquant sur Remplissage > Dégradé, mais le volet de mise en forme offre plus de possibilités de personnalisation. Voici comment appliquer un dégradé prédéfini :

1. **Cliquez sur un point de données pour ne sélectionner que lui, ou double-cliquez dessus pour sélectionner la série entière.**

   Le volet Mettre en forme le point de données, ou Mise en forme des séries de données apparaît.

2. **En haut à gauche dans le volet de mise en forme, cliquez sur l'icône Remplissage et ligne.**

   Au besoin, cliquez sur le bouton à gauche de la rubrique Remplissage afin de déployer ses options.

3. **Cliquez sur le bouton d'option Remplissage dégradé.**

   Excel affiche le volet que montre la Figure 4.9. Il contient les commandes permettant de configurer un dégradé.

4. **Cliquez sur le bouton Dégradés prédéfinis (Figure 4.10).**

   Excel affiche une palette de trente dégradés, tous dans les mêmes teintes.

5. **Cliquez sur le dégradé à appliquer.**

   Le dégradé est aussitôt appliqué aux points de données sélectionnés. Si vous n'avez pas l'intention d'appliquer un dégradé personnalisé, la manipulation s'arrête là.

   Un dégradé prédéfini peut aussi servir de point de départ pour confectionner un dégradé personnalisé.

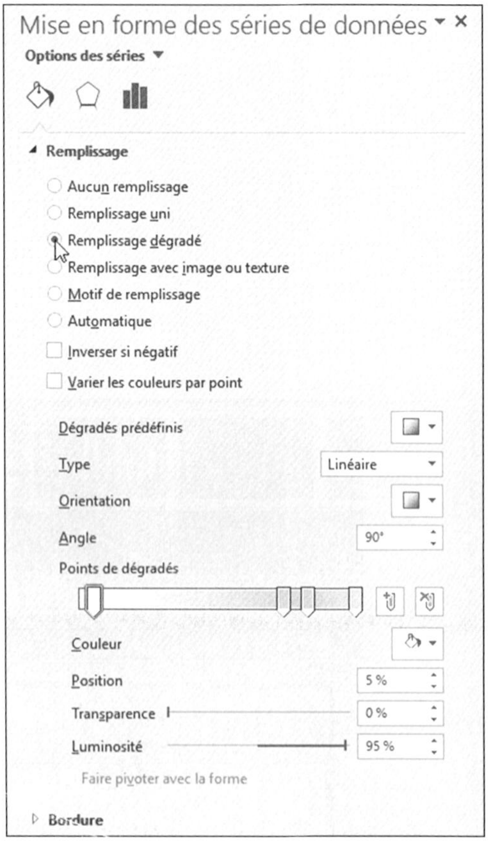

Figure 4.9 : Les commandes de création d'un dégradé de couleurs.

6. **Cliquez sur le bouton Type et dans le menu, choisissez le type de dégradé (Figure 4.11) :**

   - **Linéaire :** dégradé rectiligne le long d'une droite.
   - **Radial :** dégradé circulaire à partir du centre.
   - **Rectangulaire :** dégradé à partir des bords, partant d'un coin ou du centre.
   - **Tracé :** identique à un dégradé rectangulaire à partir du centre.

7. **Cliquez sur le bouton Orientation puis choisissez le sens du dégradé.**

   Un dégradé peut partir d'un coin ou du centre, sauf le dégradé Tracé qui n'offre pas cette option. Les dégradés qui partent d'un coin sont orientés à 45 degrés. Mais si vous désirez définir une inclinaison différente, saisissez-la dans le champ Angle.

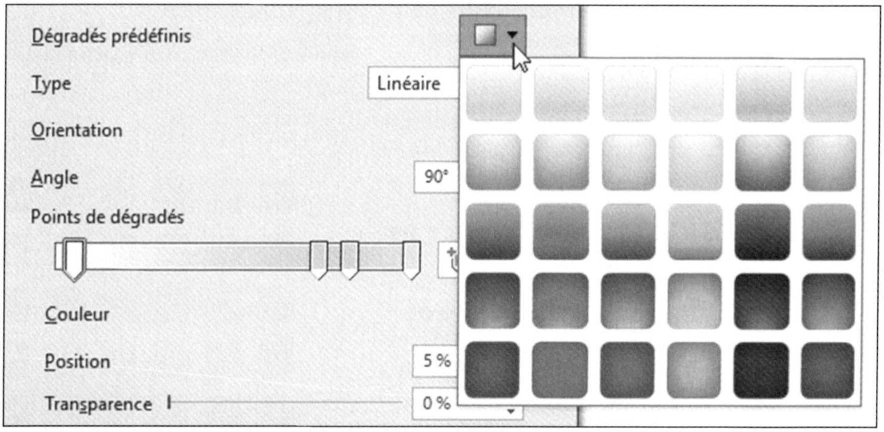

Figure 4.10 : Les trente dégradés de couleurs prédéfinis.

Figure 4.11 : Un dégradé linéaire (à gauche), radial (au milieu) et un dégradé rectangulaire centré ou un dégradé tracé (à droite).

Les réglages sont appliqués à l'élément sélectionné en temps réel. Si vous le désirez, vous pouvez régler l'option Transparence. Elle s'applique aussi bien aux couleurs unies que dégradées.

La dernière option, Luminosité, éclaircit ou assombrit les couleurs.

Appliquer un style de forme

Une autre option, pour appliquer un dégradé à une série de points, consiste à sélectionner un style dans la palette que montre la Figure 4.12. Elle permet en effet d'appliquer d'un seul clic une mise en forme attrayante à la série de données sélectionnée.

L'application d'un style est très simple :

1. **Cliquez sur une série de données afin de la sélectionner.**

   Ou alors, cliquez deux fois sur l'unique point de données à mettre en forme.

2. **Dans le ruban, cliquez sur Format.**

3. **Dans le groupe Styles de formes, cliquez sur le bouton en bas à droite des aperçus afin de déployer la palette contenant tous les styles (reportez-vous à la Figure 4.12).**

4. **Survolez les aperçus avec le pointeur de la souris et observez les effets sur la série de données.**

   La dernière rangée de la palette d'aperçus contient sept dégradés monochromes.

5. **Cliquez sur l'aperçu pour attribuer le style aux points de données.**

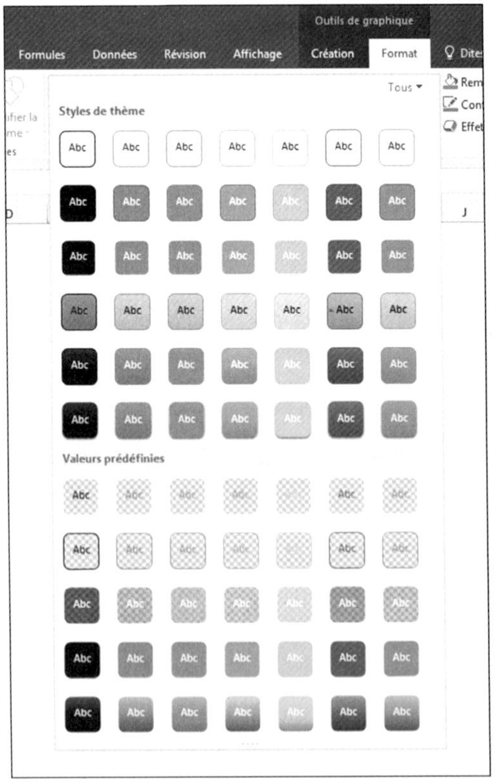

Figure 4.12 : Les styles de mise en forme des séries de données.

La Figure 4.13 montre le style Remplissage dégradé - Or, 4 accentué, sans contour.

TRUC

Vous n'êtes pas obligé de vous en tenir au style que vous venez d'appliquer. Si vous le désirez, modifiez le dégradé, ajoutez un contour, bref, modifiez-le à votre guise.

Appliquer un dégradé personnalisé

Un dégradé personnalisé permet d'obtenir un effet multicolore avec les teintes et le rendu de votre choix. L'outil le plus important est l'aperçu en forme de glissière sous l'option Points de dégradé (Figure 4.14).

Sur cet aperçu, les taquets sont des points de dégradés. Celui de gauche contient la couleur d'une extrémité du dégradé (position 0 %), celui de droite

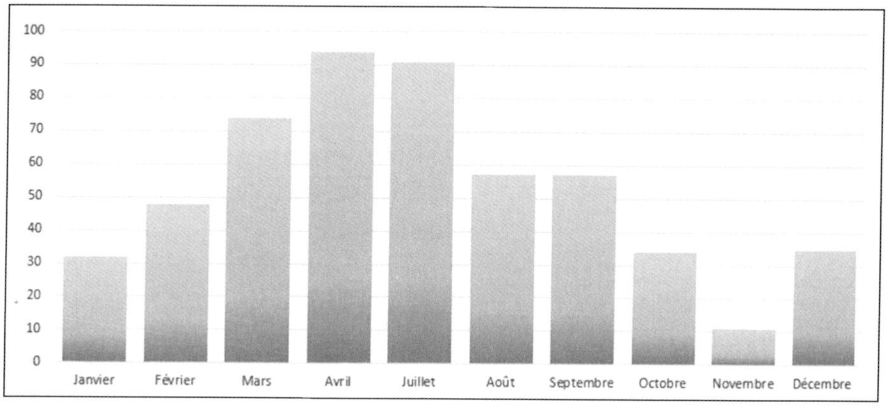

Figure 4.13 : Un style Remplissage dégradé a été appliqué à la série de données.

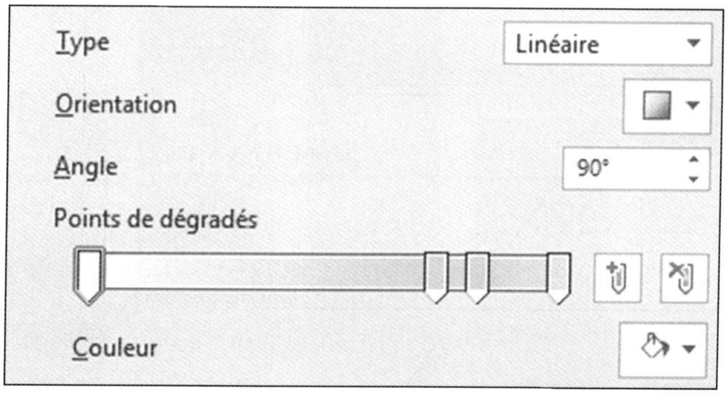

Figure 4.14 : Les principales commandes de création d'un dégradé personnalisé.

la couleur de l'autre extrémité du dégradé (position 100 %). Les deux autres taquets régissent les couleurs intermédiaires. Des taquets – ou points de dégradé – peuvent être ajoutés ou supprimés avec les icônes à droite de l'aperçu :

Ajouter un taquet : cliquez sur l'aperçu de dégradé pour placer instantanément un taquet à l'emplacement du clic. Ou alors, cliquez sur l'icône Ajouter un point de dégradé, juste à droite de l'aperçu.

Supprimer un taquet : tirez-le hors de l'aperçu. Ou alors, cliquez sur le taquet à supprimer puis, complètement à droite de l'aperçu, cliquez sur l'icône Supprimer le point de dégradé.

Les taquets sont librement déplaçables avec la souris sur toute la largeur de l'aperçu. Aucun taquet ne peut en bloquer un autre. Pour positionner un taquet avec précision, cliquez dessus puis saisissez l'emplacement – en pourcentage – avec la commande Position.

Créer le dégradé personnalisé

La Figure 4.15 montre un exemple de dégradé multicolore. Voici comment le configurer :

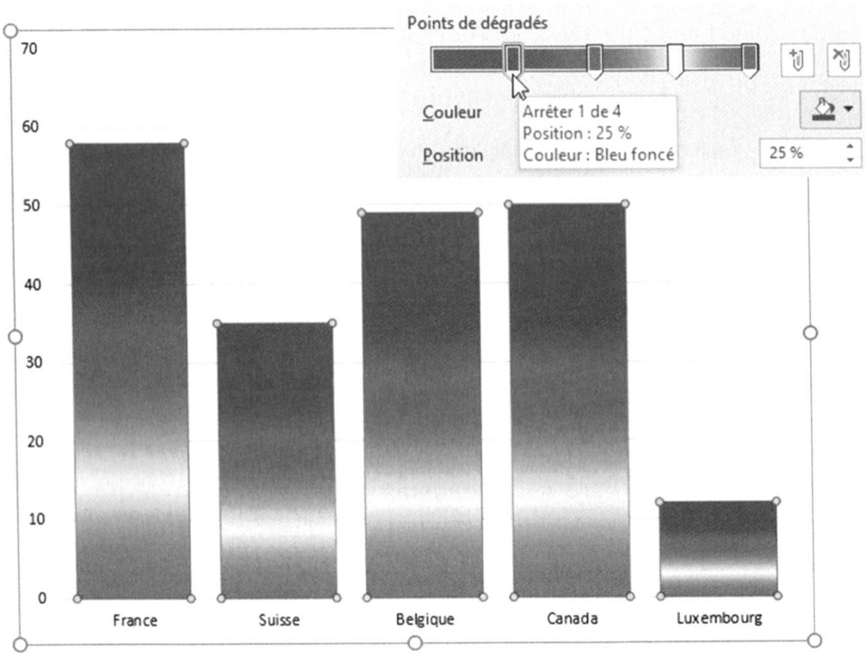

Figure 4.15 : Un histogramme multicolore et ses points de dégradé.

1. **Cliquez sur un point de données pour ne sélectionner que lui, ou double-cliquez dessus pour sélectionner toute la série.**

2. **Dans le volet Mise en forme des séries de données, cliquez sur l'icône Remplissage et ligne.**

   Au besoin, cliquez sur le bouton triangulaire à gauche de la rubrique Remplissage afin de déployer ses options.

3. **Cliquez sur le bouton d'option Remplissage dégradé.**

   Un dégradé prédéfini est appliqué au graphique. N'en tenez pas compte.

4. **Définissez le nombre de couleurs.**

   Pour cet exercice, nous en définirons quatre. Il faut un taquet par couleur et il se trouve que par défaut, c'est le nombre qui se présente sur l'aperçu. S'il vous en fallait plus ou moins, créez-les en cliquant sur l'aperçu pour en ajouter un, ou en tirant hors de l'aperçu ceux dont vous n'avez pas besoin.

5. **Positionnez les taquets.**

   Nous placerons un taquet à 25 %, un autre à 50 % – c'est-à-dire exactement au milieu –, un autre à 75 % et le dernier à 100 %, c'est-à-dire à l'extrémité droite de l'aperçu. Déplacez chaque taquet en gardant un œil sur le paramètre Position.

6. **Sélectionnez les couleurs.**

   Cliquez sur le premier taquet, celui à 25 %, afin de le sélectionner.

   Cliquez ensuite sur l'icône Couleur et choisissez une teinte, du bleu par exemple, dans le nuancier (Figure 4.16). Comme le taquet est placé à 25 %, toute la zone s'étendant de l'extrémité gauche jusqu'au taquet est d'une couleur uniforme. La couleur sélectionnée est rappelée sur le taquet. Le dégradé commence à droite du taquet.

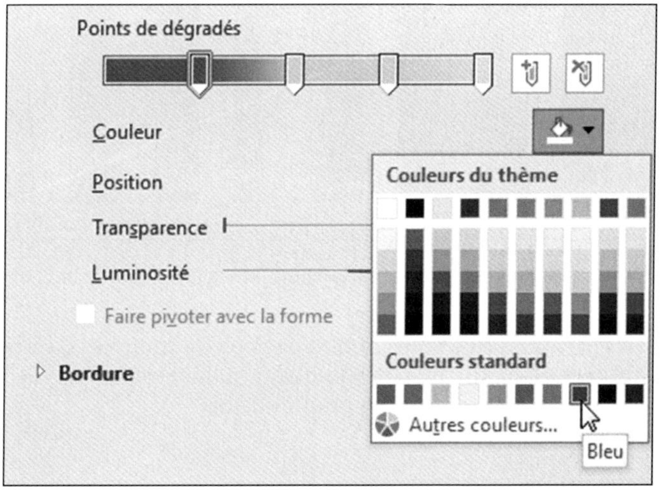

Figure 4.16 : Choisissez une couleur.

   Attribuez une couleur – respectivement du jaune, du vert et du rouge – aux trois autres taquets. Reportez-vous à la Figure 4.15, au début de cette section, pour voir le résultat. La transition d'une couleur à une autre est réglable en déplaçant les taquets avec la souris. Vous pouvez même permuter les couleurs en changeant l'ordre des taquets.

7. **Si vous le désirez, choisissez un type de dégradé (Linéaire, Radial...) et réglez son orientation. Toutes les manipulations sont immédiatement visibles sur le graphique.**

Avec un peu d'imagination et d'astuce, un dégradé personnalisé permet d'obtenir d'intéressants effets, comme celui de la Figure 4.17. Les taquets ont été placés symétriquement à 10 % (bleu), 45 % (blanc), 55 % (blanc) et 90 % (bleu), puis l'angle a été réglé à zéro degré et la luminosité réduite à -75 %. Remarquez le dégradé qui affecte la luminosité à chaque point de données, dans la direction définie par le paramètre Angle.

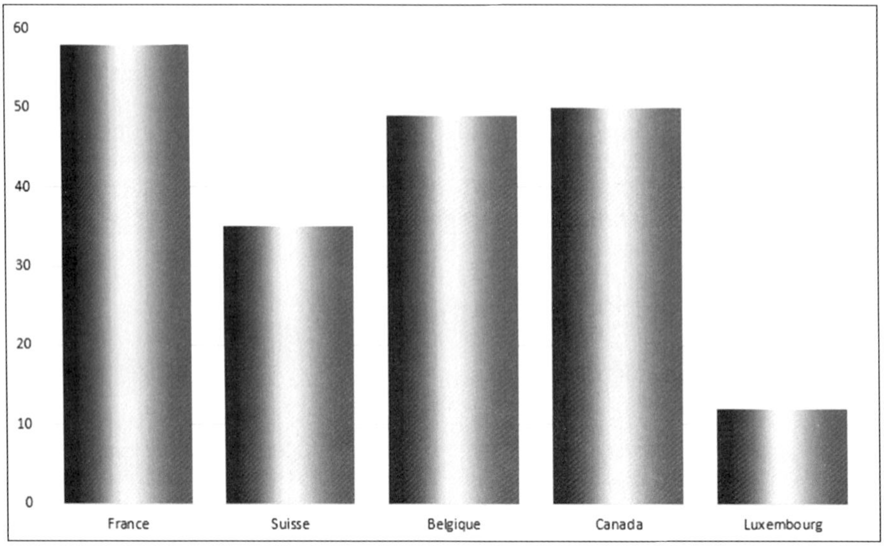

Figure 4.17 : Un effet tubulaire obtenu par un dégradé symétrique de bleu et de blanc.

Les couleurs, les dégradés et les autres options de remplissage sont applicables à d'autres éléments d'un graphique, notamment la zone de graphique, la zone de traçage et les murs d'un graphique 3D.

Appliquer une image

Il n'existe pas de règle quant au choix du type de graphique et d'illustration, mais la simplicité est de mise. Un histogramme ou un graphique de type

Courbes à une ou deux séries est parfait. L'image devra être relativement dépouillée afin qu'elle ne s'impose pas au détriment du graphique.

Dans le volet de mise en forme des points de données, mais aussi dans celui de la mise en forme d'autres éléments d'un graphique, la rubrique Remplissage contient d'autres options que la couleur uniforme (Remplissage uni) ou dégradée (Remplissage dégradé). Il est notamment possible d'appliquer une texture ou une image.

La différence entre une texture et une image réside dans leur contenu. Une image peut représenter n'importe quel sujet – un paysage, un portrait, un objet... – et sa composition est libre. En revanche, une texture ne représente qu'un seul sujet, généralement un matériau comme du sable, du tissu, de la brique, sans raccord, de manière à pouvoir juxtaposer la texture à l'infini sans discontinuité.

Excel peut appliquer l'un et l'autre aux divers éléments d'un graphique. La Figure 4.18 montre les principaux éléments d'un histogramme 3D susceptibles de recevoir une image ou d'être texturés : une série de points de données, le sol, le mur arrière et le mur latéral. Ce dernier élément a reçu un remplissage en dégradé bleuté.

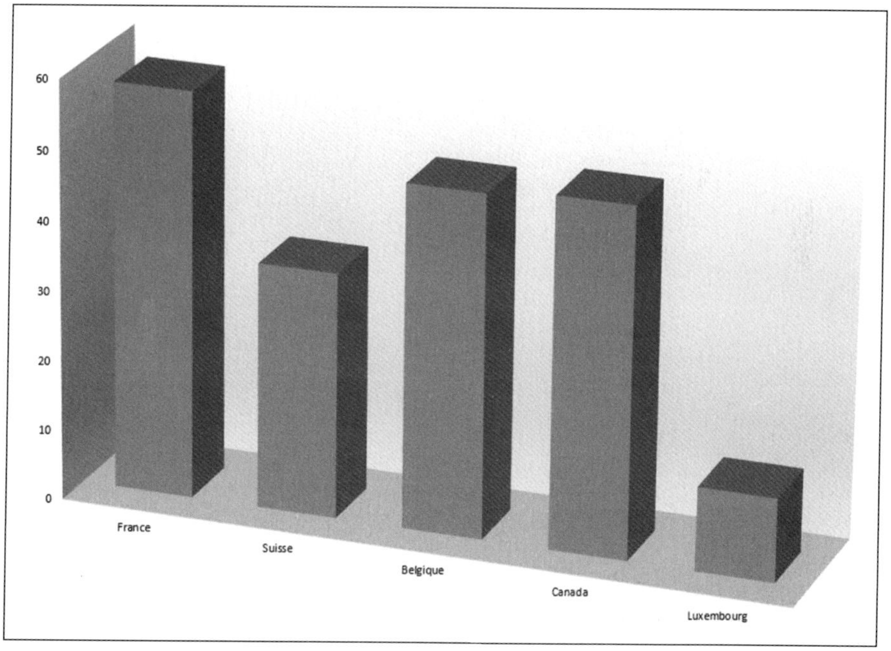

Figure 4.18 : Un histogramme 3D et ses principaux éléments : la série de points de données, le sol, le mur arrière et le mur latéral.

Habiller les murs

Habiller l'arrière-plan d'un graphique avec un dégradé produit un résultat généralement esthétique. Même le dégradé bleuté qu'Excel propose par défaut (reportez-vous à la Figure 4.18) donne de la profondeur, de la légèreté et de la classe au graphique.

À la place d'une couleur unie ou d'un dégradé, Excel peut aussi afficher une image qui donnera de la vie à vos graphiques. Il accepte une vingtaine de formats de fichier d'image, dont les principaux comme JPEG, PNG, TIFF et BMP. En revanche, les anciens formats PCX et LBM, qui connurent leur heure de gloire au début du siècle, ne sont plus utilisables.

Voyons à présent comment placer une photo à l'arrière-plan d'un graphique.

1. **Cliquez sur l'arrière-plan des points de données afin de sélectionner la zone de traçage ou, si le graphique est en 3D, le mur arrière.**

   ATTENTION !

   Pour un graphique 3D, le clic simple sur l'arrière-plan sélectionne à la fois le mur arrière et le mur latéral. Par contre, le double-clic sur l'un de ces deux murs ne sélectionne que lui.

   Cette action ouvre le volet Format du panneau. Assurez-vous que le panneau Remplissage et ligne est ouvert.

2. **Cliquez sur le bouton d'option Remplissage avec image ou texture (Figure 4.19).**

3. **Sous les options de remplissage, cliquez sur le bouton Fichier.**

   Le sélecteur de fichiers s'ouvre sur le dossier Images de Windows.

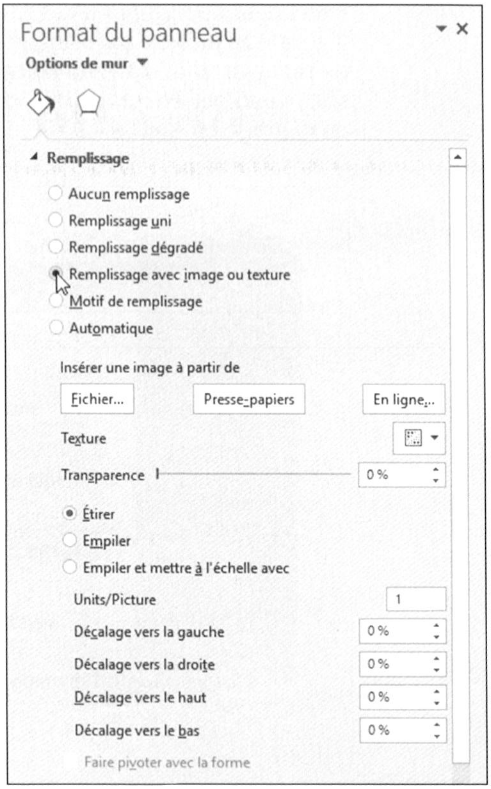

Figure 4.19 : Ce panneau régit l'application d'une image ou d'une texture à un élément du graphique.

4. **Localisez le fichier d'image à insérer puis double-cliquez dessus.**

   La photo est plaquée contre le mur d'arrière-plan, comme le montre la Figure 4.20.

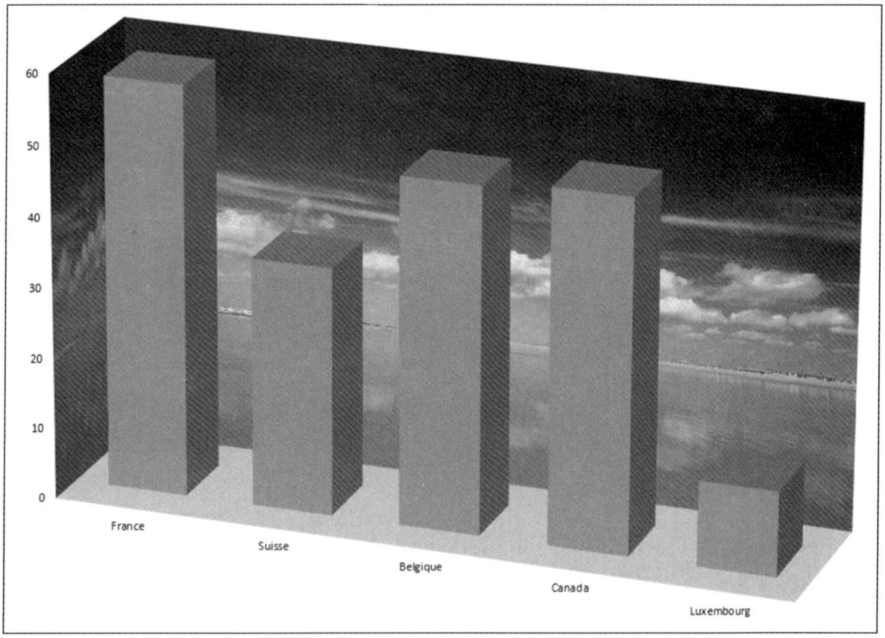

Figure 4.20 : La photo d'une plage bretonne utilisée comme arrière-plan.

Régler les proportions

Si la photo est aux mêmes proportions que la zone de traçage ou que le mur arrière, le résultat est parfait. Mais si elle diffère, le résultat risque de n'être pas satisfaisant, car par défaut, l'image sera étirée en hauteur ou en largeur, provoquant une déformation de son contenu. Excel propose des solutions différentes selon que le graphique est en 2D ou en 3D.

Prenons le cas d'un dessin circulaire appliqué à un histogramme 2D. Comme le montre la Figure 4.21, le cercle est ovalisé afin de s'adapter à la zone de traçage.

Une solution consisterait à rendre la zone de traçage carrée en rapprochant ses bords verticaux, mais cette action rendrait l'histogramme plus étroit. Les colonnes seraient plus minces, et si des légendes se trouvent en dessous, ces textes pourraient se télescoper. Excel offre une option plus élégante grâce aux commandes de décalage du volet Format de la zone de traçage.

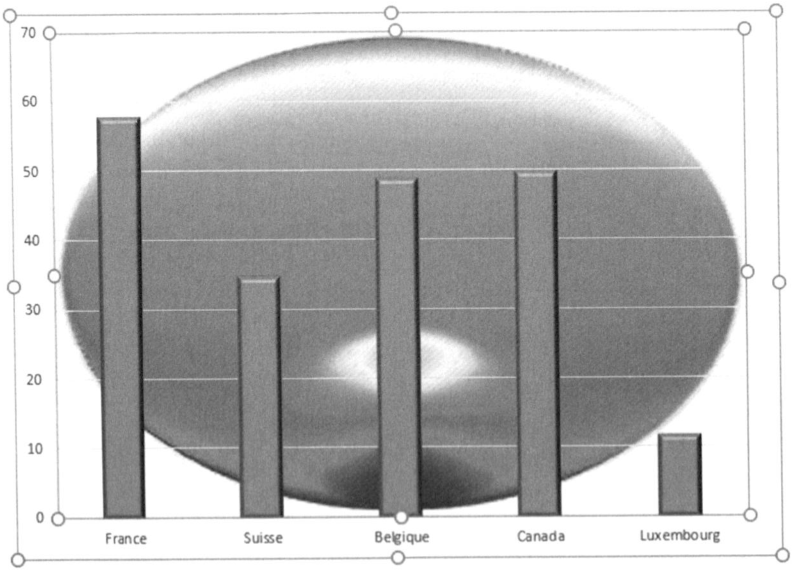

Figure 4.21 : Le dessin circulaire est devenu ovale.

Comme le montre la Figure 4.22, augmentez d'une valeur égale le décalage vers la droite et le décalage vers la gauche, et le dessin sera étroitisé afin de rétablir les bonnes proportions. Selon l'image utilisée, vous recourrez à votre manière à l'une des quatre commandes de décalage.

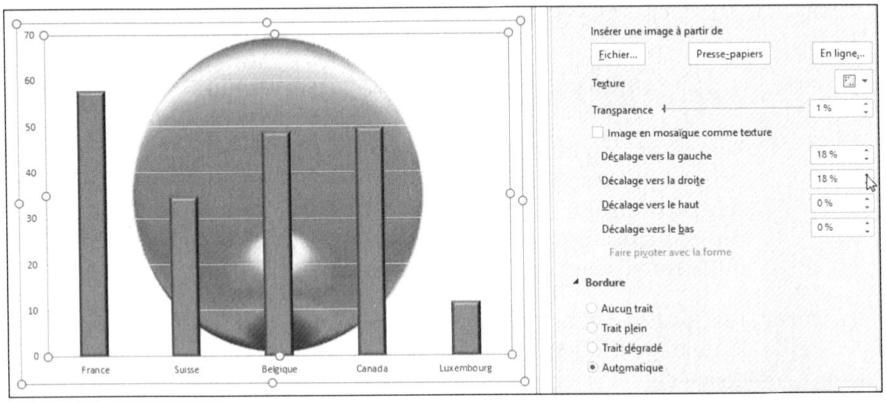

Figure 4.22 : Les commandes de décalage servent à rétablir les bonnes proportions.

TRUC

L'étirement d'un dessin n'est pas forcément un défaut. Il permet d'utiliser un dessin pour représenter des valeurs selon la hauteur de la silhouette d'un personnage, par exemple, comme le montre la Figure 4.23. Voici comment cet effet a été obtenu :

1. **Créez un histogramme 2D.**
2. **Cliquez sur un point de données afin de les sélectionner tous.**
3. **Cliquez sur l'icône Remplissage et ligne.**
4. **Dans la rubrique Remplissage, cliquez sur le bouton d'option Remplissage avec image ou texture.**

   Plus bas, assurez-vous que l'option Étirer est sélectionnée. Elle l'est par défaut. Si ce n'est pas le cas, cliquez dessus.

5. **Cliquez sur le bouton Fichier puis chargez l'image à plaquer sur les points de données.**

   L'image est plaquée sur chacun des points de données, comme le montre la Figure 4.23.

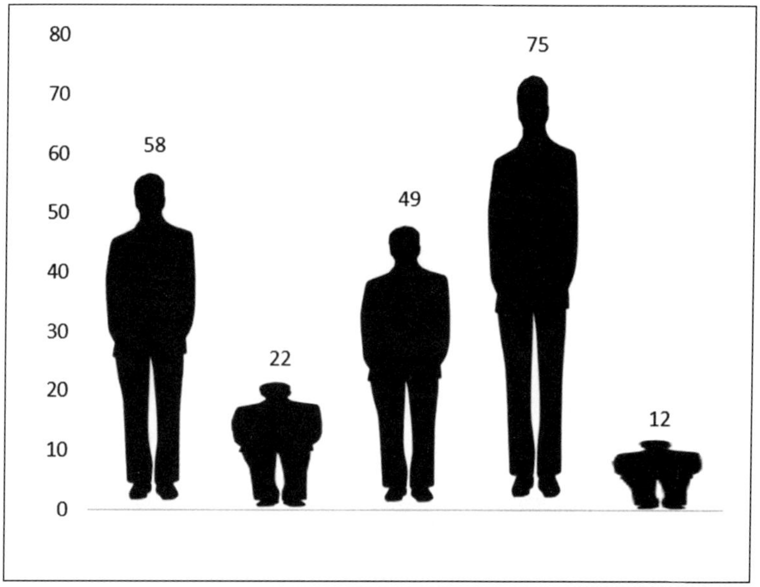

Figure 4.23 : Une image étirée selon les valeurs des points de données.

6. **Dans la rubrique Bordure, cliquez sur l'option Aucun trait.**

Sur la Figure 4.23 apparaissent les valeurs. Si vous désirez faire de même, cliquez sur le bouton Éléments de graphique, en haut à droite du graphique, puis cochez la case Étiquettes de données.

Lorsque des images – logo, pictogramme, clipart ou autre – doivent être étirées et/ou comprimées sur les points de données, veillez à ce que leur résolution soit suffisamment élevée pour que les déformations ne produisent pas de crénelage et de pixellisation.

Répéter une image

Remarquez la case Image en mosaïque comme texture, en haut des commandes de décalage. Lorsqu'elle est cochée, l'image n'est plus étirée pour se conformer aux dimensions de la zone de traçage, mais affichée à sa taille réelle et recopiée autant de fois que nécessaire pour la couvrir, comme l'illustre la Figure 4.24 avec le logo de la collection *Pour les Nuls*.

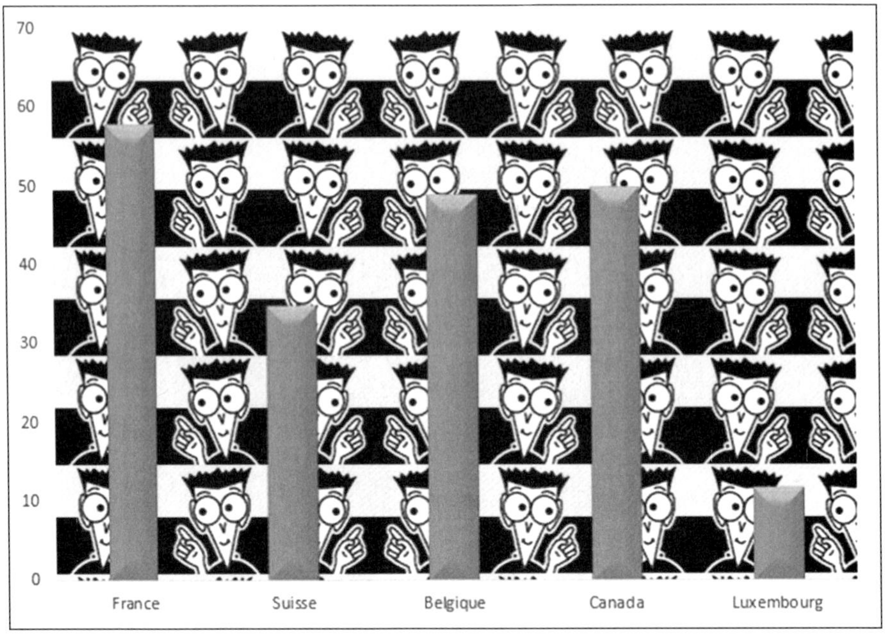

Figure 4.24 : Un logo répété comme texture.

Lorsque l'image est répétée en mosaïque, plusieurs commandes apparaissent dans le volet Format de la zone de traçage :

- **Décalage :** l'option Décalage X fait défiler le contenu de la zone de traçage à l'horizontale. Les pixels qui disparaissent d'un côté réapparaissent de l'autre. L'option Décalage Y agit de même, mais dans le sens vertical.

- **Échelle :** ces deux options compriment l'ensemble d'images en largeur (Échelle X) ou en hauteur (Échelle Y).
- **Alignement :** cette commande permet de choisir à partir de quel coin de la zone de traçage l'image doit être répétée. Par défaut, il s'agit du coin supérieur gauche.
- **Type de mise en miroir :** les images répétées peuvent être mises en miroir horizontalement, comme c'est le cas dans la Figure 4.24, verticalement, ou à la fois horizontalement et verticalement.

Une image peut aussi être placée sur les points de données. Dans la Figure 4.25, le logo des Nuls a été appliqué en cliquant, dans le volet Mise en forme des séries de données, sur l'option Empiler. Notez que cette option n'autorise aucun réglage du décalage. Par contre, le menu Appliquer à, permet de choisir les côtés des barres auxquelles l'image est appliquée. Par défaut, elle l'est sur les faces avant, sur le dessus (appelé Fin dans le menu) et les côtés.

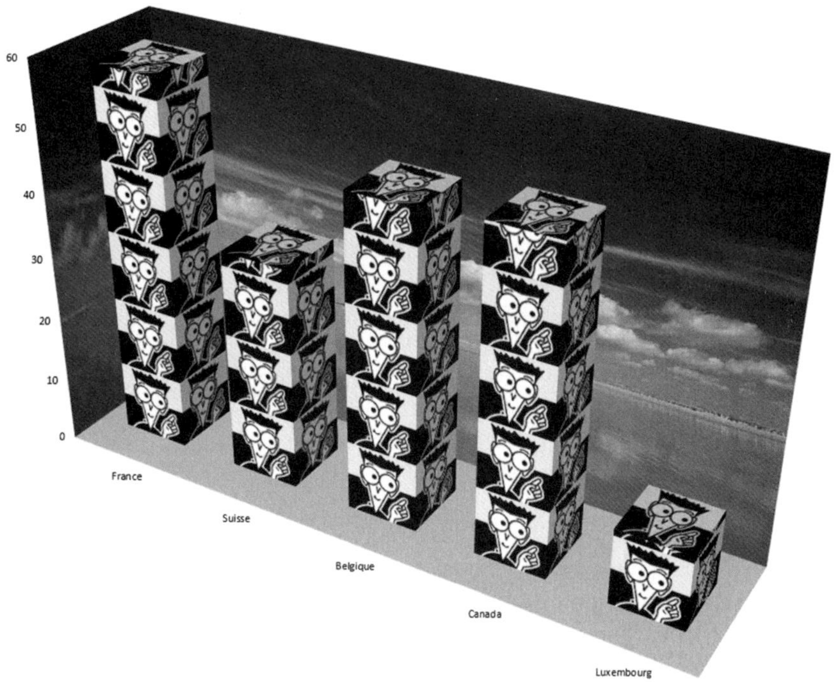

Figure 4.25 : Un graphique habillé avec une photo et un logo empilé.

Appliquer une texture

Une texture est techniquement un fichier d'image au même titre qu'une photographie numérique. Ce qui différencie les deux est la possibilité de juxtaposer une texture sans que le raccord soit visible. Pour appliquer une texture à un élément du graphique :

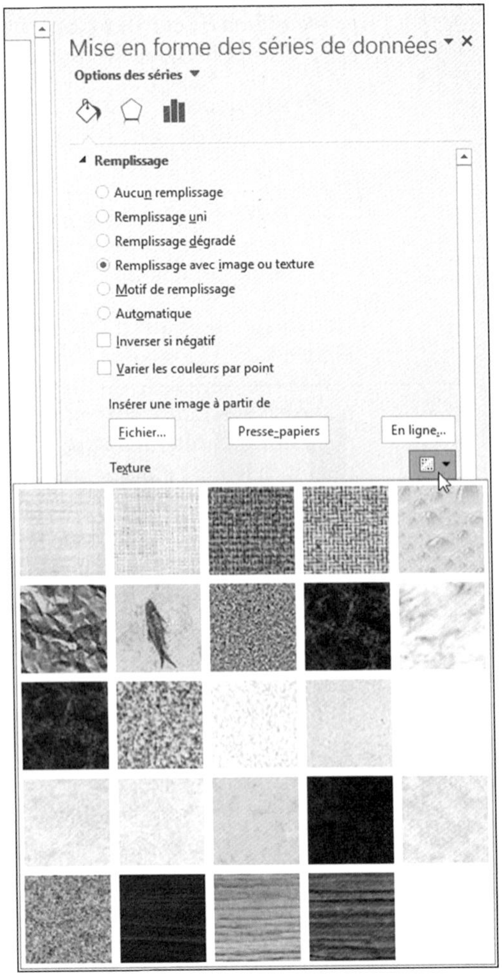

1. **Sélectionnez l'élément du graphique par un clic ou par un double-clic.**

   Cette action ouvre le volet Format ou Mise en forme de l'élément. Assurez-vous que le panneau Remplissage et ligne est ouvert.

2. **Dans la rubrique Remplissage, cliquez sur le bouton d'option Remplissage avec image ou texture.**

3. **Cliquez sur l'icône de l'option Texture.**

   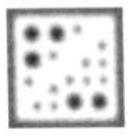

   Cette action affiche une palette de 25 textures (Figure 4.26), parmi lesquelles Papyrus, Jeans, Sable, différents types de papiers et d'essences de bois.

4. **Cliquez sur la texture à appliquer.**

   La texture est dupliquée sur l'élément sélectionné jusqu'à le recouvrir entièrement, comme le montre la Figure 4.27.

Deux commandes régissent l'application de la texture :

- **Étirer :** la texture n'est plus dupliquée, mais seulement étirée de manière à recouvrir l'élément texturé. Étant donné la faible résolution de la texture, le résultat est peu convaincant, car elle est déformée et floue.

- **Empiler :** c'est l'option par défaut grâce à laquelle la texture est répétée autant de fois que nécessaire pour recouvrir l'élément, sans déformation ni raccord.
- **Appliquer à :** lorsque l'option Empiler est sélectionnée, le menu Appliquer à, juste dessous, permet de choisir les côtés de l'élément, s'il est en 3D, sur lequel la texture sera appliquée.

TRUC

Si vous possédez des fichiers de texturage dans votre ordinateur, vous pourrez les utiliser en les chargeant avec le bouton Fichier, comme expliqué précédemment, et utilisez l'option Image en mosaïque comme texture, si l'élément est en 2D. Réglez ensuite le positionnement de l'image. Si l'élément est en 3D, choisissez l'option Empiler.

Figure 4.27 : Une texture Gouttes d'eau appliquée à des points de données.

Mettre le quadrillage en forme

Par défaut, le quadrillage – il serait plus judicieux de parler de lignes – à l'arrière-plan des points de données est gris clair. L'épaisseur et la couleur sont modifiables en cliquant dessus. Le panneau que montre la Figure 4.28 contient des options applicables au quadrillage.

Quatre types de traits sont utilisables pour un quadrillage. Sélectionnez-en parmi ceux-ci :

- **Aucun trait :** cette option désactive l'affichage du quadrillage. Utilisez-la lorsque ce dernier n'est pas indispensable pour un graphique.
- **Trait plein :** applique une couleur uniforme au trait.
- **Trait dégradé :** permet de configurer un trait de quadrillage multicolore, ou un trait qui s'estompe peu à peu. Reportez-vous à la section « Appliquer un dégradé de couleurs », précédemment dans ce chapitre, pour savoir comment créer un dégradé.
- **Automatique :** utilise les réglages par défaut.

Les commandes qui se trouvent sous les options de trait règlent, entre autres, la couleur et la largeur des lignes, c'est-à-dire leur épaisseur et l'aspect (trait continu, à tirets, en pointillé...). La Figure 4.29 montre un quadrillage ainsi modifié.

Dans le champ Largeur, une valeur de zéro point ne rend pas le quadrillage invisible à l'écran. Pour être sûr de ne pas afficher le quadrillage, cliquez sur le bouton d'option Aucun trait, tout en haut du panneau.

De nombreuses options, comme un trait dédoublé ou à pointes de flèches, sont applicables à un quadrillage, bien qu'elles n'aient manifestement pas été prévues à cette fin. Évitez de les utiliser, à moins de le faire à bon escient pour faire preuve d'originalité.

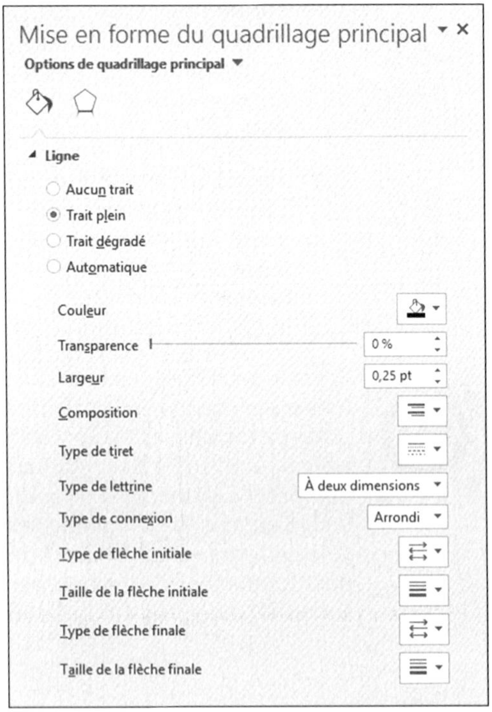

Figure 4.28 : Configurez l'aspect du quadrillage avec ces commandes.

Changer la forme des colonnes 3D

Par défaut, les colonnes des histogrammes 3D et des graphiques à barres 3D sont des parallélépipèdes, comme nous avons maintes fois eu l'occasion de le constater jusqu'à présent. Il est cependant possible de choisir d'autres formes pour représenter ces éléments, comme l'illustre la Figure 4.30. Les options suivantes sont proposées :

Zone : parallélépipède par défaut.

Pyramide complète.

Pyramide partielle : si la valeur du point de données est la plus élevée du graphique (non seulement dans la série de données auquel il appartient, mais aussi relativement à toutes les autres), la pyramide est complète. Elle n'est partielle que si la valeur d'au moins un point de données, dans tout le graphique, lui est supérieure.

Cylindre.

Cône complet.

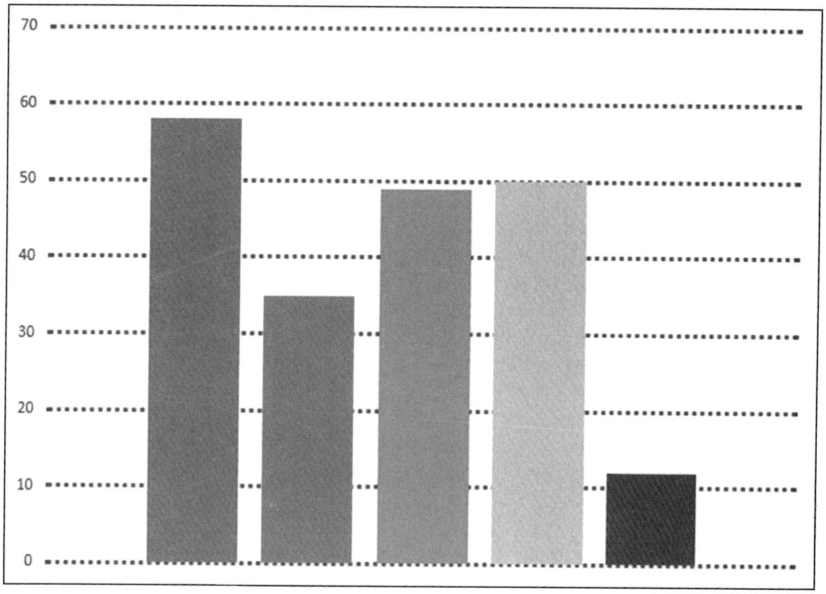

Figure 4.29 : Un quadrillage bleu en pointillé.

Cône partiel : reportez-vous à la description de la pyramide partielle pour savoir comment ce point se comporte.

Procédez comme suit pour choisir l'un de ces volumes :

1. **Créez un graphique dont les données sont parallélépipédiques.**

   Vous avez le choix entre un histogramme 3D simple, groupé ou empilé, ou encore un graphique à barres 3D simple, groupé ou empilé.

2. **Cliquez sur un point de données afin d'accéder au volet Mise en forme des séries de données.**

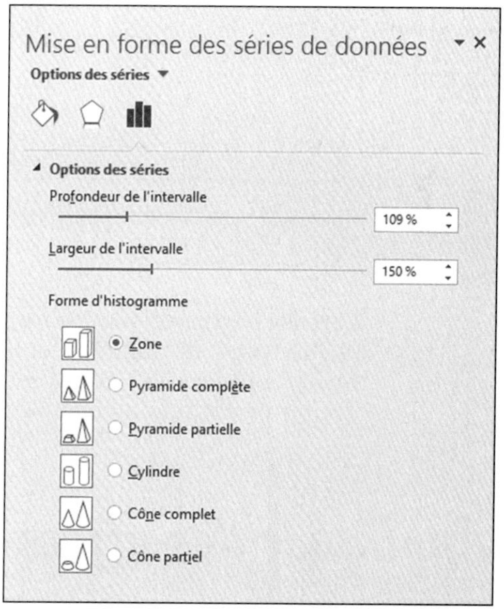

Figure 4.30 : Choisissez la forme d'une colonne d'histogramme 3D ou d'une barre 3D.

Peu importe que vous sélectionniez un point de données ou tous, car la forme choisie s'applique toujours à la totalité des points de données d'une série. En revanche, si le graphique contient plusieurs séries, veillez à cliquer sur celle dont vous voulez changer l'apparence.

3. **Dans le volet Mise en forme des séries de données, cliquez sur l'icône Options des séries.**

4. **Cliquez sur le bouton d'option de la forme d'histogramme désirée.**

   Les points de données prennent aussitôt la forme choisie.

La Figure 4.31 montre les différentes formes applicables à chacune des séries d'un histogramme 3D ou d'un graphique à barres 3D.

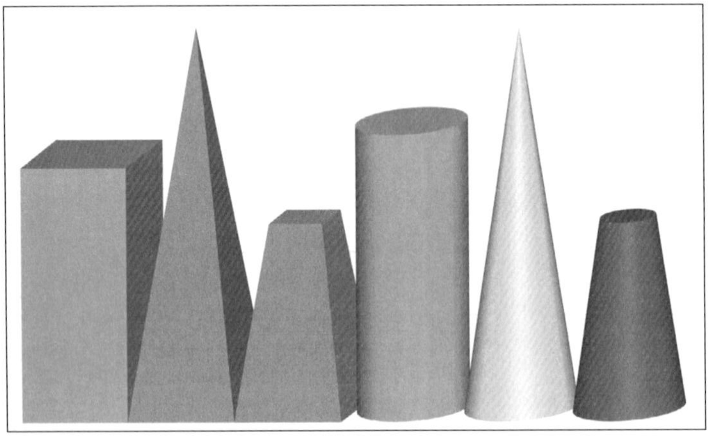

Figure 4.31 : Les formes Zone, Pyramide, Pyramide partielle, Cylindre, Cône complet et Cône partiel.

Lorsque le changement de forme est appliqué à un histogramme empilé, chaque point de données est intégré à une seule et même forme, comme le révèle la Figure 4.32, ce qui est logique. L'effet d'ombrage qui donne du relief à la forme est automatiquement appliqué par Excel.

Appliquer des effets

Dans Excel, et aussi dans les autres applications de la suite Office comme Word et PowerPoint, les effets sont des traitements de l'image qui simulent des jeux d'ombre et de lumière et produisent entre autres des effets de relief. Les somptueux rendus qu'ils permettent de créer sont parfaits pour des documents de prestige.

Tous les volets et panneaux affichés à droite dans Excel, lorsqu'un ou plusieurs éléments sont sélectionnés, comprennent un panneau Effets. Ouvrez-le en cliquant sur l'icône représentée dans la marge. Le contenu du panneau Effets ou la disponibilité des options peuvent varier selon l'élément sélectionné, mais l'on y retrouve systématiquement les rubriques suivantes :

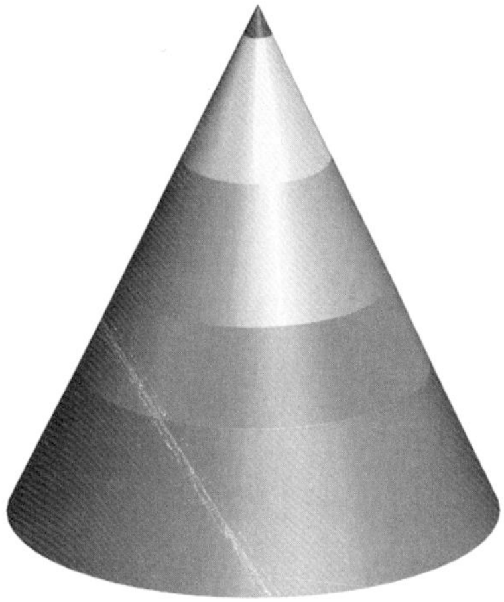

Figure 4.32 : Un graphique empilé 3D présenté sous la forme d'un cône.

- **Ombre :** projection d'une ombre dans une direction précise.
- **Réflexion :** ce panneau apparaît pour des éléments externes à un graphique Excel, comme une forme, un objet commun à d'autres applications d'Office. Il simule le reflet de la forme sur une surface lisse.
- **Lumière :** effet d'éclairage sur l'élément sélectionné.
- **Contours adoucis :** adoucissement du trait autour d'un élément.
- **Format 3D :** application d'effets de relief. Contrairement à ce que cette appellation laisse entendre, le format 3D n'est pas réservé aux graphiques 3D. Il est parfaitement applicable à n'importe quel élément en deux dimensions.

Tous ces effets peuvent être combinés à l'infini. Ils sont applicables à presque tous les éléments d'un graphique : à une série de points de données ou bien à un ou plusieurs points isolés, mais aussi à la zone de traçage, à la zone de graphique ou aux murs d'un graphique 3D.

TRUC

C'est sur les graphiques 3D que les effets sont les plus spectaculaires.

Les effets d'ombre

Cliquer sur le bouton triangulaire à gauche de Ombre, dans un volet de mise en forme ou de format, déploie le panneau que montre la Figure 4.33. Il contient plusieurs commandes que nous allons détailler, mais en tête se trouve une option Présélections.

Présente également dans les rubriques Lumière et Contours adoucis, l'option Présélections affiche une palette d'une série d'aperçus (Figure 4.34) permettant de sélectionner rapidement l'effet désiré. Elle est divisée en plusieurs sections :

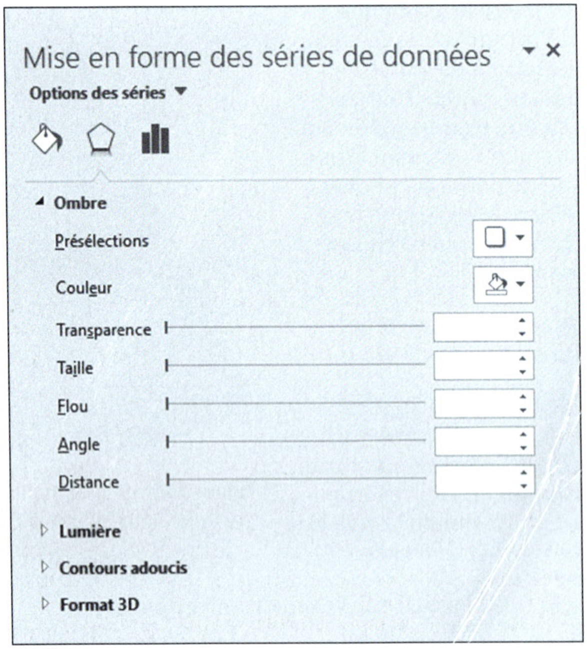

Figure 4.33 : Le panneau de réglage des ombres.

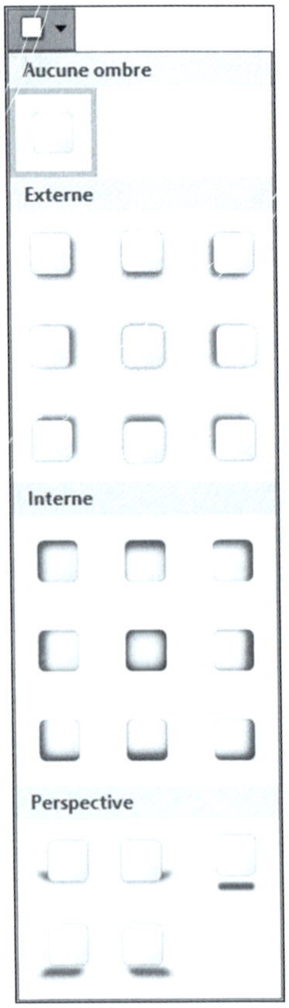

Figure 4.34 : Choisissez un effet d'ombre parmi les effets prédéfinis.

- **Aucune ombre :** si vous avez configuré un effet d'ombre et que vous n'en voulez plus, cliquer sur bouton le supprime entièrement.

  TRUC

  L'option Aucune ombre réinitialise les glissières du panneau, même si vous avez réglé l'ombre manuellement, sans recourir aux présélections.

- **Externe :** l'ombre est projetée à la base de l'élément sélectionné.

  L'ombre d'un élément comme une colonne, une barre ou un secteur n'est visible que si elle n'est pas gênée par un élément contigu.

- **Interne :** l'ombre apparaît sur l'élément sélectionné.

  N'OUBLIEZ PAS

  Tous les éléments ne peuvent pas recevoir une ombre interne. Cette option fonctionne essentiellement avec les points de données en 2D, comme les colonnes et les barres d'histogramme, ou encore les secteurs 2D.

- **Perspective :** l'ombre est projetée à l'arrière de l'élément sélectionné.

Lorsque l'élément accepte l'effet d'ombre prédéfini, ce dernier est immédiatement visible. Observez les glissières de la rubrique Ombre : elles montrent les paramètres qui régissent l'effet. C'est un excellent moyen pour se familiariser avec les différentes commandes. Voyons justement à quoi elles servent en commençant par celle qui se trouve juste sous les présélections :

- **Couleur :** cliquer sur l'icône associée à cette option affiche un nuancier permettant de sélectionner la couleur de l'ombre.

  Une ombre rouge ou verte pourrait surprendre, mais il ne faut pas perdre de vue le fait que sur un graphique Excel, une ombre n'est pas censée simuler seulement un effet de lumière, mais aussi un simple effet de dégradé. L'effet Ombre est à ce titre une intéressante variante à la commande Remplissage dégradé.

- **Transparence :** rend l'ombre translucide. À 100 %, l'ombre est transparente, c'est-à-dire invisible, ce qui équivaut à plus d'ombre du tout.

  Utilisez cette commande pour régler la densité de l'ombre. Si elle vous paraît trop sombre, il est plus facile de l'éclaircir en augmentant sa transparence que de sélectionner un gris ou une couleur plus claire.

- **Taille :** règle la largeur de l'ombre en pourcentage par rapport à la taille de l'élément. À la valeur maximale de 200 %, l'ombre d'une colonne est deux fois plus large que la colonne elle-même.

  Notez que la taille de l'ombre des colonnes d'un histogramme 3D ou d'un graphique à barres 3D n'est pas réglable.

- **Flou :** règle le dégradé de l'ombre. À zéro point, l'ombre est parfaitement nette, donc sombre et très dure. En allant vers le maximum de 200 points – le point Pica est une unité typographique valant 0,3527 –, l'ombre devient de plus en plus floue, et donc d'autant plus douce et translucide.

  La Figure 4.35 montre l'effet d'un flou appliqué à une ombre prédéfinie de type Intérieur centre. L'économie de moyen n'empêche pas une certaine élégance dans le résultat.

- **Angle :** règle de 0 à 359 degrés la direction du faisceau lumineux virtuel qui projette l'ombre.

  Bien que réglable, l'effet est nul sur un graphique à secteurs 3D.

- **Distance :** décale l'ombre dans la direction indiquée par Angle, de 0 à 200 points.

  ATTENTION !

  Ne confondez pas les options Taille et Distance. Quand vous réglez la taille, c'est la longueur de l'ombre depuis la base de l'élément que vous

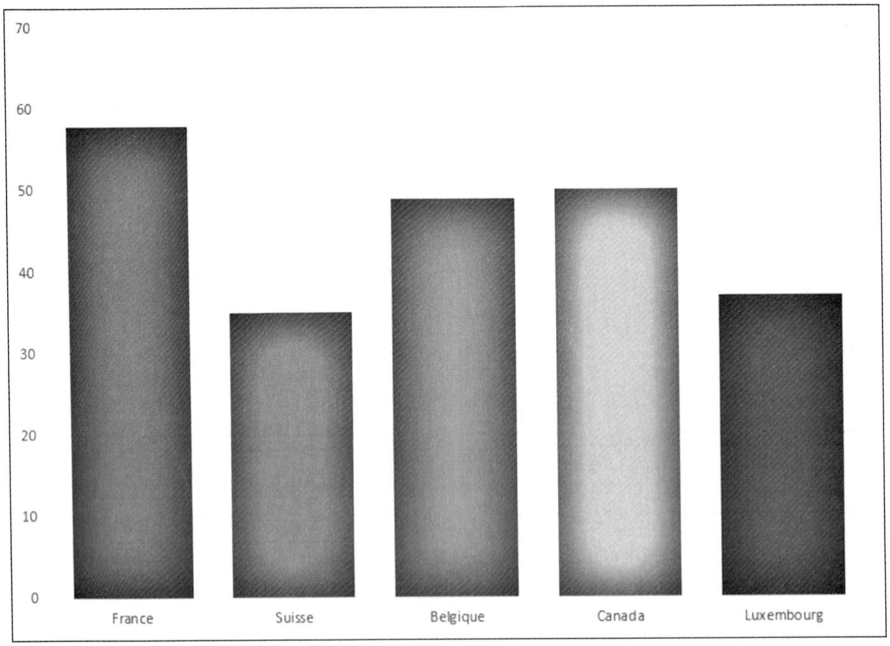

Figure 4.35 : Une ombre centrale floue produit un effet de luminescence.

modifiez. En revanche, quand vous réglez l'option Distance, c'est l'ombre elle-même que vous déplacez.

L'option Distance est parfaite pour donner l'impression qu'un graphique se trouve à distance de la zone de traçage.

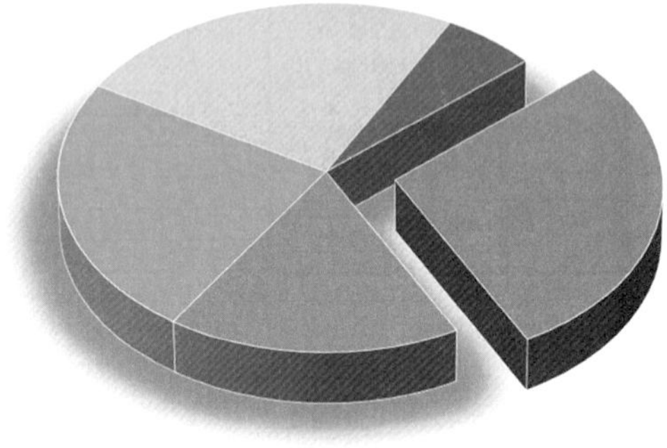

Figure 4.36 : Un effet d'ombre appliqué à tous les secteurs d'un graphique, sauf à celui qui en a été extrait.

La Figure 4.36 montre un graphique dont tous les secteurs, sauf un seul, projettent une ombre. La réalisation est très simple : dans un premier temps, tous les secteurs ont été sélectionnés d'un clic et ont reçu une ombre externe. Ensuite, un clic sur le secteur isolé n'a sélectionné que lui et son ombre a été supprimée en choisissant la présélection Aucune ombre.

ATTENTION !

Il serait tentant de projeter l'ombre d'un histogramme 3D contre le mur arrière. Cet effet est malheureusement impossible, car l'ombre des colonnes n'est projetée que sur le sol sur lequel reposent les points de données. De même, l'ombre d'un graphique à barres est projetée contre le mur latéral, qu'Excel s'obstine à appeler Sol bien qu'il soit vertical, et non contre le mur arrière.

Les effets de lumière

Les effets de lumière ressemblent beaucoup à des ombres externes colorées. Ils simulent une lueur émanant d'un élément du graphique. La Figure 4.37 montre les commandes de la rubrique Lumière.

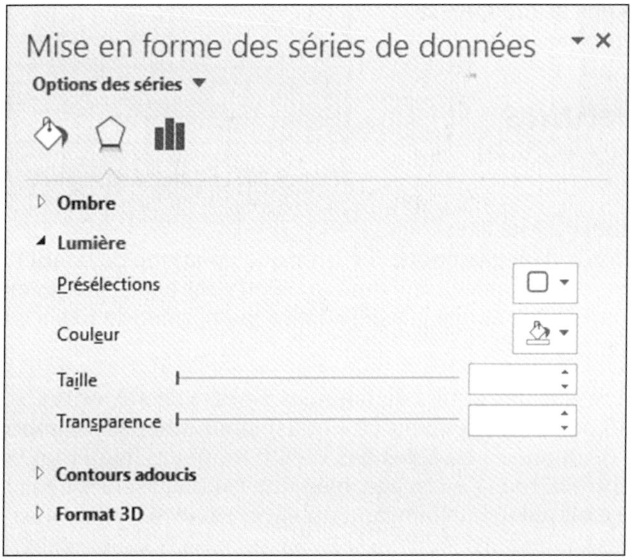

Figure 4.37 : Les commandes de la rubrique Lumière.

La palette Présélections (Figure 4.38) contient diverses variations de lumière qui permettent de régler approximativement les effets de la déperdition lumineuse, et par conséquent la douceur du dégradé.

Outre le bouton Présélections, le panneau Lumière contient trois commandes :

- **Couleur :** cliquer sur cette option affiche un nuancier permettant de sélectionner la couleur de la lueur.
- **Taille :** règle la largeur de la lueur.

- Il est souvent préférable de choisir une taille de lueur parmi les présélections, car leur dégradé est plus doux, donc plus esthétique.
- **Transparence :** cette glissière règle la densité de la lueur en la rendant plus ou moins translucide.

N'OUBLIEZ PAS

Les effets de lumière ne sont pas applicables aux graphiques 3D.

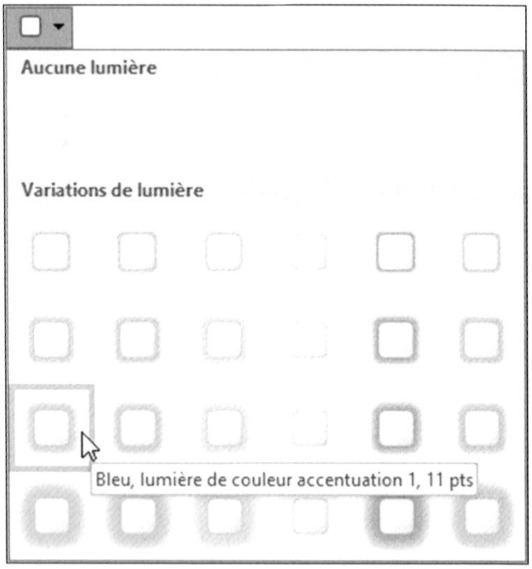

Figure 4.38 : La palette des variations de lumière.

Les contours adoucis

L'effet Contours adoucis estompe les bords d'un graphique. La rubrique éponyme ne contient que deux commandes : des présélections dont la palette est en réalité un menu gradué de 1 à 50 points Pica, et une glissière Taille qui permet de régler plus finement l'effet.

Dans la Figure 4.39, les points de données verts, à droite, ont reçu un contour adouci de 10 points. L'effet peut être utilisé pour minimiser l'importance d'une série de données, ou à des fins créatives, pour simuler une ombre projetée contre la zone de traçage, bien que l'adoucissement à la base des colonnes ne soit guère convaincant, ou encore une lueur elle aussi projetée sur l'arrière-plan.

À l'instar des effets de lumière, le contour adouci est inopérant sur les graphiques 3D.

Le format 3D

Contrairement à ce que l'appellation 3D laisse entendre, cette rubrique n'est pas spécifiquement destinée aux graphiques 3D, bien que certaines fonctions soient plus spécifiquement destinées à ce genre de graphique. Dans la mise en forme dont il est question ici, la 3D, un terme souvent abusivement utilisé, est tout simplement un effet qui suggère la profondeur et le relief.

N'OUBLIEZ PAS

Le format 3D n'est pas applicable à tous les types de graphiques. Il va de soi que les graphiques filaires, comme Courbes et Radar, ne peuvent pas en

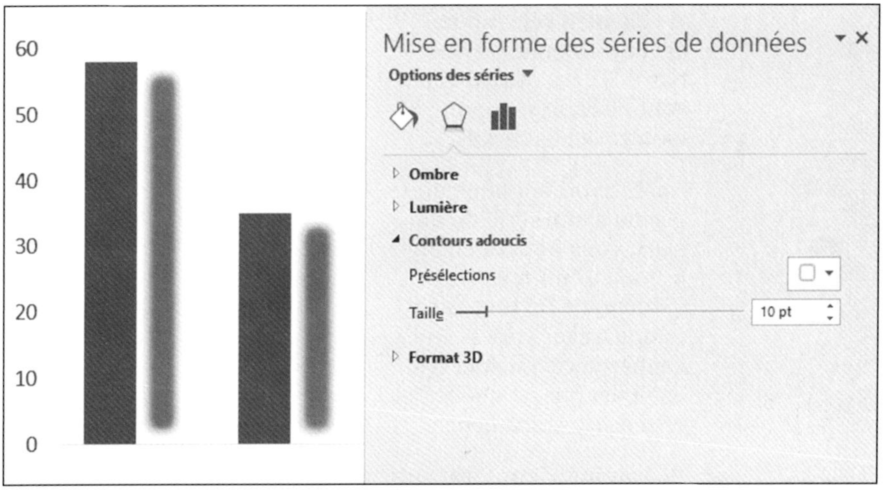

Figure 4.39 : Des colonnes d'histogramme de mêmes valeurs. Le contour des bleues est normal, celui des vertes a été adouci de 10 points.

bénéficier. Mais des graphiques comme Compartimentage, Entonnoir, Rayons de soleil (graphique en anneaux) et Surface 3D non plus.

Pour appliquer une mise en forme 3D à des points de données d'un graphique :

1. **Cliquez sur le graphique afin de sélectionner ses points de données.**
2. **(Facultatif) Cliquez sur un point de données si vous désirez n'en mettre en forme qu'un seul.**
3. **Cliquez du bouton droit dans la sélection puis, en bas du menu, cliquez sur Mettre en forme une série de données.**

   Le volet Mise en forme des séries de données apparaît.

4. **Dans le volet, cliquez sur l'icône Effets.**

5. **Cliquez sur le bouton à gauche de Format 3D afin de déployer le panneau que montre la Figure 4.40.**

La rubrique Format 3D est divisée en plusieurs modules qui appliquent chacun un effet particulier à l'élément sélectionné. Les deux plus importants sont Biseau supérieur et Biseau inférieur :

- **Biseau supérieur :** biseaute la partie supérieure des colonnes d'histogramme 3D ou l'extrémité droite des barres 3D, ou le dessus d'un histogramme à secteurs.

Si l'élément sélectionné est une colonne ou une barre 2D, les quatre côtés sont biseautés, comme le montre la Figure 4.41.

ATTENTION !

Après avoir appliqué un biseau à une série de données, vous pouvez changer la couleur unie, choisir un dégradé ou tout autre remplissage. Mais si vous cochez la case Varier les couleurs par points, Excel effacera le biseautage.

- **Biseau inférieur :** biseaute la partie inférieure des colonnes d'histogramme 3D ou l'extrémité gauche des barres 3D, ou le dessous d'un histogramme à secteurs.

  Cette commande est inopérante sur les colonnes et barres des histogrammes 2D, ainsi que sur les secteurs 2D.

D'autres fonctions se trouvent dans la rubrique Format 3D. Nous les aborderons au cours du petit exercice qui suit.

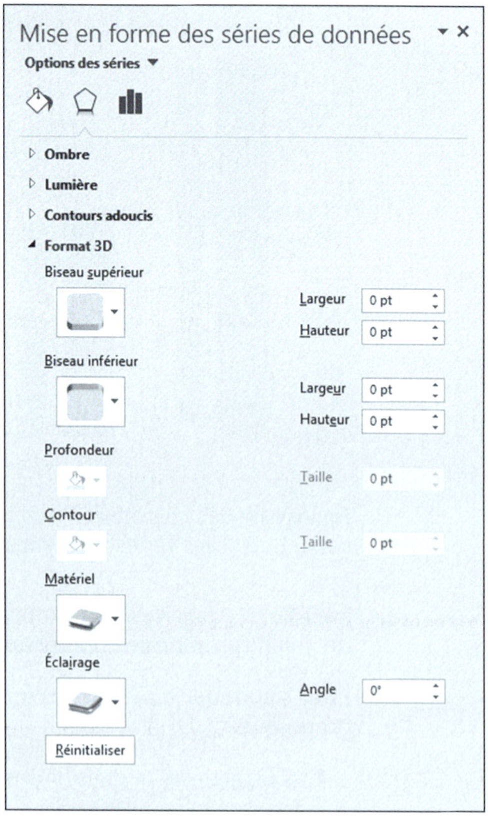

Figure 4.40 : Le panneau du format 3D sert à simuler les effets de relief.

Appliquer un Format 3D

Nous appliquerons maintenant un format 3D à un histogramme 3D. Sélectionnez la série de points de données, puis cliquez dessus et dans le menu, cliquez sur Mettre en forme une série de données. Procédez ensuite ainsi :

1. **Cliquez sur l'icône Effets.**

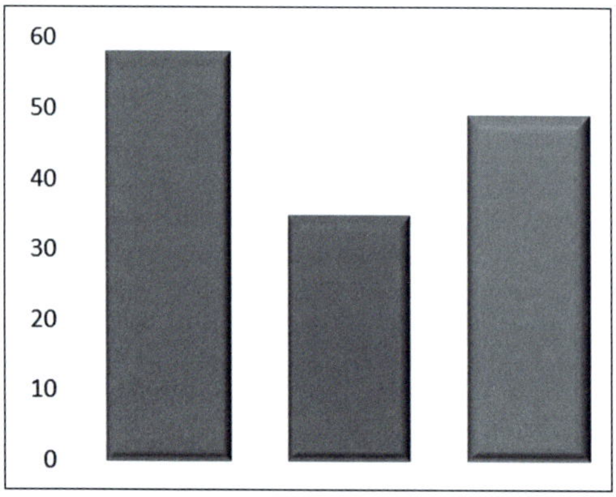

Figure 4.41 : Un biseautage appliqué à une colonne d'histogramme 2D.

2. **Cliquez sur le bouton à gauche de Format 3D.**

   La première commande, Biseau supérieur, possède des paramètres prédéfinis.

3. **Pour voir les paramètres prédéfinis, cliquez sur l'aperçu.**

   Cette action déploie la palette que montre la Figure 4.42. Elle contient divers profils de biseautage. Les formes les plus simples, comme Cercle et Inclinaison douce donnent les meilleurs résultats.

4. **Cliquez sur le type de biseau à appliquer.**

   L'effet, un arrondissement des arêtes, est aussitôt visible sur les points de données, comme le montre la Figure 4.43. La forme de cet arrondi est réglable grâce aux deux champs de saisie à droite de l'aperçu Biseau :

   - **Largeur :** règle l'importance du biseautage sur le plan horizontal. Pour un Biseau supérieur, ce plan horizontal est le dessus de la colonne, l'extrémité de la barre ou le dessus d'un secteur.

   - **Hauteur :** règle l'importance du biseautage sur le plan vertical. Le biseau est appliqué sur les quatre côtés d'une colonne ou d'une barre, et sur tout le pourtour d'un secteur

   Lorsque les paramètres Largeur et Hauteur sont égaux, le profil d'un biseau Cercle est un parfait quart de cercle.

TRUC

Un biseau Cercle avec des valeurs Largeur et Hauteur élevées rend l'extrémité d'une colonne ou d'une barre hémisphérique.

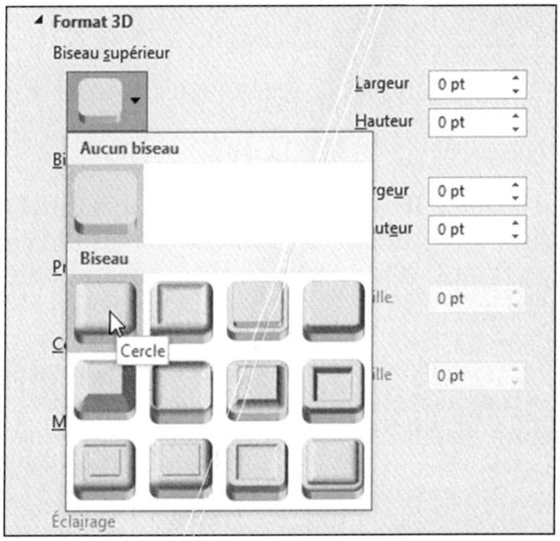

Figure 4.42 : Choisissez le type de biseau à appliquer.

Figure 4.43 : Un biseau Cercle appliqué à des colonnes d'histogramme.

5. **Réglez les paramètres Largeur et Hauteur.**

6. **(Facultatif) Pour biseauter la base d'une colonne d'histogramme ou d'un secteur, ou l'extrémité gauche d'une barre, cliquez sur l'icône Biseau inférieur puis réglez-le à votre convenance, comme expliqué dans l'étape précédente.**

Le biseautage des points de données est généralement suffisant pour améliorer le rendu d'un graphique. La Figure 4.44 montre un histogramme empilé après l'application d'un format 3D avec des biseaux supérieurs et inférieurs avec différentes valeurs de largeur et de hauteur pour chacune de ses séries. Les effets les plus spectaculaires, comme les pastilles et les cylindres, sont obtenus avec des valeurs élevées.

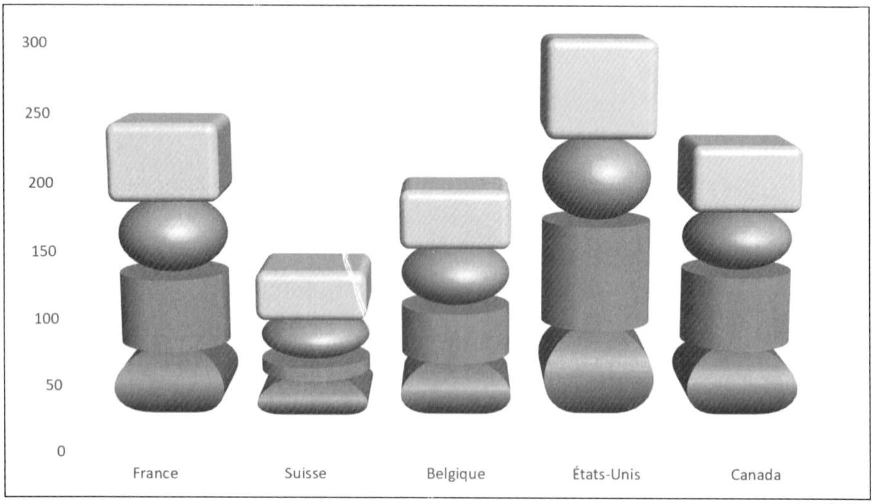

Figure 4.44 : Des séries d'un histogramme empilé, après l'application de différents biseaux.

Parmi les commandes de Format 3D, deux sont inopérantes, quel que soit le graphique : Profondeur et Contour. En revanche, deux options modifient l'aspect d'un élément sélectionné, à la condition expresse que l'élément ait été préalablement biseauté :

- **Matériel :** cliquer sur l'aperçu déploie une palette (Figure 4.45) contenant des matériaux comme Plastique, Métal, ou encore Maquette – en fait, une représentation filaire de l'élément – ou des effets de transparence.

- **Éclairage :** à l'instar de Matériel, les options de la palette que montre la Figure 4.46 modifient l'aspect de la surface sélectionnée. L'incidence de la lumière est réglable avec le paramètre Angle.

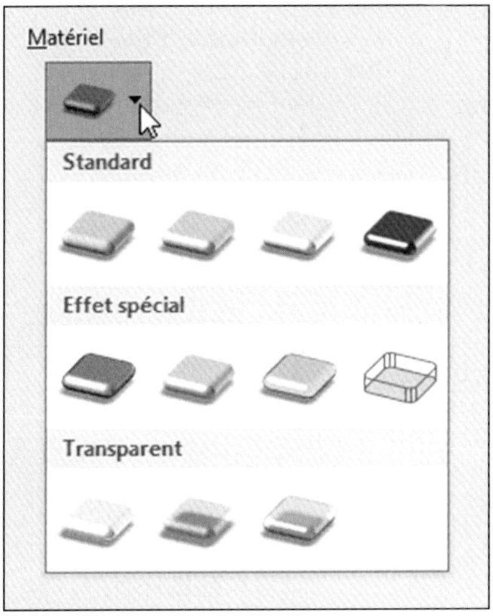

Figure 4.45 : La palette des matériaux de l'effet Format 3D.

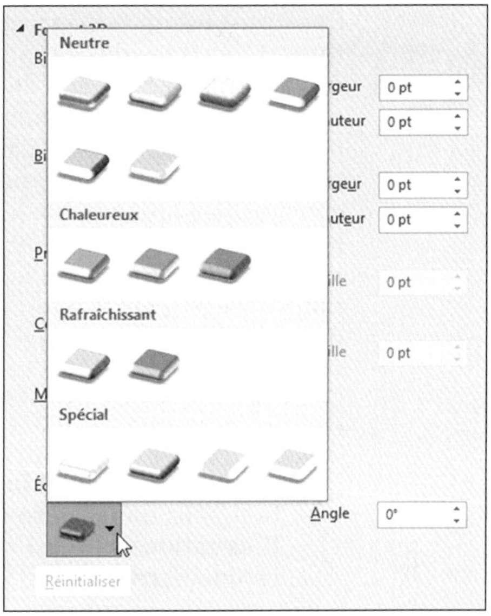

Figure 4.46 : La palette des effets d'éclairage.

Si après avoir appliqué un biseau, un matériau et un éclairage, vous n'êtes pas satisfait du résultat, cliquez sur le bouton Réinitialiser, en bas du panneau.

La rotation 3D

Lorsque l'élément sélectionné peut être pivoté – c'est le cas des graphiques 3D –, le panneau Effets contient une rubrique supplémentaire nommée Rotation 3D. Les commandes qui s'y trouvent sont décrites dans le Chapitre 2, dans la section « Les axes de rotation d'un histogramme 3D ».

Ajouter une forme

Bien que présents dans le ruban Insertion d'Excel, les formes n'appartiennent pas qu'à Excel. Elles existent en effet dans d'autres applications d'Office, notamment dans Word et dans PowerPoint. Elles ne sont pas même réservées aux seuls graphiques, car une forme peut être utilisée n'importe où dans une feuille de calcul Excel. Elles peuvent cependant agrémenter un graphique. C'est pourquoi nous en faisons état dans ce chapitre.

Une forme est un dessin vectoriel. L'avantage de ce type d'image est la possibilité de la redimensionner sans aucune perte de qualité. Ce n'est pas le cas d'une image point à point comme une photographie numérique : un redimensionnement excessif la dégrade et fait apparaître les pixels sous la forme d'un inesthétique crénelage.

Procédez comme suit pour accéder aux formes d'Excel :

1. **Cliquez sur l'onglet Insertion puis, dans le groupe Illustrations, cliquez sur l'icône Formes.**

   Si la largeur du ruban est insuffisante, cliquez sur l'icône Illustrations puis dans la palette qui apparaît, cliquez sur l'icône Formes.

2. **Cliquez sur l'une des formes que contient le panneau que montre la Figure 4.47.**

3. **Cliquez sur le graphique puis, bouton de la souris enfoncé, tirez vers le coin inférieur droit de l'écran jusqu'à ce que la forme soit à peu près à la taille désirée.**

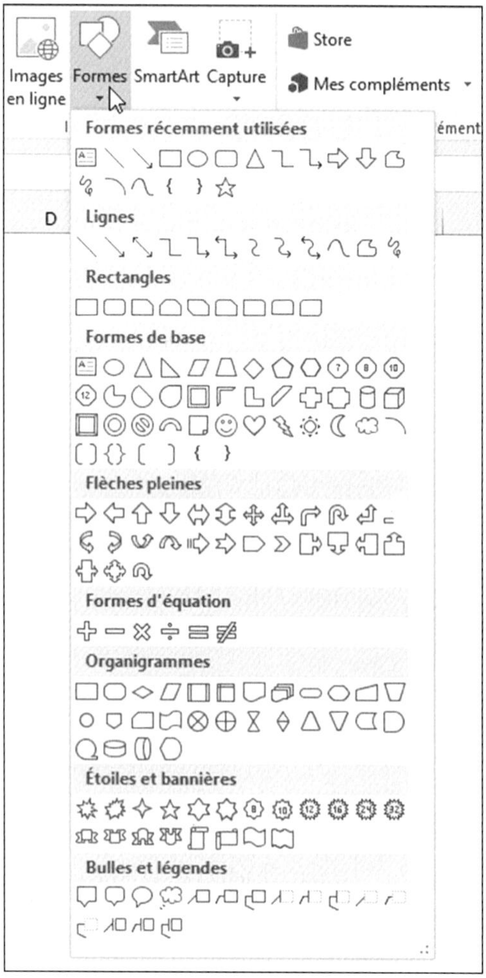

Figure 4.47 : La collection de formes d'Excel.

   Vous pourrez la redimensionner à tout moment.

4. **Cliquez dans la forme – mais pas sur l'une des poignées rondes – puis positionnez-la à l'emplacement désiré, comme le montre la Figure 4.48.**

   Peu importe l'emplacement exact où vous déposerez la forme. Elle flotte par-dessus la feuille de calcul ou le graphique et elle peut être redimensionnée à tout moment.

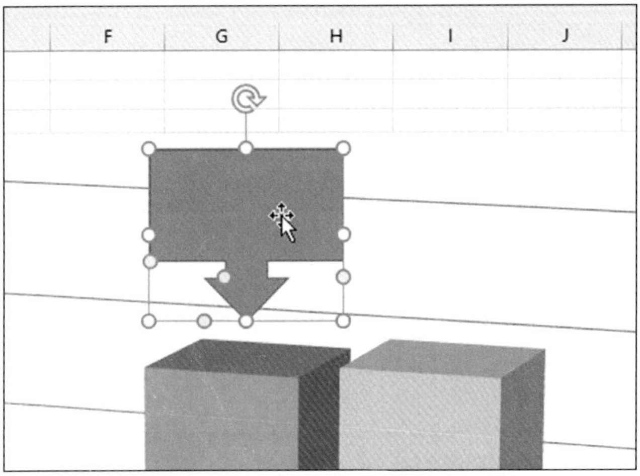

Figure 4.48 : Tirez la forme jusqu'à l'emplacement désiré.

5. **Donnez à la forme son aspect final à l'aide des poignées de redimensionnement et de rotation.**

Selon la complexité de sa géométrie, une forme peut comporter de deux jusqu'à une douzaine de poignées de redimensionnement. Voici à quoi elles servent :

- **Poignées blanches :** situées dans les coins et au milieu des segments, elles agissent sur les dimensions hors tout. Elles définissent de ce fait l'encombrement de la forme.

- **Poignées jaunes :** elles servent à régler un élément de la forme, comme la longueur et/ou l'épaisseur d'une flèche appartenant à la forme, l'aspect de sa pointe, etc.

- **Flèche circulaire :** elle fait pivoter la forme par son centre. Lorsque la touche Majuscule est enfoncée, la forme pivote par pas de 15 degrés.

Changer la couleur d'une forme

Pour changer la couleur d'une forme, y compris celle de son contour, cliquez dessus du bouton droit et dans le menu, choisissez Format de la forme. Les options proposées sont similaires à celles de la mise en forme d'un point de données 2D.

Cliquez sur l'icône Remplissage et ligne afin de sélectionner la couleur du fond de la forme dans la rubrique Remplissage, et celle de son contour dans

Déformer la forme

Dans un graphique Excel, les formes servent surtout à attirer l'attention sur un élément et à le commenter. À cette fin, les formes de type Flèches pleines seront sans doute les plus utiles.

Si les contours d'une forme ne conviennent pas, il est possible de redéfinir complètement sa géométrie : cliquez dessus du bouton droit et dans le menu, choisissez Modifier les points.

Comme le montre la Figure 4.49, des points apparaissent aux extrémités de chacun des segments de la forme. Ils peuvent être déplacés avec la souris. Cliquer sur un point transforme le segment en courbe de Bézier qui peut être incurvée avec des poignées de contrôle. Vous n'aurez sans doute jamais à utiliser cette fonctionnalité pour un graphique Excel, mais il est utile de savoir qu'elle existe.

la rubrique Ligne, ainsi que d'autres éléments comme l'épaisseur du trait, son aspect, etc.

Insérer du texte

Supposons que vous désiriez placer un texte dans une forme, comme l'illustre la Figure 4.50. C'est un moyen efficace pour attirer l'attention sur un point important. La forme a préalablement reçu une couleur plus éclatante que celle d'origine, et une ombre portée lui a été ajoutée, comme expliqué précédemment pour les graphiques. Voici comment ajouter du texte dans une forme :

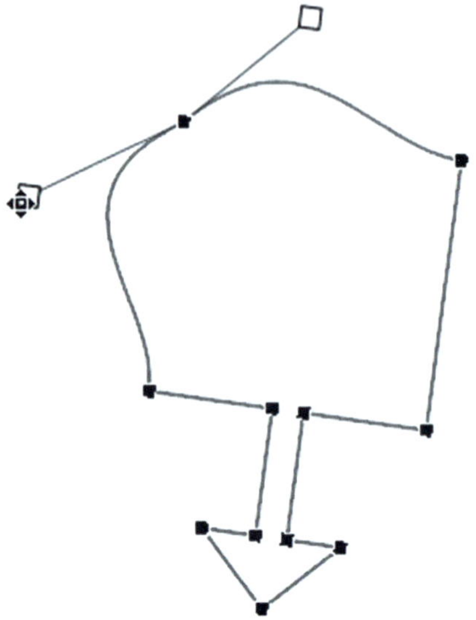

Figure 4.49 : Une forme peut être entièrement redessinée.

1. **Tracez la forme comme expliqué au début de cette section.**

2. **Cliquez du bouton droit sur la forme et dans le menu, choisissez Modifier le texte.**

   Ou mieux et plus rapide : double-cliquez sur la forme.

3. **Saisissez le texte.**

   Ne vous souciez pas de sa longueur. Au besoin, Excel agrandit la forme en hauteur ou en largeur afin que le texte ne soit pas tronqué. Vous redimensionnerez ensuite la forme à votre convenance.

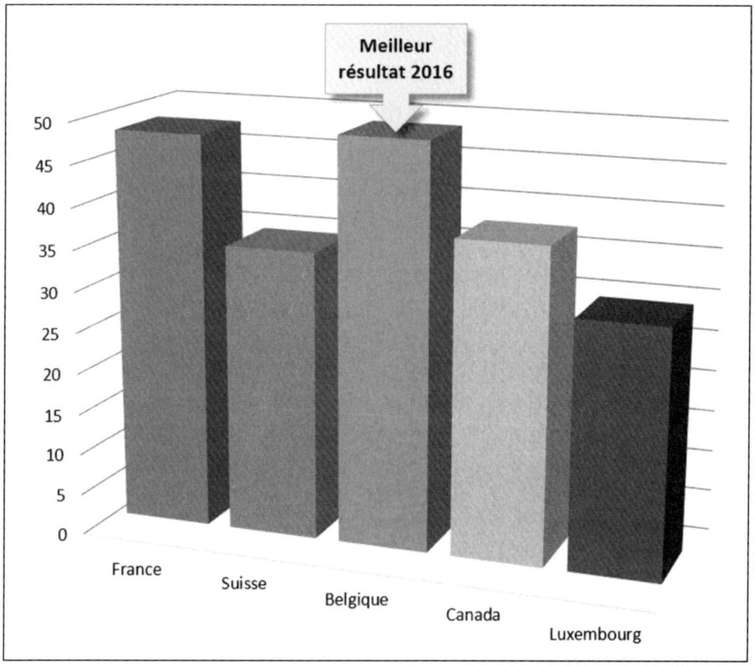

Figure 4.50 : Une forme contenant du texte et projetant une ombre.

4. **La saisie terminée, triple-cliquez sur le texte afin de le sélectionner en totalité (un double-clic sélectionne un seul mot).**
5. **Affichez le ruban Accueil puis utilisez les fonctions du groupe Police pour mettre le texte en forme.**

   Choisissez la police, sa taille et sa couleur. Mettez-la en gras si nécessaire.

   Utilisez aussi les fonctions du groupe Alignement pour placer correctement le texte. Un centrage horizontal et un centrage vertical donnent souvent un bon résultat.

De nombreux effets créatifs peuvent être réalisés avec des formes, notamment en jouant sur leur couleur et leur transparence, comme le montre la Figure 4.51.

Créer un lien hypertexte

Une forme permet de placer dans un graphique un lien hypertexte pointant, soit vers une feuille de calcul ou de graphique, soit vers un site Internet.

Figure 4.51 : Une forme translucide utilisée pour une illustration.

Cette fonctionnalité est commode pour des graphiques présentés sur un écran. Dommage qu'elle n'ait pas encore été implémentée sur des points de données...

Voici comment placer un lien hypertexte sur un graphique :

1. **Dans le groupe Illustrations du ruban Insertion, cliquez sur l'icône Formes puis choisissez une forme.**

   Optez pour une forme pas trop fantaisiste. Dans la rubrique Rectangles, le rectangle à coins arrondis est parfait.

2. **Tracez la forme et positionnez-la. Modifiez éventuellement sa couleur.**

3. **Double-cliquez dans la forme puis saisissez le texte. Mettez-le en forme et alignez-le.**

4. **La forme étant toujours sélectionnée, cliquez sur l'onglet du ruban Insertion puis, dans le groupe Liens, cliquez sur l'icône Lien hypertexte.**

   La boîte de dialogue de la Figure 4.52 apparaît. Elle sert à créer un lien vers diverses destinations :

   - **Fichier ou page web existant(e) :** pour créer un lien vers un site Internet, saisissez l'adresse Internet – de type `http://` – dans le champ Adresse, en bas de la boîte de dialogue. Cliquez ensuite sur OK.

     Pour créer un lien vers un autre classeur, cliquez sur le nom de ce classeur. Le lien ouvrira le classeur en question.

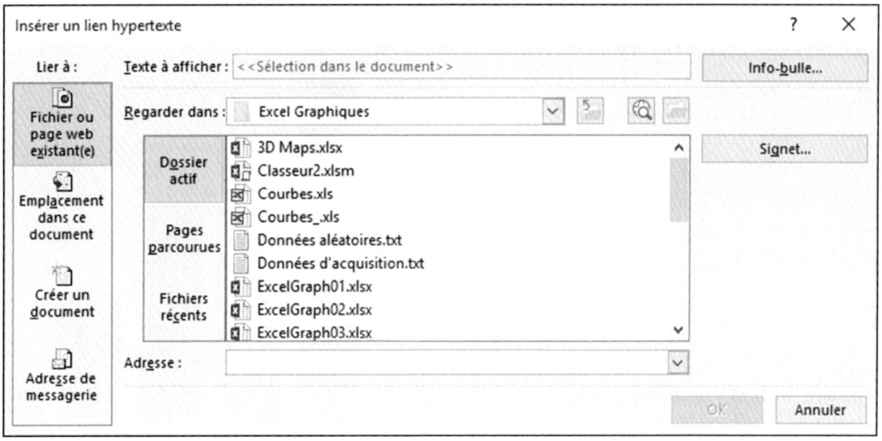

Figure 4.52 : Cette boîte de dialogue sert à créer un lien vers un classeur, une feuille de calcul ou une page Internet.

- **Emplacement dans ce document :** la fenêtre principale (Figure 4.53) contient la liste des feuilles de calcul. Cliquez sur celle vers laquelle le lien doit pointer. Ensuite, dans le champ Tapez la référence de la cellule – c'est par défaut la cellule A1 –, saisissez celle sur laquelle la feuille de calcul doit s'ouvrir. Cliquez ensuite sur OK.

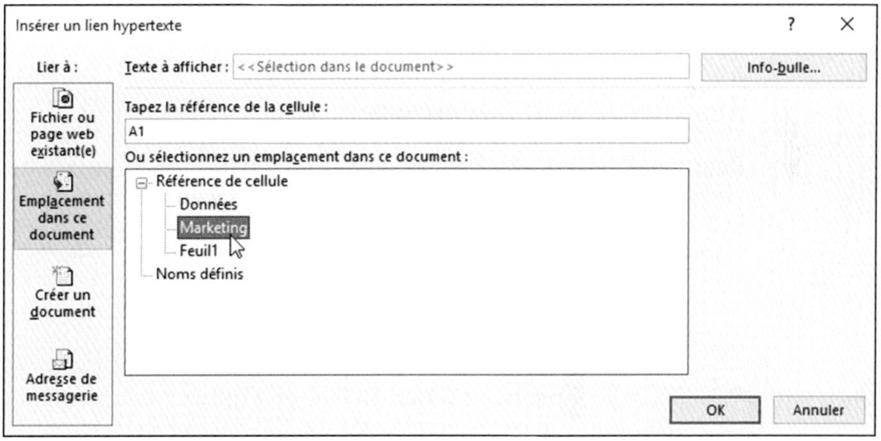

Figure 4.53 : L'option Emplacement dans ce document sert à créer un lien vers d'autres feuilles de calcul.

Dans la Figure 4.54, nous avons utilisé l'option Emplacement dans ce document pour créer un lien vers la feuille de calcul Marketing présente dans le même classeur.

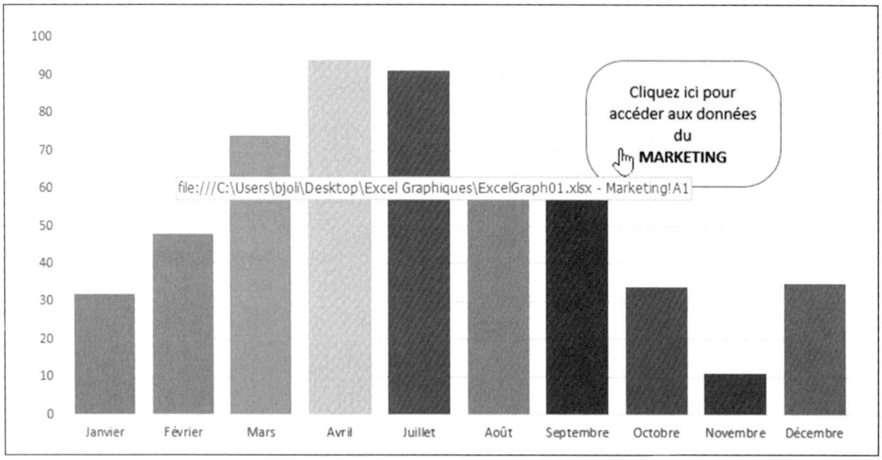

Figure 4.54 : Cette forme contient un lien hypertexte vers une feuille de calcul présente dans le même classeur.

Lorsque le pointeur de la souris survole une forme contenant un lien hypertexte, il se transforme en main, tandis qu'une info-bulle indique l'adresse du lien.

TRUC

Cette manipulation, ainsi que les deux qui suivent – la modification d'un lien hypertexte et sa suppression –, sont également valables dans Word et dans PowerPoint.

Modifier le lien hypertexte

Pour modifier un lien, cliquez du bouton droit sur la forme et dans le menu, choisissez Modifier le lien hypertexte. Dans la boîte de dialogue Modifier le lien hypertexte – c'est la même que celle qui sert à créer un lien –, changez les paramètres à votre convenance puis cliquez sur OK.

Supprimer le lien hypertexte

Pour supprimer un lien, cliquez du bouton droit sur la forme et dans le menu, choisissez Supprimer le lien hypertexte. C'est tout.

Modifier la zone de graphique

La zone de graphique est le panneau sur lequel reposent tous les éléments d'un graphique, notamment la zone de traçage et le graphique lui-même.

Lorsqu'un graphique est sélectionné, la zone de graphique est représentée par le cadre de délimitation extérieur, comme l'illustre la Figure 4.55. Aucun élément du graphique ne peut franchir cette limite.

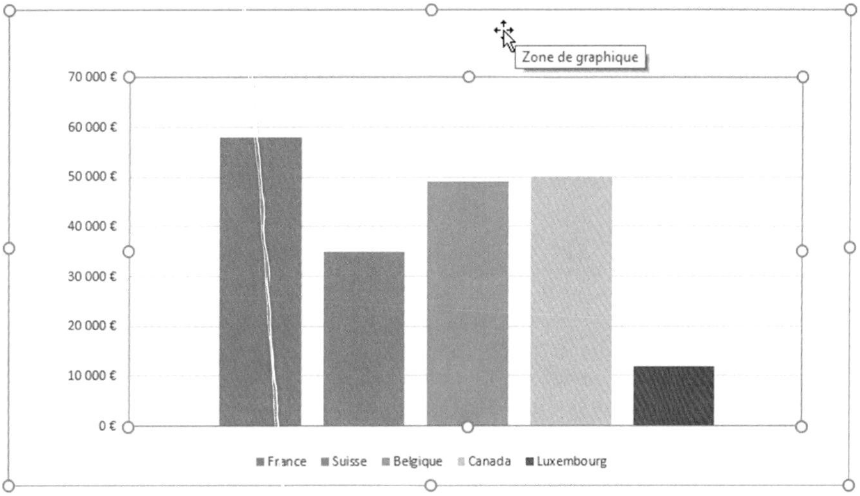

Figure 4.55 : Le cadre extérieur délimite la zone de graphique.

Déplacer et redimensionner la zone de graphique

Cliquer à proximité du cadre de délimitation permet de déplacer le graphique dans la feuille de calcul ou dans la feuille de graphique. Cliquer sur l'une des huit poignées, aux coins et au milieu des droites, permet de le redimensionner.

Changer l'aspect de la zone de graphique

Par défaut, la zone de graphique est blanche, mais elle peut être mise en couleurs. Vous avez le choix entre deux méthodes.

Appliquer un style de forme

Nous avons vu au début de ce chapitre comment appliquer un style de forme à une série de données afin d'obtenir un effet de dégradé. Le principe est le même pour une zone de graphique, une zone de traçage ou un mur : après avoir sélectionné l'élément qui doit recevoir le style, cliquez sur l'onglet Format, déployez la palette Styles de forme puis survolez les aperçus avec la souris. L'effet est visible en temps réel. S'il vous convient, cliquez sur l'aperçu.

Modifier le remplissage et les effets

L'autre méthode consiste à double-cliquer sur la zone de graphique. Vous affichez ainsi le volet Format de la zone de graphique et accédez ainsi à toutes les options de mise en forme et d'effets évoquées précédemment à propos des points de données.

La Figure 4.56 montre une zone de graphique après quelques réglages : dans le panneau Remplissage et ligne, la bordure a été supprimée choisissant l'option Aucun trait. Une couleur unie grise a été choisie. Ensuite, dans le panneau Effets, la zone de graphique a reçu un biseau Cercle de 10 points de largeur et de hauteur, ainsi qu'un matériau Métal et un éclairage Crépuscule.

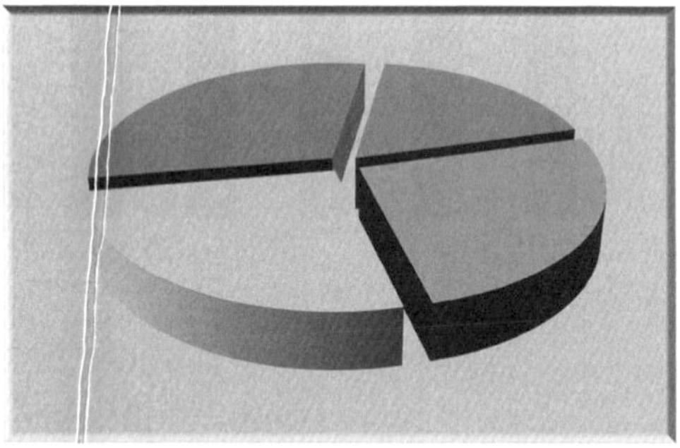

Figure 4.56 : Une zone de graphique mise en forme avec des effets.

N'OUBLIEZ PAS

Si la zone de traçage est d'une autre couleur que la zone de graphique, deux rectangles d'aspects différents seront imbriqués, ce qui n'est pas toujours très heureux. Pour garantir l'uniformité de l'arrière-plan du graphique, double-cliquez sur la zone de traçage afin d'ouvrir le volet Format de la zone de traçage. À la rubrique Remplissage, sélectionnez l'option Aucun remplissage. La zone de traçage sera ainsi transparente, laissant voir la totalité de la zone de graphique.

TRUC

Une grande partie de ce qui vient d'être présenté dans cette section à propos de la mise en forme de la zone de graphique est aussi valable pour la zone de traçage ainsi que pour les murs d'un histogramme 3D.

Rendre le fond transparent

Lorsque vous voulez placer un graphique tout près des cellules qui l'alimentent en données, la couleur blanche de la zone de graphique est franchement gênante, comme le montre la Figure 4.57.

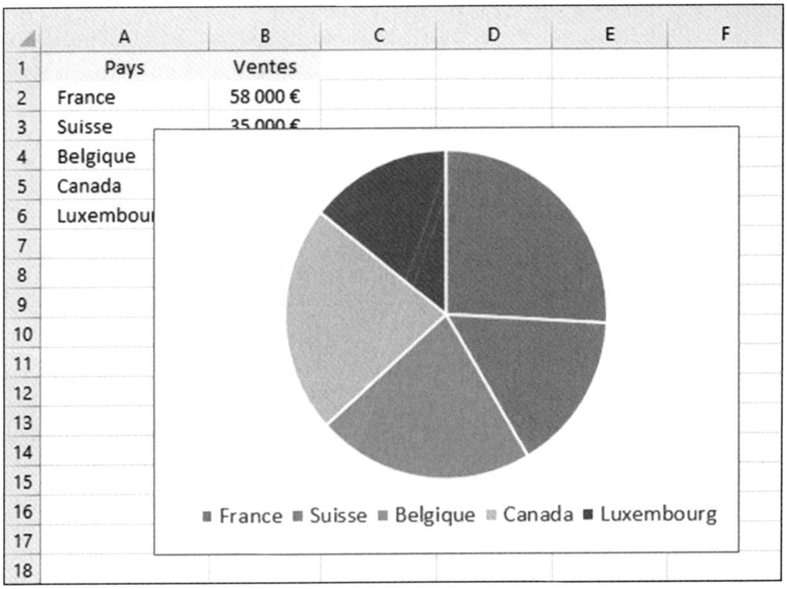

Figure 4.57 : La couleur blanche de la zone de graphique masque des cellules en haut à gauche.

Voici comment rendre l'arrière-plan du graphique transparent :

1. **Double-cliquez sur la zone de graphique afin d'ouvrir le volet Format de la zone de graphique.**
2. **Dans la rubrique Remplissage, cliquez sur le bouton d'option Aucun remplissage.**

   Le fond du graphique devient transparent.
3. **Si nécessaire, dans la rubrique Bordure, cliquez sur le bouton d'option Aucun trait.**

   La zone de graphique est à présent complètement transparente, comme le révèle la Figure 4.58, où toutes les cellules sont à présent visibles, en haut à gauche.

Si la zone de traçage a été mise en couleur, vous devrez lui appliquer exactement le même traitement qu'à la zone de graphique pour qu'elle devienne elle aussi transparente.

TRUC

Pour parfaire la présentation, supprimez le quadrillage, dans la feuille de calcul, en cliquant sur l'onglet Affichage. Cliquez ensuite hors du graphique puis, dans le groupe Afficher, décochez la case Quadrillage. La feuille de calcul sera ainsi toute blanche à l'écran.

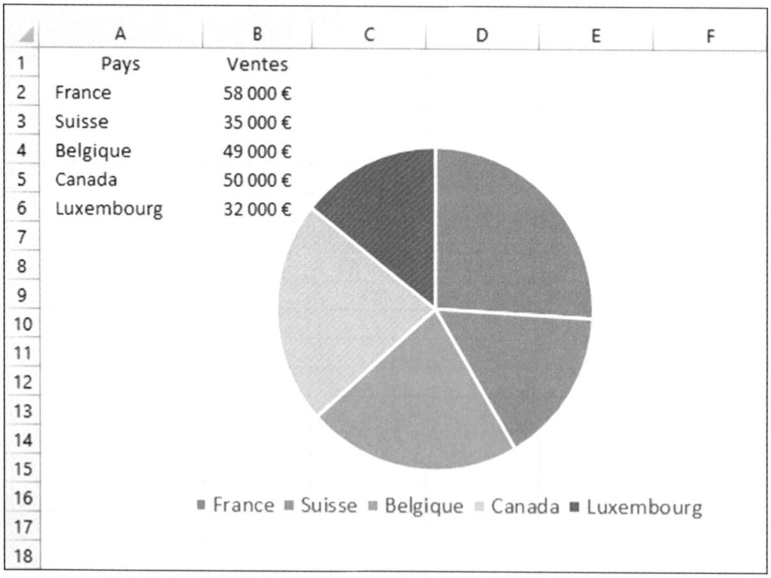

Figure 4.58 : La zone de graphique est transparente et sans bordure.

La disposition rapide

Lors de la création d'un graphique, Excel dispose les données du mieux qu'il le peut. C'est ensuite à vous d'orienter un graphique à secteurs, de placer éventuellement les légendes ou les étiquettes aux meilleurs emplacements.

Mais parfois, le temps manque pour peaufiner un graphique. Pour les utilisateurs pressés, mais néanmoins désireux de parfaire un graphique, Excel offre un recours sous la forme d'une palette de présentations prédéfinies. Voici comment l'utiliser :

1. **Créez un graphique.**

2. **Dans le groupe Dispositions du graphique, complètement à gauche dans le ruban Création, cliquez sur l'icône Disposition rapide.**

   Une palette propose diverses présentations, avec des légendes et des étiquettes de données placées à différents endroits. La Figure 4.59 montre la disposition rapide pour un histogramme et celle pour un graphique à secteurs.

3. **Survolez les différentes dispositions avec le pointeur de la souris.**

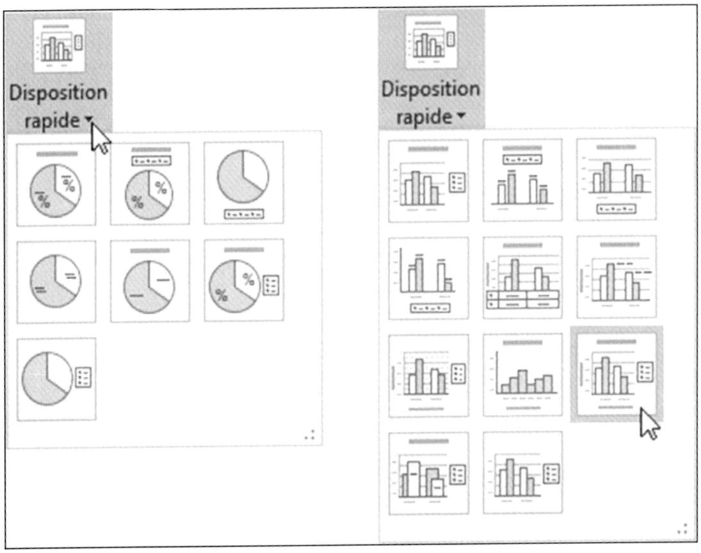

Figure 4.59 : Les dispositions rapides d'un graphique à secteurs (à gauche) et d'un histogramme (à droite).

Les dispositions sont aussitôt appliquées au graphique.

4. **Si une disposition vous convient, cliquez sur son icône.**

   La mise en forme du graphique est aussitôt faite.

Notez que la disposition rapide ne vise pas à mettre les données en forme avec des couleurs et des effets. Elle offre uniquement un choix de présentations des données parmi lesquelles vous choisirez celle qui vous paraît la plus efficace. La fonction Disposition rapide est un outil pour l'entreprise, pas pour les artistes qui disposent d'autres possibilités, comme nous l'avons vu dans ce chapitre.

Ajouter une zone de texte

Lorsque vous créez un graphique Excel, ce dernier ajoute automatiquement des zones de texte pour le titre du graphique. Il en fait autant pour les légendes, mais, comme l'explique l'encadré « Méfiez-vous des étiquettes », elles, font bande à part.

Les zones de texte qu'Excel place systématiquement dans un graphique sont utiles, mais il est parfois nécessaire d'en ajouter d'autres contenant des informations complémentaires ou un commentaire. La zone de texte que vous

ATTENTION !

Méfiez-vous des étiquettes

Les zones de texte dont le contenu provient de cellules de la feuille de calcul sont particulières. Il s'agit des légendes et des étiquettes de données.

Dans une zone contenant des légendes, chaque nom peut être sélectionné, mise en forme, déplacé et/ou redimensionné, mais il ne peut pas être changé directement dans le graphique. Le seul moyen de le faire est de modifier le texte dans la cellule d'origine.

En ce qui concerne les étiquettes de données, le problème est plus vicieux. Il est en effet possible de changer une valeur directement dans le graphique, comme le révèle la Figure 4.59, où dans le secteur jaune, nous avons remplacé la valeur d'origine (50 000) par une autre (7 500). Or, cette modification n'est pas du tout reportée dans la feuille de calcul qui conserve l'ancienne valeur, comme le révèle la Figure 4.60. Cela peut donner lieu à de calamiteuses erreurs d'interprétation des chiffres. Pire encore : lorsque par la suite la valeur est modifiée dans la feuille de calcul, le graphique est mis à jour, mais pas le chiffre dans l'étiquette.

Bref, à l'instar des légendes, le contenu des étiquettes de valeur ne doit être changé qu'à partir de la feuille de calcul. En revanche, légendes et étiquettes peuvent être mises en forme sans que cela affecte leurs données.

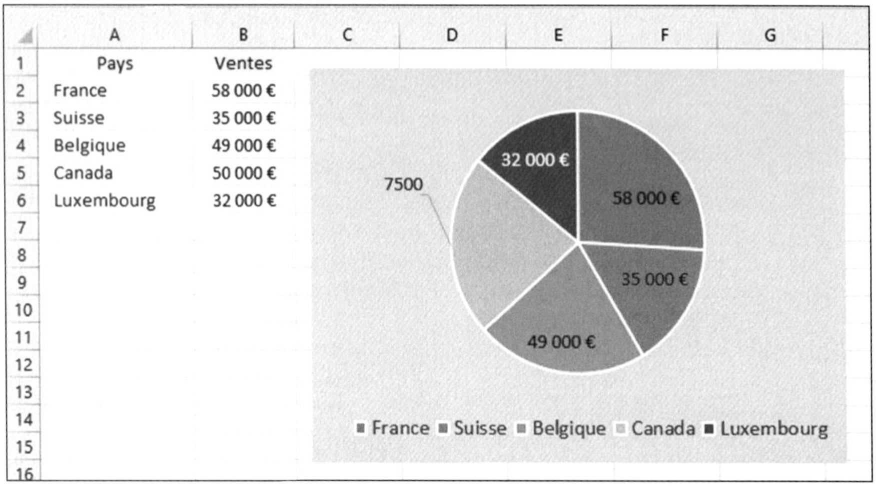

Figure 4.60 : L'étiquette de valeur Canada a été modifiée dans le graphique, mais la cellule de la feuille de calcul n'a pas été mise à jour.

ajouterez n'est pas une fonctionnalité propre aux graphiques, mais à Excel, et de manière plus générale à plusieurs applications d'Office, comme Word et PowerPoint. Voici comment en créer une :

1. **Cliquez sur l'onglet Insertion puis, dans le groupe Illustrations, cliquez sur l'icône Formes.**

   Si la largeur du ruban est insuffisante, cliquez sur l'icône Illustrations puis dans la palette qui apparaît, cliquez sur l'icône Formes. Dans les deux cas, Excel déploie une vaste palette de formes.

2. **Dans la palette des formes, à la rubrique Formes de base, cliquez sur l'icône Zone de texte (Figure 4.61).**

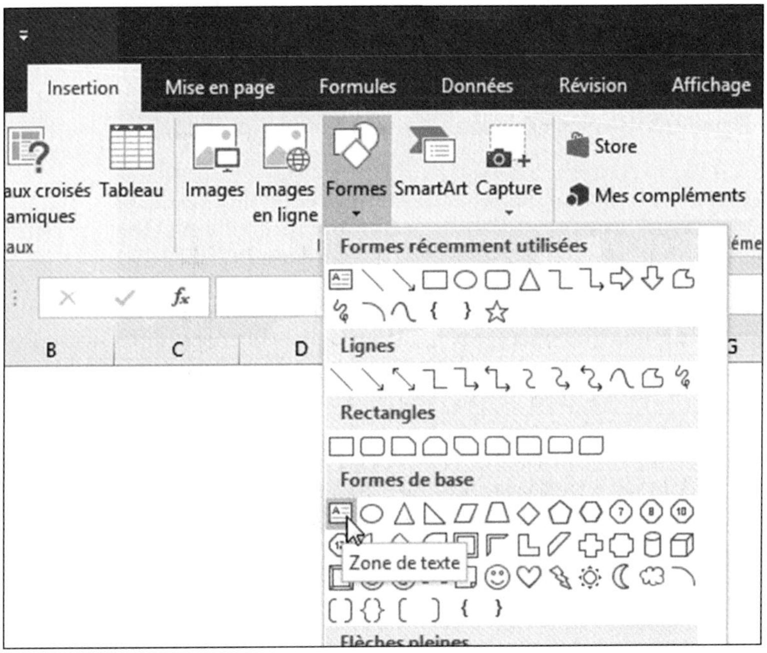

Figure 4.61 : Une zone de texte fait partie des formes d'Excel.

3. **Cliquez dans Excel – peu importe que ce soit sur la feuille de calcul ou sur le graphique – puis, bouton de la souris enfoncé, tirez un rectangle à la taille désirée.**

   Comme le montre la Figure 4.62, la zone de texte est un rectangle doté de huit poignées de redimensionnement et d'une poignée de rotation. Une barre clignote dedans et quand le pointeur de la souris survole la zone, il se transforme en barre d'insertion.

4. **Cliquez dans la zone de texte puis saisissez votre prose.**

Le texte saisi dans la zone de texte peut être mis en forme avec les habituels outils du groupe Police, dans le ruban Accueil. La zone de texte est déplaça-

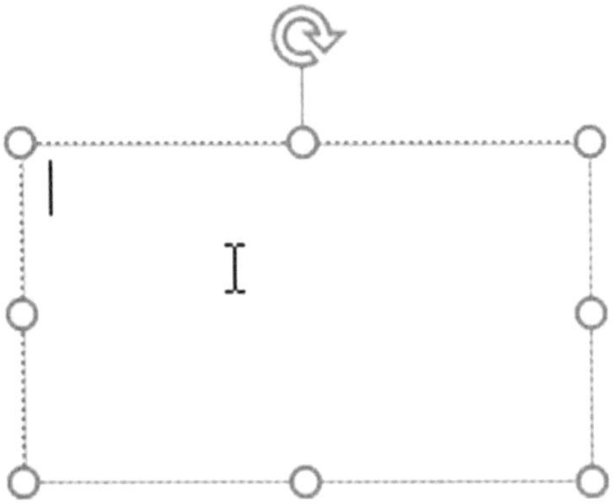

Figure 4.62 : Une zone de texte.

ble et redimensionnable, mais contrairement à la zone de texte Titre du graphique, elle ne s'agrandit pas automatiquement si le texte déborde. C'est à vous de la redimensionner avec les poignées.

Le contour et le fond de la zone de texte peuvent être mis en forme. Pour cela, cliquez du bouton droit sur un de ses bords et dans le menu, choisissez Format de la forme. Le volet qui apparaît à droite dans Excel possède tous les outils qui vous sont maintenant familiers pour lui donner l'apparence voulue. Vous pouvez même lui affecter un lien hypertexte, comme expliqué précédemment dans ce chapitre.

Deuxième partie

Fonctions et graphiques spéciaux

« Ah ! La barbe ! Ton graphique en aubergine est tout aussi incompréhensible que ton graphique en pomme de terre ou ton graphique en noix de coco. Tu ne pourrais pas faire un camembert, comme tout le monde ? »

Dans cette partie...

Créer un graphique, c'est bien, mais disposer d'outils facilitant l'évaluation des données qu'il présente, c'est mieux. Et s'ils ne figurent pas parmi ceux qui sont intégrés au tableur, nous les créerons grâce à quelques fonctions simples.

Dans le second chapitre de cette partie, nous étudierons les graphiques spéciaux d'Excel, comme les graphiques sparkline ou Carte 3D. Ils ne font pas partie des types de graphiques que l'on trouve dans le ruban Insertion, mais ils n'en sont pas moins fort utiles.

Chapitre 5

Présenter et filtrer des données

Dans ce chapitre :

- Afficher une table de données
- Ajouter une courbe de tendance
- Afficher des barres d'erreur
- Tracer une moyenne
- Créer un histogramme flottant
- Filtrer un graphique
- Le graphique croisé dynamique

Après avoir créé un graphique, vous pouvez vous en tenir là. Des fonctions spécialisées permettent cependant de présenter un graphique de la meilleure manière pour en analyser les données. D'autres outils permettent de les filtrer afin de ne mettre en évidence que ce qui est important.

Afficher une table de données

Un graphique Excel est fondamentalement formé de deux entités bien distinctes : un tableau de données situé dans la feuille de calcul, et la représentation de ces données sur le graphique. Lorsque vous voulez montrer à la fois le tableau de données et le graphique, la solution de facilité, maintes fois utilisée dans ce livre, consiste à déplacer le graphique afin de le placer à proximité des données source. Le procédé n'est pas rédhibitoire, mais il n'est pas toujours commode. Par exemple, lorsque le graphique est placé dans une feuille de graphique, la juxtaposition du tableau et du graphique est impossible. Il existe heureusement une solution pour contourner ce problème : la table de données.

Une table de données répète le tableau de données sous le graphique. Voici comment en ajouter une :

1. **Créez un graphique de type Histogramme, Courbe, Entonnoir...**

   Tous les graphiques ne peuvent pas recevoir de table de données.

2. **À gauche dans le ruban Création, dans le groupe Dispositions du graphique, cliquez sur l'icône Ajouter un élément de graphique > Table de données > Avec symboles de légende (voir Figure 5.1).**

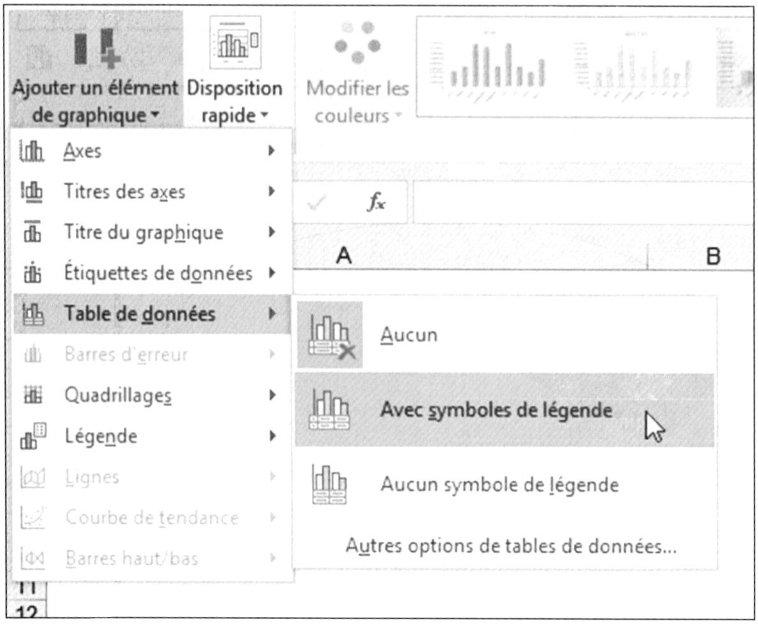

Figure 5.1 : Ajoutez une table de données sous un graphique.

   Le menu propose d'inclure des symboles ou non dans la table de données. Ces symboles sont des petits carrés colorés servant à identifier les séries. En règle générale, il est préférable de montrer les symboles, car ils facilitent la lecture du graphique.

La Figure 5.2 montre la table de données sous le graphique, dont elle est un élément à part entière. Elle sera de ce fait indissociable du graphique, même s'il est déplacé vers une feuille de graphique.

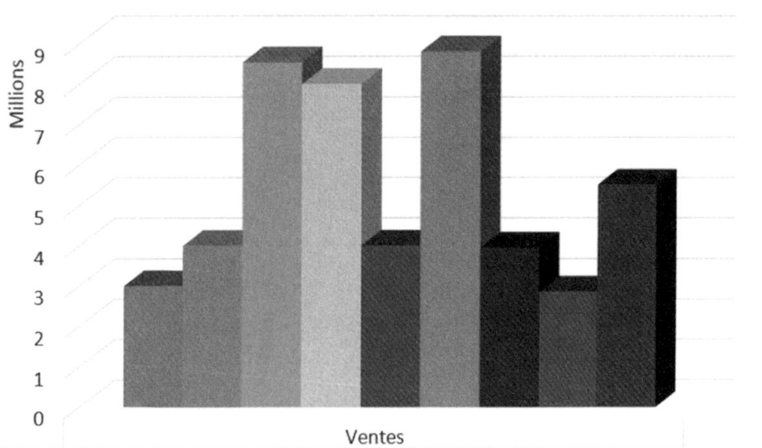

	Ventes
Ford	3 000 000
Škoda	4 000 000
Renault	8 535 280
Volkswagen	8 000 000
Ford	4 000 000
Fiat	8 800 000
Seat	3 949 597
Volvo	2 862 573
Morris	5 505 874

Figure 5.2 : Une table de données sous un graphique.

La table de graphique peut être mise en forme globalement, en cliquant dessus et en utilisant les fonctions du groupe Police, dans le ruban Accueil, ou les commandes du volet Format de table de données, à droite dans Excel.

Dans le volet Format de table de données, cliquez sur l'icône Options de la table pour accéder aux quelques options de disposition que montre la Figure 5.3. Elles ne fonctionnent que si une couleur et une épaisseur de bordure ont été préalablement définies, dans le même volet, dans le panneau Remplissage et ligne :

- **Horizontal :** affiche des lignes horizontales entre les données de la table, mais pas de contour.
- **Vertical :** affiche des lignes verticales entre les données de la table, mais pas de contour.
- **Contour :** trace une bordure autour des données et autour des lignes ou des colonnes d'en-tête si elles existent.

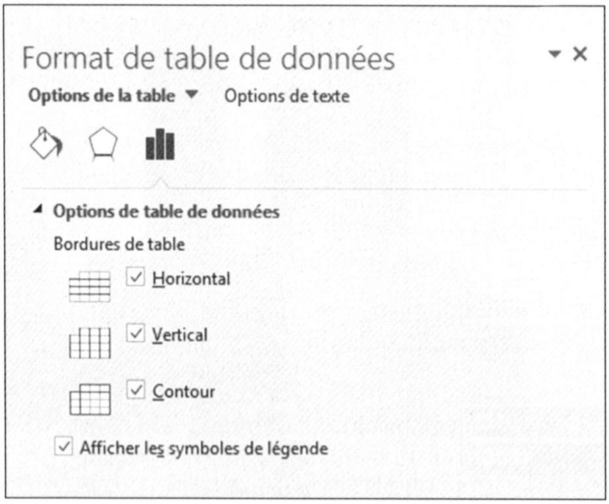

Figure 5.3 : Les options de bordure d'une table de données.

Lorsqu'elle est décochée, la case Afficher les symboles de légende ne montre plus les petits carrés de couleur qui facilitent l'identification des séries de données.

Ajouter une courbe de tendance

Quand un graphique ne contient que peu de données, sa lecture ne pose pas de problème particulier. Mais quand ces données sont nombreuses, certaines informations ne sont plus tout à fait évidentes. Le graphique de la Figure 5.4 montre la consommation électrique d'une maison relevée mois après mois sur cinq années. Il est facile de constater que la consommation est beaucoup plus faible les mois d'été que les mois d'hiver, car la maison est chauffée à l'électricité.

Mais du 1er janvier 2011 au 31 décembre 2015, la consommation globale est-elle plutôt à la hausse ou à la baisse ? Il est difficile de l'estimer à vue. Une courbe de tendance nous donnera la réponse. Voici comment :

1. **Cliquez dans le graphique afin de le sélectionner et d'afficher les rubans des outils de graphique.**

2. **Cliquez sur le ruban Création puis, à gauche dans le ruban, cliquez sur l'icône Ajouter un élément de graphique.**
3. **Dans le menu, choisissez Courbe de tendance (Figure 5.5) puis cliquez sur le type de courbe à appliquer : Linéaire, Exponentielle, Logarith-**

mique, Moyenne mobile, Polynomiale, Puissance ou Prévision linéaire. Notez que toutes les courbes de tendance ne sont pas forcément proposées ; cela dépend du type de graphique sélectionné.

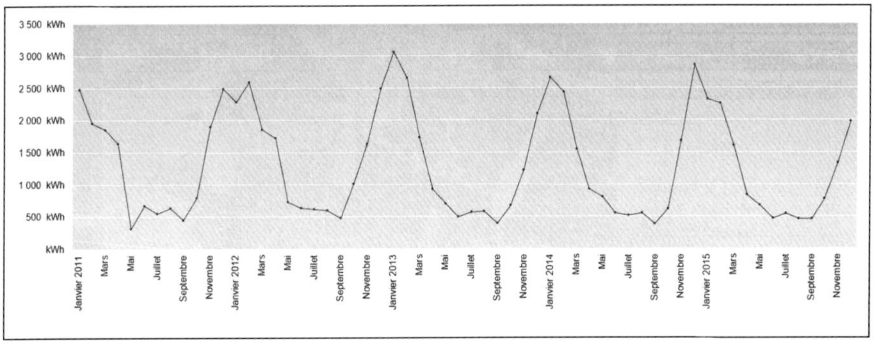

Figure 5.4 : La consommation électrique d'une maison.

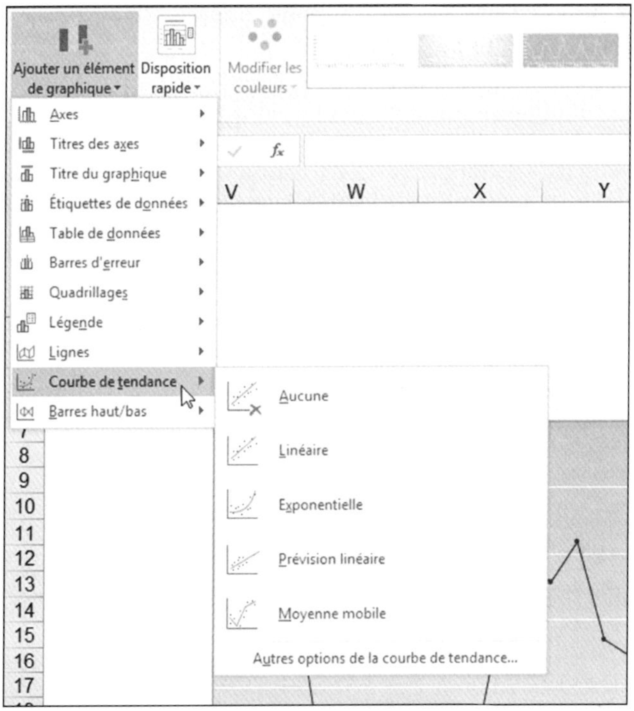

Figure 5.5 : Sélection d'une courbe de tendance.

Pour notre exemple, la courbe de tendance Linéaire est appropriée en raison de la simplicité des données. Les fluctuations saisonnières pourraient inciter à utiliser une courbe de tendance polynomiale, comme expliqué plus loin. Comme le montre la Figure 5.6, la courbe de tendance linéaire révèle une baisse sensible de la consommation électrique sur les cinq années du relevé.

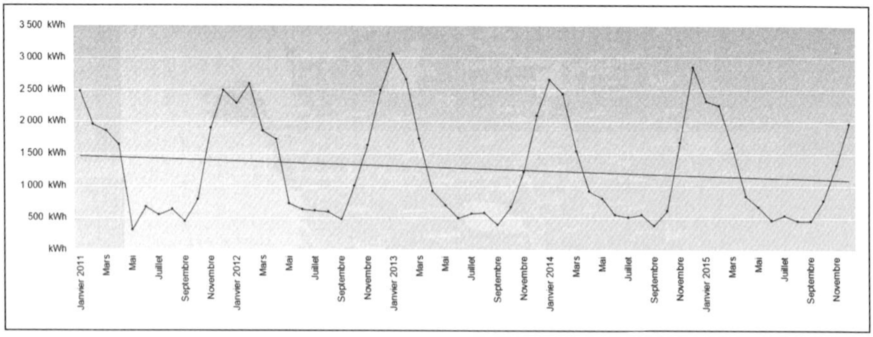

Figure 5.6 : La courbe de tendance linéaire révèle une baisse sensible de la consommation électrique.

Notez qu'une courbe de tendance peut aussi être ajoutée à un graphique en cliquant du bouton droit sur une série. Dans le menu, choisissez l'option Ajouter une courbe de tendance. Cette action ouvre le panneau Format de la courbe de tendance, décrit dans la prochaine section, où vous pourrez choisir et configurer le type de courbe de tendance.

N'OUBLIEZ PAS

Lorsque le graphique contient plusieurs séries de données, Excel affiche une boîte de dialogue intitulée Ajouter une courbe de tendance (Figure 5.7). Cliquez sur la série à laquelle vous désirez appliquer une courbe de tendance, puis cliquez sur OK.

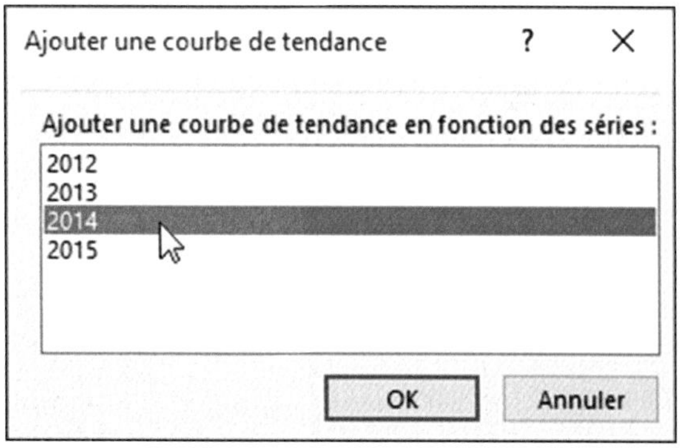

Figure 5.7 : Indiquez à quelle série la courbe de tendance doit être appliquée.

Configurer une courbe de tendance

La courbe de tendance que nous venons d'utiliser est simple et facile à appliquer. En revanche, l'utilisation des autres courbes est plus technique. Pour accéder à leurs paramètres, double-cliquez sur la courbe de tendance. Cette action ouvre le volet Format de courbe de tendance directement sur le panneau Options de courbes de tendance que montre la Figure 5.8.

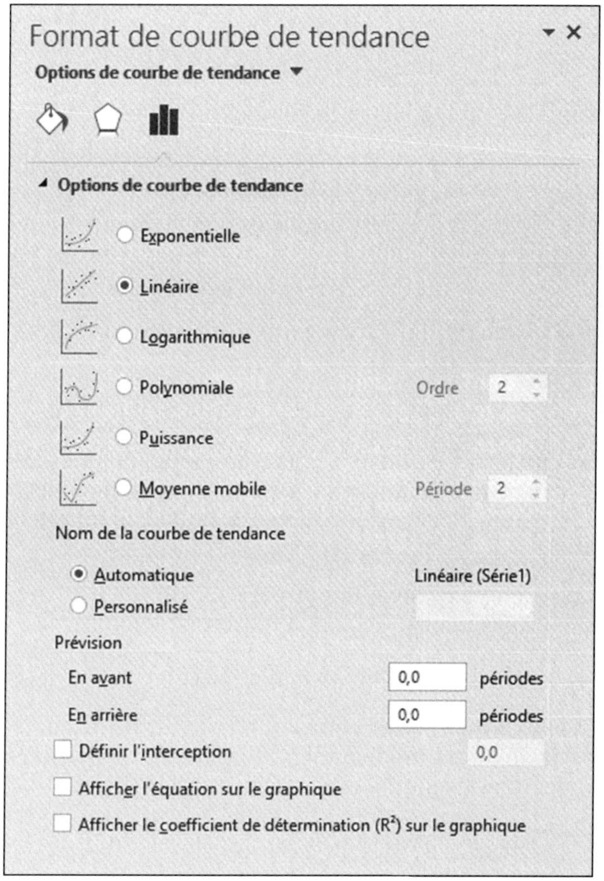

Figure 5.8 : Le panneau de paramétrage des courbes de tendance.

Les six boutons d'options en haut du panneau permettent de changer instantanément de type de courbe de tendance. Voici leur utilisation :

- **Linéaire :** elle sert à indiquer une tendance pour une série de données qui augmente ou diminue globalement. Les moindres carrés de la ligne sont calculés selon la formule suivante :

```
y = mx+b
```

où *m* est la pente et *b* l'ordonnée à l'origine.

- **Logarithmique :** cette courbe est utilisée lorsque les données augmentent ou diminuent rapidement puis se stabilisent. Elle peut utiliser des valeurs négatives ou positives.

  Les moindres carrés sont calculés selon cette formule :

  ```
  y = cln x+b
  ```

  où *c* et *b* sont des constantes et ln la fonction du logarithme népérien.

- **Polynomiale :** courbe utilisée lorsque les données fluctuent, comme c'est le cas de l'exemple de la consommation électrique. Une courbe polynomiale d'ordre 2 possède une seule bosse ou un seul creux, une courbe d'ordre 3 possède une ou deux bosses ou creux, et ainsi de suite. La formule utilisée par la courbe polynomiale est :

  $$y = b + c_1x + c_2x^2 + c_3x^3 + \ldots + c_6x^6$$

  où *b* ainsi que c^1 ... c^6 sont des constantes.

- **Puissance :** cette courbe sert pour les ensembles de données qui comparent des mesures augmentant à une vitesse spécifique, comme une accélération ou une décélération. Elle n'accepte pas de valeur négative. Sa formule est :

  $$y = cx^b$$

  où *c* et *b* sont des constantes.

- **Polynomiale exponentielle :** cette courbe incurvée est utilisée lorsque les valeurs augmentent ou diminuent de manière constante. Les valeurs nulles ou négatives ne sont pas admises. Sa formule est :

  $$y = ce^{bx}$$

  où *c* et *b* sont des constantes et *e* la base du logarithme népérien.

- **Moyenne mobile :** cette courbe égalise les fluctuations des données afin de clarifier un motif ou une tendance. Le nombre de points de données à prendre en compte est spécifié dans le champ Période du volet des options. La formule est la suivante :

$$F_t = \frac{A_t + A_{t-1} + \dots A_{t-n+1}}{n}$$

Le nombre de points d'une courbe de tendance de moyenne mobile est égal au nombre total de points de la série, moins le nombre spécifié pour la période. Dans un graphique en nuages de points, la courbe de tendance est basée sur l'ordre des valeurs X dans le graphique. Pour un résultat optimal, les valeurs X doivent être triées avant d'ajouter la courbe de tendance de type Moyenne mobile.

Dans le volet des options de courbe de tendance, trois cases affichent des informations complémentaires sur le graphique lorsqu'elles sont cochées :

- **Définir l'interception :** indiquez dans le champ à gauche la valeur d'interception à utiliser.
- **Afficher l'équation sur le graphique :** affiche l'équation de la courbe de tendance à son extrémité droite, comme le montre la Figure 5.9.
- **Afficher le coefficient de détermination (R^2) sur le graphique :** il est également affiché à l'extrémité droite de la courbe.

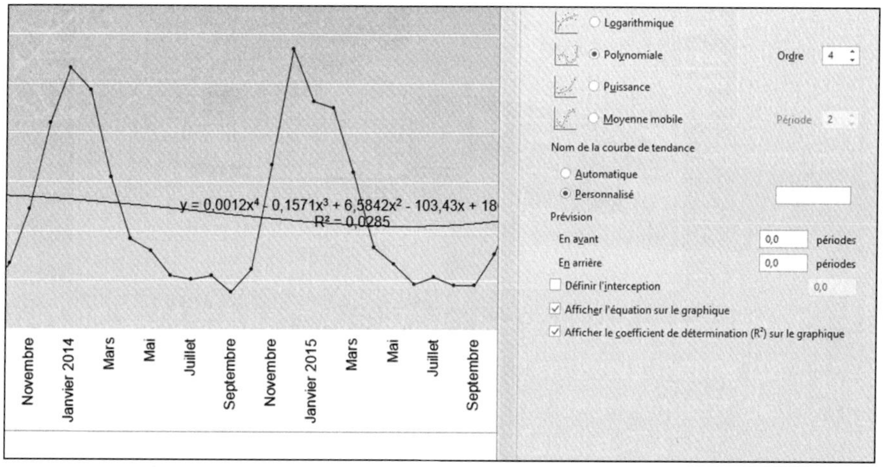

Figure 5.9 : L'affichage de l'équation – elle est partiellement masquée par le volet – et du coefficient de détermination à l'extrémité d'une courbe de tendance polynomiale.

Afficher des barres d'erreur

Les barres d'erreur servent à indiquer des marges d'erreur en trop ou en moins à chaque point de données d'une série. Elles sont utilisables avec les histogrammes 2D, les barres 2D, les courbes, les graphiques financiers, et avec les nuages de points ou à bulles. Procédez comme suit pour ajouter des barres d'erreur :

1. **Cliquez sur la série de points de données afin de la sélectionner.**

2. **Cliquez sur le ruban Création puis, à gauche dans le ruban, cliquez sur l'icône Ajouter un élément de graphique.**

3. **Dans le menu, choisissez Barres d'erreur puis sélectionnez le type de barres à afficher (Figure 5.10) : Valeur fixe, Pourcentage, Écarts-types, Erreur standard ou Personnalisé.**

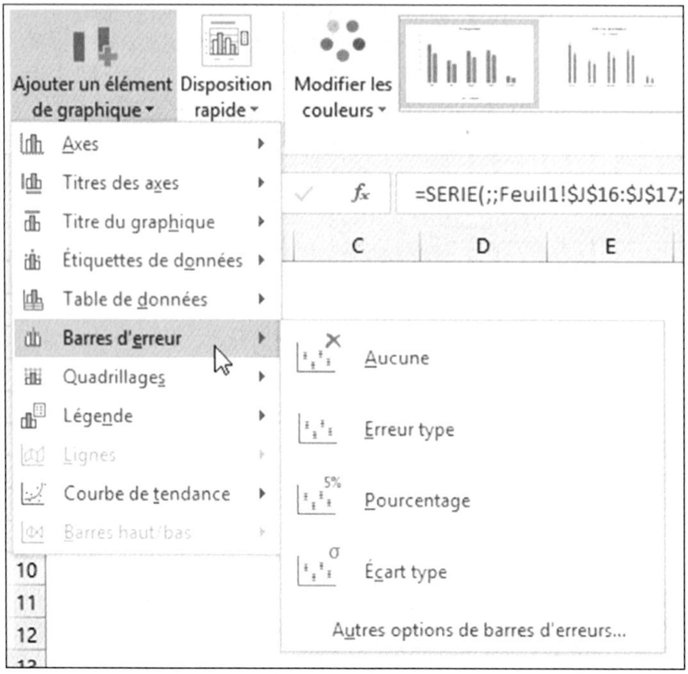

Figure 5.10 : Sélection des barres d'erreurs.

La Figure 5.11 montre des barres d'erreur standard – appelées Erreur type dans le menu– appliquées à la série rouge. Ces barres, appliquées selon une formule complexe, n'acceptent aucun paramètre.

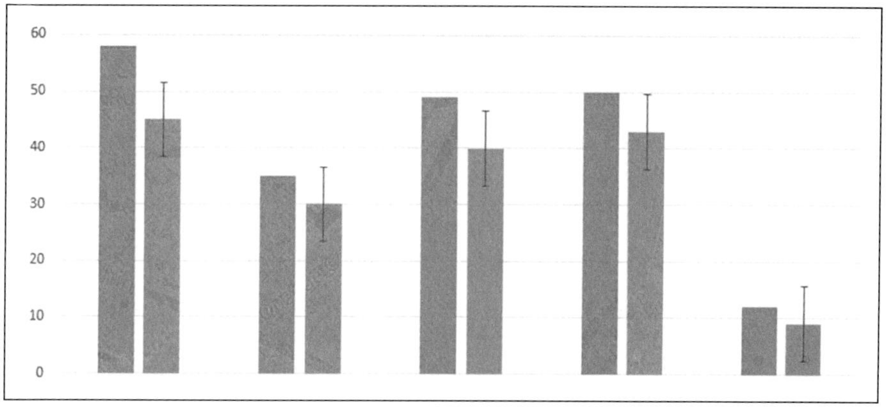

Figure 5.11 : Des barres d'erreur appliquées à une série de données.

Cliquer sur une barre d'erreur ouvre le volet Format des barres d'erreurs que montre la Figure 5.12. Le panneau Options de barre d'erreur, spontanément affiché, contient plusieurs rubriques :

- **Orientation :** les boutons d'option de cette rubrique permettent d'afficher des barres d'erreur à la fois positives et négatives, ou seulement négatives, ou seulement positives.
- **Style final :** l'option Pas de maj supprime les empattements aux extrémités des barres. Ces dernières sont alors de simples traits verticaux (pourquoi la curieuse appellation « maj », vous demandez-vous peut-être ? Sans doute à cause d'une erreur de traduction du mot « cap », qui ne signifie pas *capitale,* mais « limite »). L'autre option, Avec empattement, affiche les barrettes aux extrémités.
- **Marge d'erreur :** cette rubrique contient les divers types de barres d'erreur avec, le cas échéant, le ou les paramètres admis (si l'un d'eux n'est pas activable, cela signifie qu'il n'est pas approprié pour le type de barres sélectionné).

TRUC

L'épaisseur et la couleur des barres d'erreur, ainsi que d'autres propriétés comme leurs extrémités, sont configurables dans le panneau Remplissage et ligne. La Figure 5.13 montre des barres d'erreur plus larges ayant reçu un type de flèche. N'oubliez pas de sélectionner le type final Pas de maj, dans le panneau Options de barre d'erreur, afin que les extrémités fléchées soient correctement rendues.

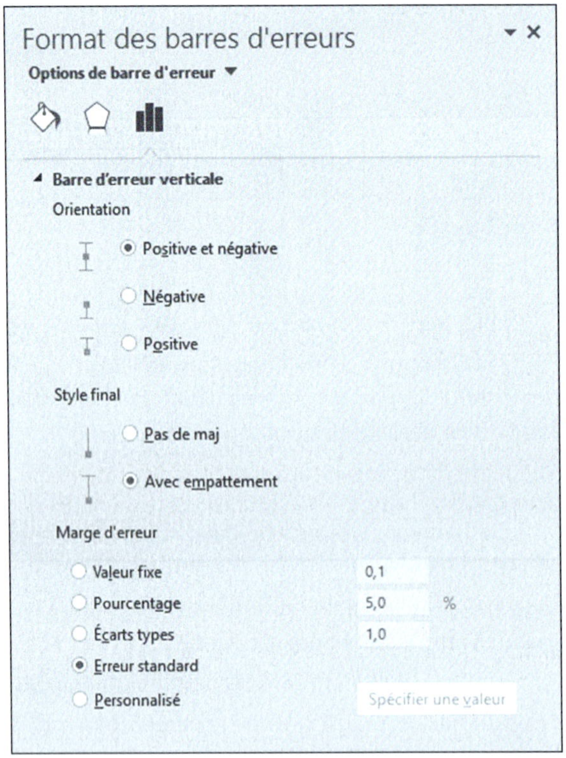

Figure 5.12 : Le panneau de paramétrage des barres d'erreur.

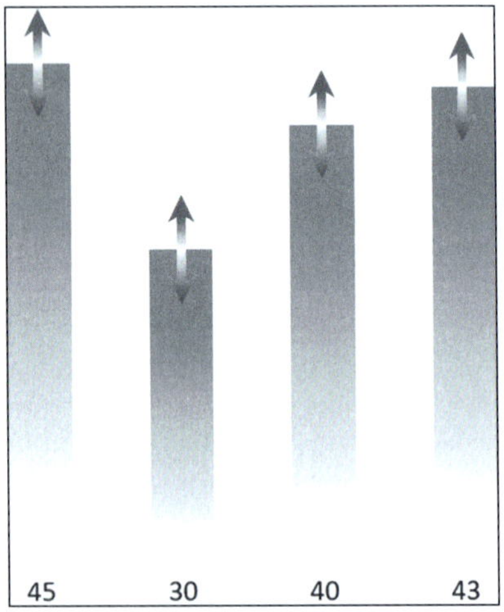

Figure 5.13 : Des barres d'erreur mises en forme avec des flèches et des dégradés de couleur.

Tracer une moyenne

Excel propose de tracer des courbes de tendance et des barres d'erreur, mais paradoxalement, aucune fonctionnalité ne permet de tracer une moyenne sur un graphique. Il serait pourtant utile d'en montrer une, ne serait-ce que pour voir d'un coup d'œil si les données se trouvent au-dessus ou en dessous.

Une solution consiste à calculer la moyenne des valeurs et de la reporter en regard de chacune d'elles, comme le montre la Figure 5.14. Dans la cellule C2, la formule basée sur la fonction MOYENNE est la suivante :

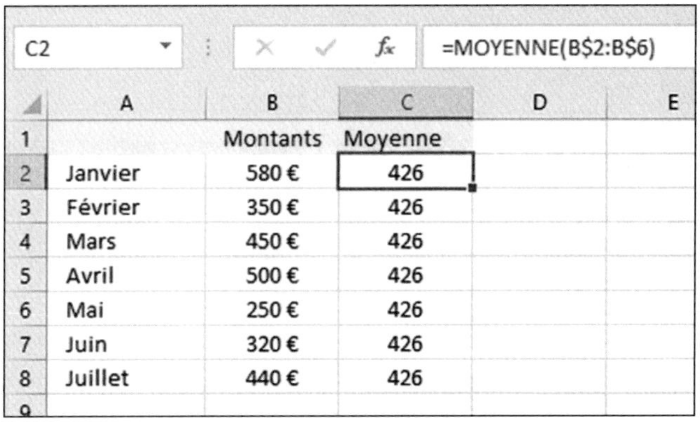

	A	B	C	D	E
1		Montants	Moyenne		
2	Janvier	580 €	426		
3	Février	350 €	426		
4	Mars	450 €	426		
5	Avril	500 €	426		
6	Mai	250 €	426		
7	Juin	320 €	426		
8	Juillet	440 €	426		

Figure 5.14 : Préparation de la feuille de calcul pour représenter une moyenne.

```
=MOYENNE(B$2:B$6)
```

Elle est ensuite recopiée vers le bas avec la poignée de recopie. Les numéros de lignes étant déclarés en référence absolue avec des signes $, chaque cellule se réfère à plage de données correcte.

Il suffit ensuite d'aller dans le ruban Insertion puis de choisir un graphique combiné pour obtenir aussitôt un histogramme sur lequel la moyenne est bien visible, comme l'illustre la Figure 5.15.

La moyenne est bien sûr interactive. Modifiez une valeur de la série, dans la feuille de calcul, et la ligne monte ou descend.

Masquer les données source

La répétition de chiffres identiques, dans la feuille de calcul, n'est pas très heureuse. Il serait tentant de masquer l'affichage de la colonne contenant la série de valeurs de la moyenne, mais la ligne de la moyenne disparaîtrait aussitôt du graphique. Une meilleure solution consiste à mettre les chiffres de la même couleur que le fond des cellules, en blanc en l'occurrence. Le contenu des cellules est ainsi invisible.

ATTENTION !

Si d'autres personnes doivent utiliser le classeur Excel, penser à protéger ces cellules contenant le résultat du calcul de la moyenne en caractères blancs sur fond blanc en les verrouillant afin d'éviter toute modification inopportune.

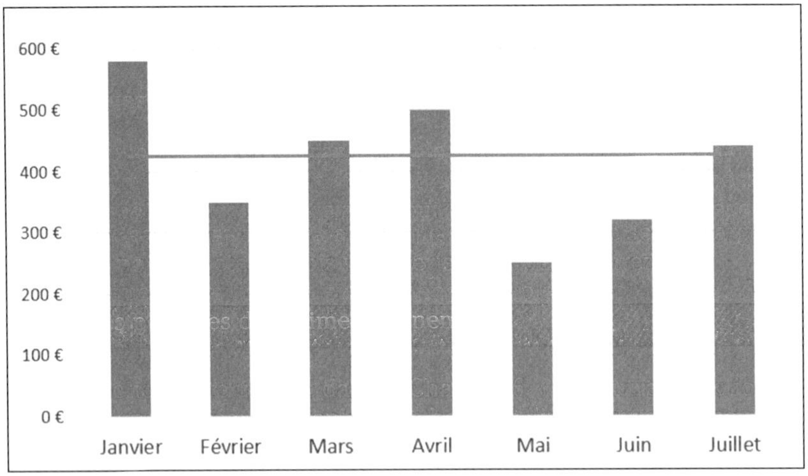

Figure 5.15 : La ligne rouge représente la moyenne des valeurs des colonnes de l'histogramme.

Créer un histogramme flottant

Il serait intéressant de montrer des maxima et des minima au moyen de colonnes flottantes. Le tableau de la Figure 5.16 contient un relevé de températures effectué chaque jour de la semaine. La colonne B contient les températures nocturnes, la colonne C contient les températures diurnes.

	A	B	C
1	Date	°C Nuit	°C Jour
2	14 mars	3	10
3	15 mars	3,1	12
4	16 mars	2,5	8,2
5	17 mars	0,5	11,5
6	18 mars	3	9,5
7	19 mars	4,5	11
8	20 mars	5	13,1
9	21 mars	5,5	12,9
10			

Figure 5.16 : Un tableau de températures minimales et maximales.

Si nous créons un histogramme empilé à partir du tableau, il ne sera d'aucune utilité, car les colonnes montrent le cumul des températures de la journée. De ce fait, en date du 14 mars, le haut de la colonne bleue (nuit) se trouvera bien au niveau des 3 °C, mais le haut de la colonne rouge (jour) se trouvera à 13 °C, comme on le voit sur la Figure 5.17, c'est-à-dire 3 + 10, ce qui ne rime à rien.

Ce que nous voulons, c'est une seule série de colonnes flottantes dont la base représenterait les minima et le dessus les maxima.

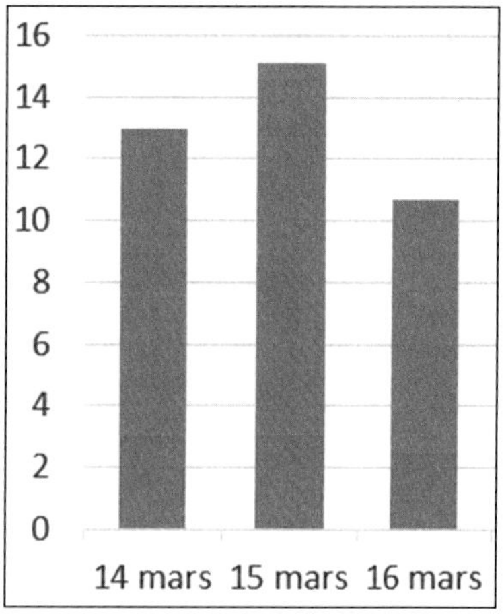

Figure 5.17 : Le graphique empilé fausse la représentation des minima et des maxima.

Calculer le delta

En fait, le tableau des données tel qu'il se présente sur la feuille de calcul ne permet pas de créer un histogramme flottant. Nous devons placer entre les températures de la nuit et du jour une colonne supplémentaire contenant la différence – le delta – entre ces deux valeurs, comme le montre la Figure 5.18. La formule à recopier entre les températures est des plus simples :

```
=D2-B2
```

C2 | fx | =D2-B2

	A	B	C	D
1	Date	°C Nuit	Δ	°C Jour
2	14 mars	3	7	10
3	15 mars	3,1	8,9	12
4	16 mars	2,5	5,7	8,2
5	17 mars	0,5	11	11,5
6	18 mars	3	6,5	9,5
7	19 mars	4,5	6,5	11
8	20 mars	5	8,1	13,1
9	21 mars	5,5	7,4	12,9
10				

Figure 5.18 : La colonne C contient la différence entre les colonnes B et D.

Nous pouvons à présent créer l'histogramme flottant :

1. **Sélectionnez le tableau dans la feuille de calcul puis cliquez sur l'onglet du ruban Insertion.**

2. **Dans le groupe Graphiques, cliquez sur l'icône Insérer un histogramme ou un graphique à barres, puis choisissez un histogramme empilé.**

   Peu importe qu'il soit 2D ou 3D. Pour le moment, l'histogramme n'est pas convaincant, car il inclut la colonne C, celle des deltas, comme le montre la Figure 5.19. Et bien sûr, chaque colonne cumule les valeurs.

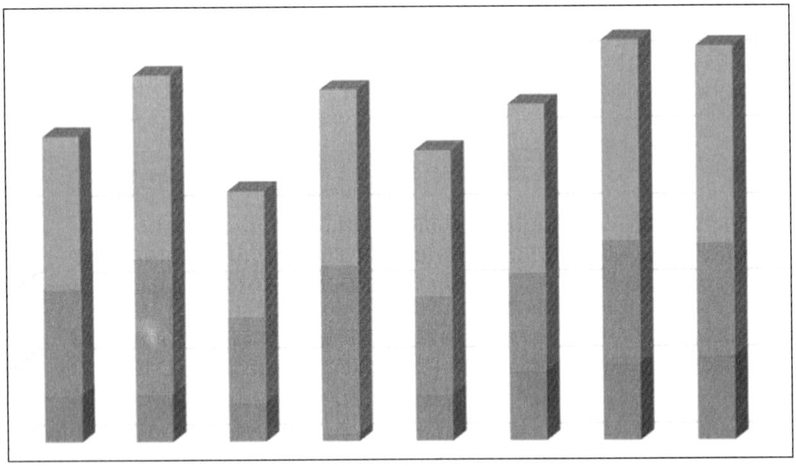

Figure 5.19 : L'histogramme empilé contient la série des deltas (en orange).

3. **Pour supprimer la série des deltas, cliquez sur l'icône Sélectionner des données, dans le groupe Données du ruban Création.**

   Cette action ouvre la boîte de dialogue de la Figure 5.20.

4. **Cliquez sur la série de données des températures de jour puis, en haut de la fenêtre, cliquez sur le bouton Supprimer, puis cliquez sur OK.**

   La Figure 5.21 montre le résultat de l'opération : les colonnes orangées, celles du delta, sont exactement comme nous le voulons : leur base est au niveau des températures minimales, le dessus est au niveau des températures maximales. Pour parfaire l'histogramme et le rendre flottant, il ne reste plus qu'à faire disparaître la série de données bleue. Il n'est pas question de la supprimer, ce qui déstructurerait le graphique ; nous allons seulement la rendre invisible.

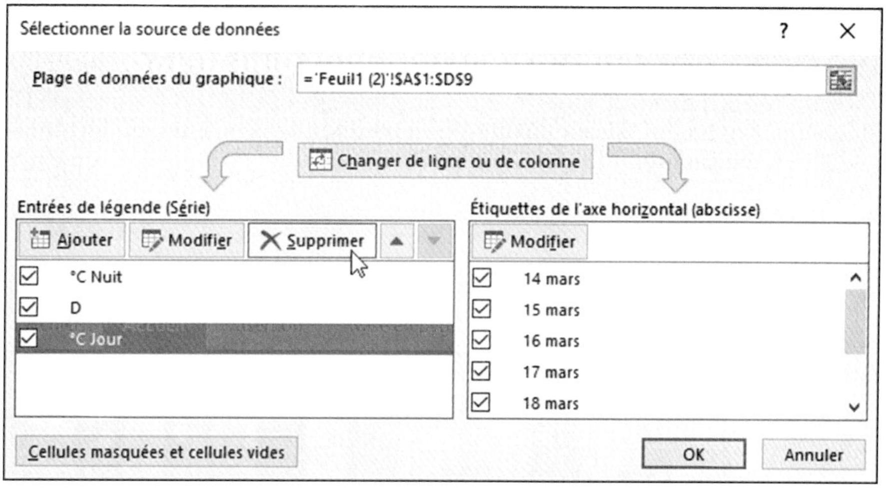

Figure 5.20 : Supprimez la série contenant les températures diurnes.

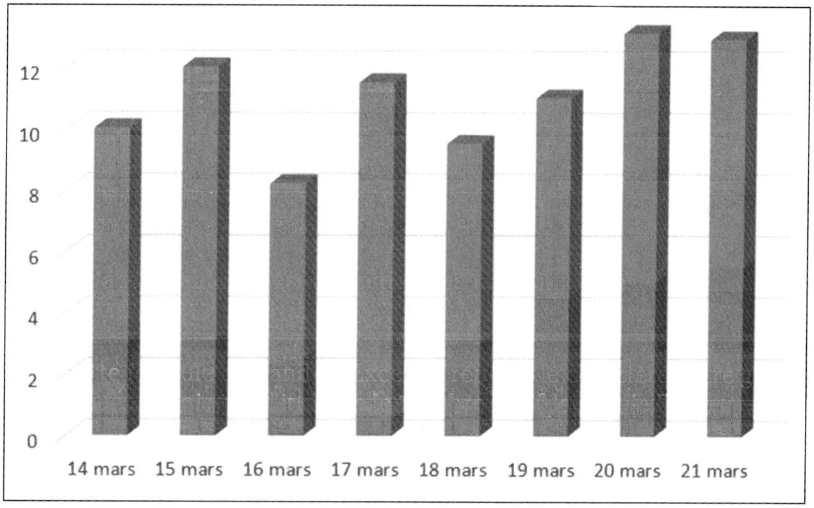

Figure 5.21 : La série de données orange est exactement celle que nous voulons.

5. **Cliquez sur la série de données inférieure.**

   Le volet Mise en forme des séries de données apparaît.

6. **Cliquez sur l'icône Remplissage et ligne.**
7. **À la rubrique Remplissage, cliquez sur le bouton d'option Aucun remplissage. Plus bas, dans la rubrique Bordure, cliquez sur Aucun**

trait. Seule subsiste la série de données dont chaque point s'étend de la température minimale à la température maximale.

La Figure 5.22 montre le résultat final. Les points de données de l'histogramme 2D ont été mis en forme avec des couleurs en dégradé et un biseautage.

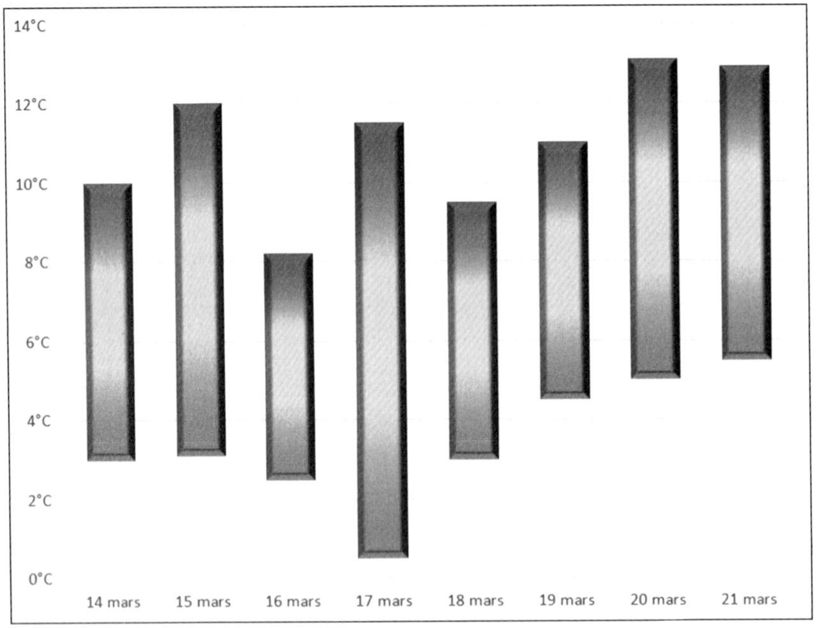

Figure 5.22 : Un histogramme flottant montrant des minima et des maxima.

ATTENTION !

Le graphique de la Figure 5.22 est dépourvu d'étiquettes de données, et cela pour une bonne raison : les colonnes représentent en effet la différence entre les minima et les maxima. Si des étiquettes étaient affichées, les valeurs qu'elles indiqueraient seraient celles du delta, et non des maxima. En revanche, les étiquettes des points de données invisibles sont affichables et montrent les valeurs des minima.

Si pour une raison ou pour une autre, vous deviez impérativement montrer les maxima sur le graphique, la seule solution consisterait à ajouter des petites zones de texte que vous copieriez au-dessus de chaque point de données, avant d'y saisir manuellement les valeurs.

Peut-on animer un graphique ?

Un graphique peut être animé grâce à de la programmation en langage VBA (Visual Basic pour les Applications). La Figure 5.23 montre la simulation d'un ressort que contracte une masse, avec un effet d'amortissement. Il montre aussi le module VBA créé par Ferg Brand.

La programmation VBA permet en effet de contrôler tous les paramètres d'un graphique ainsi que ses valeurs. Il suffit ainsi de mettre des variables en boucle avec des instructions For-Next et While-Wend comme dans cette simulation pour animer le graphique de type Courbes visible dans l'illustration, et le voir se comprimer sous la pression de la masse rectangulaire.

La programmation VBA étant en dehors du domaine de ce livre, nous invitons le lecteur à acquérir le livre *Programmation VBA pour Excel 2013 et 2016 pour les Nuls,* de John Walkenbach, publié par les Éditions First, que j'ai eu le plaisir de traduire.

Le fichier de l'animation représenté dans la Figure 5.23, ainsi que d'autres fichiers démontrant de nombreuses simulations ondulatoires, est téléchargeable à l'adresse `www.physics.usyd.edu.au/teach_res/excel/jpexcel.htm`.

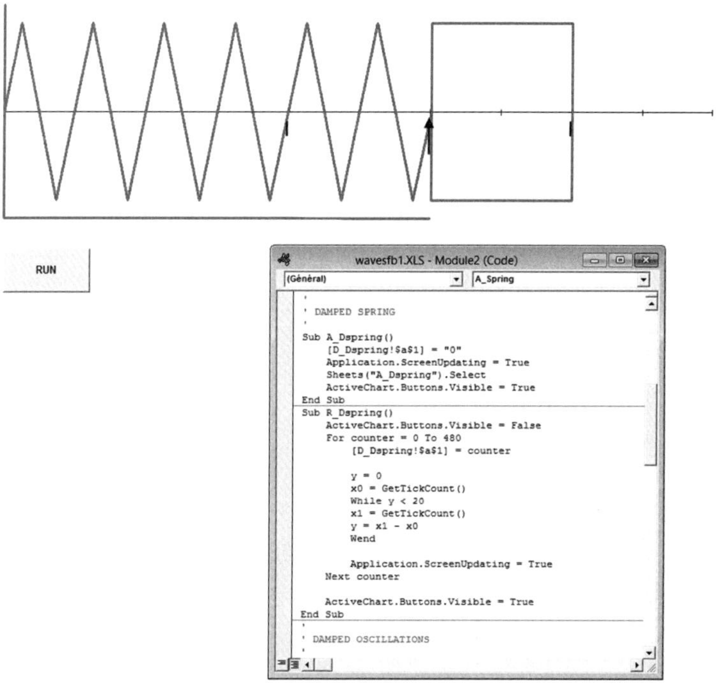

Figure 5.23 : La simulation d'un ressort amorti et son code VBA.

Filtrer des éléments et des données

Les feuilles de calcul d'Excel sont dotées d'outils de filtrage performants, mais les graphiques possèdent aussi quelques fonctions destinées à limiter l'affichage des éléments d'un graphique, ou des données qui s'y trouvent.

Afficher/Masquer des éléments du graphique

Lorsqu'un élément d'un graphique est sélectionné, trois icônes apparaissent en haut à droite de la zone de graphique, comme nous l'avions mentionné dans le premier chapitre.

Cliquer sur la première des icônes, intitulée Éléments de graphique, déploie un menu listant les différents éléments d'un graphique. Chaque option contient un sous-menu permettant de préciser comment un élément doit être affiché. Immobilisez le pointeur de la souris sur une option pour voir l'effet sur le graphique. Si l'élément ainsi affiché correspond à ce que vous désirez, cliquez dessus ou cochez sa case.

Dans la Figure 5.24, après avoir cliqué sur le petit triangle à gauche de l'option Étiquettes de données, nous choisissons de les afficher sur le bord supérieur intérieur des colonnes d'un histogramme.

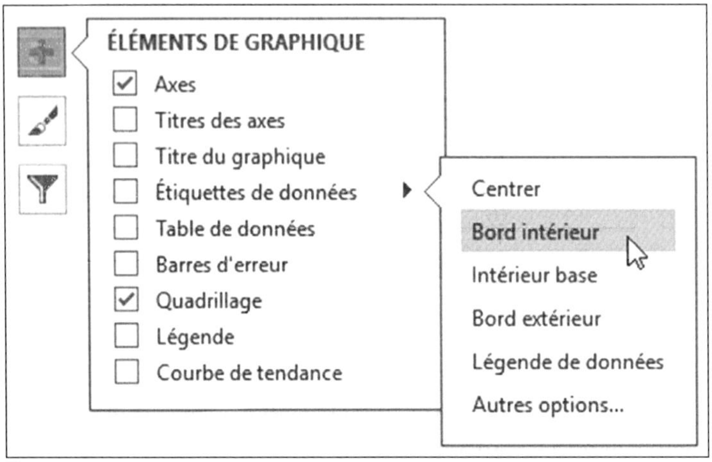

Figure 5.24 : La sélection d'un élément de graphique à afficher.

Le menu Éléments de graphique contient les options suivantes :

- **Axes :** affichage/masquage de l'axe horizontal principal et/ou de l'axe vertical principal.

- **Titres des axes :** affichage/masquage du titre le long de l'axe horizontal principal et/ou le long du titre de l'axe vertical principal.
- **Titre du graphique :** affichage/masquage de la zone de texte du titre au-dessus du graphique ou superposé centré.
- **Étiquettes de données :** les options du sous-menu varient selon le type de graphique. Elles servent à indiquer où, sur le graphique, les étiquettes doivent apparaître.
- **Table de données :** affichage/masquage de la table de données. Elle peut être affichée avec ou sans les symboles de légendes (les petites cases colorées facilitant l'identification des séries).
- **Barres d'erreur :** affichage/masquage de barres d'erreur type, de pourcentage ou d'écart type.
- **Quadrillage :** affichage/masquage des lignes horizontales servant à évaluer les valeurs. Contrairement à ce que laisse entendre le terme « quadrillage », il est impossible d'afficher à la fois des lignes horizontales et des lignes verticales. Dans le menu des éléments de graphique, la case Quadrillage contient quatre sous-options :
  - **Horizontal majeur principal :** affiche ou masque les lignes principales. Ce sont celles qui sont en regard des valeurs, sur l'axe vertical.
  - **Vertical majeur principal :** affiche ou masque les lignes principales d'un graphique à barres. Ce sont celles qui sont en regard des valeurs, sur l'axe horizontal.
  - **Horizontal mineur principal :** affiche ou masque les lignes horizontales secondaires.
  - **Vertical mineur principal :** affiche ou masque les lignes verticales secondaires d'un graphique à barres.
- **Légende :** affichage/masquage des légendes à droite, en haut, à gauche ou en bas du graphique.
- **Courbe de tendance :** affichage/masquage de divers types de courbe de tendance. Le nombre et le type varient selon le graphique.

Tous les sous-menus comportent un choix Autres options. Cliquez dessus ouvre le volet correspondant à l'élément, à droite dans Excel.

L'affichage ou le masquage des éléments de graphique est une excellente alternative à la suppression de l'élément. Si cette suppression vient d'être effectuée, il est certes toujours possible de revenir en arrière en cliquant sur le bouton Annuler, en haut à gauche d'Excel. Rappelons que le clic sur le petit bouton triangulaire qui lui est associé déroule un menu contenant des dizaines d'actions antérieures, à partir desquelles il est possible de reprendre le travail. Les options du menu Éléments de graphique offrent une solution autrement plus souple et plus élégante en activant et désactivant ces éléments d'un seul clic. Par exemple, si vous voulez juste jeter un coup d'œil à une courbe de tendance, vous l'afficherez une ou deux secondes puis vous la masquerez sans aucun problème, de manière très intuitive.

Filtrer le graphique

Le principe du filtrage du graphique est à peu près le même que pour l'affichage et le masquage des éléments de graphique : après avoir cliqué sur l'icône du bas (Figure 5.25), parmi celles visibles en haut à droite d'un graphique sélectionné, vous cochez dans un menu les séries et/ou les catégories à ne pas afficher.

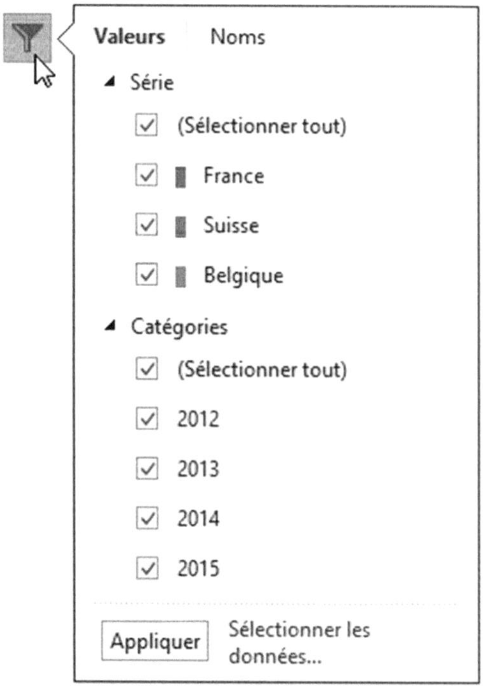

Figure 5.25 : Choisissez ici les données à afficher ou non.

Le filtrage du graphique est un excellent outil pour commenter ce qui s'y trouve. Par exemple, dans la Figure 5.26, il est inutile de décocher telle ou telle case. Il suffit d'en survoler une pour que seule la série ou la catégorie de l'option survolée par le pointeur de la souris soit visible. Les autres éléments deviennent translucides.

Cochez ou décochez les cases des séries ou des valeurs puis cliquez sur le bouton Appliquer, en bas à gauche du menu. Les éléments cochés sont affichés comme à l'accoutumée, tandis que ceux dont les cases sont décochées sont translucides.

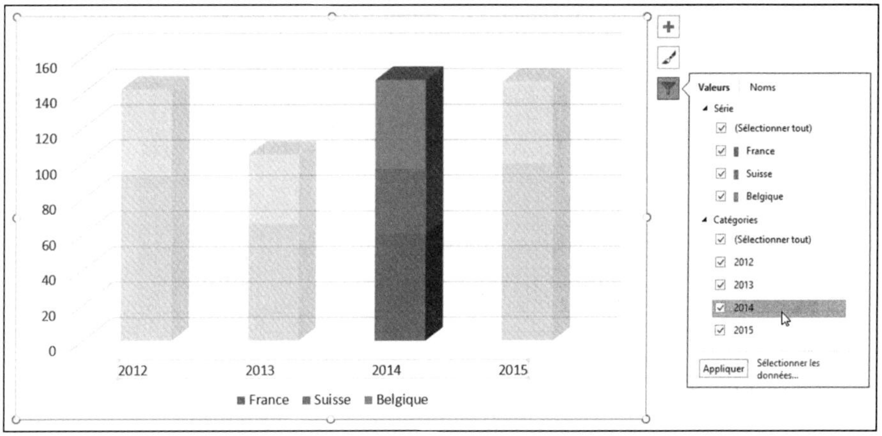

Figure 5.26 : Seule la série survolée par le pointeur, dans la liste, est affichée.

Filtrer une valeur exceptionnelle

Un graphique peut comporter des valeurs exceptionnelles. Par exemple, la Figure 5.27 montre une feuille de calcul récapitulant les sommes réparties dans plusieurs banques et placements. L'une des valeurs, celle de l'assurance vie, est beaucoup plus élevée que les autres. De ce fait, l'histogramme est quasiment inexploitable, car la plupart des colonnes sont réduites à presque rien.

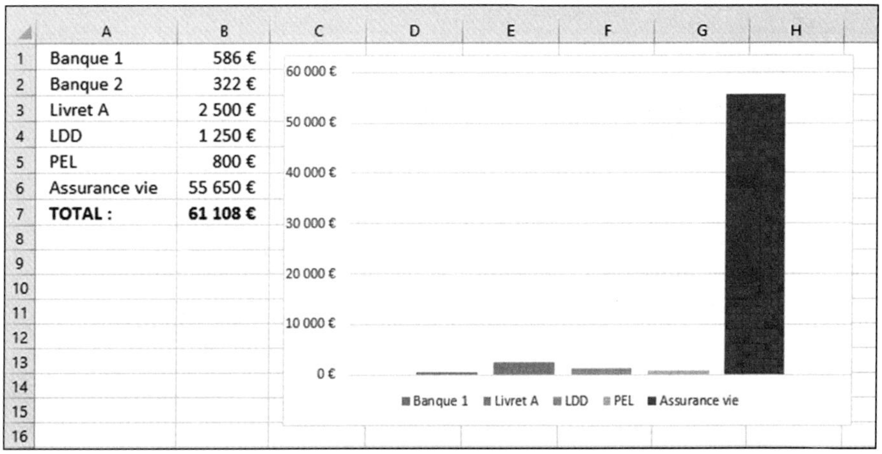

Figure 5.27 : La colonne dont la valeur est très élevée minimise considérablement les autres.

Pour pouvoir comparer les colonnes contenant des valeurs faibles, il faut exclure la colonne dominante du graphique :

1. **Cliquez dans le graphique afin de le sélectionner.**

   Cela fait, les icônes en haut à droite sont visibles.

2. **Cliquez sur l'icône Filtres du graphique.**

3. **Dans la rubrique Série, cliquez sur la case de la colonne dominante afin de la décocher.**

   Seule cette colonne est visible, pour le moment. Le clic ne produit aucun effet, comme le révèle la Figure 5.28.

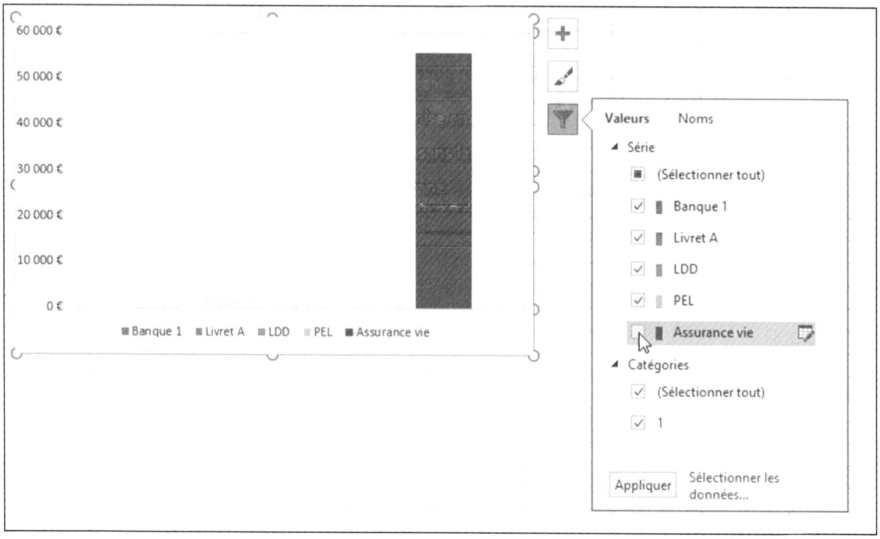

Figure 5.28 : Décochez la case de la colonne dont la valeur est très élevée.

4. **En bas à gauche du menu, cliquez sur le bouton Appliquer.**

   Seules les colonnes contenant les valeurs plus modestes sont maintenant affichées (Figure 5.29).

Pour réafficher la totalité des colonnes, il suffit de procéder de même, mais en cochant cette fois la case de la colonne à inclure. Pour que le graphique ait néanmoins du sens, affichez au-dessus de chaque colonne des étiquettes de données indiquant la valeur correspondante.

En bas du panneau Filtres du graphique, l'option Sélectionner les données affiche la boîte de dialogue Sélectionner la source de données, décrite dans

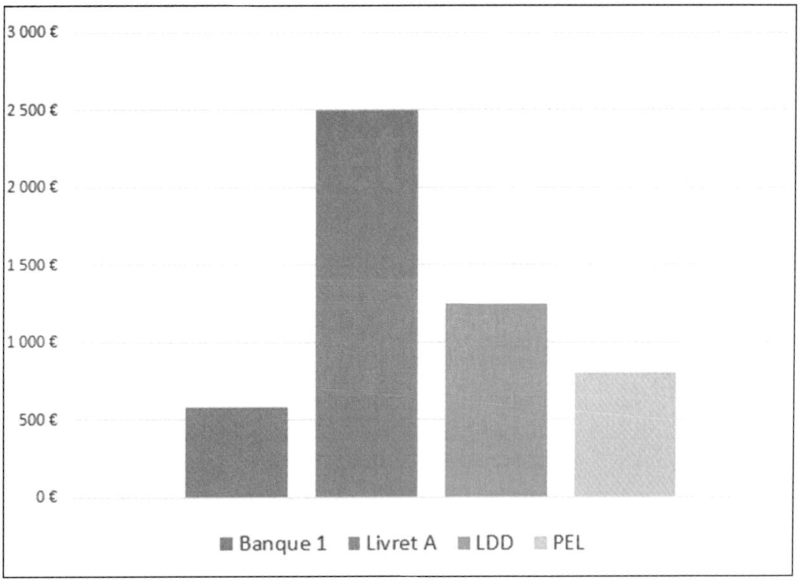

Figure 5.29 : La colonne contenant la valeur très élevée est exclue du graphique.

les Chapitres 1 et 2. Elle permet elle aussi de décocher des éléments à ne plus afficher.

TRUC

Vous trouverez dans le Chapitre 10, « Dix fonctions utiles pour les graphiques », une technique d'escamotage de colonnes fondée sur un test avec des fonctions SI.

Un filtrage de séries et de catégories

La Figure 5.30 montre un histogramme 3D pour le moins confus, car les séries et les catégories sont nombreuses.

Pour y voir plus clair, la commande Filtres du graphique étudiée dans la section précédente peut s'avérer utile. Survoler les séries avec la souris affichera les mois rangée par rangée, et survoler les catégories fera de même avec les prénoms. Dans la Figure 5.31, l'illustration de gauche montre l'effet du survol, par le pointeur de la souris, de la série Mai. Celle de droite montre l'effet du survol, par le pointeur, de la catégorie Jean.

Ce genre de filtrage est assez spectaculaire lorsque le pointeur de la souris survole rapidement des séries ou des catégories, car il produit une sorte d'animation en allant d'un élément à un autre, mais lorsque les données sont aussi nombreuses, le procédé est peu informatif. Il permet certes de voir évoluer les chiffres de mois en mois ou de les comparer par personnes, mais d'une manière très approximative. Une meilleure solution consiste à les filtrer à la source.

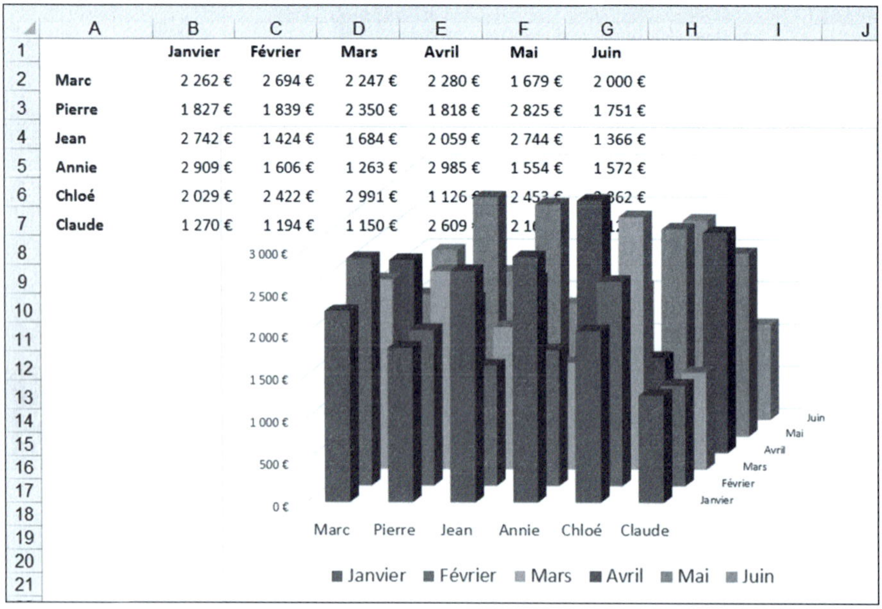

	Janvier	Février	Mars	Avril	Mai	Juin
Marc	2 262 €	2 694 €	2 247 €	2 280 €	1 679 €	2 000 €
Pierre	1 827 €	1 839 €	2 350 €	1 818 €	2 825 €	1 751 €
Jean	2 742 €	1 424 €	1 684 €	2 059 €	2 744 €	1 366 €
Annie	2 909 €	1 606 €	1 263 €	2 985 €	1 554 €	1 572 €
Chloé	2 029 €	2 422 €	2 991 €	[illegible]	[illegible]	[illegible]
Claude	1 270 €	1 194 €	1 150 €	[illegible]	[illegible]	[illegible]

Figure 5.30 : Un graphique trop chargé, et donc confus.

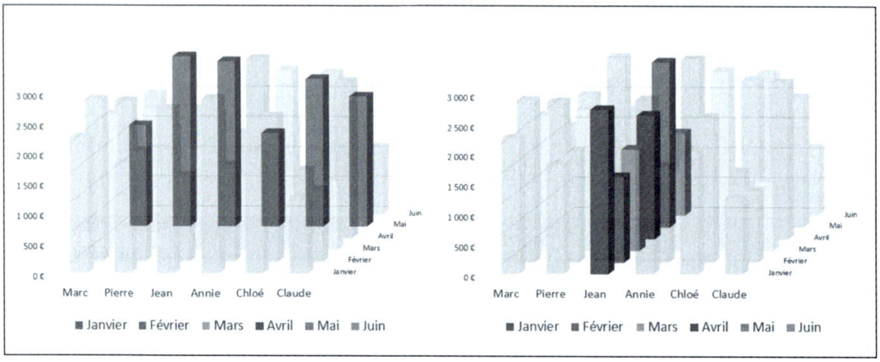

Figure 5.31 : L'affichage successif de séries de données d'avant en arrière et inversement (à gauche) et de catégories, de gauche à droite et inversement (à droite).

Filtrer les données source

Les données représentées sur un graphique peuvent être filtrées à la source, c'est-à-dire directement dans la feuille de calcul. De ce fait, les outils de filtrage doivent être appliqués au tableau de données. Après avoir créé un graphique – nous utiliserons pour cet exemple un histogramme 3D – procédez de la manière suivante :

1. **Dans la feuille de calcul, sélectionnez la plage de cellules contenant les données. Incluez la ligne et/ou la colonne de titres.**

2. **Cliquez sur l'onglet du ruban Données et dans le groupe Trier et filtrer, cliquez sur l'icône Filtrer.**

   Excel place un bouton à droite de chaque titre, comme on le voit sur la première ligne, dans la Figure 5.32.

	A	B	C	D	E	F	G
1		Marc	Pierre	Claude	Chloé	Rose	Éric
2	Janvier	2 262 €	2 694 €	2 247 €	2 280 €	1 679 €	2 000 €
3	Février	1 827 €	1 839 €	2 350 €	1 818 €	2 825 €	1 751 €
4	Mars	2 742 €	1 424 €	1 684 €	2 059 €	2 744 €	1 366 €
5	Avril	2 909 €	1 606 €	1 263 €	2 985 €	1 554 €	1 572 €
6	Mai	2 029 €	2 422 €	2 991 €	1 126 €	2 453 €	2 362 €
7	Juin	1 270 €	1 194 €	1 150 €	2 609 €	2 166 €	1 126 €
8							

Figure 5.32 : Des boutons de filtrage se trouvent dans les cellules de la première ligne.

La commande Filtre

Avant de filtrer les données sur le graphique, voyons comment cela se passe au niveau de la feuille de calcul.

Lorsque vous cliquez sur un bouton de filtrage, Excel déploie le panneau que montre la Figure 5.33. Il contient les commandes suivantes :

- **Trier du plus petit au plus grand :** la colonne où se trouve le bouton de filtrage est triée dans l'ordre ascendant. Les lignes de l'ensemble du tableau sont elles aussi déplacées afin que chaque ligne continue à contenir les données d'origine. Quand une colonne a été ainsi triée, le bouton le signale en arborant un pictogramme semblable à celui visible dans la marge.

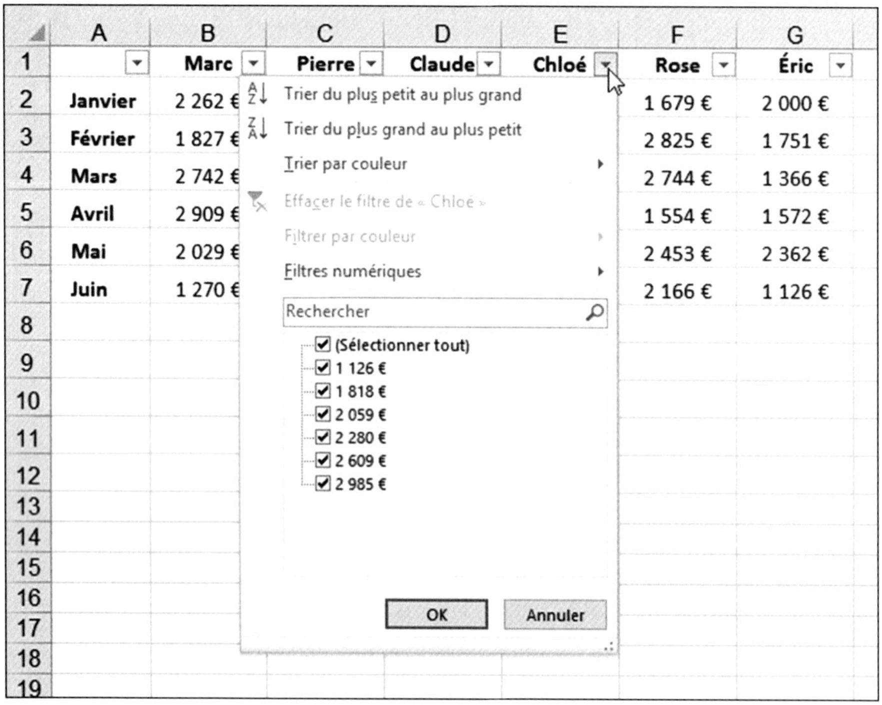

Figure 5.33 : Le filtre de la colonne E, celle de Chloé.

- **Trier du plus grand au plus petit :** la colonne filtrée est triée dans l'ordre descendant.
- **Trier par couleur :** trie selon la couleur de remplissage des cellules.
- **Effacer le filtre de « *titre* » :** supprime le filtrage de la colonne correspondante.
- **Filtres numériques :** un sous-menu (Figure 5.34) contient des critères arithmétiques. Chacun est paramétrable dans une boîte de dialogue qui lui est propre. Le filtre numérique permet de n'afficher que les valeurs égales, ou supérieures, ou inférieures à celle indiquée dans la boîte de dialogue, ou seulement les dix valeurs les plus élevées, ou celle au-dessus ou en dessous de la moyenne.

Sous les options que nous venons de citer se trouvent autant de cases que le tableau compte de lignes de données. À droite de chacune de ces cases figure la valeur dans la ligne correspondante, dans la même colonne. Toutes ces cases étant cochées, l'ensemble des données est visible dans le tableau.

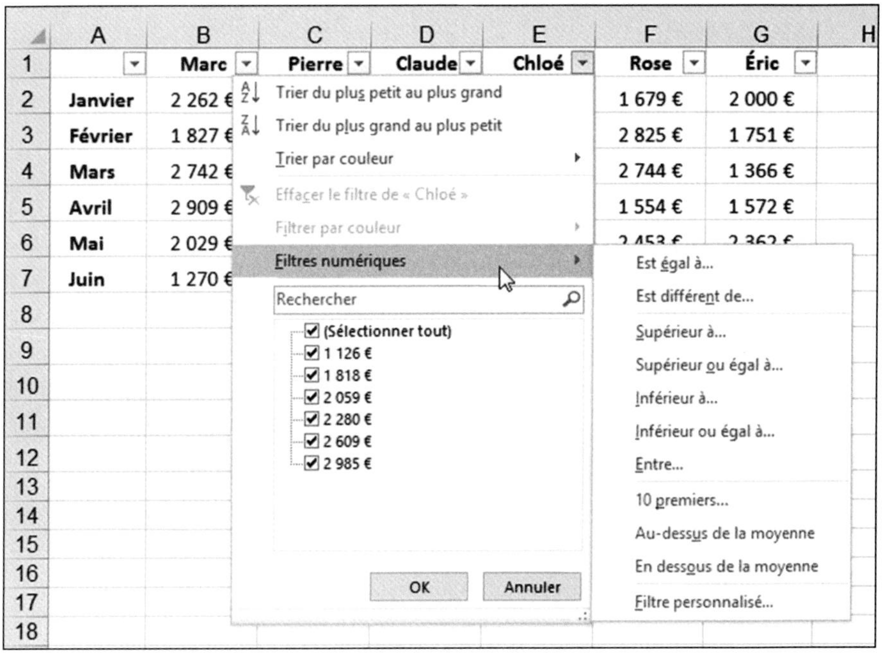

Figure 5.34 : Les options de filtrage numérique.

Filtrer les séries

Un tri des valeurs ne peut être effectué que sur la colonne régie par le bouton de filtrage. Il est par conséquent impossible de filtrer globalement les données pour ne faire apparaître que celles qui, dans l'ensemble du tableau, sont par exemple supérieures à la moyenne. Appliquer à chaque mois un filtre de type Filtres numériques > Au-dessus de la moyenne, est illusoire, car dans chaque mois, les moyennes sont différentes. Nous verrons plus loin comment contourner cette limitation.

La commande Filtrer permet uniquement d'agir sur une seule colonne. Si nous voulons savoir, pour Claude, le nombre de mois, pendant le semestre, où son chiffre a été au-dessus de la moyenne, nous cliquerons sur son bouton de filtrage puis nous choisirons Filtres numériques > Au-dessus de la moyenne. Il apparaît dans le tableau que pour Claude, les mois de janvier, février et, mai étaient les meilleurs (Figure 5.35). Remarquez le masquage des lignes 4, 5 et 7 contenant les valeurs inférieures à la moyenne et les numéros de ligne en bleu signalant que ces lignes ont été triées.

Pour n'afficher sur le graphique que la série de données de Claude, masquez l'affichage des autres colonnes en procédant ainsi :

	A	B	C	D	E	F	G
1		Marc	Pierre	Claude	Chloé	Rose	Éric
2	Janvier	2 262 €	2 694 €	2 247 €	2 280 €	1 679 €	2 000 €
3	Février	1 827 €	1 839 €	2 350 €	1 818 €	2 825 €	1 751 €
6	Mai	2 029 €	2 422 €	2 991 €	1 126 €	2 453 €	2 362 €
8							
9							

Figure 5.35 : Les chiffres de Claude, dans la colonne D, sont les valeurs supérieures à sa moyenne. Les données des autres personnes ne sont pas significatives.

1. **Cliquez sur l'en-tête de la colonne B puis, bouton de la souris enfoncé, cliquez sur l'en-tête de la colonne C.**

   Les deux colonnes B et C sont sélectionnées.

2. **Cliquez du bouton droit sur un en-tête et dans le menu, choisissez Masquer.**

3. **Répétez ces étapes pour les colonnes E, F et G.**

   Seules les données de Claude sont visibles, comme le montre la Figure 5.36.

	A	D	H	I	J
1		Claude			
2	Janvier	2 247 €			
3	Février	2 350 €			
6	Mai	2 991 €			

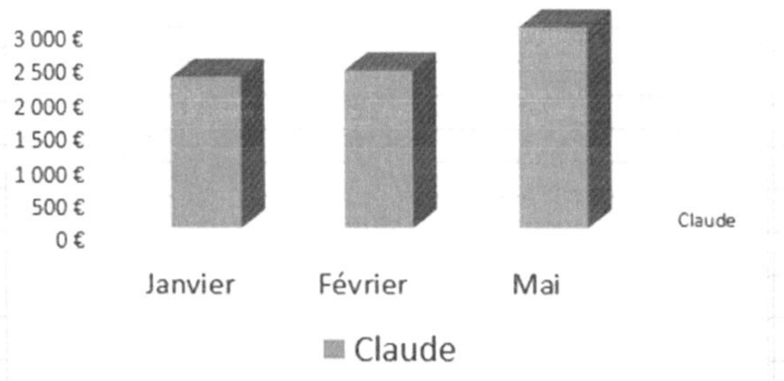

Figure 5.36 : Les chiffres de Claude, dans la colonne D, sont les valeurs supérieures à sa moyenne. Les données des autres personnes ne sont pas significatives.

Pour faire réapparaître les colonnes masquées, cliquez du bouton droit sur le point d'origine des en-têtes de colonnes et de lignes, puis dans le menu, choisissez Afficher. Ou alors, revenez en arrière en cliquant plusieurs fois sur le bouton Annuler, en haut à gauche d'Excel.

Filtrer l'ensemble des données

Pour filtrer l'ensemble des données, nous devons disposer deux tableaux : le tableau original contenant les valeurs à tester, et un second tableau, identique, contenant des formules. Voici comment le créer :

1. **Sélectionnez les cellules du tableau et appuyez sur Ctrl + C.**

   Ce raccourci clavier copie la sélection.

2. **Cliquez une ou deux lignes sous le tableau et appuyez sur Ctrl + V.**

   Le tableau est dupliqué, comme le montre la Figure 5.37. Remarquez qu'une cellule Critère a été ajoutée. Pour le moment, elle ne contient rien.

3. **Tapez la formule suivante dans la cellule en haut à gauche dans la plage de valeurs (la cellule B10 dans notre exemple).**

	A	B	C	D	E	F	G
1		**Marc**	**Pierre**	**Claude**	**Chloé**	**Rose**	**Éric**
2	**Janvier**	2 262 €	2 694 €	2 247 €	2 280 €	1 679 €	2 000 €
3	**Février**	1 827 €	1 839 €	2 350 €	1 818 €	2 825 €	1 751 €
4	**Mars**	2 742 €	1 424 €	1 684 €	2 059 €	2 744 €	1 366 €
5	**Avril**	2 909 €	1 606 €	1 263 €	2 985 €	1 554 €	1 572 €
6	**Mai**	2 029 €	2 422 €	2 991 €	1 126 €	2 453 €	2 362 €
7	**Juin**	1 270 €	1 194 €	1 150 €	2 609 €	2 166 €	1 126 €
8							
9		**Marc**	**Pierre**	**Claude**	**Chloé**	**Rose**	**Éric**
10	**Janvier**	2 262 €	2 694 €	2 247 €	2 280 €	1 679 €	2 000 €
11	**Février**	1 827 €	1 839 €	2 350 €	1 818 €	2 825 €	1 751 €
12	**Mars**	2 742 €	1 424 €	1 684 €	2 059 €	2 744 €	1 366 €
13	**Avril**	2 909 €	1 606 €	1 263 €	2 985 €	1 554 €	1 572 €
14	**Mai**	2 029 €	2 422 €	2 991 €	1 126 €	2 453 €	2 362 €
15	**Juin**	1 270 €	1 194 €	1 150 €	2 609 €	2 166 €	1 126 €
16							
17	Critère :						
18							

Figure 5.37 : Copiez le tableau d'origine (celui d'en haut).

```
=SI(B2>=$B$17;B2;0)
```

Cette formule se lit ainsi : si la valeur de la cellule B2 (située au même endroit dans le tableau d'origine) est supérieure ou égale à la cellule B17 (celle du critère), afficher le contenu de B2, sinon, afficher 0. La référence à la cellule du critère a été rendue absolue à l'aide de signes $ placés avant le B et avant le 17.

4. **À l'aide de la poignée de recopie, recopiez la cellule B10 jusqu'à la cellule B15. Tirez ensuite la poignée de recopie jusqu'à la cellule G15.**

   La formule est ainsi recopiée dans tout le second tableau. Les deux tableaux contiennent actuellement les mêmes valeurs.

5. **Cliquez sur la zone de traçage du graphique (pas sur des données).**

   Des cadres colorés entourent les légendes de la ligne 1, les légendes de la plage de cellules A2:A7, et les valeurs dans la plage B2:G7.

6. **Amenez le pointeur de la souris sur le bord inférieur du cadre entourant les valeurs, puis cliquez dessus et tirez-le vers le bas, jusqu'au même emplacement sur le second tableau (Figure 5.38). Le cadre des légendes, à gauche, suit le mouvement. Ne vous souciez pas des légendes de la première ligne, elles sont bien là où elles sont.**

	A	B	C	D	E	F	G
1		Marc	Pierre	Claude	Chloé	Rose	Éric
2	Janvier	2 262 €	2 694 €	2 247 €	2 280 €	1 679 €	2 000 €
3	Février	1 827 €	1 839 €	2 350 €	1 818 €	2 825 €	1 751 €
4	Mars	2 742 €	1 424 €	1 684 €	2 059 €	2 744 €	1 366 €
5	Avril	2 909 €	1 606 €	1 263 €	2 985 €	1 554 €	1 572 €
6	Mai	2 029 €	2 422 €	2 991 €	1 126 €	2 453 €	2 362 €
7	Juin	1 270 €	1 194 €	1 150 €	2 609 €	2 166 €	1 126 €
8							
9		Marc	Pierre	Claude	Chloé	Rose	Éric
10	Janvier	2 262 €	2 694 €	2 247 €	2 280 €	1 679 €	2 000 €
11	Février	1 827 €	1 839 €	2 350 €	1 818 €	2 825 €	1 751 €
12	Mars	2 742 €	1 424 €	1 684 €	2 059 €	2 744 €	1 366 €
13	Avril	2 909 €	1 606 €	1 263 €	2 985 €	1 554 €	1 572 €
14	Mai	2 029 €	2 422 €	2 991 €	1 126 €	2 453 €	2 362 €
15	Juin	1 270 €	1 194 €	1 150 €	2 609 €	2 166 €	1 126 €
16							
17	Critère :	0 €					
18							

Figure 5.38 : Le graphique lit désormais les valeurs dans le second tableau, en bas.

Désormais, le graphique lit les valeurs dans le second tableau. Il ne nous reste plus qu'à définir un critère de filtrage.

7. **Dans la cellule B17, saisissez la formule suivante qui calcule la moyenne de l'ensemble des valeurs dans le tableau d'origine :**

```
=MOYENNE(B2:G7)
```

Grâce aux formules saisies dans le second tableau, seules les valeurs égales ou supérieures à la moyenne sont affichées (Figure 5.39). Les valeurs inférieures à la moyenne sont nulles. De plus, pour des raisons purement esthétiques, les lignes 1 à 8 ont été masquées, comme expliqué précédemment, afin que seul le second tableau soit visible.

B17 | fx =MOYENNE(B2:G7)

	A	B	C	D	E	F	G
9		Marc	Pierre	Claude	Chloé	Rose	Éric
10	Janvier	2 262 €	2 694 €	2 247 €	2 280 €	0 €	0 €
11	Février	0 €	0 €	2 350 €	0 €	2 825 €	0 €
12	Mars	2 742 €	0 €	0 €	2 059 €	2 744 €	0 €
13	Avril	2 909 €	0 €	0 €	2 985 €	0 €	0 €
14	Mai	2 029 €	2 422 €	2 991 €	0 €	2 453 €	2 362 €
15	Juin	0 €	0 €	0 €	2 609 €	2 166 €	0 €
16							
17	Critère :	2 011 €					

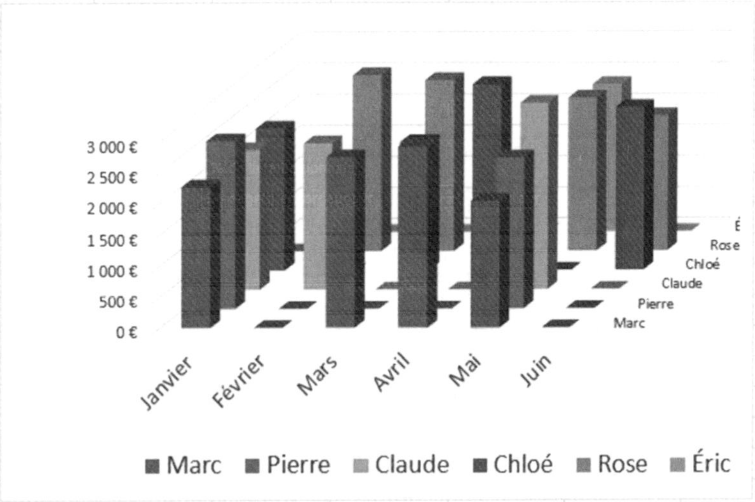

Figure 5.39 : Un filtrage sur l'ensemble d'un tableau de données grâce à des fonctions SI.

Dans la cellule critère, vous pouvez saisir directement n'importe quelle valeur. Les données inférieures, dans le tableau, seront nulles dans le graphique. Par exemple, si vous tapez 2750, seules les colonnes dont la valeur est égale ou supérieure à 2 750 euros seront représentées.

Comment faire pour réaliser un test pour des valeurs inférieures au critère ? Dans la formule de la cellule B10, il faudra remplacer l'opérateur >= par <= puis recopier la formule dans tout le tableau. La manipulation n'exige que quelques secondes.

Le graphique croisé dynamique

Le tableau croisé dynamique est un puissant outil d'analyse. Il permet en effet de visualiser des données dans un format de table de données et de mettre en évidence les relations entre les diverses données d'une liste, par des glisser-déposer. Pour examiner les données d'un tableau d'un point de vue différent, en considérant les résultats mensuels d'une région, plutôt que par les ventes par mois, il suffit de faire glisser des étiquettes et de les déposer sur les en-têtes de tableaux appropriés.

Excel est capable de convertir un tableau croisé dynamique en graphique croisé dynamique. Un graphique croisé dynamique peut aussi être créé directement, sans passer par un tableau.

Créer un graphique croisé dynamique

Pour créer un graphique croisé dynamique, disposez les données dans un tableau comportant des légendes dans la première ligne et dans la première colonne. Procédez ensuite comme ceci :

1. **Créer un tableau contenant des valeurs et, dans la première ligne, le texte des étiquettes.**

2. **Cliquez sur n'importe quelle cellule du tableau (Figure 5.40).**

   Inutile de sélectionner le tableau, car Excel s'en chargera le moment venu.

3. **Cliquez sur l'onglet du ruban Insertion et dans le groupe Graphiques, cliquez sur l'icône Graphiques recommandés.**

   Ne cliquez pas sur l'icône Graphique croisé dynamique. Elle sert en effet à en créer un auquel Excel ajoute automatiquement un tableau croisé dynamique permettant d'affiner les critères de croisement de données.

	A	B	C	D
1	**Rayon**	**Vendeur**	**CA**	**Nb articles**
2	Informatique	Marc	12 540 €	9
3	Informatique	Pierre	13 245 €	11
4	Informatique	Annie	14 050 €	12
5	Ménager	Jean	11 675 €	56
6	Ménager	Zoé	10 750 €	50
7	Ménager	Chloé	13 250 €	63
8	Ménager	Claude	12 760 €	60
9	TV-HiFi	Dominique	11 500 €	7
10	TV-HiFi	Vincent	10 860 €	12
11	Cuisine	Rose	14 780 €	76
12	Outillage	Éric	13 680 €	85
13	Outillage	Paul	11 100 €	76
14				

Figure 5.40 : Un tableau à représenter dans un graphique croisé dynamique.

Ne recourez à cette option que si à la prochaine étape, vous ne trouvez pas le croisement de données désiré.

Excel ouvre le sélecteur de graphiques que montre la Figure 5.41. Remarquez la petite icône en haut à droite de certaines vignettes : elle indique que ce graphique peut être choisi pour un graphique croisé dynamique.

Cliquez sur chacun des graphiques signalés par l'icône et dans son aperçu représenté à droite, lisez le titre du graphique. Pour notre exemple, nous avons le choix entre trois graphiques :

Nombre de Vendeur par Rayon

Somme de Nb articles par Rayon

Somme de CA par Rayon

Si nous voulons analyser le chiffre d'affaires par rayons, nous choisirons le troisième graphique.

4. **Cliquez sur le graphique désiré.**

   Excel ajoute une nouvelle feuille de calcul au classeur et affiche le graphique visible dans la Figure 5.42. La feuille de calcul contient les éléments suivants :

   - **Des colonnes de données :** elles correspondent au titre du graphique sélectionné à l'étape précédente.

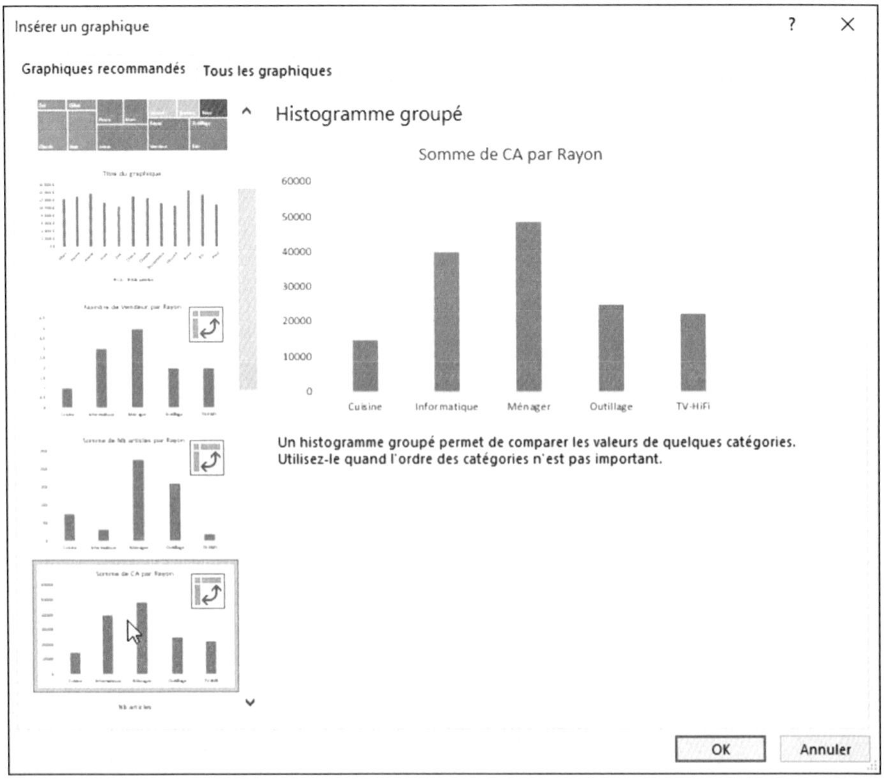

Figure 5.41 : Les icônes indiquent que ce type de graphique peut devenir un graphique croisé dynamique.

- **Le graphique dynamique :** l'histogramme varie selon le filtrage des données, comme nous le verrons dans la prochaine section.
- **Le volet Champs de graphique croisé dynamique :** situé à droite, il n'apparaît que lorsque le graphique est sélectionné. Il contient quatre listes de champs nommés Filtres, Légende (série), Axe (catégorie) et Valeurs, qui permettent de filtrer les données, les présenter et appliquer des fonctions.
- **L'onglet Outils de graphique croisé dynamique :** il contient un ruban Analyse contenant des commandes propres au graphique croisé dynamique. Les rubans Création et Format sont identiques à ceux d'autres outils, notamment les outils de graphique.

Voyons à présent comment trier des données avec un graphique croisé dynamique.

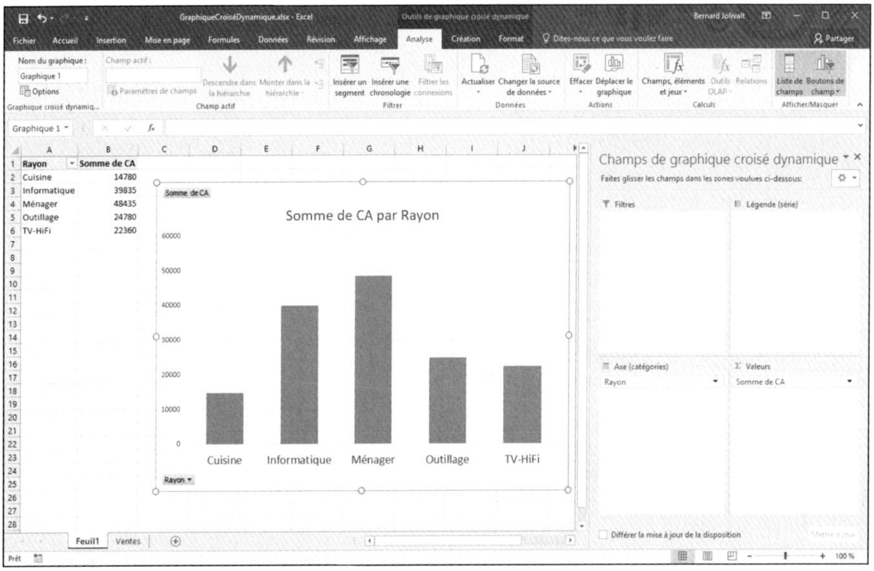

Figure 5.42 : Le graphique croisé dynamique vient d'être créé.

Utiliser le graphique croisé dynamique

Le tableau en haut à gauche de la feuille de calcul contient les données du graphique. Pour chaque rayon du magasin, Excel a totalisé le chiffre d'affaires (CA) réalisé par tous les vendeurs. Le bouton de filtrage dans l'étiquette de la colonne A permet de masquer ou d'afficher des rayons, comme le montre la Figure 5.43. Le principe est le même que celui du filtrage des données : dans un panneau, des cases permettent d'afficher ou non les éléments listés, et des commandes comprenant un sous-menu permettent d'affiner un filtrage, et n'afficher par exemple que des valeurs supérieures ou inférieures à une valeur donnée.

Modifier le type de calcul

Par défaut, le tableau effectue la somme des éléments de même nom, dans la colonne A de la feuille de calcul d'origine (le tableau complet). Il est cependant possible de demander à Excel d'effectuer d'autres calculs. Voici par exemple comment afficher la moyenne des ventes rayon par rayon :

1. **Dans le volet Champs de graphique croisé dynamique, cliquez sur le bouton de la zone Valeurs, en bas à droite.**

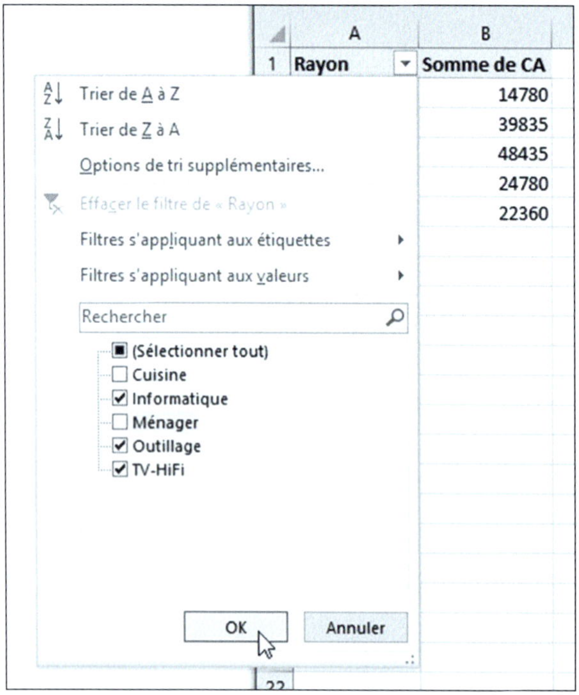

Figure 5.43 : Le panneau de tri du graphique croisé dynamique. Les rayons Cuisine et Ménager ne seront plus pris en compte dans le tableau ni dans le graphique.

2. **Dans le menu qui apparaît, choisissez Paramètres des champs de valeurs.**

   Cette action ouvre la boîte de dialogue éponyme que montre la Figure 5.44. La liste déroulante contient onze fonctions :

   - **Somme :** effectue la somme des valeurs.
   - **Nombre :** compte le nombre de valeurs (équivaut à la fonction NBVAL).
   - **Moyenne :** calcule la moyenne des valeurs.
   - **Max. :** affiche la valeur la plus élevée.
   - **Min. :** affiche la valeur la plus faible.
   - **Produit :** effectue le produit des valeurs.
   - **Chiffres :** identique à Nombre.

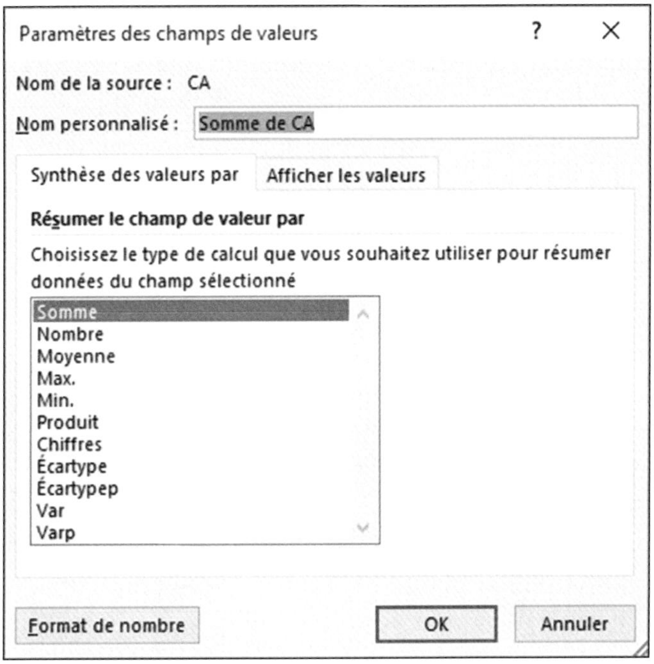

Figure 5.44 : Choisissez le type de calcul à appliquer aux données.

- **Écartype :** estime l'écart type d'une population pour laquelle l'échantillon correspond à un sous-ensemble de la population entière.
- **Écartypep :** calcule l'écart type d'une population à partir de la population entière.
- **Var :** estime la variance d'une population pour laquelle l'échantillon correspond à un sous-ensemble de la population entière.
- **Varp :** calcule la variance d'une population constituant la totalité des données à synthétiser.

En bas à gauche de la boîte de dialogue Paramètres des champs de valeurs, le bouton Format de nombre affiche la classique boîte de dialogue Format de cellule.

3. **Cliquez sur une fonction puis choisissez éventuellement un format de nombre.**

   Pour cet exemple, nous choisissons Moyenne.

4. **Cliquez sur OK.**

Le tableau et le graphique affichent maintenant les moyennes des chiffres d'affaires de chaque rayon, comme le montre la Figure 5.45.

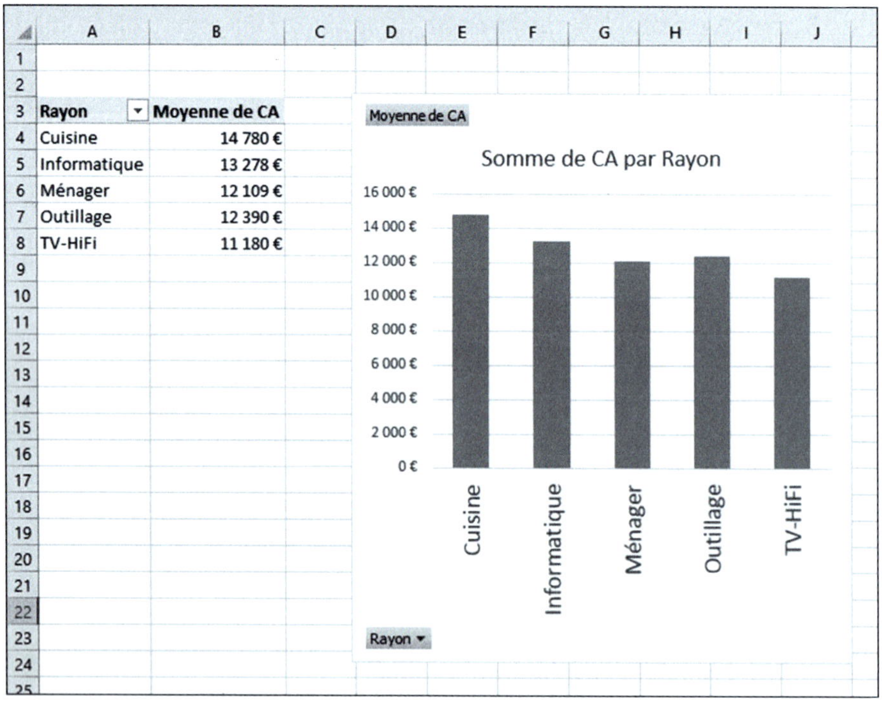

Figure 5.45 : L'affichage d'une moyenne des ventes des différents rayons d'un magasin.

Chapitre 6

Les autres fonctions graphiques

Dans ce chapitre :

- Les graphiques sparkline
- Les fonctions cartographiques
- Le graphique People Graph
- Les histogrammes à partir de cellules

Les nombreux types de graphiques que nous avons étudiés sont utiles et intéressants, mais il en existe d'autres dans Excel. Nous verrons dans ce chapitre qu'il est possible de transformer les cellules d'une feuille de calcul en éléments graphiques.

Les graphiques sparkline

Les graphiques sparkline sont des minigraphiques qui peuvent n'occuper qu'une seule cellule dans une feuille de calcul. Le concept a été inventé par Edward Tufte, un personnage aux nombreuses compétences puisqu'il est à la fois professeur de statistiques, d'informatique, de conception graphique pour la presse et d'économie politique à l'université de Yale, aux États-Unis. De la taille d'un mot, le sparkline doit donner une image concise et facilement mémorisable d'un ensemble de données.

Utiliser un graphique sparkline

Créer un graphique sparkline ne pose aucun problème. Le plus important consiste à choisir judicieusement la cellule (ou les cellules) dans laquelle il sera placé. Dans la Figure 6.1, nous le placerons à droite de la mention Indice journalier. C'est l'emplacement idéal, car le texte et le graphique seront visibles d'un seul coup d'œil. Procédez ensuite comme suit pour créer le graphique :

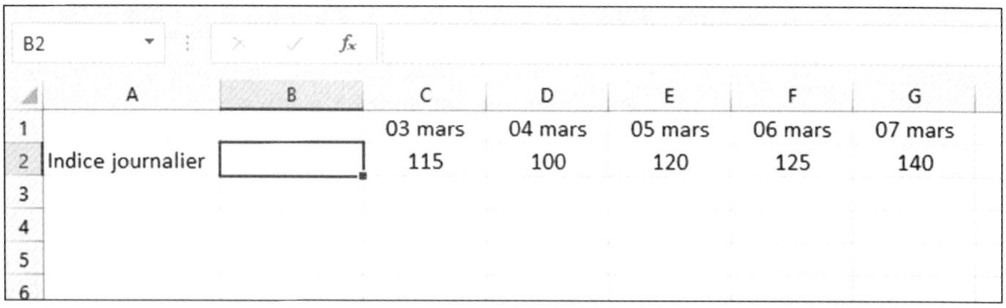

Figure 6.1 : Cliquez sur la cellule devant recevoir le graphique sparkline.

1. **Cliquez dans la cellule devant recevoir le graphique sparkline.**

2. **Cliquez sur l'onglet du ruban Insertion puis, dans le groupe Graphiques sparkline, cliquez sur le type de graphique à utiliser.**

   Vous avez le choix entre trois types :

   Courbes : graphique formé d'une ligne.

   Histogramme : il est réservé aux valeurs positives.

   Positif/Négatif : histogramme acceptant les valeurs positives et négatives.

   Pour notre exemple, nous choisirons le graphique Histogramme. Excel affiche la boîte de dialogue que montre la Figure 6.2. Elle est commune aux trois types de graphiques sparkline.

3. **Indiquez dans le champ Plage des données les références des cellules où se trouvent les données à représenter sur le graphique.**

   Si vous préférez sélectionner les cellules avec la souris plutôt que de taper les références, cliquez sur le bouton à droite, dans le champ, sélectionnez les cellules puis enfoncez la touche Entrée.

   Saisir la plage d'emplacements n'est pas nécessaire, car par défaut, Excel utilise la cellule active.

4. **Cliquez sur OK.**

   Le graphique sparkline en forme d'histogramme apparaît dans la cellule (Figure 6.3).

Figure 6.2 : La boîte de dialogue de création d'un graphique sparkline.

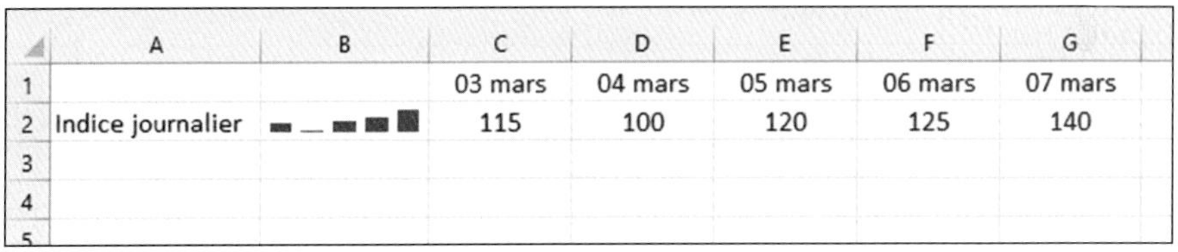

Figure 6.3 : Ajout d'un histogramme sparkline.

Le graphique est dynamique : si des données changent, il est aussitôt mis à jour.

Un graphique sparkline n'est pas limité à une seule cellule. Pour qu'il soit bien visible, vous pouvez sélectionner plusieurs cellules superposées, avant de créer le graphique, ou indiquer une plage d'emplacements plus vaste dans la boîte de dialogue Créer des graphiques sparkline.

Si le graphique a déjà été créé, il peut être agrandi de la manière suivante :

1. **Cliquez sur la cellule contenant le graphique sparkline.**
2. **Touche Majuscule enfoncée, cliquez sur une autre cellule en dessous du graphique.**

   L'une au moins de ces deux conditions doit être respectée :

   - Le graphique sparkline ne peut s'étendre que vers le bas.
   - Il ne peut s'étendre que vers la droite.

Comme nous le verrons dans la prochaine section, un graphique sparkline couvrant plusieurs cellules peut être copié, mais sans ses liens dynamiques.

3. **Dans l'onglet Accueil, cliquez sur l'icône Fusionner et centrer.**

   Le graphique sparkline s'étend à présent sur plusieurs cellules. Il est plus grand et plus lisible, comme le montre la Figure 6.4.

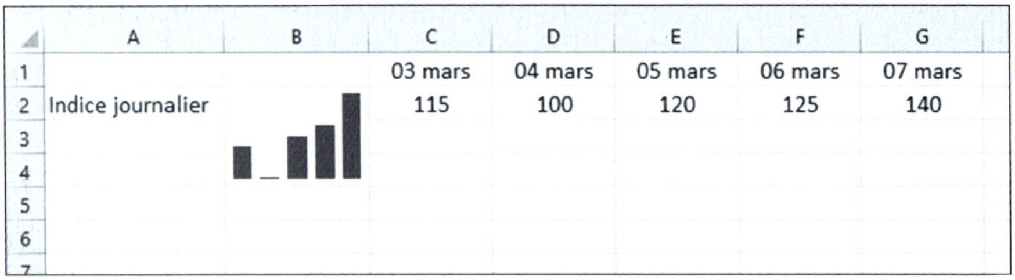

Figure 6.4 : Un graphique sparkline occupant plusieurs cellules.

Copier un graphique sparkline

Un graphique sparkline ne peut pas être copié par un simple copier-coller. Ce graphique est en effet lié aux cellules qui l'alimentent en données. Avant de le copier, sachez que seul un sparkline n'occupant qu'une seule cellule peut être copié avec ses liens vers les cellules de données. Un graphique sparkline couvrant plusieurs cellules ne peut être copié qu'en tant qu'image. Il perd alors ses liens dynamiques.

Voici comment copier un graphique sparkline :

1. **Cliquez sur le graphique sparkline.**

2. **Appuyez sur les touches Ctrl + C afin de copier le graphique.**

   Un cadre à tirets mobiles entoure le graphique.

3. **Cliquez à l'emplacement où vous désirez copier le graphique sparkline.**

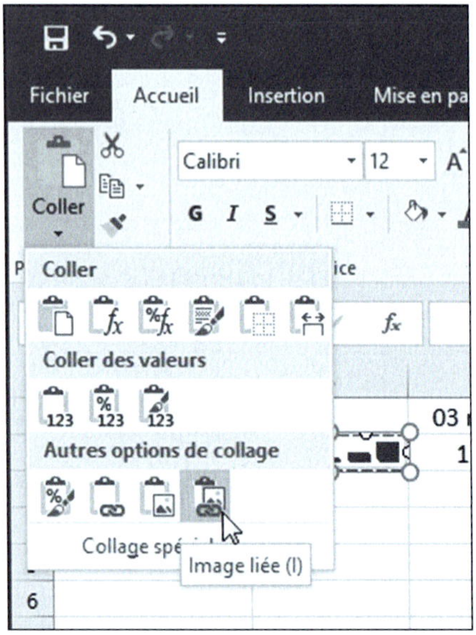

Figure 6.5 : Cliquez sur l'icône Image liée afin que le graphique sparkline conserve ses liens dynamiques.

4. **Dans le groupe Presse-papiers, à droite dans le ruban Accueil, cliquez sur Coller (le mot, pas l'icône).**

   La palette des options de collage spécial apparaît.

5. **Si le graphique sparkline n'occupe qu'une seule cellule, cliquez sur l'icône Image liée, comme le montre la Figure 6.5.**

   Le graphique sparkline collé apparaît dans un cadre qui peut être redimensionné et être pivoté, comme l'illustre la Figure 6.6. Même incliné, il sera mis à jour si les données source varient.

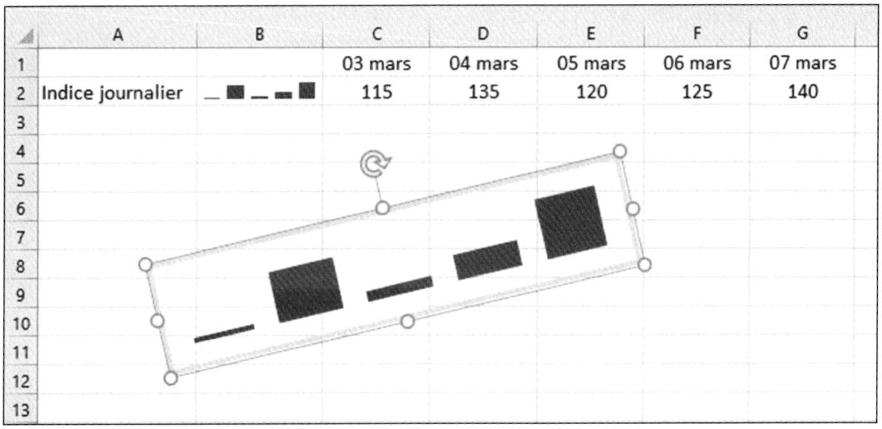

Figure 6.6 : Même redimensionné et incliné, le graphique sparkline est mis à jour lorsque les données source changent.

En revanche, si le graphique sparkline s'étend sur plusieurs cellules, vous devez le coller en tant que simple image en cliquant sur l'icône Image. Excel ne vous laisse pas le choix. Il refusera de le coller en tant qu'image liée.

Supprimer un graphique sparkline

Pour supprimer un graphique sparkline, cliquez dessus du bouton droit et dans le menu, cliquez sur Supprimer les graphiques sparkline sélectionnés.

Les fonctions cartographiques

Les fonctions cartographiques d'Excel ne datent pas d'hier. Excel 2000, 2002 et 2003 étaient capables de représenter des données sur des cartes de géographie, puis la fonction avait mystérieusement disparu. Puis elles sont revenues sous une autre forme. Excel 2016 possède plusieurs outils de cartographie.

Le graphique Carte 3D

Carte 3D est un module de cartographie de données intégré à Excel. Son icône se trouve dans le groupe Présentations du ruban Insertion. Cette fonctionnalité était d'abord une application indépendante nommée Power Maps, avant d'être intégrée à Excel sous le nom de Carte 3D. À l'heure où ces lignes étaient écrites, le nom d'origine Maps 3D était encore utilisé dans plusieurs menus et éléments de l'interface ; c'est une lacune de traduction qui sera peut-être corrigée lors d'une prochaine mise à jour.

La première fois que vous utilisez Carte 3D, Excel affiche le message que montre la Figure 6.7. Il demande d'activer le complément d'analyse de données afin de pouvoir utiliser cette fonctionnalité cartographique. Cliquez sur Activer.

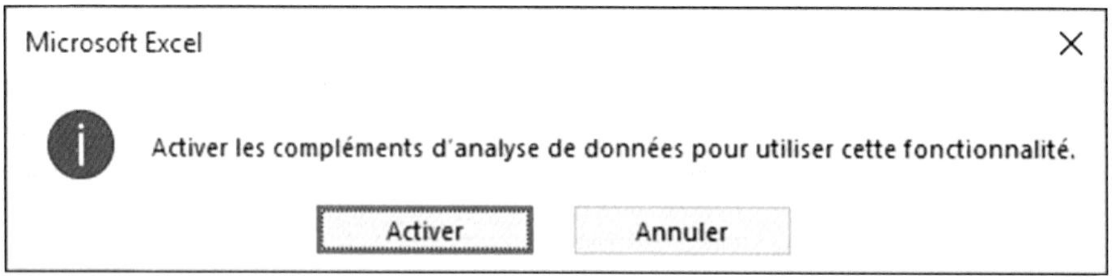

Figure 6.7 : Activez l'analyse de données pour utiliser Carte 3D.

Préparer les données pour Carte 3D

Pour utiliser Cartes 3D, il est nécessaire de définir au moins deux éléments répartis sur deux lignes : une étiquette placée dans une cellule, et une donnée placée dessous.

Dans la colonne contenant des noms de lieux, vous pouvez saisir des noms d'agglomérations, ou des noms de régions de France (lors de la rédaction de ce livre, Carte 3D utilisait les noms des 22 régions administratives) ou des codes postaux. Si vous avez saisi des noms de région, les données apparaîtront à l'emplacement des capitales régionales.

La Figure 6.8 montre une plage de données exploitable par Carte 3D : la colonne A contient un en-tête Ville et dessous, des noms de villes que Carte 3D saura localiser, et la colonne B contient un en-tête Ventes avec, dessous, des valeurs à représenter.

	A	B	C	D	E
1	Ville	Trim1	Trim2	Trim3	Trim4
2	Lille	11 597 €	16 856 €	23 481 €	29 164 €
3	Lyon	66 890 €	73 029 €	79 335 €	84 864 €
4	Marseille	98 065 €	104 745 €	111 140 €	117 441 €
5	Paris	15 790 €	21 590 €	27 759 €	34 006 €
6	Rennes	45 600 €	51 383 €	56 818 €	62 220 €
7	Strasbourg	23 650 €	29 981 €	35 401 €	41 493 €
8	Toulouse	55 500 €	61 415 €	67 531 €	72 881 €
9					

Figure 6.8 : Placez des en-têtes dans la première ligne.

La plage de données doit ensuite être convertie en tableau de la manière suivante :

1. **Cliquez sur une cellule de la plage de données.**

2. **Cliquez sur l'onglet du ruban Insertion puis, dans le groupe Tableaux, cliquez sur l'icône Tableau.**

   Dans la terminologie d'Excel, un tableau est plus qu'une simple plage de données. Il possède des propriétés exploitables par des compléments comme, en l'occurrence, Carte 3D.

   Excel délimite automatiquement la plage de cellules et affiche la boîte de dialogue Créer un tableau que montre la Figure 6.9. Les références étant correctes, dans le champ de saisie, et la case Mon tableau comporte des en-têtes, en bas, étant cochée, vous n'avez rien à faire.

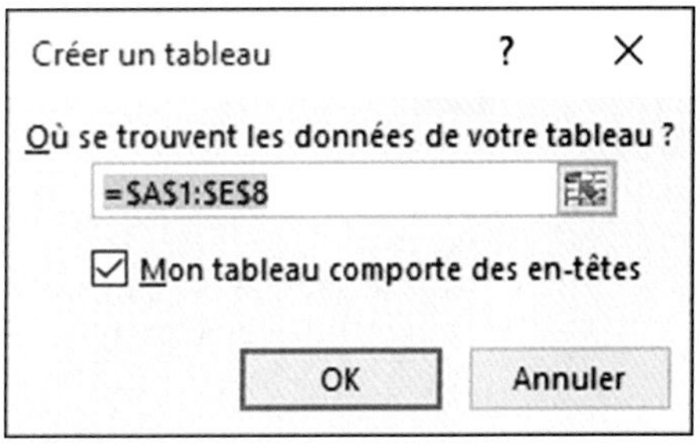

Figure 6.9 : Création du tableau.

3. **Cliquez sur OK.**

   Excel transforme la plage de données en tableau et lui attribue un thème de couleur (Figure 6.10).

Nous pouvons à présent reporter les données dans Carte 3D.

	A	B	C	D	E
1	Ville	Trim1	Trim2	Trim3	Trim4
2	Lille	11 597 €	16 856 €	23 481 €	29 164 €
3	Lyon	66 890 €	73 029 €	79 335 €	84 864 €
4	Marseille	98 065 €	104 745 €	111 140 €	117 441 €
5	Paris	15 790 €	21 590 €	27 759 €	34 006 €
6	Rennes	45 600 €	51 383 €	56 818 €	62 220 €
7	Strasbourg	23 650 €	29 981 €	35 401 €	41 493 €
8	Toulouse	55 500 €	61 415 €	67 531 €	72 881 €
9					

Figure 6.10 : Le tableau est prêt.

L'interface de Carte 3D

Procédez comme suit pour ouvrir Carte 3D.

1. **Cliquez dans le tableau de données.**
2. **Cliquez sur l'onglet du ruban Insertion.**
3. **Dans le groupe Présentations, cliquez sur l'icône Carte 3D.**

   L'interface de Carte 3D apparaît en plein écran, comme le montre la Figure 6.11.

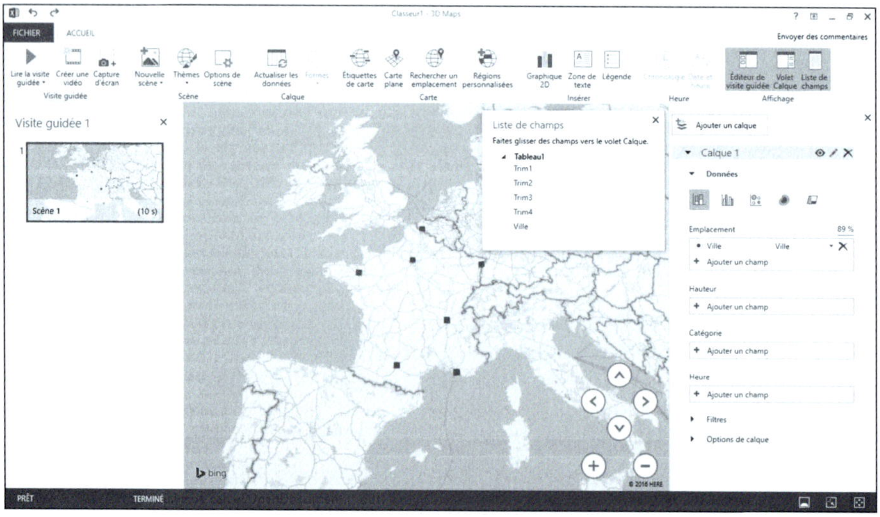

Figure 6.11 : L'interface de Carte 3D.

Carte 3D est divisé en trois volets. Le premier, à gauche, montre la vignette d'une vidéo qui peut être créée à partir de la scène cartographique.

Le volet central est un globe terrestre cadré sur la partie du monde englobant les noms des villes mentionnées précédemment dans le tableau. Il contient plusieurs boutons de navigation :

- **Zoom avant :** cadre la carte plus serré.

- **Zoom arrière :** cadre la carte plus large.

- **Pivoter vers le bas :** bascule la carte en arrière afin de la voir en perspective.

- **Pivoter vers le haut :** relève la carte jusqu'à ce qu'elle soit affichée en plan, sans perspective.

- **Pivoter à gauche :** bascule la carte dans le sens antihoraire.

- **Pivoter à droite :** bascule la carte dans le sens horaire.

- **Afficher/masquer les boutons de navigation :** efface ou fait réapparaître les boutons.

Pour repositionner la carte, cliquez dessus puis, bouton de la souris enfoncé, faites-la glisser dans la direction désirée.

Le volet de droite, nommé Calque 1, est constitué de panneaux de paramétrages et de calques sur lesquels sont déposées les données. Plusieurs calques peuvent être définis pour autant de tableaux. La rubrique Données contient quatre icônes qui nous seront très utiles pour visualiser les données :

- **Histogramme empilé :** affiche les données sous la forme d'un histogramme empilé les données situées sur une même ligne, dans le tableau.

- **Histogramme groupé :** affiche les données sous la forme d'un histogramme groupé créé à partir des données situées sur une même ligne, dans le tableau.

- **Bulles :** affiche les données sous la forme de bulles dont le diamètre est proportionnel aux valeurs représentées.

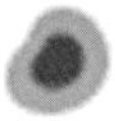

- **Carte thermique :** affiche les données sous la forme de points dont le diamètre est proportionnel aux valeurs, et dont la couleur s'étend du rouge au bleu selon que les valeurs sont faibles ou élevées.

- **Région :** affiche le graphique selon des paires Pays/Région, Département/Région, Code postal ou Régions personnalisées.

Afficher les données sur Carte 3D

Dans le volet de droite, remarquez dans le champ Emplacement, que l'en-tête Ville est déjà en place. Nous n'aurons pas à nous en occuper. Pour libérer de l'espace, fermez le volet de gauche, car nous n'en aurons pas besoin pour cet exercice, puis zoomez un peu plus serré sur la carte. Au besoin, redressez-la. Ensuite :

1. **Dans le volet de droite, cliquez sur le champ Catégorie.**

2. **Dans le menu, cliquez sur l'en-tête de tableau nommé Trim1, comme le montre la Figure 6.12.**

   Les valeurs apparaissent aussitôt sur la carte (Figure 6.13). Si des colonnes se chevauchent ou s'occultent, changer l'angle de vue avec les boutons de navigation gauche et droit.

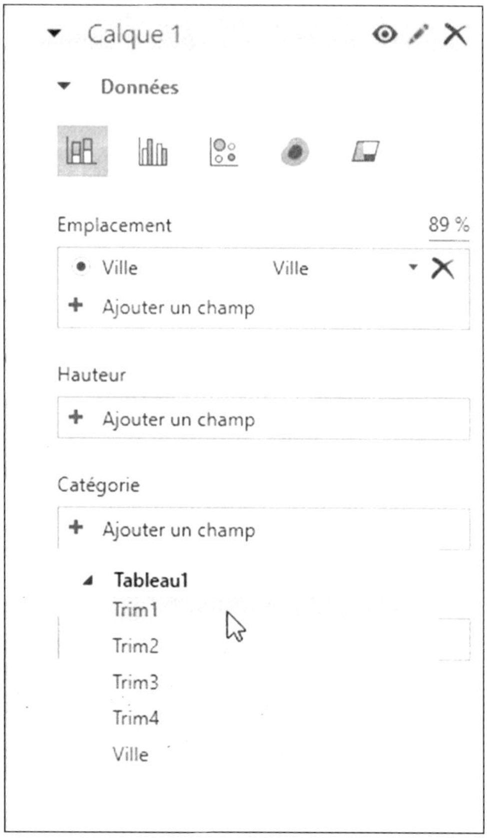

Figure 6.12 : Choisissez une série de données à représenter sur la carte.

3. **(Facultatif) L'épaisseur, la hauteur et la couleur des colonnes sont réglables. Déployez le menu Options de calque, en bas du volet de droite, puis réglez les glissières Hauteur et Épaisseur. Toutes les colonnes sont modifiées simultanément. Cliquez ensuite sur le menu Couleur, choisissez une valeur dont vous désirez modifier la teinte, puis cliquez sur le carré coloré afin d'en choisir une autre (Figure 6.14).**

   Pour représenter d'autres données sur la carte, vous devez ajouter un calque.

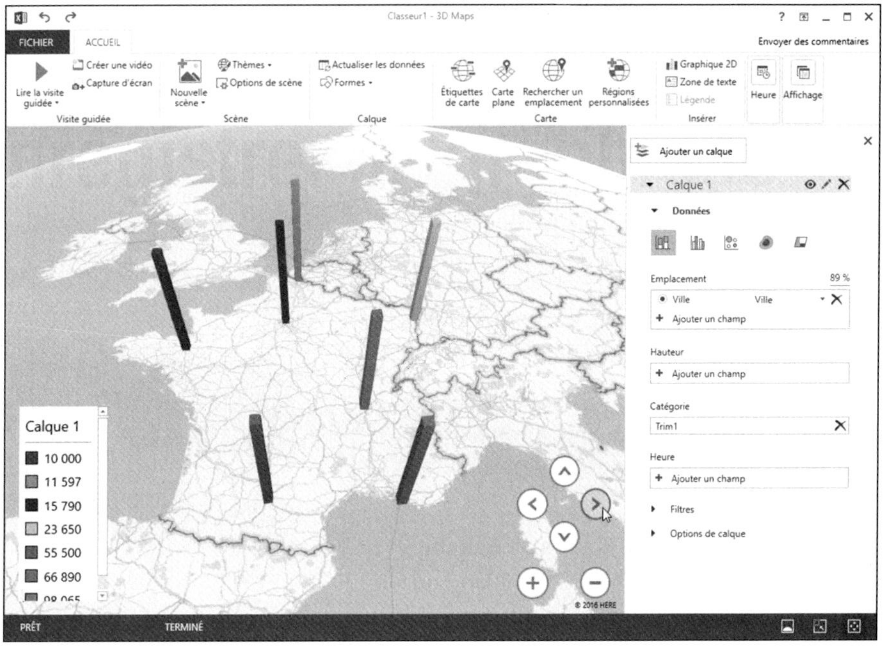

Figure 6.13 : Les valeurs du premier trimestre (en-tête Trim1) apparaissent sur la carte.

4. **En haut du volet, cliquez sur le bouton Ajouter un calque.**

   Un élément Calque 2 est créé. Ajoutez un autre en-tête – celui nommé Trim2 – comme expliqué précédemment. Dans la Figure 6.15, l'épaisseur et la hauteur des colonnes du Calque 1 ont été modifiées. Les colonnes du Calque 2, dépassent des premières.

Les calques permettent également de varier les types de graphiques. Par exemple, une série peut être représentée par des histogrammes, une autre par des bulles. L'essentiel est que les données restent lisibles et interprétables. Mais c'est là une question de goût personnel.

Quelques options permettent d'agrémenter la carte :

- **Étiquettes de carte :** affiche le nom des villes et des pays sur la carte.

- **Carte plane :** remplace le globe terrestre par un planisphère.

- **Rechercher un emplacement :** permet de localiser un lieu par son nom ou par son adresse postale.

- **Régions personnalisées :** permet d'importer un fichier de systèmes d'informations géographiques aux formats .kml (*Keyhole Markup Lan-*

guage, langage de balises géolocales) ou .shp (*Shapefile,* fichier de forme).

Mettre les données à jour

Il n'existe pas de lien dynamique en temps réel entre le tableau Excel et Carte 3D. Pour mettre à jour des données modifiées dans le tableau Excel, commencez par enregistrer le dossier Excel afin que les modifications soient présentes dans le fichier.

Ensuite, dans le ruban de Carte 3D, cliquez sur le bouton Actualiser les données.

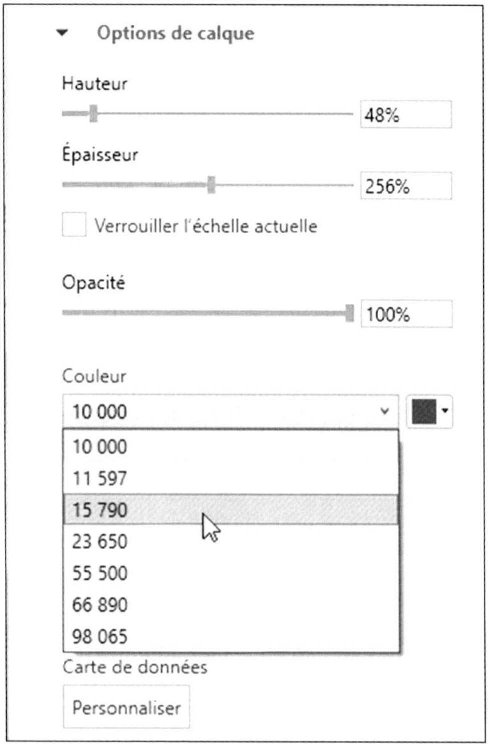

Figure 6.14 : Réglez ici la hauteur, l'épaisseur des colonnes, et la couleur de chacune d'elles en particulier (ici, celle dont la valeur est 15 790).

Enregistrer l'image de Carte 3D

Aucune fonction d'enregistrement n'est prévue pour les images de Carte 3D. Il est néanmoins possible de l'enregistrer en la faisant transiter par le presse-papiers de Windows :

1. **Assurez-vous que la carte est bien dégagée.**

   Tirez hors de la carte tous les éléments superflus, comme le panneau flottant Liste des champs et autres éléments gênants. Désactivez l'affichage des boutons de navigation.

2. **En haut à gauche dans l'unique ruban de Carte 3D, dans le groupe Visite guidée, cliquez sur Capture d'écran.**

   La carte est copiée dans le Presse-papiers de Windows.

3. **Pour enregistrer l'image, démarrez l'application de dessin Paint.**

   Elle fait partie des accessoires de Windows. Pour y accéder, cliquez sur le bouton en bas à gauche de l'écran afin d'accéder à l'écran d'accueil, puis saisissez **Paint**. Windows recherche tout ce qui, dans l'ordinateur,

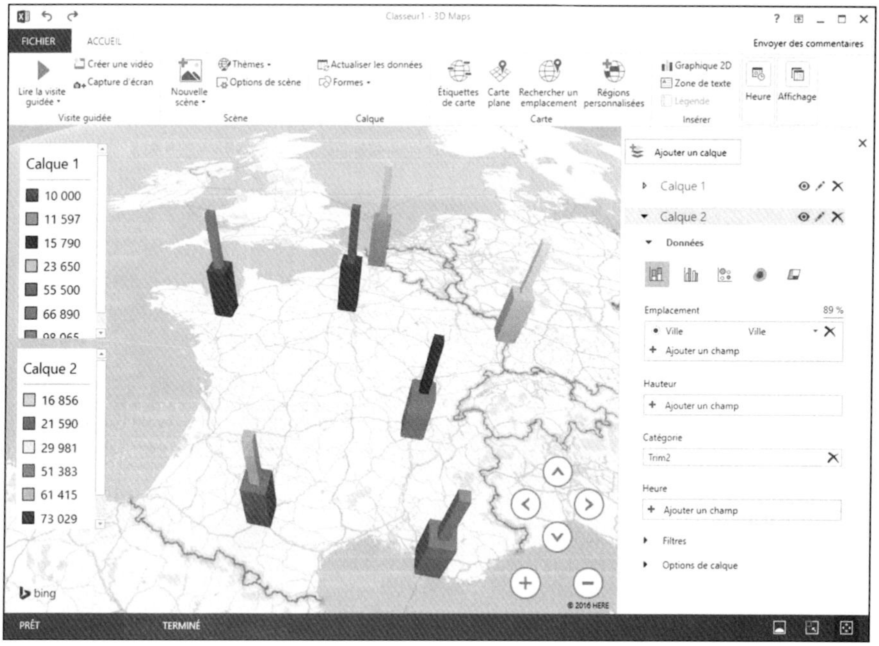

Figure 6.15 : Deux séries superposées sur la carte grâce à l'utilisation de calques.

contient le mot « paint ». Le nom de l'application apparaît en haut de la liste, dans la rubrique Meilleur résultat. Cliquez dessus.

4. **Assurez-vous que l'application Paint est active (cliquez dessus) puis enfoncez les touches Ctrl + V.**

   La carte est copiée dans Paint, comme l'illustre la Figure 6.16.

5. **Toujours dans Paint, cliquez sur Fichier > Enregistrer.**

   La boîte de dialogue Enregistrer sous apparaît.

6. **Naviguez jusqu'au dossier de stockage.**

   Par défaut, Paint enregistre les fichiers dans le dossier Images.

7. **Dans le champ Nom du fichier, en bas à gauche, nommez le fichier.**

8. **Dans le champ type, sous le précédent, choisissez le format de fichier d'image sous lequel la carte sera enregistrée.**

   Parmi les huit formats de fichier d'image proposés, les plus courants sont les suivants :

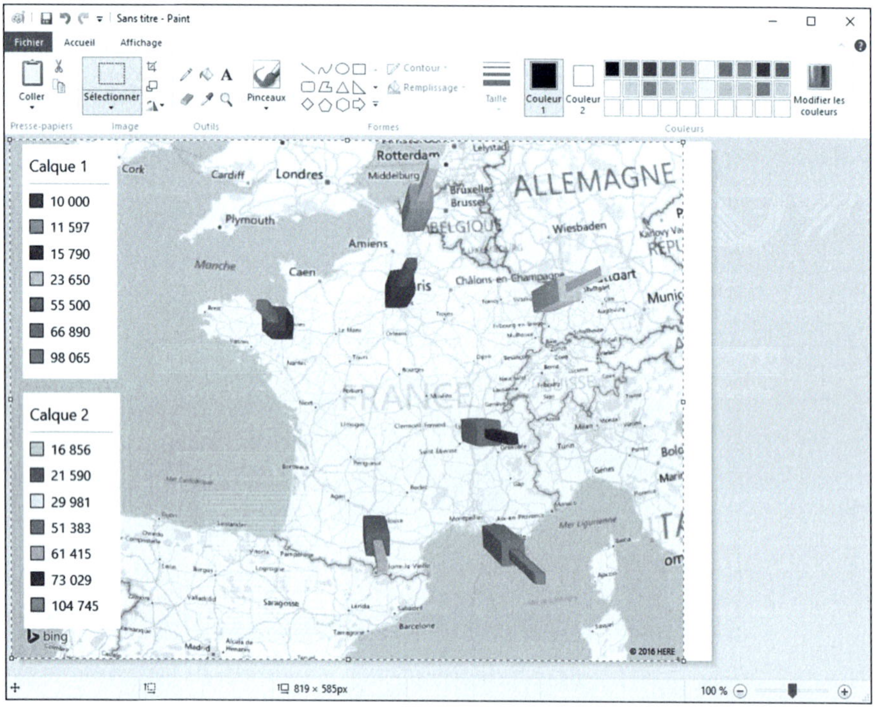

Figure 6.16 : La carte vient d'être copiée dans l'application Paint.

- **JPEG :** format surtout utilisé sur l'Internet et par les appareils photo numériques. Choisissez-le si la carte 3D doit être publiée sur un site Internet, sur un réseau social ou intégrée dans un courrier électronique. Ce fichier est compressé afin d'être moins volumineux, mais au prix d'une dégradation de l'image.

- **PNG :** format voisin du format JPEG. Contrairement à ce dernier, sa compression ne dégrade pas l'image.

- **GIF :** ce type de fichier a été conçu pour les dessins et les logos destinés à être publiés sur l'Internet. Il ne compte que 256 couleurs alors que les autres formats en affichent près de 16,8 millions.

- **TIFF :** format de fichier très utilisé par les professionnels. Il est recommandé pour une importation dans Excel, Word, PowerPoint et d'une manière générale pour tous les logiciels de bureautique et de PAO (Publication Assistée par Ordinateur). Son seul inconvénient est la taille relativement élevée du fichier, en termes d'octets.

9. Cliquez sur le bouton Enregistrer.

Notez que l'image stockée dans le Presse-papiers de Windows peut aussi être collée directement dans Excel, Word, PowerPoint, ou dans n'importe quel autre application ou logiciel acceptant des images.

Utiliser les cartes Bing

Bing est le moteur de recherche développé par Microsoft. Ce concurrent de Google offre quelques fonctionnalités intéressantes, notamment de cartographie, comme nous le verrons ici.

Voici comment insérer des données sur une carte Bing :

1. **Disposez les données dans des colonnes. Dans celle de gauche, saisissez la liste des lieux, dans celle de droite, placez les données à cartographier, comme le montre la Figure 6.17.**

A10

	A	B	C	D	E
1	Ville	Trim1	Trim2	Trim3	Trim4
2	Lille	12 780	16 856	23 481	29 164
3	Lyon	55 065	73 029	44 000	84 864
4	Marseille	98 065	104 745	55 900	117 441
5	Paris	65 000	21 590	38 000	34 006
6	Rennes	45 600	22 345	56 818	62 220
7	Strasbourg	23 650	29 981	11 245	41 493
8	Toulouse	55 500	61 415	32 400	72 881
9					
10					
11					
12					

Figure 6.17 : Disposez les données sous des cellules d'en-tête.

Il est inutile de transformer la plage de données en tableau, comme nous l'avions fait précédemment pour Cartes 3D.

2. **Cliquez hors du tableau.**

N'OUBLIEZ PAS

Pour démarrer, Cartes Bing a besoin que le pointeur se trouve dans le coin supérieur gauche d'une plage de cellules vides de 6 lignes et 3 colonnes. Il y placera un exemple de données.

3. **Dans le groupe Compléments du ruban Insertion, cliquez sur l'icône Cartes Bing.**

Excel ouvre un panneau Bienvenue dans Cartes Bing.

4. **Dans le panneau de bienvenue, cliquez sur le bouton Insérer des données.**

   Excel affiche un planisphère dans lequel se trouvent déjà des données factices pour cinq villes du monde (Seattle, Berlin, Londres, Paris et Tokyo) comme le montre la Figure 6.18.

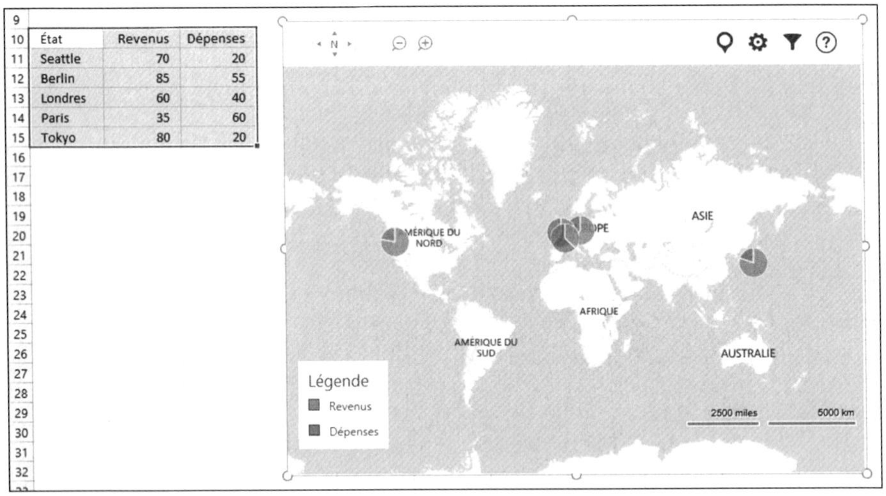

Figure 6.18 : La carte Bing affiche des données pour quelques villes du monde.

5. **Sélectionnez la plage de données que vous avez créée à l'étape 1, en n'omettant pas les en-têtes.**

6. **En haut à droite de la carte Bing, cliquez sur l'icône Afficher les emplacements.**

   La carte de géographie zoome sur la région englobant les villes figurant dans la plage de données, et affiche des petits graphiques à secteurs, comme le montre la Figure 6.19. Les légendes sont affichées en bas à gauche dans un panneau flottant. Il est déplaçable, mais pas redimensionnable.

   La carte est redimensionnable et déplaçable. Utilisez les boutons de navigation en haut à gauche pour la faire défiler et/ou zoomer dedans. La carte peut aussi être repositionnée à la souris.

7. **Pour avoir des détails sur l'un des graphiques à secteurs, cliquez dessus. Une info-bulle affiche ses données (Figure 6.20). Cliquez ensuite sur la croix en haut à droite de l'info-bulle pour la fermer.**

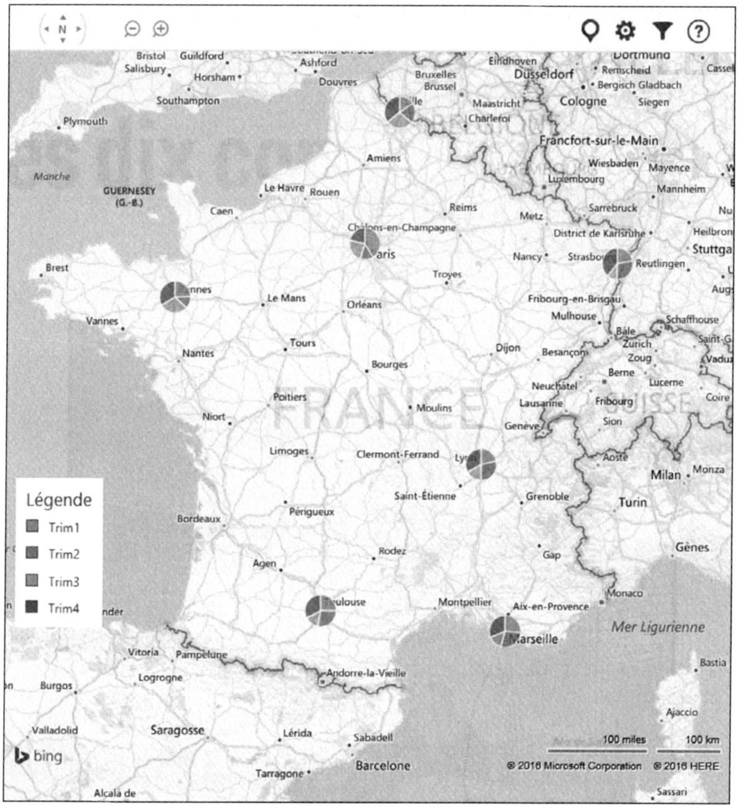

Figure 6.19 : La carte Bing affiche les données issues de la plage de données que vous venez de sélectionner.

La carte Bing est paramétrable. Cliquez sur l'icône en forme de roue dentée, en haut à droite, pour afficher le volet que montre la Figure 6.21. Il est divisé en trois rubriques :

- **Type de carte :**
  - **Automatiquement :** Excel choisi entre une carte routière ou une imagerie satellitaire. En général, il choisit la première option.

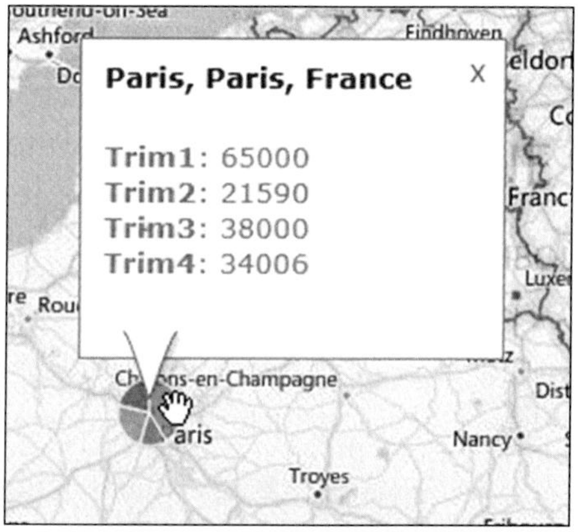

Figure 6.20 : Cliquez sur un graphique pour connaître ses données.

- **Route :** affiche une carte routière.
- **Vue aérienne :** une photographie aérienne est placée sous le tracé des routes (Figure 6.22). Deux boutons en forme de flèches incurvées apparaissent de part et d'autre du bouton de navigation, en haut à gauche. Ils servent à faire pivoter la carte.

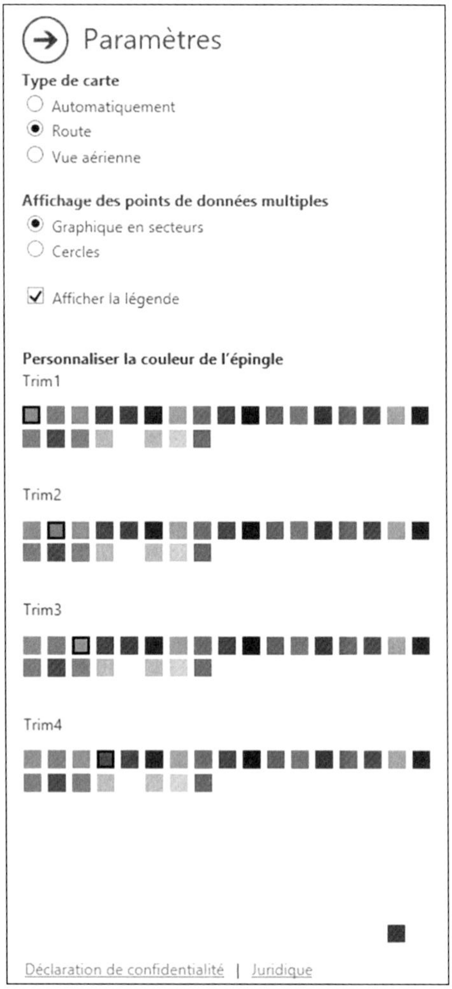

Figure 6.21 : Les paramétrages de la carte Bing.

- **Affichage des points de données multiples :**
  - **Graphique en secteurs :** chaque série apparaît sous la forme d'un petit graphique à secteurs. Son diamètre n'est malheureusement pas réglable.
  - **Cercle :** les points de données sont placés en cercles concentriques dont le diamètre est proportionnel à leurs valeurs.
- **Afficher la légende :** lorsque la case est décochée, le panneau montrant les couleurs des points de données n'est plus affiché.
- **Personnaliser la couleur de l'épingle :** l'épingle est en réalité un secteur ou un cercle. Chaque point de données possède un nuancier. Cliquez sur la couleur à lui attribuer.

8. **Pour fermer le volet des paramètres, cliquez sur le bouton en haut à gauche de Paramètres.**

La carte Bing est automatiquement mise à jour lorsque des valeurs sont modifiées dans la plage de données.

Figure 6.22 : La carte Bing affichée avec une imagerie satellitaire.

Si Excel ne mettait pas spontanément les données à jour, cliquez sur la carte puis cliquez sur le bouton en haut à droite de la carte Bing. Dans le menu, choisissez Recharger.

Enregistrer une carte Bing

La carte Bing ne possède pas de commande d'enregistrement permettant de la stocker sous la forme d'un fichier d'image. À la place, elle transforme la carte en objet image déposé sur la feuille de calcul :

1. **Assurez-vous que la carte se présente comme vous le désirez, avec ou sans le panneau de légendes, et qu'elle est positionnée là où elle doit l'être dans la feuille de calcul.**
2. **Cliquez sur la carte puis cliquez sur le bouton en haut à droite.**
3. **Dans le menu, choisissez Afficher sous forme d'image enregistrée.**

Apparemment, rien ne se produit, mais si vous essayez de cliquer sur des boutons ou sur des icônes, vous constaterez que la carte est à présent inerte. Elle est devenue un objet image intégré à la feuille de calcul.

4. **Double-cliquez sur la carte afin de sélectionner – des poignées de redimensionnement circulaires apparaissent autour de carte Bing – puis enfoncez les touches Ctrl + C afin de copier l'image dans le Presse-papiers de Windows.**

La carte Bing est mémorisée sous forme d'image dans le Presse-papiers de Windows. Pour la convertir en un fichier d'image au format JPEG, TIFF ou autre, ouvrez l'application Paint, comme expliqué précédemment dans la section « Enregistrer l'image de Carte 3D ». Vous pouvez aussi coller immédiatement l'image dans n'importe quelle feuille de calcul ou application acceptant l'inclusion d'un fichier image. C'est le cas de Word, PowerPoint et de beaucoup d'autres.

Cliquez à l'emplacement où devra se trouver le coin supérieur gauche de l'image, et appuyez ensuite sur Ctrl + V pour coller l'image.

Le graphique People Graph

Le graphique People Graph a été conçu à l'origine pour représenter des populations sur une sorte de graphique à barres comme celui que montre la Figure 6.23. Il n'utilise que deux colonnes : l'une avec des légendes, l'autre avec des nombres. Dans sa mise en œuvre, l'application s'apparente à Carte Bing que nous venons d'étudier. C'est aussi le cas de son interface.

Voici comment créer un graphique à barres People Graph :

1. **Placez une liste de légendes – classiquement, des noms de lieux – dans une première colonne, et des nombres dans la colonne juste à droite.**

2. **Cliquez sur l'onglet du ruban Insertion puis, dans le groupe Compléments, cliquez sur l'icône People Graph.**

   Excel affiche un panneau donnant une idée de l'aspect d'un People Graph, un « graphique de population ».

3. **Cliquez sur l'icône en forme de tableau, en haut à droite de People Graph.**

   Un volet apparaît à droite de People Graph (Figure 6.24).

4. **Saisissez un titre.**

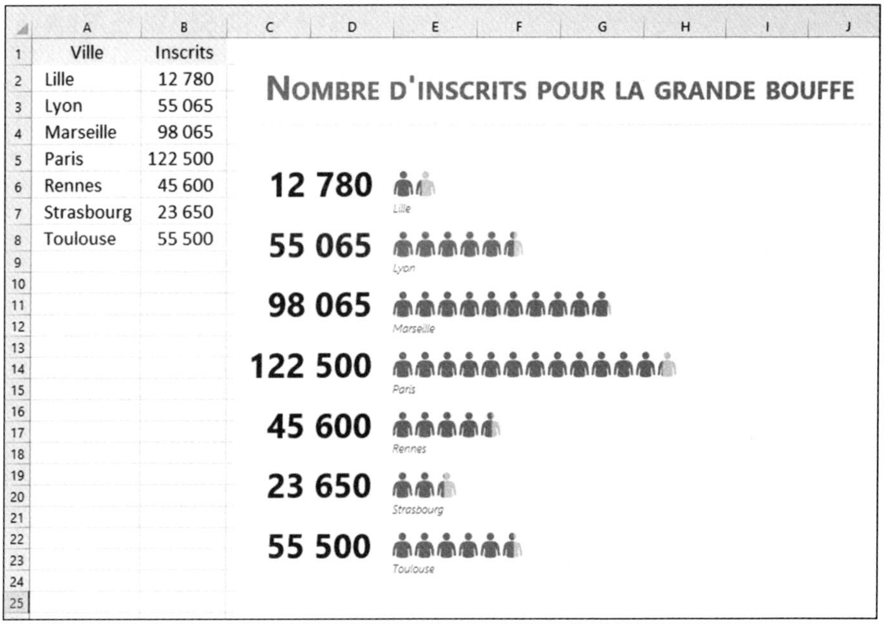

Figure 6.23 : Un graphique People Graph n'utilise que deux colonnes.

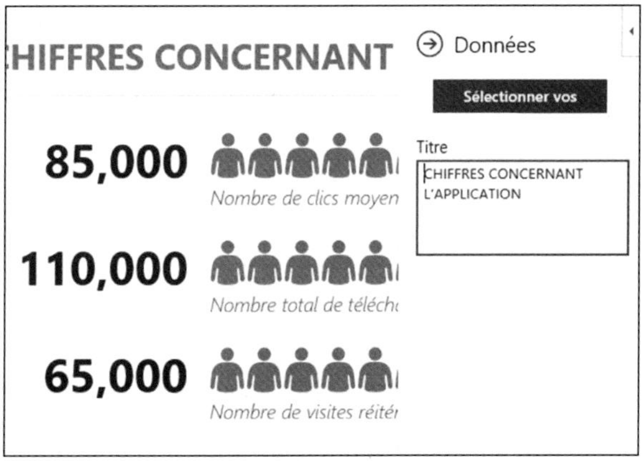

Figure 6.24 : Saisissez le titre du graphique People Graph.

ATTENTION !

N'omettez pas cette étape, car sinon, le titre de substitution « Chiffres concernant l'application » serait affiché. Vous pourrez aussi choisir de ne rien mettre.

5. **Cliquez sur le bouton Sélectionnez vos données.**

6. **Cliquez dans un coin de la plage de données puis, bouton de la souris enfoncé, tirez un cadre de sélection jusqu'au coin opposé.**

7. **Cliquez sur le bouton Créer.**

   L'application People Graph crée le graphique à barres orné de petits pictogrammes en forme de silhouettes. Les valeurs sont affichées en grand, comme l'illustre la figure au début de cette section, et les légendes sont mentionnées en tout petit sous les barres.

Le graphique est déplaçable et redimensionnable. Double-cliquez dessus pour afficher les poignées de redimensionnement.

Modifier un People Graph

Comme on le constate, People Graph n'est pas un monstre de complexité. Le bouton de paramétrage en haut à droite contient quelques options sympathiques :

1. **Cliquez sur People Graph pour faire apparaître ses commandes, en haut à droite.**

2. **Cliquez sur le bouton en forme de roue dentée.**

   Il ouvre un volet contenant des paramètres répartis dans trois onglets : Type, Thème et Forme. L'onglet Type propose trois présentations différentes.

3. **Cliquez sur la présentation désirée (Figure 6.25).**

4. **Cliquez sur l'icône Thème.**

   Le volet présente un choix de couleurs pour les silhouettes et pour le fond (Figure 6.26).

5. **Cliquez sur l'onglet Forme.**

   Le volet propose les seize pictogrammes visibles dans la Figure 6.27.

6. **Cliquez sur le bouton à gauche de Paramètres pour fermer le volet.**

People Graph ne possède que peu d'options supplémentaires. Le menu qui se déploie en cliquant sur le bouton dans le coin en haut à droite contient les mêmes options que Carte Bing. Vous y trouverez, entre autres, l'option Afficher sous forme d'image enregistrée, décrite précédemment dans l'étude de la carte Bing, qui permet de figer le People Graph sous forme d'une image que vous pourrez ensuite copier et coller.

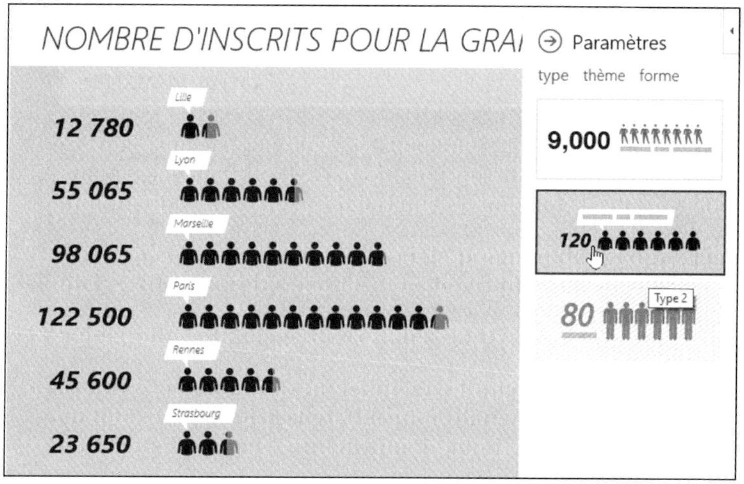

Figure 6.25 : Choisissez une présentation.

Rappelons que des histogrammes faits de pictogrammes peuvent aussi être réalisés à partir d'un histogramme en colonnes ou à barres, comme nous l'avons vu dans la section « Répéter une image » au Chapitre 4, « La mise en forme des graphiques ». De plus, comme nous le verrons dans la prochaine section, un caractère typographique peut faire de même.

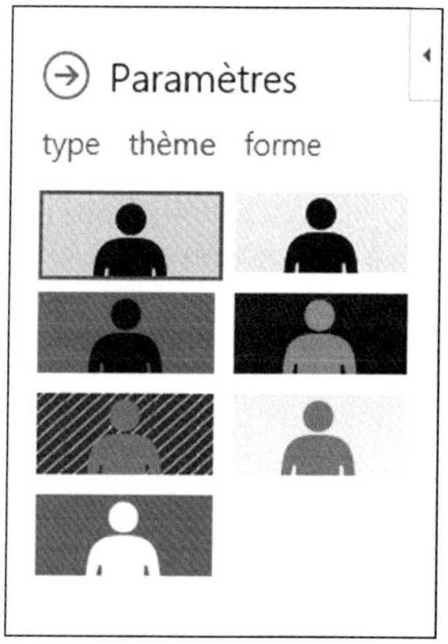

Figure 6.26 : Choisissez un jeu de coloris.

Des histogrammes à partir de cellules

Nous avons jusqu'à présent utilisé de nombreuses fonctionnalités de graphique d'Excel, notamment tous les types du groupe Graphiques, les graphiques sparkline, ainsi que la Carte 3D, la carte Bing et le People Graph.

Mais saviez-vous qu'il est possible de créer des graphiques directement sur la feuille de calcul, avec les classiques fonctions d'Excel ? Il suffit d'un peu d'astuce et une feuille de calcul prend un aspect complètement différent.

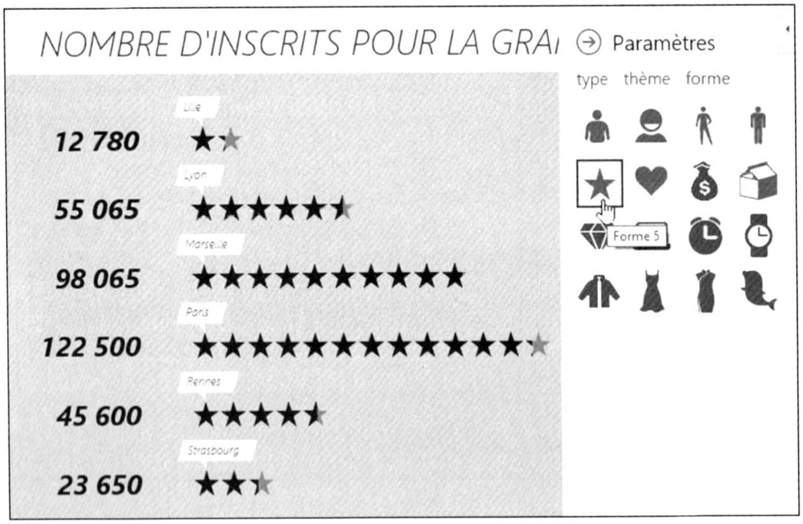

Figure 6.27 : Choisissez un pictogramme.

Créer une cellule à barres

Les graphiques à barres d'Excel sont splendides, mais quand il s'agit de n'en montrer que peu, et de préférence en regard d'un nombre qui peut varier, une cellule sera parfois plus appropriée. Le principe est simple : nous utiliserons la fonction REPT pour répéter un caractère typographique.

Le nombre que devra représenter la cellule à barres peut être n'importe quel résultat obtenu au travers d'une fonction. Pour notre démonstration, nous demanderons à Excel de choisir au hasard n'importe quelle valeur entre 50 et 250 grâce à la fonction ALEA.ENTRE.BORNES. Voici comment créer la barre :

1. **Dans la cellule B2, saisissez la formule suivante :**

   ```
   =ALEA.ENTRE.BORNES(5;250)
   ```

   Elle fournit le chiffre que représentera la cellule à barres. Notez que cette fonction aléatoire s'exécute chaque fois que la feuille de calcul est modifiée, ou à chaque appui sur la touche de fonction F9 (elle sert à recalculer la feuille de calcul).

2. **Cliquez dans la cellule B2 puis, dans le groupe Police du ruban Accueil, déroulez la liste des polices et choisissez la police Playbill.**

Elle offre un avantage intéressant sur les autres : le caractère que nous répéterons se succédera sans solution de continuité et formera ainsi une barre continue.

3. **Toujours dans la cellule B2, tapez la formule suivante, dans laquelle le caractère entre guillemets est obtenu avec la combinaison de touches AltGr + - (tiret du 6) comme le montre la Figure 6.28 :**

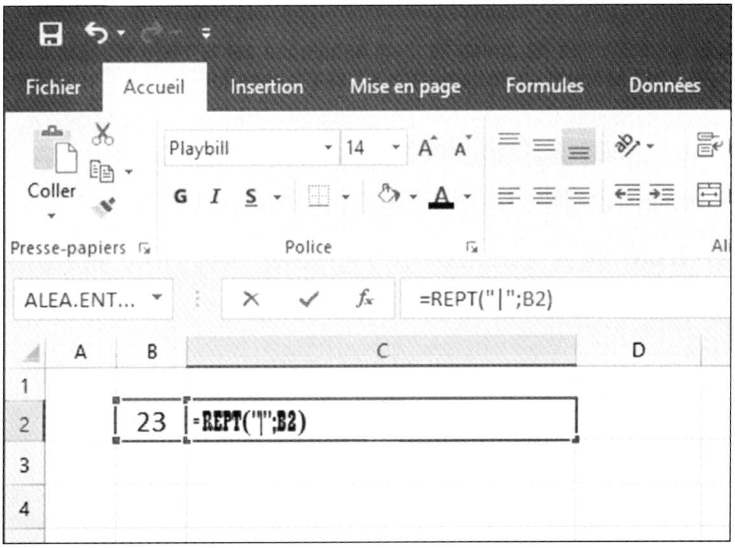

Figure 6.28 : Saisissez la formule qui formera la barre.

```
=REPT("|";B2)
```

Cette formule demande à Excel de répéter le caractère entre guillemets autant de fois que l'indique le nombre dans la cellule B2.

4. **Appuyez sur la touche Entrée.**

Excel crée aussitôt une barre correspondant à la valeur dans la cellule source (Figure 6.29).

Pour tester la cellule à barre, appuyez sur la touche F9. Une nouvelle valeur apparaîtra dans la cellule source.

TRUC

La barre que nous avons créée est quelque peu austère, mais il est possible d'améliorer son aspect de diverses manières : en changeant sa taille et couleur, en choisissant une autre police, en alignant la cellule à droite... La Figure 6.30 montre quelques-unes de ses variantes.

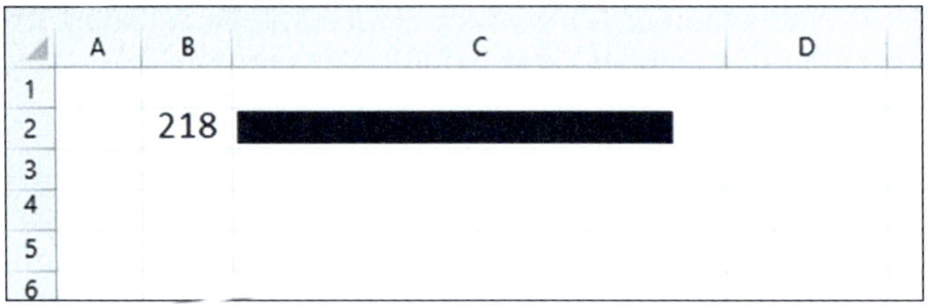

Figure 6.29 : Cette barre est formée par la répétition de 218 bâtons.

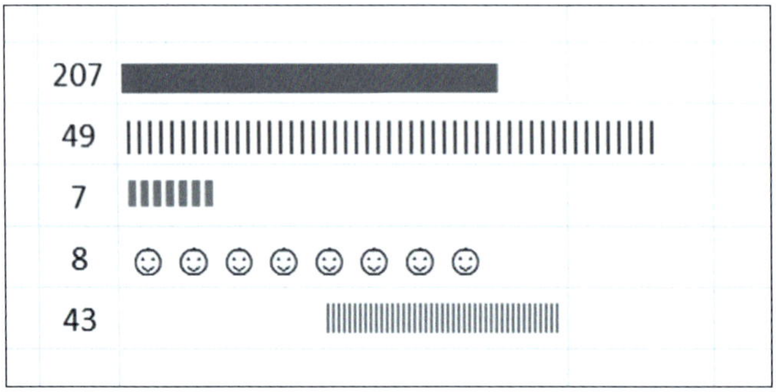

Figure 6.30 : Quelques variantes d'une cellule à barres.

ATTENTION !

La barre doit avoir de la place pour s'étendre. Si la cellule à droite est libre, la barre peut s'y étendre. Mais si elle contient une donnée, la barre sera tronquée. Si la barre est alignée à droite dans la cellule, il lui faudra de la place pour s'étendre vers la gauche.

Créer un histogramme à cellules

Dans une feuille de calcul, une plage de données ne pourrait-elle pas devenir une colonne d'histogramme ? Après tout, les deux sont rectangulaires. L'apparentement s'arrête là, car l'histogramme à cellules que nous allons créer n'aura jamais la précision d'une colonne. Mais pour certaines situations, l'histogramme à cellules peut être une solution intéressante. Selon la valeur qui se trouve dans une cellule, un nombre correspondant de cellules change de couleur.

La mise en forme conditionnelle

Cet histogramme est basé sur une mise en forme conditionnelle des cellules formant l'histogramme. Pour comprendre le principe, nous devons d'abord expliquer le principe de la mise en forme conditionnelle. Cette fonction permet de changer la police dans une cellule, la couleur de fond d'une cellule et d'autres propriétés si une condition est remplie.

Procédez comme suit pour définir une condition :

1. **Cliquez sur la cellule devant recevoir la mise en forme conditionnelle.**

   Elle peut aussi être appliquée à une plage de cellules, mais pour notre projet, nous devrons l'appliquer cellule par cellule, car le critère n'est jamais exactement le même.

2. **Dans le groupe Style du ruban Accueil, cliquez sur l'icône Mise en forme conditionnelle puis choisissez l'option Nouvelle règle.**

   La boîte de dialogue Nouvelle règle de mise en forme apparaît.

3. **Dans la liste Sélectionnez un type de règle, cliquez sur l'option Appliquer une mise en forme uniquement aux cellules qui contiennent [le critère], comme le montre la Figure 6.31.**

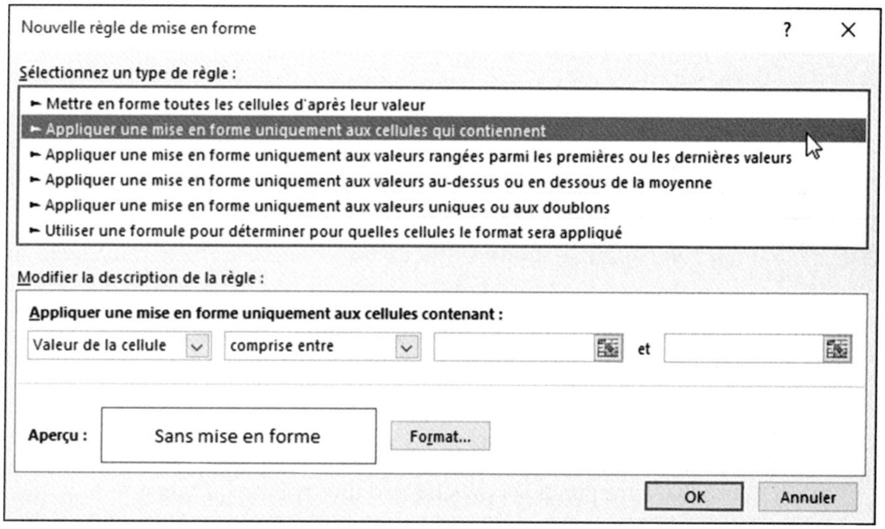

Figure 6.31 : Choisissez la condition à appliquer.

4. **Définissez le critère dans la rubrique Modifier la description de la règle.**

   Pour notre projet, il est inutile de modifier le menu Valeur de la cellule, car c'est bien de cela qu'il s'agit.

En revanche, dans le second menu que montre la Figure 6.32, nous utiliserons les opérateurs Comprise entre et Égale à.

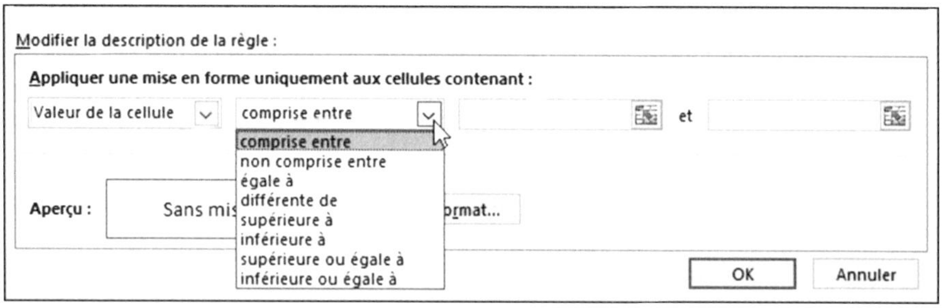

Figure 6.32 : Choisissez un opérateur.

Dans le ou les champs à droite des menus, vous devrez entrer des valeurs entre 1 et 6. Nous vous indiquerons lesquelles le moment venu.

La règle étant définie, il reste à l'appliquer au travers d'une mise en forme particulière. Pour les colonnes de notre histogramme, nous choisirons du rouge pour la police et un même rouge pour le remplissage du fond. Ainsi, la colonne sera d'une couleur uniforme.

5. **Cliquez sur le bouton Format, en bas au milieu de la boîte de dialogue.**

   La boîte de dialogue Format de cellule s'ouvre. Si elle ne s'est pas spontanément ouverte sur l'onglet Police, cliquez sur ce dernier.

6. **Déroulez le menu Couleur puis choisissez une teinte, comme le montre la Figure 6.33.**

7. **Cliquez sur l'onglet Remplissage et dans le nuancier, choisissez exactement la même couleur que pour la police.**

8. **Cliquez sur OK.**

   En bas de la boîte de dialogue Nouvelle règle de mise en forme, l'aperçu montre l'aspect que prendra la cellule (Figure 6.34). Remarquez la couleur uniforme, grâce à la teinte identique pour la police et le remplissage.

9. **Cliquez sur OK.**

La bonne nouvelle, c'est qu'avec un peu de pratique, la mise en forme conditionnelle est beaucoup plus rapide qu'il n'y paraît. La mauvaise nouvelle, c'est que vous devrez appliquer six mises en forme conditionnelles pour le projet d'histogramme.

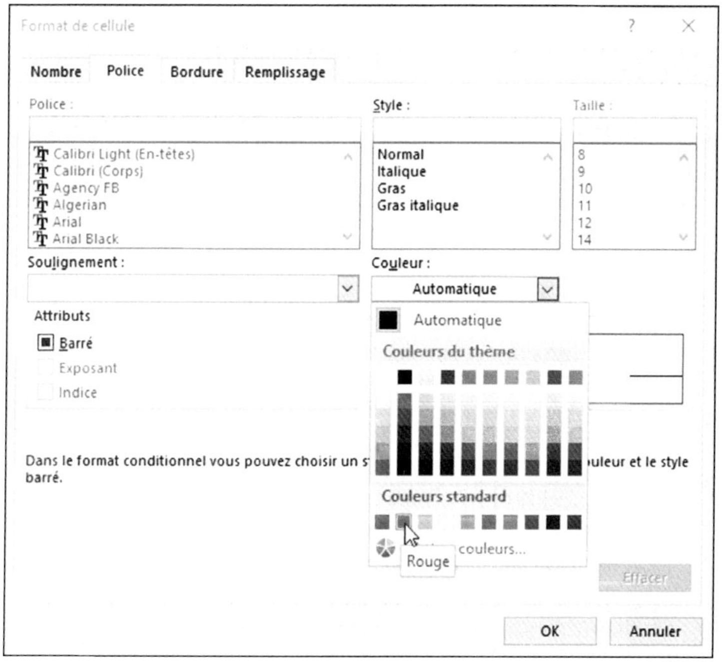

Figure 6.33 : Choisissez la couleur de la police.

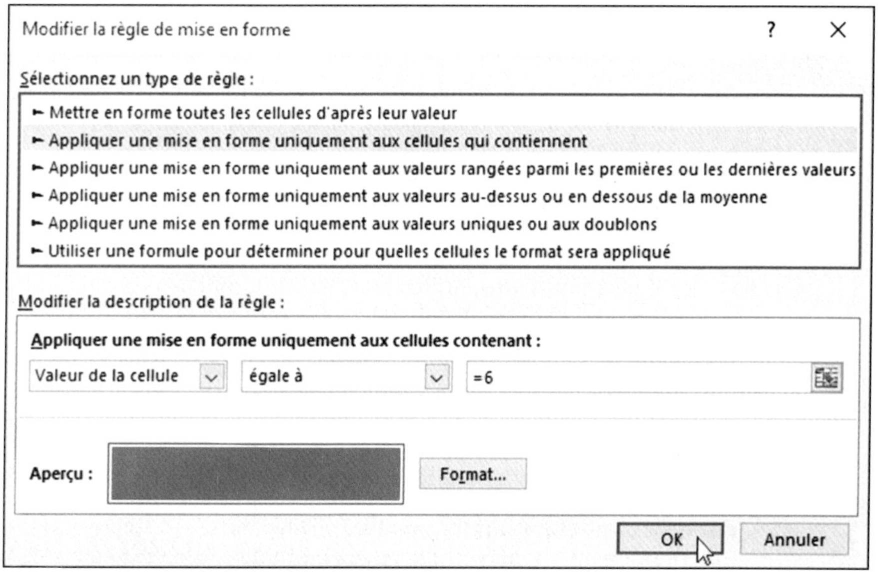

Figure 6.34 : La mise en forme conditionnelle est définie.

Appliquer les mises en forme conditionnelles

Dans les étapes qui suivent, nous ne détaillerons plus l'utilisation de la boîte de dialogue Nouvelle règle de mise en forme ; nous nous contenterons d'indiquer la condition à appliquer. Nous ne détaillerons plus non plus le format à appliquer, car ce sera partout le même que celui décrit précédemment dans les étapes 5 à 8. Voici comment réaliser l'histogramme à six cellules :

1. **Cliquez dans la cellule A1 et tapez une valeur de 1 à 6.**

   Elle nous servira à tester l'histogramme.

2. **Cliquez dans la cellule B2 et tapez cette formule :**

   ```
   =$A$1
   ```

3. **Copiez cette formule jusque dans la cellule B7 en utilisant la poignée de recopie.**

4. **Vous devrez à présent entrer les conditions de mise en forme dans les cellules suivantes :**

   ```
   B2 :  Valeur de la cellule / égale à / 6
   B3 :  Valeur de la cellule / comprise entre / 5 et 6
   B4 :  Valeur de la cellule / comprise entre / 4 et 6
   B5 :  Valeur de la cellule / comprise entre / 3 et 6
   B6 :  Valeur de la cellule / comprise entre / 2 et 6
   B7 :  Valeur de la cellule / égale à / 1
   ```

   Grâce à ces conditions, chacune des cellules B2 à B3 se mettra en rouge ou non selon la valeur de test saisie dans la cellule A1.

   N'oubliez pas de définir le format – texte rouge sur fond rouge – pour chacun des six formats.

   Il reste une dernière mise en forme à effectuer, car les chiffres dans les cellules de l'histogramme sont visibles, affichés en noir, lorsqu'aucune mise en forme conditionnelle n'est appliquée.

5. **Sélectionnez la plage de cellules B2:B7 puis, dans le groupe Police de l'onglet Accueil, cliquez sur le bouton de l'icône Couleur de police et dans le nuancier, choisissez du blanc.**

   Les chiffres sont maintenant en blanc sur fond blanc.

Les mises en forme conditionnelles terminées, vous pouvez tester le bon fonctionnement de la colonne en entrant différentes valeurs dans A2, comme l'illustre la Figure 6.35. N'oubliez pas de tester également une valeur nulle.

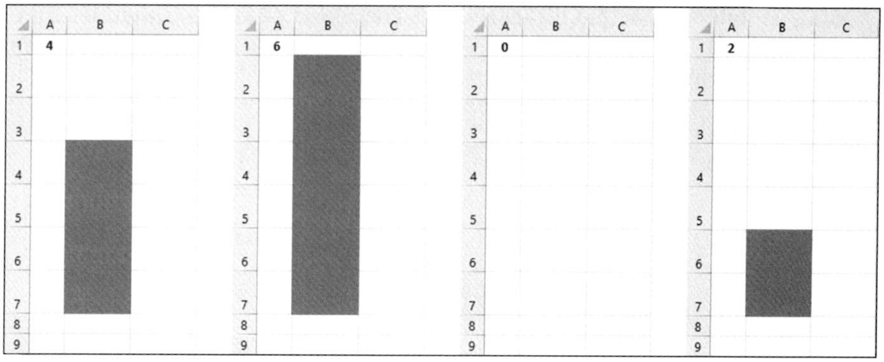

Figure 6.35 : Des tests avec diverses valeurs. La hauteur de la colonne varie selon le chiffre saisi dans la cellule A1.

De nombreuses mises en forme sont possibles, en jouant sur la couleur bien sûr, mais aussi sur la largeur et la hauteur des cellules. Des mises en forme conditionnelles peuvent aussi être appliquées aux bordures pour donner du relief à la colonne. Avec un peu d'imagination et de créativité, d'innombrables graphiques sont envisageables, comme une carte thermique ou une thermographie faite d'une multitude de petites cellules carrées dont la couleur dépend de la température mentionnée dans chacune d'elles.

La Figure 6.36 montre une mosaïque de cellules de 13 pixels de côté. Cinq règles successives ont été définies pour l'ensemble des cellules afin d'attri-

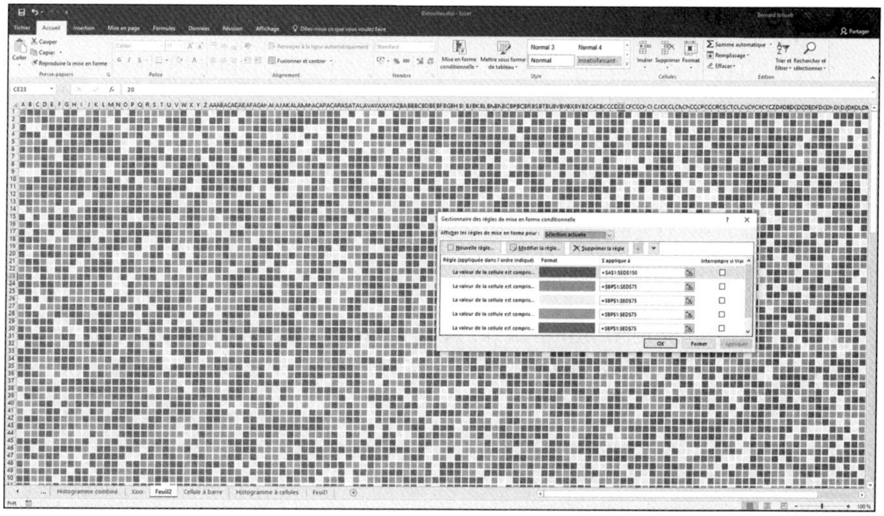

Figure 6.36 : Une mise en couleur selon la valeur de chacune des cellules.

buer à chacune d'elles une couleur selon sa valeur : bleu (0 à 5), turquoise (6 à 10), jaune (11 à 15), orangé (16 à 20) et rouge (21 à 25). Les cellules sont séparées par des bordures blanches.

Troisième partie

Impression et exportation

Dans cette partie...

Un graphique Excel n'est pas forcément destiné à rester dans le classeur où il a été créé. Il peut être imprimé ou envoyé vers une autre application, et aussi envoyé par courrier ou posté sur l'Internet ou un réseau social. Bref, il y a une vie pour le graphique après sa création.

Nous commencerons par le bref chapitre sur l'impression, puis nous envisagerons les autres options.

Chapitre 7

Imprimer un graphique

Dans ce chapitre :

- Imprimer la feuille de calcul
- N'imprimer que le graphique
- Imprimer une feuille de graphique

En général, un graphique est imprimé en même temps que les données de la feuille de calcul. Les deux forment en effet un ensemble. Mais parfois, le graphique doit être imprimé à part. Nous aborderons ces deux cas de figure.

Imprimer la feuille de calcul

L'impression d'une feuille de calcul n'est pas très compliquée, mais quelques précautions s'imposent.

Choisir la qualité d'impression

Si la qualité d'impression du graphique est primordiale, il est possible d'indiquer à Excel qu'il doit la bichonner :

1. **Cliquez sur l'onglet Fichier puis, dans le volet de gauche, cliquez sur Options.**

   La boîte de dialogue Options Excel apparaît.

2. **Dans le volet de gauche de la boîte de dialogue, cliquez sur Options avancées.**

3. **Faites défiler le panneau principal pour arriver à la rubrique Imprimer.**

4. **Cochez la case Mode Haute qualité pour les graphiques, comme le montre la Figure 7.1.**

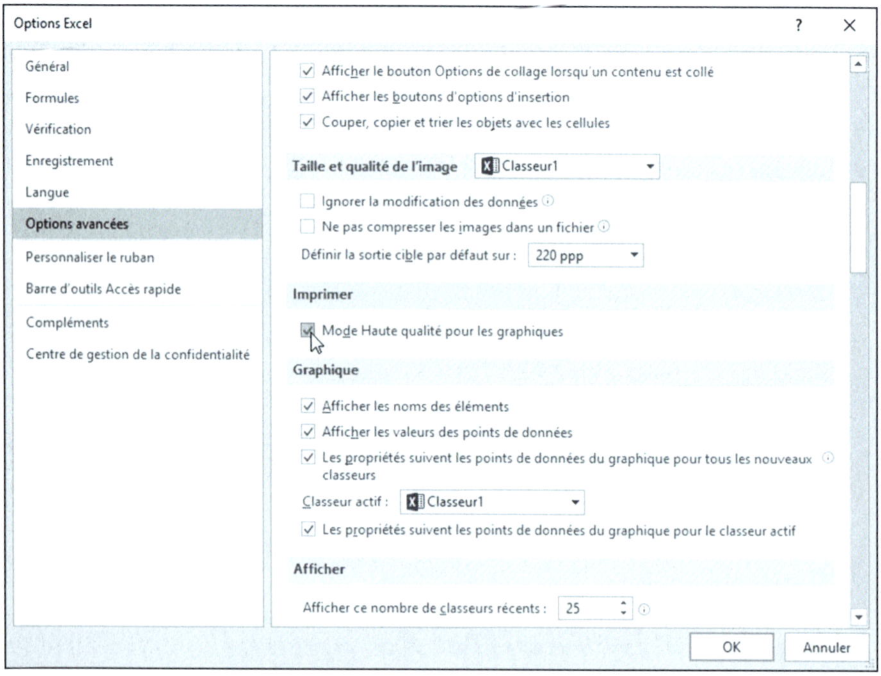

Figure 7.1 : Imprimez les graphiques avec une qualité maximale.

Taille et qualité de l'image

La rubrique Taille et qualité de l'image, au-dessus de la rubrique Imprimer, concerne uniquement les images qui auraient pu être importées ou créées dans Excel. C'est notamment le cas de la carte 3D ou d'un graphique People Graph intégré dans la feuille de calcul avec la commande Afficher sous forme d'image enregistrée.

Trois options sont proposées :

- **Ignorer la modification des données :** quand une image est redimensionnée ou quand sa luminosité et son contraste sont modifiés, Excel conserve une copie de l'image permettant de la rétablir telle qu'elle était à l'origine. Lorsque cette case est cochée, cette copie est supprimée, empêchant toute restauration. En revanche, débarrassé de cette copie superflue, qui peut parfois être de grande taille, le fichier Excel est moins volumineux.

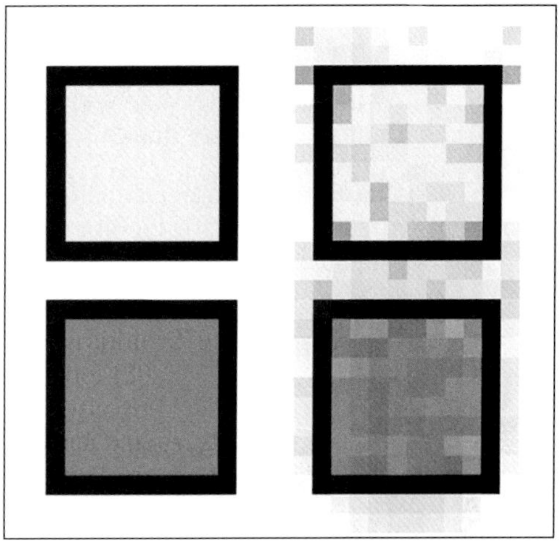

Figure 7.2 : À gauche, deux petits dessins ; à droite, les mêmes après une importante compression JPEG.

- **Ne pas compresser les images dans un fichier :** pour rendre le fichier moins volumineux, Excel compresse les images. Il leur applique l'algorithme de compression JPEG qui est à perte de données. Les artefacts que produit cette conversion sont peu visibles sur une photo, par exemple, mais si le fichier est un dessin avec des traits bien tracés, la compression n'est pas souhaitable. La Figure 7.2 montre un important artefact JPEG. Ceux d'Excel sont beaucoup moins destructeurs, mais néanmoins pas négligeables.

  Ne pas compresser les fichiers conserve la qualité maximale des images. Mais si elles sont volumineuses en termes d'octets, le classeur Excel le sera lui aussi.

- **Définir la sortie cible par défaut sur [*points par pouce*] :** cette option définit la résolution d'impression des images. La valeur de 220 ppp est largement suffisante, même pour des travaux soignés, et dans le menu, la résolution maximale convient pour l'imprimerie. Si vous avez encore un doute quant à la qualité, optez pour Haute fidélité.

  À l'inverse, choisir la résolution à 150 ppp rend les images moins volumineuses, mais avec une légère perte de définition. La qualité minimale, 96 ppp, est à réserver pour les images qui seront seulement vues sur un écran.

N'OUBLIEZ PAS

L'activation du mode Haute qualité pour les graphiques est mémorisée par Excel. Lorsque vous l'aurez activé, vous n'aurez plus à le refaire lors des prochaines utilisations du tableur. En revanche, les options Taille et qualité de l'image ne le sont pas. Vous devrez les redéfinir dans chaque classeur que vous créerez par la suite.

L'aperçu avant impression

Avant d'imprimer une feuille de calcul, assurez-vous que le graphique tiendra dans la feuille de papier.

Cliquez sur l'onglet du ruban Affichage puis, dans le groupe Modes d'affichage, cliquez sur l'icône Mise en page. Excel affiche la feuille de calcul telle qu'elle apparaîtra une fois imprimée.

TRUC

Pour mieux voir la mise en page, réduisez l'affichage par un zoom arrière à l'aide de la glissière en bas à droite d'Excel. Pour libérer encore plus de place, décochez la case Règle, dans le groupe Afficher du ruban Affichage.

La Figure 7.3 révèle que le graphique ne tiendra pas sur une feuille au format A4.

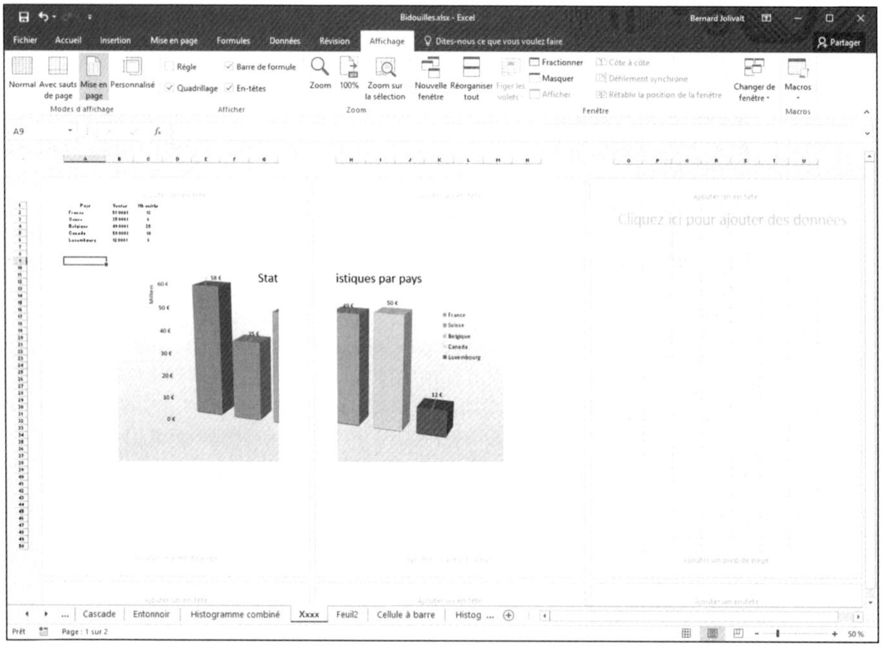

Figure 7.3 : La feuille de calcul et le graphique seront imprimés sur deux pages.

Activer le mode Paysage

Quand une feuille de calcul pose problème pour l'impression, la basculer en mode Paysage est parfois la solution (avec en plus la réduction de la largeur des colonnes, si c'est possible). Pour cela, cliquez sur Fichier, en haut à gauche d'Excel puis, dans le volet à droite, cliquez sur Imprimer.

Un aperçu de l'impression est affiché. Parmi les commandes, cliquez sur Orientation Portait et dans menu, choisissez Orientation Paysage. D'après la Figure 7.4, le résultat n'est pas concluant. Le graphique est tronqué à droite.

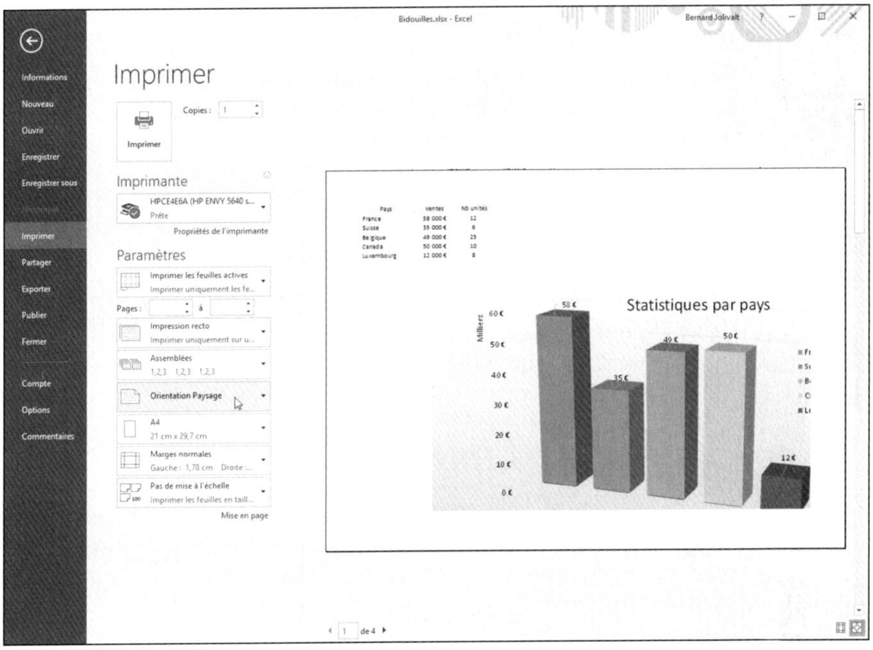

Figure 7.4 : L'impression en mode Paysage ne résout pas le problème de mise en page.

Vérifiez toujours le compteur de pages en bas au milieu d'Excel. Sur la Figure 7.4, il indique que l'aperçu ne montre qu'une seule page sur les quatre qui seront imprimées. Faites défiler ces pages excédentaires pour constater qu'elles ne contiennent chacune que des petites parties du graphique. Un beau gâchis de papier en perspective…

La seule solution consiste à réduire la taille du graphique et de le déplacer vers la gauche. Cliquez sur le bouton fléché en haut à gauche pour revenir à la feuille de calcul. L'aperçu avant impression étant toujours affiché, cliquez sur l'icône Normal, à gauche dans le ruban Affichage, pour rétablir l'affichage habituel de la feuille de calcul.

Comme vous venez d'afficher l'aperçu avant impression de la feuille de calcul, des pointillés sont maintenant visibles (voir Figure 7.5). Ils délimitent les cellules qui seront imprimées sur une même feuille. Basez-vous dessus pour la mise en page des données et du graphique.

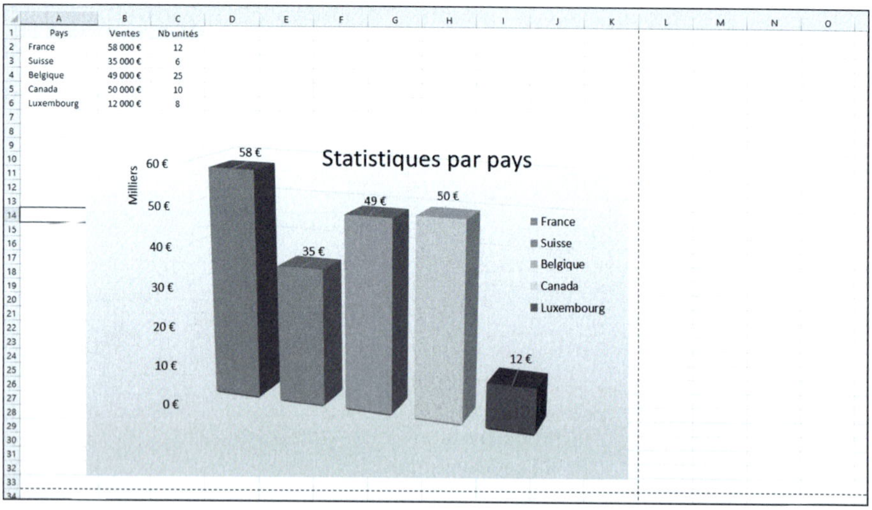

Figure 7.5 : Des pointillés délimitent les pages qui seront imprimées.

Configurer l'impression

Cliquez de nouveau sur Fichier > Imprimer. Cette fois, la mise en page en mode Paysage est satisfaisante, comme le montre la Figure 7.6. Vérifiez de nouveau le compteur de pages : il indique 1 de 1, ce qui correspond à l'impression prévue.

La mise en page

Si la qualité d'impression du graphique compte, vous devrez l'imprimer sur un papier de bonne qualité. Pour indiquer à Excel le genre de papier que vous utiliserez, cliquez sur Fichier > Imprimer puis, en bas des commandes d'impression, cliquez sur le lien Mise en page. Excel ouvre une boîte de dialogue Mise en page qui sert à configurer l'impression de la feuille de calcul. Elle contient quatre onglets :

- **Page :** choix de l'orientation du papier, du format des feuilles et de la résolution d'impression. Elle est par défaut de 600 points par pouce (voir Figure 7.7).
- **Marges :** réglage des marges du papier.
- **En-tête/Pied de page :** insertion d'un texte en haut et/ou en bas de la page qui se répète d'une page à une autre.

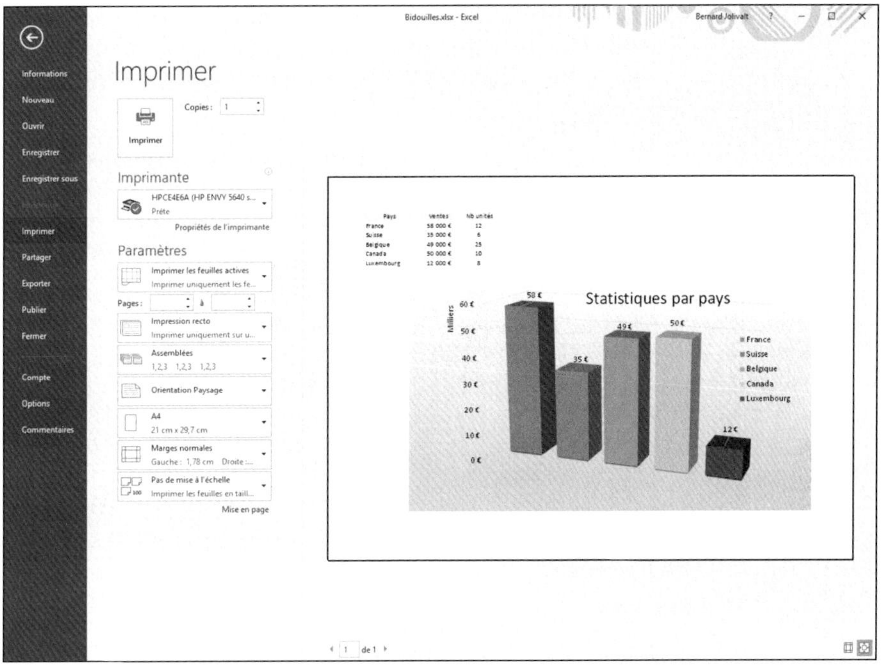

Figure 7.6 : Le contenu de la feuille de calcul sera correctement imprimé.

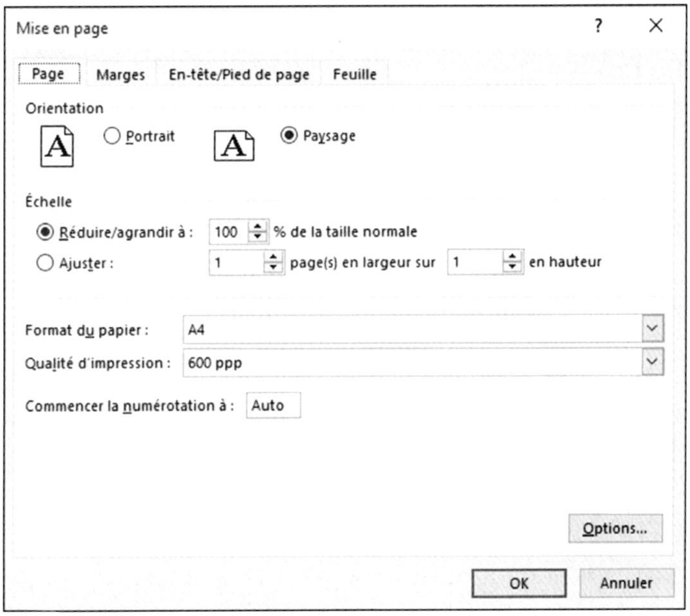

Figure 7.7 : Les options de mise en page avant l'impression.

- **Feuille :** délimitation de la zone d'impression, si seule une partie de la feuille de calcul doit être imprimée. Répétition de lignes et/ou de colonnes de page en page. Impression en mode Brouillon ou en noir et blanc.

Chacun des quatre panneaux est doté d'un bouton Options. Cliquez dessus affiche une boîte de dialogue dont certaines options sont redondantes avec celles que nous venons d'évoquer. C'est notamment le cas du premier panneau, celui de l'onglet Disposition, avec ses choix d'impression en mode Portrait ou Paysage.

Dans le panneau Papier/qualité, le menu Support permet de sélectionner le type de papier (Figure 7.8). Le même panneau sert à sélectionner la qualité d'impression : Brouillon, Normal ou Optimal.

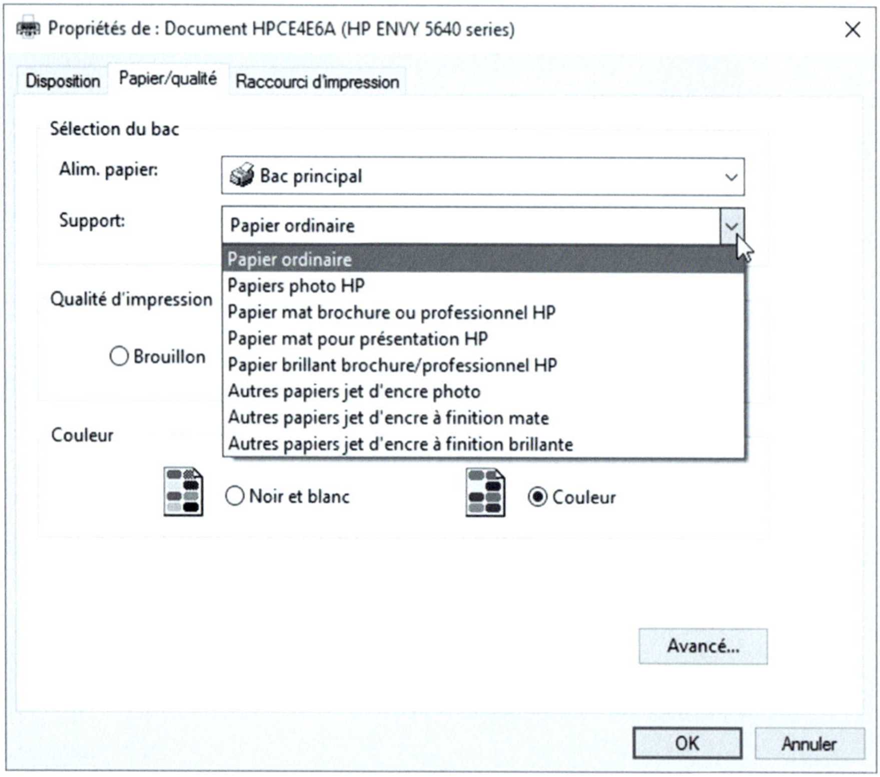

Figure 7.8 : Indiquez le type de papier et choisissez la qualité d'impression.

Lancer l'impression

Les réglages terminés, revenez au panneau principal, celui affiché précédemment en cliquant sur Fichier > Imprimer. Si vous désirez imprimer plusieurs exemplaires de la feuille de calcul, indiquez leur nombre dans le champ Copie, en haut à gauche.

Cliquez ensuite sur le bouton Imprimer, juste à côté, pour lancer l'impression de la feuille de calcul.

N'imprimer que le graphique

Pour n'imprimer que le graphique, cliquez dessus afin de le sélectionner. Cliquez ensuite sur Fichier > Imprimer.

Peu importe que le papier soit orienté en mode Portrait ou Paysage, car Excel veille à le redimensionner afin qu'il occupe au mieux la surface du papier. Le graphique est centré, comme le montre la Figure 7.9.

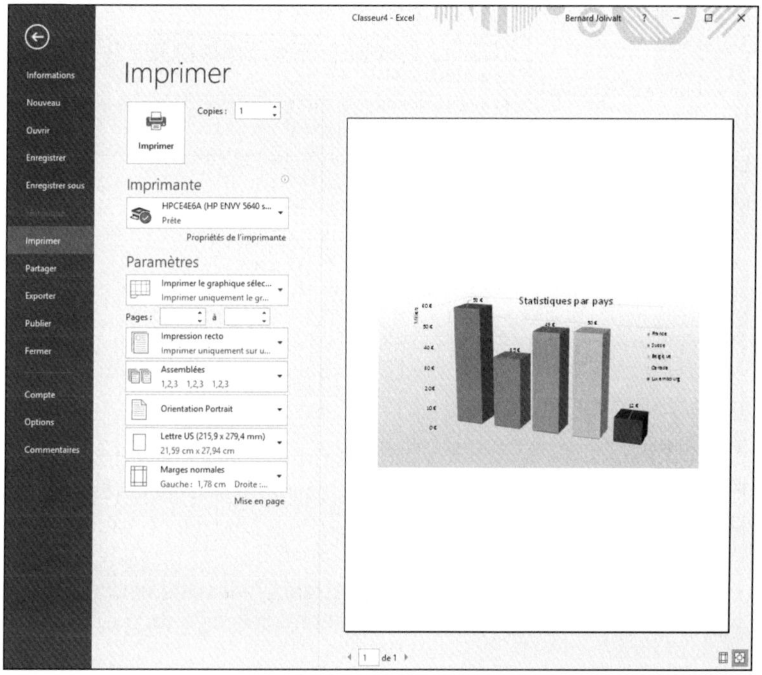

Figure 7.9 : Lorsque le graphique est sélectionné, dans la feuille de calcul, lui seul est imprimé.

Décaler le graphique

Si vous préférez que le graphique soit imprimé plus haut ou plus bas dans la page, procédez comme ceci :

1. **En bas des commandes d'impression, cliquez sur le lien Mise en page.**
2. **Dans la boîte de dialogue qui apparaît, cliquez sur l'onglet Marges.**
3. **Pour remonter le graphique dans la page, augmentez la marge inférieure dans le champ Bas (Figure 7.10).**

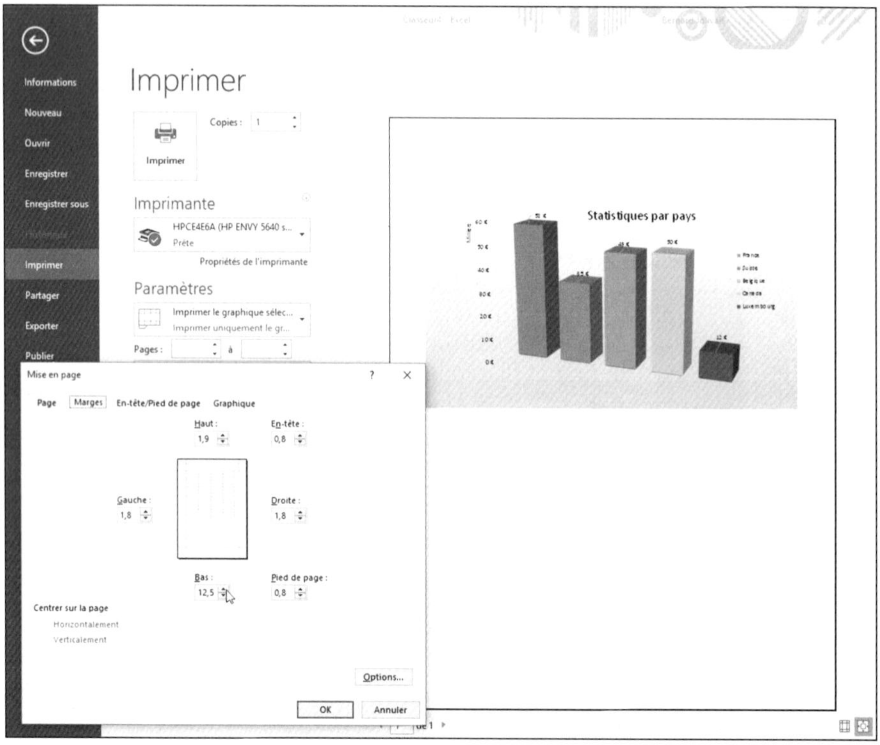

Figure 7.10 : Lorsque le graphique est sélectionné, dans la feuille de calcul, lui seul est imprimé.

La marge est une zone non imprimable. Si vous voulez imprimer dedans, vous devrez procéder par un second passage du papier dans l'imprimante.

4. **Cliquez sur OK.**

Remarquez que dans la rubrique Paramètres du panneau Imprimer, le bouton de sélection des pages à imprimer est remplacé par un bouton Imprimer le graphique sélectionné.

Cliquez sur le bouton Imprimer, en haut à gauche du panneau, pour lancer l'impression de la feuille de calcul.

Imprimer une feuille de graphique

L'impression depuis une feuille de graphique ne pose pas de problème particulier. En fait, que le graphique soit sélectionné ou non, cela revient à imprimer un graphique sélectionné.

La procédure est de ce fait la même que dans la section précédente, « N'imprimer que le graphique ».

ATTENTION !

Rappelons toutefois que le déplacement du graphique vers une feuille de graphique le supprime de la feuille de calcul.

TRUC

Si vous tenez à conserver le graphique dans la feuille de calcul, dupliquez-la dans un nouveau classeur : cliquez du bouton droit sur son onglet de feuille, en bas d'Excel et dans le menu, choisissez Déplacer ou copier. Ensuite, dans le menu, choisissez l'option Nouveau classeur. N'oubliez pas de cliquer sur la case Créer une copie, comme dans la Figure 7.11, afin de dupliquer la feuille de calcul et non l'ôter du classeur courant. Cliquez ensuite sur OK.

Imprimez ensuite le graphique comme expliqué précédemment dans ce chapitre.

Figure 7.11 : Faites une copie de la feuille de calcul avant de déplacer le graphique vers une feuille de graphique.

Chapitre 8

Exporter un graphique

Dans ce chapitre :

- Copier-coller un graphique dans Word
- Copier-coller un graphique dans une autre application
- Exporter en PDF

Exporter un graphique consiste à le copier dans une autre application ou le convertir dans un autre format. La manière la plus simple d'exporter un graphique serait de procéder par un copier-coller, en sélectionnant le graphique dans Excel et en appuyant ensuite sur les touches Ctrl + C, puis en cliquant dans une autre application et en appuyant sur les touches Ctrl + V.

Le résultat varie cependant selon que la copie est effectuée dans une application de la suite Office, comme Word ou PowerPoint, ou dans une application complètement différente. Dans le premier cas, l'opération est simple et présente de nombreux avantages, comme nous le verrons dans la prochaine section. Dans le second cas, le résultat et beaucoup plus aléatoire et offre beaucoup moins de possibilités.

Copier-coller un graphique dans Word

Pour notre exemple, nous avons copié un graphique Excel dans Word. La procédure vaut cependant aussi pour PowerPoint et de manière générale pour n'importe quelle application de la suite Office capable de recevoir un graphique.

La Figure 8.1 montre un graphique créé dans Excel puis copié dans Word par la classique procédure Ctrl + C puis Ctrl + V. Cette action fait apparaître, dans Word, un onglet Outils de graphique avec ses deux rubans Création et Format. Le premier est identique au ruban Création d'Excel, à quelques détails près. Par exemple, la commande Intervertir les lignes/colonnes n'est pas utilisable, la commande Déplacer le graphique est absente et une commande Actualiser les données a été ajoutée.

Le second ruban, Format, contient quelques commandes de mise en forme supplémentaires affichées dans le groupe Organiser (elles apparaissent également dans le ruban Disposition) :

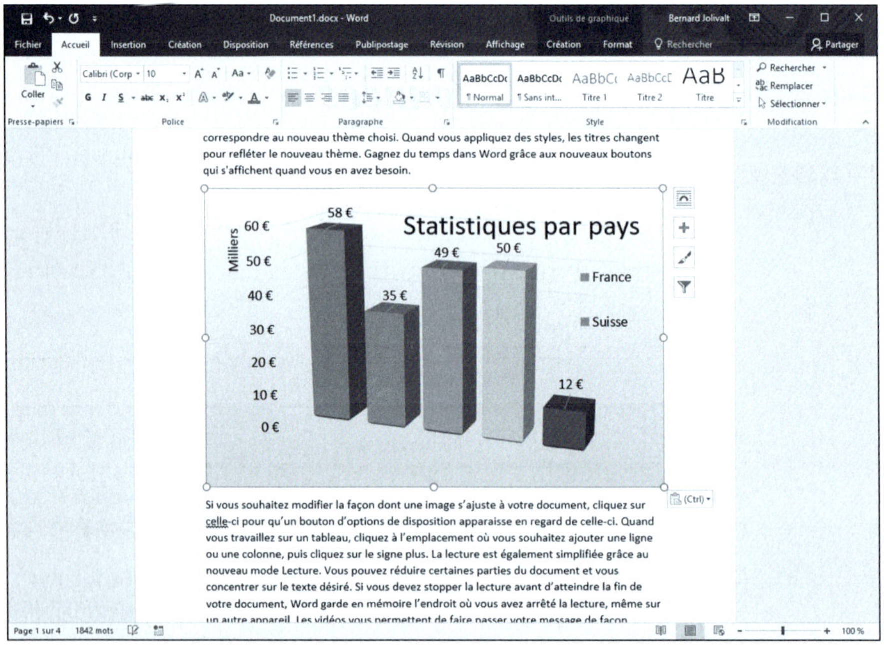

Figure 8.1 : Un graphique collé dans Word.

Position : règle la position du graphique dans la page Word. Il peut être placé dans l'un des quatre coins, ou au milieu de l'un des bords, ou centré.

Habillage : règle la manière dont le texte se répartit par rapport au graphique. Le menu propose plusieurs options :

- **Aligné sur le texte, Haut et bas :** le graphique apparaît entre deux paragraphes.
- **Carré, Rapproché :** le graphique apparaît entre deux paragraphes. Le texte s'écoule de part et d'autre du graphique.
- **Derrière le texte :** le texte passe par-dessus le graphique. Ce dernier est à l'arrière-plan.

Une icône Options de disposition apparaît également en haut à droite du graphique, au-dessus de l'icône Éléments de graphique. Elle contient les mêmes options que l'icône Habillage des onglets Disposition et Format. Elle contient de plus une importante option Déplacer avec le texte. Lorsqu'elle est cochée, le graphique conserve sa position dans le texte même si des lignes ou des paragraphes sont ajoutés avant. Si elle est décochée, le graphique reste en place exactement au même endroit dans la page, quoi qu'il arrive.

La feuille de données

Les données qui alimentent le graphique sont accessibles en cliquant sur l'icône Sélectionner les données, dans le groupe Données de l'onglet Création. Cette action ouvre une fenêtre contenant le classeur d'Excel lié à Word, comme le montre la Figure 8.2. La barre de titre verte, d'une couleur différente de la barre de titre bleue de Word, indique bien que cette fenêtre contenant une feuille de calcul appartient à Excel.

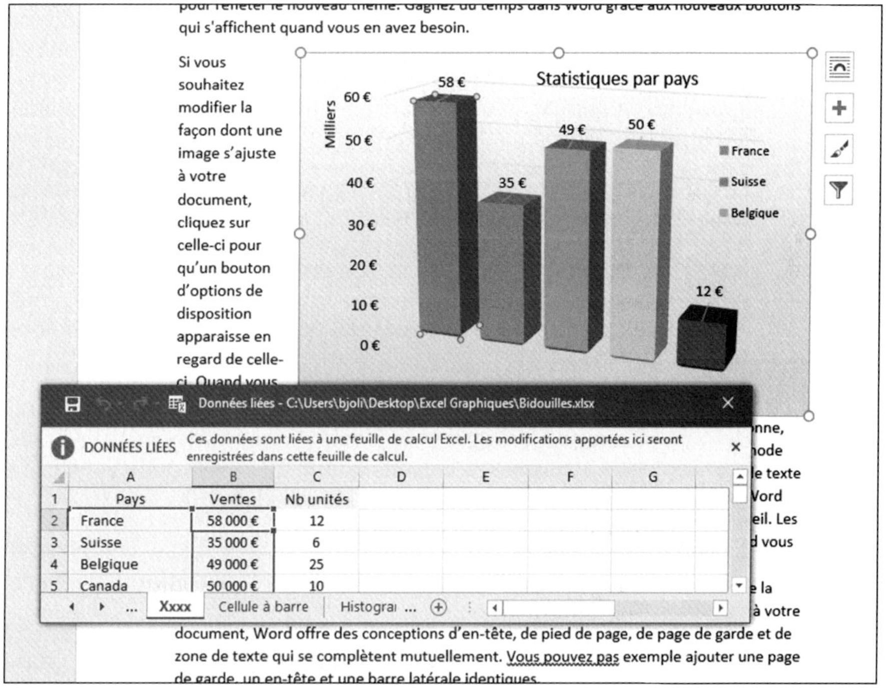

Figure 8.2 : La feuille de données est en réalité le classeur d'Excel contenant les données source. Le bandeau Données liées, en haut de la feuille de calcul, informe qu'une liaison dynamique est active.

De ce fait, changer des valeurs modifie non seulement le graphique dans Word, mais aussi celui dans Excel. Cet échange d'informations est possible grâce aux liens dynamiques établis entre les deux applications, Word et Excel en l'occurrence.

Les liens dynamiques

Les liens dynamiques sont bilatéraux. Nous venons de constater que si des données sont modifiées à partir de Word, elles le sont aussi dans Excel par le truchement de la fenêtre ouverte en cliquant sur l'icône Modifier les données.

Inversement, si vous modifiez des données dans Excel, le graphique présent dans Word est mis à jour en temps réel. Les liens dynamiques entre les applications d'Office sont remarquables, mais ils connaissent cependant quelques limitations :

Considérons ce cas de figure : Excel et Word sont ouverts et vous modifiez un nombre dans Excel (par exemple 100 devient 20. Le graphique dans Word est aussitôt mis à jour, garantissant la concordance des valeurs (20 dans Excel et 20 dans Word). Mais pour une raison ou pour une autre, vous décidez de fermer le classeur Excel sans enregistrer la modification que vous venez d'y apporter. C'est donc l'ancienne valeur 100 qui est conservée dans Excel, tandis que dans Word la valeur 20 subsiste.

Le problème est que Word ne peut pas signaler cette incohérence. C'est à vous d'en être conscient et de rétablir manuellement la liaison.

Pour cela dans Word, cliquez sur l'onglet du ruban Création puis, dans le groupe Données, cliquez sur l'icône Actualiser les données. La liaison est ainsi rétablie entre les deux applications et les valeurs sont de nouveau identiques : 100 dans Excel, 100 dans Word.

Un autre point mérite d'être souligné : si le fichier Excel a été déplacé, renommé ou supprimé, le graphique copié dans Word ou dans PowerPoint ne parvient plus à mettre les liaisons à jour. Le message de la Figure 8.3 signale ce dysfonctionnement.

La seule solution consiste à remettre le classeur Excel là où il se trouvait (recherchez-le dans la Corbeille si vous l'avez supprimé), ou à le renommer comme précédemment.

Cela fait, cliquez sur l'onglet du ruban Création puis, dans le groupe Données, cliquez sur l'icône Actualiser les données. Word réaffiche la feuille de calcul et demande éventuellement de mettre le classeur Excel à jour.

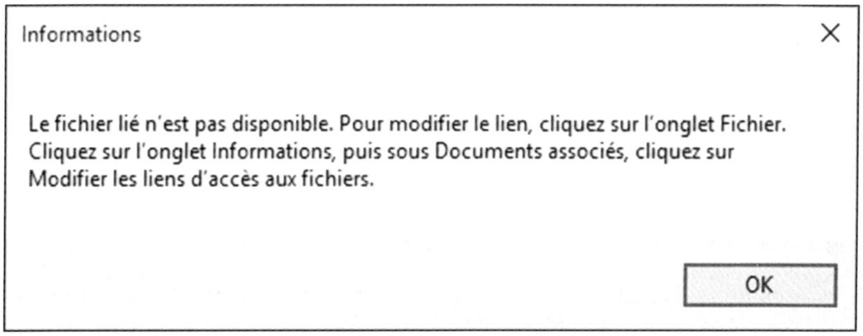

Figure 8.3 : Word n'a pas trouvé le fichier qui alimente le graphique en données.

Copier-coller un graphique dans une autre application

Collé dans une autre application qu'Office, le graphique est converti en une simple image, comme le révèle la Figure 8.4 dans laquelle il a été collé dans Writer, le traitement de texte de la suite bureautique OpenOffice.

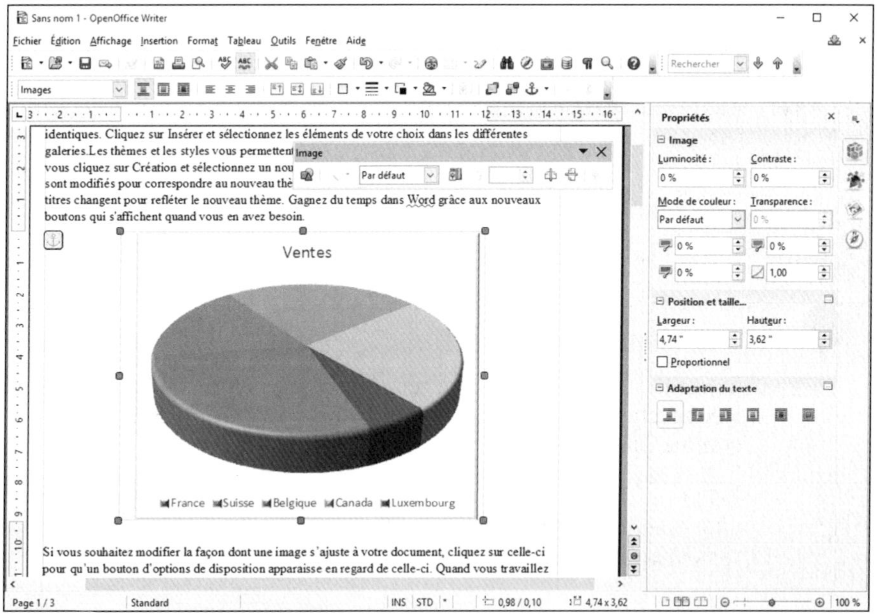

Figure 8.4 : Après avoir été copié puis collé, le graphique n'est qu'une simple image.

Collé dans Writer, le graphique n'est plus qu'une simple image, comme l'indique l'affichage de la barre d'outils Image lorsqu'il est sélectionné. Elle peut être déplacée, redimensionnée ou supprimée, mais rien n'est modifiable.

Le graphique peut être collé en tant qu'image dans n'importe quelle application acceptant des fichiers d'image, comme Paint ou même Photoshop. C'est une option à retenir lorsque le graphique doit seulement servir d'illustration, sans nécessité de modifier ses données.

Exporter en PDF

Le format PDF (*Portable Document File,* fichier de document portable) a rapidement connu un immense succès, car il est indépendant de tous les types d'ordinateurs, de tablettes ou de smartphones. Un même fichier PDF est ainsi lisible sous Windows, Mac OS, Linux, iOS, Android, etc., et il apparaît à l'écran exactement comme il sera imprimé. De plus, le contenu d'un fichier PDF n'est pas modifiable, ce qui garantit l'intégrité des données lorsqu'il est transmis à un utilisateur. Enfin, un fichier PDF est peu volumineux, ce qui en fait le format de choix pour une présentation dans un site, ou pour être envoyé comme pièce jointe.

Un fichier PDF est donc le format par excellence lorsque vous devez échanger des informations avec d'autres personnes sans vous soucier de leur équipement. Pour cela, il faut qu'ils aient téléchargé l'application gratuite Acrobat Reader DC depuis le site d'Adobe (`https://get.adobe.com/fr/reader/`), ils liront le fichier PDF sans problème. De nombreuses applications sont capables de l'ouvrir.

Voici comment créer un fichier PDF pour un graphique :

1. **Cliquez sur le graphique afin de le sélectionner.**

   ATTENTION ! Si le graphique n'est pas sélectionné, mais qu'une cellule l'est, le fichier PDF contiendra la totalité de la feuille de calcul.

2. **Cliquez sur l'onglet Fichier puis, dans le volet de gauche, cliquez sur Exporter.**

   Excel affiche le panneau Exporter.

3. **Cliquez sur le bouton Créer PDF/XPS, comme le montre la Figure 8.5.**

   Le format PDF a été créé par l'éditeur Adobe. XPS (*XML Paper Specification*) est une version concoctée par Microsoft pour Office 2007 et ultérieur. Elle est lisible par Acrobat Reader DC et beaucoup d'autres logiciels, ou lecteurs de fichiers PDF. La visionneuse XPS Essential Pack permet d'afficher et même de modifier des documents PDF/XPS.

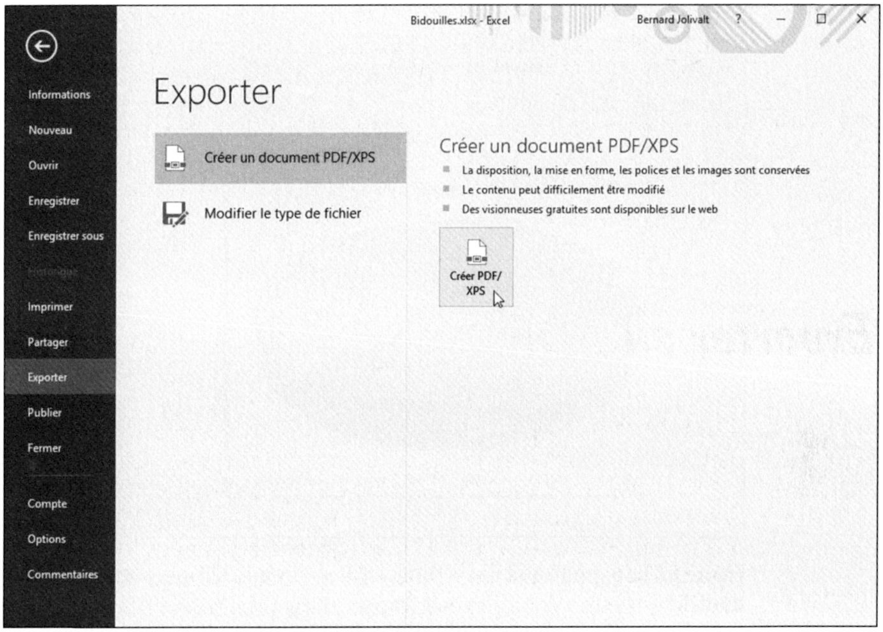

Figure 8.5 : Création d'un fichier PDF (version XPS de Microsoft).

Le fichier au format PDF est aussitôt créé.

Ouvrez le fichier avec l'application Acrobat Reader DC afin de vérifier son contenu (Figure 8.6). Appuyez sur Maj + F4 pour masquer le volet de droite.

Envoyer en tant que PDF

Excel permet également d'envoyer un fichier PDF/XPS par courrier électronique. Pour ce faire, cliquez sur l'onglet Fichier puis, dans le volet de gauche, cliquez sur Partager, puis sur le bouton Courrier électronique.

Plusieurs options de partage sont proposées, comme l'illustre la Figure 8.7. Les deux premières, Envoyer en tant que pièce jointe, et Envoyer un lien, servent à envoyer le classeur Excel sous forme de pièce jointe avec Outlook, ou à envoyer un lien pointant vers le classeur Excel stocké dans un emplacement partagé. Les deux options juste en dessous envoient la totalité du classeur sous la forme d'un fichier PDF :

- **Envoyer en tant que PDF :** la feuille de calcul est convertie au format PDF. L'application de messagerie Outlook est automatiquement démarrée avec un message vierge contenant le fichier PDF placé dedans en tant que pièce jointe.

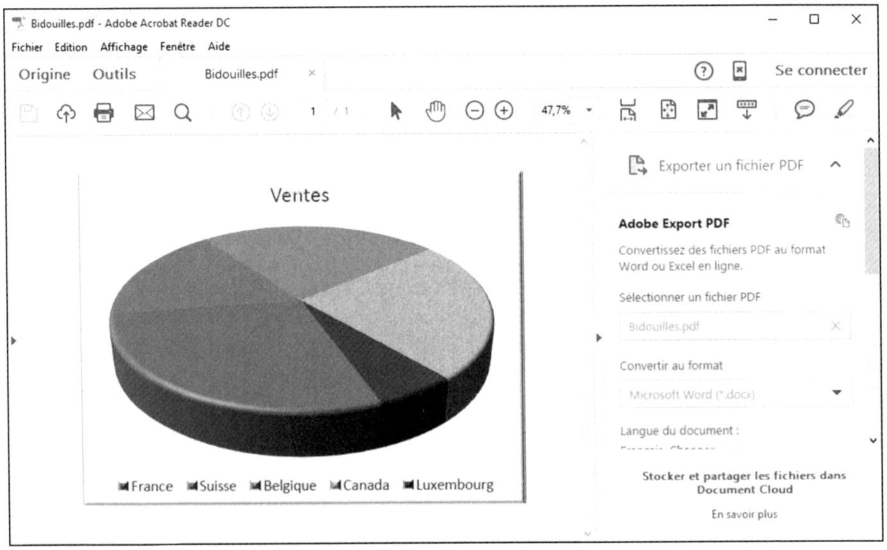

Figure 8.6 : Un graphique Excel enregistré au format PDF puis ouvert dans Acrobat Reader DC.

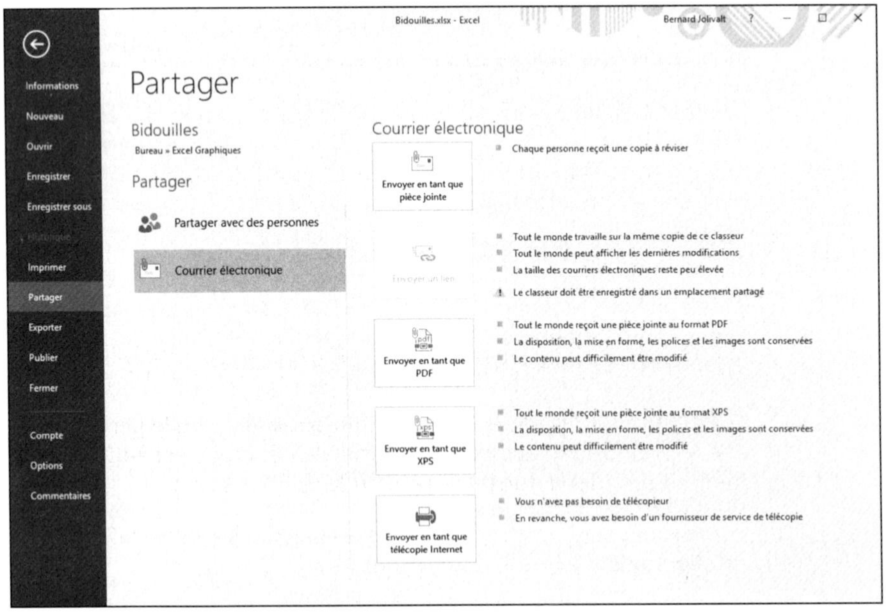

Figure 8.7 : Les options de partage d'Excel.

- **Envoyer en tant que XPS :** la feuille de calcul est convertie au format XPS. L'application de messagerie Outlook est automatiquement démarrée avec un message vierge contenant le fichier XPS placé dedans en tant que pièce jointe. Ce type de fichier est lisible avec la visionneuse XPS de Windows 7, 8 et 10 (Figure 8.8) ou avec l'application Lecteur livrée avec Windows 8 et 10.

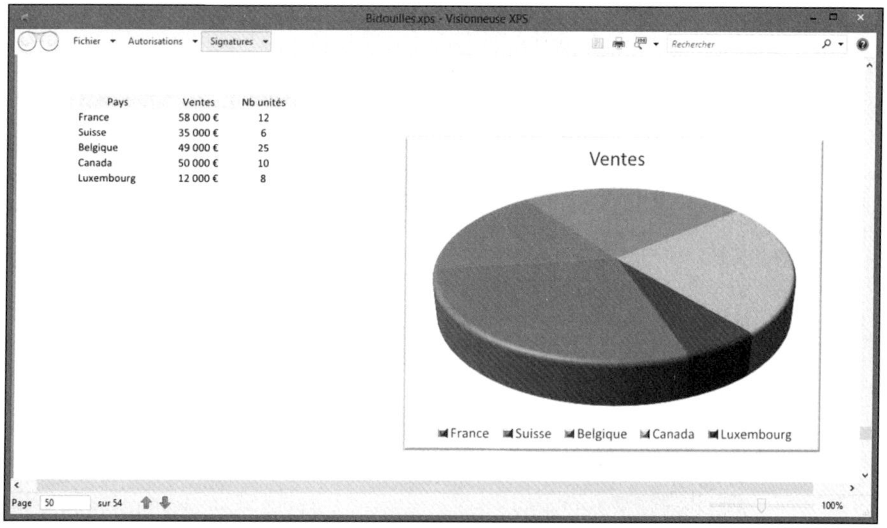

Figure 8.8 : La visionneuse XPS de Windows lit les fichiers PDF/XPS.

ATTENTION !

Si vous avez l'intention de partager un classeur Excel par courrier électronique, abstenez-vous de cliquer sur le graphique pour le sélectionner. Contrairement à ce qui se passe avec la commande Exporter, le fichier PDF ou XPS serait vide.

Enregistrer un graphique en PDF

Cette dernière option est la plus intéressante, car elle permet de n'enregistrer que le graphique dans un format PDF pur et dur, c'est-à-dire sans d'éventuelles limitations dues à la version XPS. Pour cela :

1. **Cliquez sur le graphique à enregistrer au format PDF afin de le sélectionner.**

   ATTENTION !

   Si cette étape est omise, la boîte de dialogue Options à l'étape 7 ne proposera pas le choix Graphique sélectionné.

2. **Cliquez sur Fichier > Enregistrer sous.**

3. **Dans le panneau Enregistrer sous, sélectionnez la destination du fichier.**

   Vous avez le choix entre le nuage OneDrive – nous y reviendrons au prochain chapitre –, l'option Ce PC ou, pour choisir un dossier de desti-nation, l'option Parcourir. C'est ce que nous ferons pour cet exemple. La boîte de dialogue Enregistrer sous apparaît.

4. **Naviguez jusqu'au dossier dans lequel vous comptez enregistrer le graphique.**

5. **Déroulez le menu Type puis, dans la liste, choisissez l'option PDF (*pdf), comme le montre la Figure 8.9.**

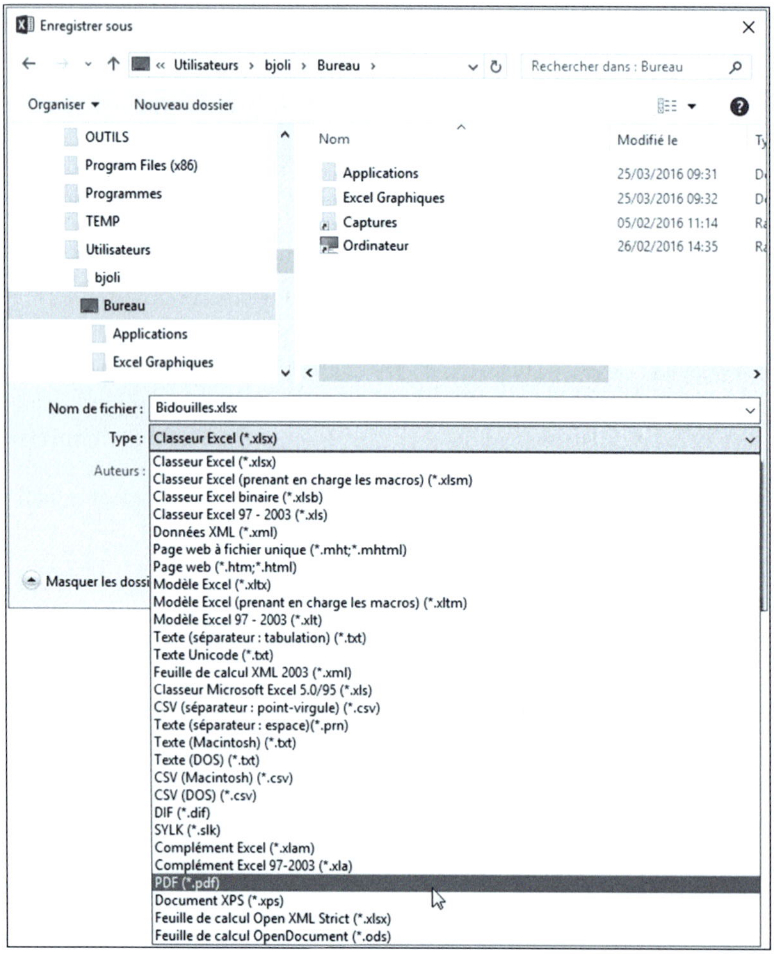

Figure 8.9 : Enregistrez le graphique au format PDF.

Plusieurs options spécifiques au format PDF apparaissent en bas de la boîte de dialogue Enregistrer sous :

- **Standard (publication en ligne et impression) :** c'est l'option par défaut. Conservez-la pour obtenir un fichier PDF de bonne qualité.
- **Taille minimale (publication en ligne) :** si le fichier PDF risque d'être volumineux, choisissez cette option qui compressera les données. Sachez toutefois que cette compression dégrade la qualité du document. Ne l'utilisez que si la taille finale d'un document de type Standard pose problème pour un envoi par courrier électronique.
- **Ouvrir le fichier après publication :** lorsque cette case est cochée, le fichier PDF est aussitôt ouvert avec l'application par défaut pour le lire – Acrobat Reader DC, si vous l'avez installée – afin que vous puissiez le vérifier.

6. **Après avoir choisi les options, cliquez sur le bouton Options, en bas à gauche de la boîte de dialogue Enregistrer sous.**

   La boîte de dialogue Options apparaît (Figure 8.10).

   Assurez-vous que dans la rubrique Contenu à publier, le bouton d'option Graphique sélectionné est actif.

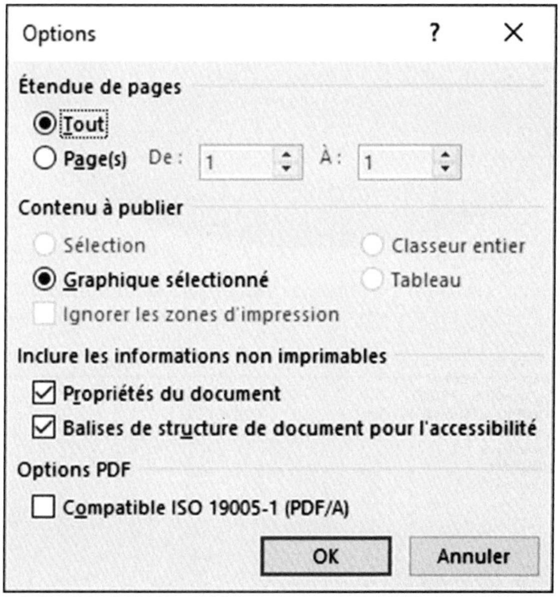

Figure 8.10 : Les options de sélection de pages et/ou d'éléments à enregistrer.

Si l'option Graphique sélectionné n'existe pas dans la boîte de dialogue, cela signifie tout simplement que vous avez omis de sélectionner un graphique avant de cliquer sur Fichier > Enregistrer sous.

7. **Cliquez sur OK pour quitter la boîte de dialogue Options.**

8. **Cliquez sur Enregistrer pour créer le fichier PDF.**

   Si vous avez coché la case Ouvrir le fichier après publication, à l'étape 5, le fichier PDF apparaît aussitôt (Figure 8.11).

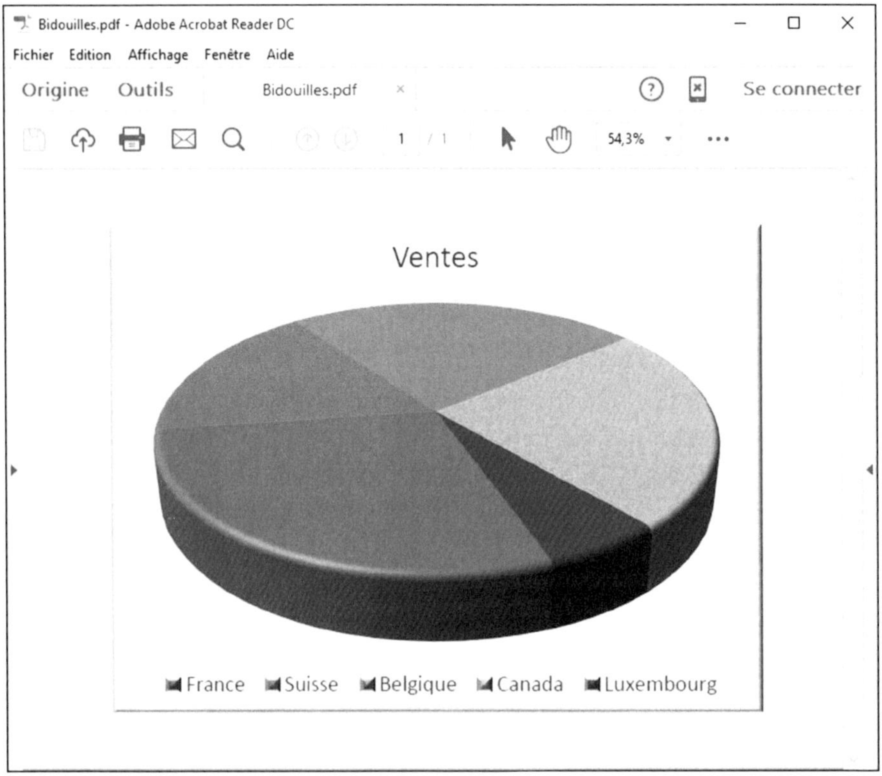

Figure 8.11 : Un graphique affiché dans Acrobat Reader DC.

Chapitre 9

Enregistrer un graphique

Dans ce chapitre :

- Créer un modèle
- Créer une image

Dans le chapitre précédent, les exportations d'un graphique dans divers formats, notamment PDF, peuvent être considérées comme des enregistrements de graphique. Mais d'autres options méritent d'être connues, comme l'enregistrement d'un modèle, pour le cas où vous voudriez réutiliser un graphique particulièrement réussi et performant.

Créer un modèle

Un modèle Excel est un classeur contenant des données, mais qui ne peut être enregistré que sous un autre nom. L'original ne risque ainsi pas d'être modifié par inadvertance.

Excel crée toujours un modèle à partir d'un classeur. Il peut être tentant de déplacer d'abord le graphique dans une feuille de graphique, d'extraire celle-ci du classeur par un clic droit sur son onglet et de la déplacer dans un nouveau classeur, puis d'enregistrer ce dernier comme modèle. Mais ce serait oublier que le graphique resterait lié aux données restées dans le classeur d'origine. Si celui-ci était renommé, déplacé ou supprimer, le modèle serait incapable de trouver les données dont il a besoin.

Placer le graphique dans un classeur indépendant

Pour créer le modèle, commencer par placer le graphique dans un classeur ne contenant que lui et ses données :

1. **Assurez-vous que les données source et le graphique se trouvent sur la même feuille de calcul.**

2. **Cliquez du bouton droit sur l'onglet de la feuille de calcul contenant le graphique et ses données source puis, dans le menu, choisissez Déplacer ou copier.**

3. **Dans la boîte de dialogue Déplacer ou copier, cochez la case Créer une copie. Cliquez ensuite sur le bouton du menu, en haut du panneau et dans la liste, choisissez Nouveau classeur.**

4. **Cliquez sur OK.**

   La feuille de calcul et le graphique se trouvent dans un nouveau classeur que vous pourrez enregistrer comme modèle.

Nous pouvons maintenant passer à la création du modèle.

Enregistrer le graphique sous forme de modèle

Le graphique et ses données se trouvent à présent dans un classeur nommé Classeur1.xlsx que nous enregistrerons comme modèle Excel en procédant comme suit :

1. **Cliquez sur Fichier puis, dans le volet de gauche, cliquez sur Enregistrer sous.**

2. **Dans le panneau Enregistrer sous, double-cliquez sur le bouton Ce PC.**

   Excel affiche le classique panneau Enregistrer sous.

3. **Dans le champ Nom de fichier, saisissez le nom que vous donnerez au modèle.**

   ATTENTION !

   Choisissez un nom générique qui illustre bien le type de graphique et l'usage prévu pour ce modèle. Ce point est d'autant plus important qu'Excel ne crée pas d'aperçus pour les modèles personnels.

4. **Déroulez le menu du second champ et dans la liste, choisissez Modèle Excel (*.xltx), comme le montre la Figure 9.1.**

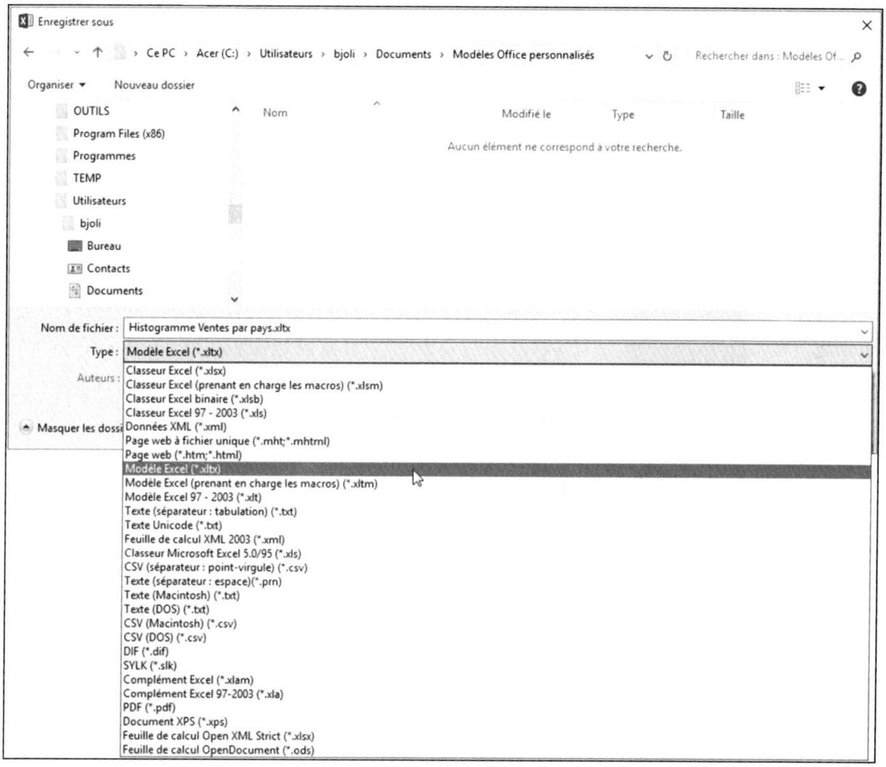

Figure 9.1 : Enregistrez le classeur Excel en tant que modèle.

NOTE TECHNIQUE

Le menu des types de fichiers contient deux autres options de modèle :

- **Modèle Excel prenant en charge les macros :** ce type de fichier ne doit être sélectionné que si vous avez enregistré des macros dans le classeur, ou programmé des modules en langage VBA.
- **Modèles Excel 97-2003 :** cette option est fournie pour garantir une compatibilité ascendante des modèles avec d'anciennes versions d'Excel.

5. **Cliquez sur le bouton Enregistrer.**

   Le classeur est enregistré dans le dossier Documents/Modèles Office personnalisés.

Vous pouvez à présent vérifier la présence du classeur parmi les modèles. Cliquez sur Fichier puis sur Nouveau. La liste des modèles prédéfinis, livrés avec Excel 2016, apparaît. En haut des aperçus de modèles, cliquez sur Personnel. Le modèle que vous venez de créer apparaît dans ce panneau, comme le montre la Figure 9.2.

Figure 9.2 : Vos modèles sont stockés dans le panneau Personnalisé.

Double-cliquez sur un modèle pour l'ouvrir. Vous ne pourrez l'enregistrer que sous un autre nom afin de préserver l'original.

Supprimer un modèle personnel

Pour supprimer un modèle personnel, vous devrez accéder à son dossier :

1. **Dans la barre des tâches, cliquez sur l'icône Explorateur de fichiers puis, dans le volet de navigation, à gauche dans l'Explorateur de fichiers, cliquez sur Documents.**

2. **Cliquez sur le sous-dossier Modèles Office Personnalisé.**

   C'est là que se trouvent tous les modèles d'Excel, Word et PowerPoint.

3. **Cliquez du bouton droit sur le modèle à supprimer puis, dans le menu contextuel, choisissez Supprimer.**

Créer une image

Enregistrer un graphique sous la forme d'une image permet de l'intégrer par la suite dans d'innombrables applications, de le poster sur Internet ou dans des réseaux sociaux ou professionnels, ou de le placer dans le corps d'une pièce jointe.

Nous avons déjà eu l'occasion, dans les chapitres précédents, d'enregistrer des graphiques Excel et Carte 3D dans un format d'image. Rappelons la procédure :

1. **Cliquez dans la zone de graphique afin de sélectionner la totalité du graphique.**

2. **Appuyez sur les touches Ctrl + C afin de copier le graphique.**

3. **Amenez le pointeur de la souris dans le coin en bas à gauche de l'écran puis cliquez sur l'icône ouvrant l'écran d'accueil de Windows 8 ou 10.**

4. **Tapez Paint.**

   Windows recherche tout ce qui, dans l'ordinateur, correspond à ces cinq lettres. Le nom de cette application de dessin apparaît dans la liste des résultats, très probablement en tête.

5. **Cliquez sur Paint.**

   L'application de dessin de Windows s'ouvre.

6. **Appuyez sur les touches Ctrl + V.**

7. **L'image du graphique est collée dans Paint.**

8. **Cliquez sur Fichier > Enregistrer sous, puis choisissez un format de fichier d'image :**

   - **PNG :** format voisin du format JPEG, à compression sans perte de données.

- **BMP :** format d'image développé par Windows et quelque peu tombé en désuétude.
- **JPEG :** format surtout utilisé sur l'Internet et par les appareils photo numériques. La compression du fichier provoque une légère perte de qualité.
- **GIF :** ce type de fichier ne compte que 256 couleurs (contre 16 777 216 pour les autres formats).
- **TIFF :** format de fichier très utilisé par les professionnels de l'imagerie et de l'imprimerie. Le fichier est d'une excellente qualité, mais il est plus volumineux que celui des autres formats.

L'option Autres formats permet essentiellement de choisir une variante du format BMP : monochrome (image au trait, réduite à du noir et à du blanc, sans gris intermédiaire), ou imagerie codée sur 16, 256 ou 16,8 millions de couleurs.

Quatrième partie

Les dix commandements

« J'ai commencé à lancer des scénarios 'Que se passerait-il si...', du genre : 'Que se passerait-il si j'en avais marre de ce travail minable et si je détournais un peu d'argent de l'entreprise vers un compte offshore ?' »

Dans cette partie...

Les « dix commandements » sont une institution dans la collection *Pour les Nuls.* Vous n'y échapperez donc pas, et plutôt deux fois qu'une, car cette partie compte deux chapitres.

Dans la première, nous revisiterons quelques fonctions d'Excel que nous avons utilisées dans ce livre, et aussi quelques autres qui peuvent s'avérer utiles lorsque vous concoctez un graphique.

Le second chapitre, qui clôt aussi cet ouvrage, contient quelques notions de base d'Excel également utiles pour bien exploiter les graphiques. Il est possible que vous les connaissiez déjà.

Il ne s'agit pas de faire de cette dernière partie du livre un cours exhaustif sur Excel – il existe de la littérature pour cela, dont *Excel 2016 Pas à pas,* dont je suis également l'auteur (un peu d'autopub flatte l'ego) –, mais de remettre à l'honneur quelques notions.

Chapitre 10

Dix fonctions utiles pour les graphiques

Dans ce chapitre :

- ABS
- ALEA
- ALEA.ENTRE.BORNES
- AUJOURDHUI
- MAX, MIN
- MEDIANE
- MOYENNE
- REPT
- SI
- TRANSPOSE

Excel contient des centaines de fonctions, certaines très spécialisées. Mais d'autres sont utiles au quotidien. Nous passerons sur SOMME, qui est sans doute la plus élémentaire, pour nous attacher à quelques autres, dont certaines sont utilisées dans ce livre.

ABS( )

Elle donne la valeur absolue, c'est-à-dire positive, d'un nombre. Exemple :

```
=SOMME(A1:A10)
```

Cette formule effectue la somme de toutes les valeurs dans la plage couvrant les cellules A1 à A10. Si le résultat est -153 (valeur négative), vous obtiendrez 153 (résultat positif) avec cette formule :

```
=ABS(SOMME(A1:A10))
```

ALEA ( )

Si vous avez besoin de remplir une plage de cellules avec des valeurs choisies au hasard, cette fonction vous sera fort utile. Elle n'accepte aucun argument et retourne une valeur entre 0 et 1. Exemple : 0,80854611.

Pour obtenir des valeurs entières, par exemple entre 0 et 100, utilisez ALEA avec la fonction ENT décrite un peu plus loin :

```
=ENT(ALEA()*100)
```

Le résultat sera toujours un chiffre entier entre 0 et 100.

La fonction ALEA est recalculée chaque fois qu'une valeur change dans Excel ou à chaque appui sur la touche F9.

L'incessant recalcul des valeurs aléatoires vous horripile ? Vous pouvez y mettre fin par un collage spécial :

1. **Sélectionnez la ou les cellules contenant la fonction ALEA.**
2. **Copiez-les en appuyant sur Ctrl + C**
3. **Cliquez sur le bouton triangulaire sous l'icône Coller, dans le groupe Presse-papiers du ruban Accueil.**
4. **Dans la palette d'options qui se déploie, cliquez sur l'option Valeurs.**

   Les formules aléatoires sans cesse recalculées sont maintenant devenues des nombres.

En réalité, les chiffres produits par la fonction ALEA et ses variantes ne doivent rien au hasard. Ils sont produits par un algorithme à partir d'une séquence de nombres dont il est quasiment impossible de prédire le tirage au sort. Ces nombres sont de ce fait pseudo-aléatoires.

ALEA.ENTRE.BORNES ( )

Cette fonction est une variante de la précédente. Elle limite la valeur entre un plancher et un plafond, qui sont toujours des nombres entiers. Par exemple, pour que le nombre tiré au hasard soit toujours compris entre 100 et 250, vous saisirez la formule suivante :

```
=ALEA.ENTRE.BORNES(100;250)
```

À l'instar d'ALEA , la fonction ALEA.SANS.BORNES est recalculée chaque fois qu'une valeur change dans Excel ou à chaque appui sur la touche F9.

AUJOURDHUI ( )

Cette fonction affiche la date du jour dans la cellule, dans le format de date que vous avez défini. Cette date est remise à jour à chaque ouverture du classeur Excel. Cette information est commode pour rappeler la date du jour dans une feuille de calcul, ou pour mettre à jour un échéancier qui calcule des dates limites.

Une fonction apparentée, MAINTENANT(), affiche non seulement la date, mais aussi l'heure.

MAX ( ), MIN ( )

Détermine la valeur maximale dans une plage de cellules.

Détermine la valeur minimale dans une plage de cellules.

MEDIANE ( )

Détermine la valeur médiane d'une plage de cellules, c'est-à-dire celle dont la valeur se trouve au milieu d'une série de valeurs.

MOYENNE ( )

Détermine la valeur moyenne dans une plage de cellules. Les cellules vides ou contenant du texte ne sont pas prises en compte.

Nous avons vu au Chapitre 5, « Présenter et filtrer les données » qu'une ligne représentant la moyenne peut être tracée dans un histogramme.

REPT( )

Répète un caractère autant de fois que spécifié dans le second argument. Par exemple, pour répéter 50 fois un astérisque, vous saisirez :

```
=REPT("*";50)
```

Cette fonction a été utilisée dans le Chapitre 6, « Les autres fonctions graphiques », pour créer un graphique à barres à l'intérieur d'une seule cellule.

SI( )

La fonction SI sert à tester le contenu d'une cellule afin d'opérer ensuite un choix. Supposons que nous voulions permettre à l'utilisateur d'un graphique de choisir facilement les points de données à afficher ou non. Plutôt que de lui expliquer les subtilités des fonctionnalités d'un histogramme, pourquoi ne pas lui permettre de cocher les cases des colonnes à afficher et décocher celles des colonnes à ne pas afficher ? C'est très simple avec une fonction SI. Voici comment cela se passe pour les données présentes dans la Figure 10.1.

C2 | =SI(A2<>"";D2;"")

	A	B	C	D	E
1					
2	x	Janvier	1150	1 150	
3	x	Février	1860	1 860	
4		Mars		985	
5	x	Avril	1200	1 200	
6		Mai		1 025	
7		Juin		1 160	
8					
9					

Figure 10.1 : Les données d'un histogramme à colonnes sélectionnables.

1. **Placez les légendes dans la colonne B et les valeurs dans la colonne D.**

   La colonne A est réservée aux coches, la colonne C aux formules de test.

2. **Dans la cellule C2 (voir Figure 10.1), placez la formule suivante :**

```
=SI(A2<>"";D2;"")
```

Cette formule se lit ainsi : si la cellule A2 est différente <> de rien "", afficher la valeur de D2, sinon, ne rien afficher. Des guillemets sans rien indiquent à Excel qu'il s'agit d'une chaîne de caractères vide.

3. **Tirez la cellule vers le bas avec la poignée de recopie, jusqu'à la dernière valeur à représenter dans le graphique.**

4. **Sélectionnez la plage de cellules B2:D7, puis créez un histogramme.**

5. **Rendez la colonne D invisible en cliquant du bouton droit sur son en-tête et en choisissant Masquer, dans le menu. Ou alors, mettez la police de la même couleur que le fond, en blanc.**

Le graphique est prêt. Pour afficher les colonnes, l'utilisateur doit cocher la valeur correspondante, dans la colonne A de la feuille de calcul. Peu importe le caractère qu'il utilise. Dès lors qu'il y a quelque chose dans la cellule, Excel la considère comme cochée et affiche la colonne correspondante. Sinon, si la cellule est vide, la valeur est nulle.

Dans la Figure 10.2, les mois de janvier, février, avril et juin sont cochés. Eux seuls sont affichés. Les mois de mars et de mai étant décochés, leur valeur est nulle.

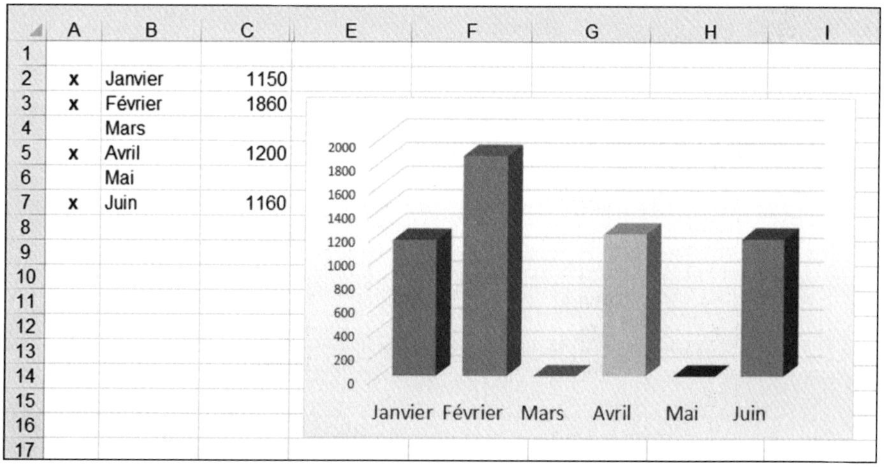

Figure 10.2 : Les colonnes de cet histogramme peuvent être affichées ou non en cochant ou non les cellules dans la colonne A.

Ce système à coches est aussi très utile pour filtrer une valeur exceptionnelle. Dans le chapitre 5, « Présenter et filtrer les données », nous avions utilisé une fonctionnalité propre au graphique. Celle-ci est peut-être un peu plus conviviale pour un utilisateur ne connaissant pas bien Excel.

TRANSPOSE ( )

Dans le ruban Création, la commande Intervertir les lignes/colonnes est certes d'une grande utilité, mais elle ne concerne que les graphiques. Il lui est impossible d'effectuer cette opération directement dans la feuille de calcul. Excel est heureusement doté d'une fonction capable de le faire.

TRANSPOSE est une fonction matricielle. Pour qu'Excel sache qu'un ensemble de valeurs doit être considéré comme une matrice, il faut le lui indiquer en mettant la formule entre accolades.

Voici comment transposer des lignes en colonnes :

1. **Dans la feuille de calcul contenant les données placées sur des lignes, sélectionnez une zone rectangulaire comptant le même nombre de cellules que la zone à transposer.**

   Cette zone devra compter autant de colonnes que la zone de données compte de lignes, et autant de lignes qu'elle compte de colonnes (voir Figure 10.3).

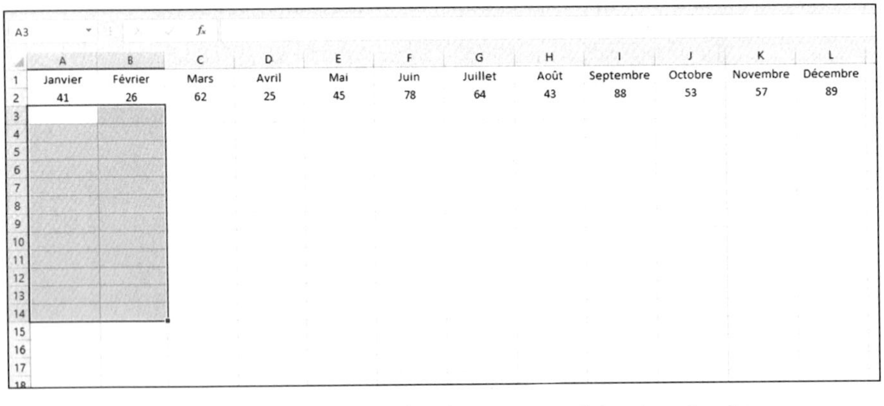

Figure 10.3 : Sélectionnez la zone de cellules devant recevoir les données à transposer.

2. **Saisissez la commande suivante :**

```
=TRANSPOSE(
```

ATTENTION !

Saisir une fonction matricielle

Les accolades contenant une fonction matricielle ne doivent en aucun cas être saisies manuellement. Vous devez d'abord saisir la formule comme d'habitude, mais au lieu de la valider en appuyant sur la touche Entrée, vous devez appuyer sur **Ctrl + Maj + Entrée**. Les accolades sont automatiquement insérées au début et à la fin de la fonction.

Cette saisie est également valable pour les formules comprenant un tableau à traiter comme matrice.

Il est inutile d'essayer d'entrer les accolades manuellement, en appuyant sur la touche { puis sur la touche }, car cela ne fonctionnera pas. La combinaison de touches Ctrl + Maj + Entrée est obligatoire.

3. **Cliquez dans la première cellule des données originales puis, bouton de la souris enfoncé, tirez le pointeur par-dessus toutes les données afin de les sélectionner. Relâchez ensuite le bouton de la souris.**

4. **Fermez la parenthèse :**

```
)
```

5. **Appuyez sur les touches Ctrl + Maj + Entrée afin d'indiquer à Excel que la fonction est matricielle.**

   La Figure 10.4 montre les données des deux lignes recopiées dans deux colonnes. Remarquez, dans la barre de formule, les accolades automatiquement ajoutées au début et à la fin de la formule.

6. **Effacez les données originales désormais inutiles.**

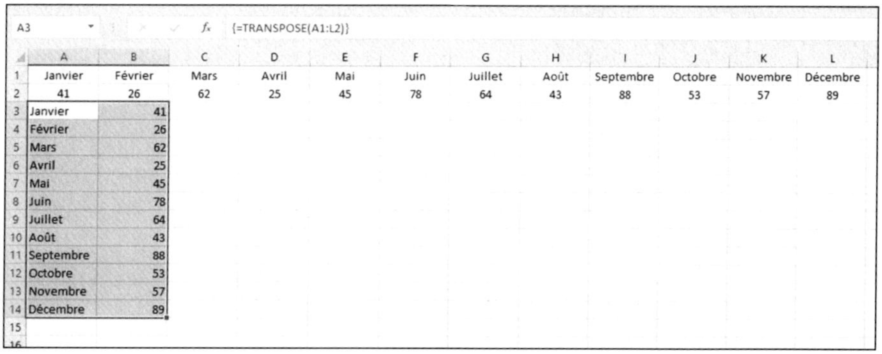

Figure 10.4 : La fonction TRANSPOSE a copié le contenu des lignes dans des colonnes.

Lors d'une transposition, la mise en forme n'est pas copiée. Seul l'est le contenu des cellules. Si nécessaire, vous devrez refaire les mises en forme vous-même dans les cellules concernées.

Chapitre 11

Dix notions de base d'Excel

Dans ce chapitre :

- Largeur et hauteur
- Référence relative
- Référence absolue
- Priorités de calcul
- Poignée de recopie
- Fractionner la feuille de calcul
- Sélectionner des données
- Saisir une formule
- Lire dans une autre feuille
- Lire dans un autre classeur

Largeur et hauteur

Il s'agit là de la largeur des colonnes et de la hauteur des lignes. Pour les régler, amenez le pointeur de la souris jusque sur la ligne de séparation entre deux en-têtes. Bouton de la souris enfoncé, tirez horizontalement pour modifier la largeur de la colonne à gauche, ou verticalement pour modifier la largeur de la ligne au-dessus.

Pour régler paramétriquement une largeur ou une hauteur, cliquez du bouton droit sur un en-tête, puis choisissez Largeur de colonne ou Hauteur de ligne. Les valeurs par défaut sont :

- **Largeur de colonne :** 10,71.
- **Hauteur de ligne :** 15.

Pour égaliser des largeurs ou des lignes, sélectionnez plusieurs colonnes ou plusieurs lignes à la fois, puis réglez la largeur ou la hauteur de l'une d'elles.

La référence relative

Quand nous créons dans Excel une formule qui va chercher une information dans une cellule située à deux colonnes à gauche, sur la même ligne, et que nous recopions cette cellule ailleurs dans la feuille de calcul, la formule recopiée ira toujours chercher l'information deux colonnes à gauche sur la même ligne.

Cette façon de procéder est très pratique, car elle permet de recopier une formule en veillant à ce que, de ligne en ligne (ou de colonne en colonne), la relation entre la cellule source et la cellule cible soit conservée.

C'est ce qui se passe dans la Figure 11.1, qui montre une table de multiplication par 7. La barre de formule montre la formule utilisée dans la cellule F6 :

```
=B4*D4
```

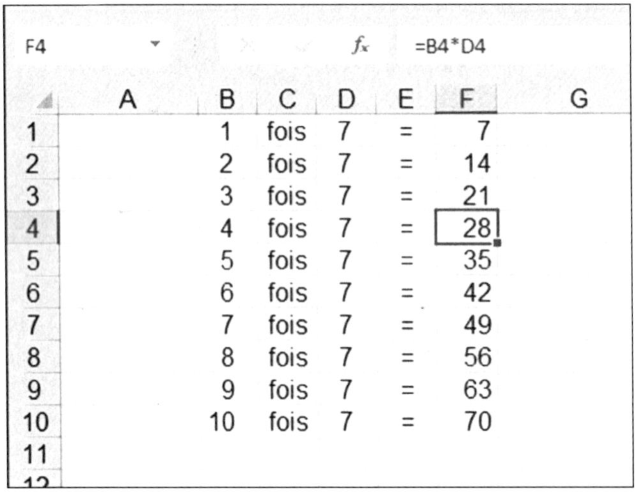

	A	B	C	D	E	F	G
1		1	fois	7	=	7	
2		2	fois	7	=	14	
3		3	fois	7	=	21	
4		4	fois	7	=	28	
5		5	fois	7	=	35	
6		6	fois	7	=	42	
7		7	fois	7	=	49	
8		8	fois	7	=	56	
9		9	fois	7	=	63	
10		10	fois	7	=	70	
11							

Figure 11.1 : Les cellules de cette table de multiplication sont relatives. À chaque ligne, la formule dans la colonne F multiplie le chiffre de la colonne B par le chiffre de la colonne D.

À chaque ligne, la formule cherche les données dans la même ligne, de sorte qu'à la dernière ligne, la formule est =B10*D10.

Jusque-là, tout va bien, car la relativité des formules ne pose aucun problème. Ce n'est pas pareil quand le multiplicateur se trouve dans une seule cellule, A1 par exemple. L'avantage, c'est qu'il est facile de changer de table de multiplication en saisissant une nouvelle valeur dans A1. Tapez 9 et vous aurez la table de multiplication par 9. Mais ce n'est pas si simple. Dans la Figure 11.2, nous avons placé une valeur dans la cellule A1 et dans la cellule D2, à la première ligne de la table de multiplication, nous avons tapé la formule suivante :

```
=A1
```

Mais en la tirant vers le bas, nous n'obtenons pas le résultat escompté (Figure 11.2), et pour cause : au lieu de faire toujours référence à la cellule A1, celles qui se trouvent dessous font référence à A2, A3 et ainsi de suite jusqu'à A10. Pour que la référence pointe toujours vers la cellule A1, nous devons définir une référence absolue.

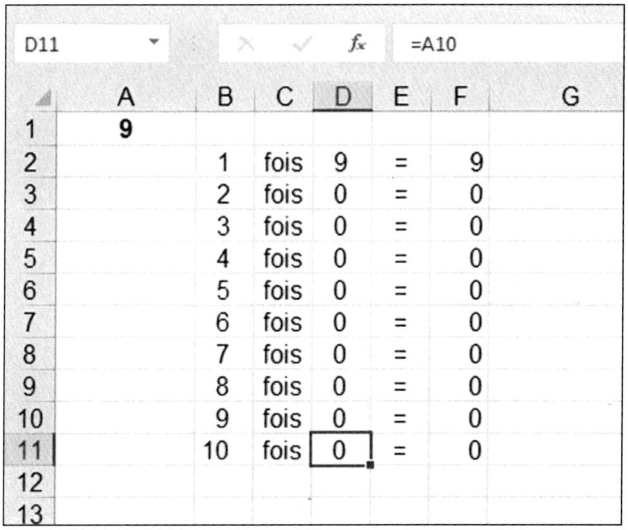

	A	B	C	D	E	F	G
1	9						
2		1	fois	9	=	9	
3		2	fois	0	=	0	
4		3	fois	0	=	0	
5		4	fois	0	=	0	
6		5	fois	0	=	0	
7		6	fois	0	=	0	
8		7	fois	0	=	0	
9		8	fois	0	=	0	
10		9	fois	0	=	0	
11		10	fois	0	=	0	
12							
13							

Figure 11.2 : Il y a manifestement un problème avec cette table de multiplication.

La référence absolue

La référence absolue empêche toute modification des coordonnées d'une cellule, lors de sa copie. Cette opération est obtenue en plaçant le signe dollar ($) avant la lettre de la colonne et/ou le numéro de la ligne. Voici les syntaxes :

- **$D$2 :** la cellule se trouvant à l'intersection de la colonne D et de la ligne 2 est absolue.
- **$D2 :** seule la colonne D est absolue. La ligne reste relative.
- **D$2 :** la colonne D est relative, la ligne 2 est absolue.

Appliquons cela à la formule de la table de multiplication. Dans la colonne D de la première ligne, tapez :

```
=A$1
```

La colonne n'est pas bloquée, car elle ne change pas, mais le numéro de ligne l'est, car la formule doit toujours pointer vers la ligne 1. Copiez la cellule jusqu'en bas de la table : comme le démontre la Figure 11.3, la référence absolue garantit que la formule copiée pointe toujours vers la cellule A1.

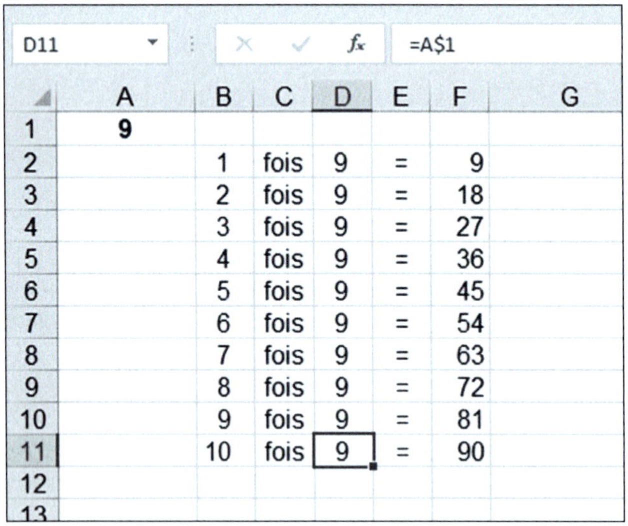

Figure 11.3 : En rendant le numéro de ligne absolu, la formule pointe toujours vers la cellule A1 lors de la recopie.

Tapez maintenant un autre chiffre dans la cellule A1, comme 5, et vous aurez la table de multiplication par 5. Vos enfants vont adorer.

Vous vous y perdez un peu entre les trois syntaxes $A$1, $A1 et A$1 ? Dans le doute, essayez avec la première, car elle convient dans la quasi-totalité des cas. Dans notre exemple, la formule =$A$1 aurait donné exactement le même résultat.

Les priorités de calcul

Excel ne traite pas les opérations dans l'ordre où vous les avez posées lors de la rédaction de la formule. Si une formule ou une parenthèse contient plusieurs opérateurs, le tableur les exécutera toujours dans l'ordre suivant :

: séparateur de plage. Excel détermine d'abord la plage de cellules impliquée dans l'opération.

, virgule. Excel détermine si la valeur est un entier ou un réel.

espace.

–(1) chiffres négatifs.

% pourcentage.

^ exposant.

*** /** multiplication, division.

+ – addition, soustraction.

& concaténation de chaînes de caractères.

Les opérateurs logiques sont traités à la fin des opérateurs arithmétiques, eux aussi dans un ordre spécifique : = < > <= >= et <>.

Si plusieurs opérateurs d'égale priorité sont présents dans une formule ou à l'intérieur d'une même parenthèse, Excel les traite de droite à gauche.

Les priorités peuvent être outrepassées à l'aide des parenthèses, comme le montre l'exemple ci-après :

= 5 + 7*3	Résultat : 26. Excel calcule d'abord 7*3, car l'opérateur de multiplication est prioritaire sur celui de l'addition. Puis il ajoute 5.
=(5 + 7)*3	Résultat : 36. Excel multiplie le résultat de la parenthèse par 3.

Pour limiter le risque d'erreur causé par les priorités de traitement, n'hésitez pas à user et à abuser des parenthèses.

La poignée de recopie

C'est le petit carré noir en bas à droite du cadre qui entoure la cellule active. Cliquez et tirez vers le bas ou vers la droite pour recopier le contenu de la cellule.

La recopie terminée, une icône apparaît en bas à droite de la dernière cellule copiée (Figure 11.4). Elle contient les options suivantes :

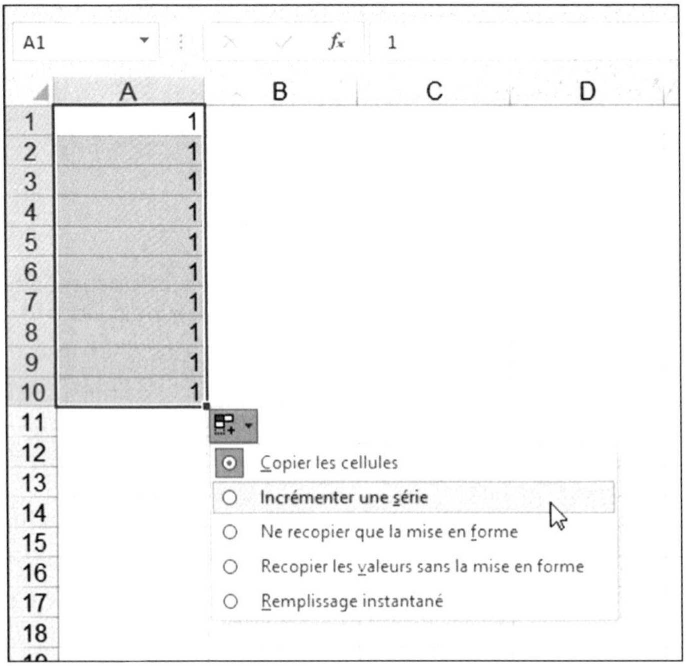

Figure 11.4 : La poignée de recopie facilite la copie des données dans une plage de cellules.

- **Copier les cellules :** le contenu de la cellule d'origine est copié tel quel, avec sa mise en forme.
- **Incrémenter une série :** si la cellule d'origine contient un nombre ou un texte terminé par un nombre, chaque copie est augmentée d'une unité. Si la cellule contient un jour de la semaine ou un jour du mois, la copie devient lundi, mardi, mercredi, etc., ou janvier, février, mars, etc.
- **Ne recopier que la mise en forme :** le contenu des cellules recevant la copie ne change pas. Seule la mise en forme de la cellule d'origine est appliquée.
- **Recopier les valeurs sans la mise en forme :** le contenu de la cellule d'origine est copié, mais dans les cellules recevant la copie, la mise en forme reste intacte.
- **Remplissage instantané :** sert à décomposer des noms, prénoms et adresses postales ou électroniques.

TRUC

La recopie incrémentale est obtenue en tirant la poignée de sélection, touche Ctrl enfoncée.

Si la cellule contient des termes présents dans une liste automatique, comme les mois, Excel place chacun de ces termes dans une cellule : janvier, puis février, puis mars et ainsi de suite. La copie incrémentale fonctionne aussi à rebours, en tirant la poignée vers le haut ou vers la gauche.

Fractionner la feuille de calcul

Pour diviser une feuille de calcul en quatre panneaux indépendants et repositionnables, cliquez sur l'onglet du ruban Affichage puis, dans le groupe Fenêtre, cliquez sur Fractionner.

Réglez ensuite les barres de fractionnement de manière à ce que les titres d'un vaste tableau soient toujours visibles en haut de la feuille et les légendes à gauche (ou différemment si votre feuille de calcul est organisée différemment).

Dans le même groupe, la commande Figer les volets permet de garder une ou plusieurs lignes et/ou colonnes visibles, même lorsque le contenu d'un tableau défile longuement.

Sélectionner des données

Pour sélectionner une plage de cellules, cliquez sur la première de la zone à définir puis, bouton de la souris enfoncé, cliquez sur la cellule se trouvant au coin opposé de la zone.

Pour sélectionner des cellules éparses, cliquez dessus, touche Ctrl enfoncée.

Pour sélectionner une plage de colonnes ou de lignes, cliquez sur l'en-tête de la première puis, touche Majuscule enfoncée, cliquez sur l'en-tête de la colonne ou de la ligne à l'autre bout de la plage.

Pour sélectionner des colonnes et/ou des lignes éparses, cliquez sur leur entête, touche Ctrl enfoncée.

Saisir une formule

Une formule commence toujours par le signe = (égal). Vous pouvez la saisir directement dans une cellule ou dans la barre de formule.

Pour identifier les cellules impliquées dans une formule, cliquez sur cette dernière, dans la barre de formule. Les cellules en question apparaissent dans des cadres colorés (Figure 11.5).

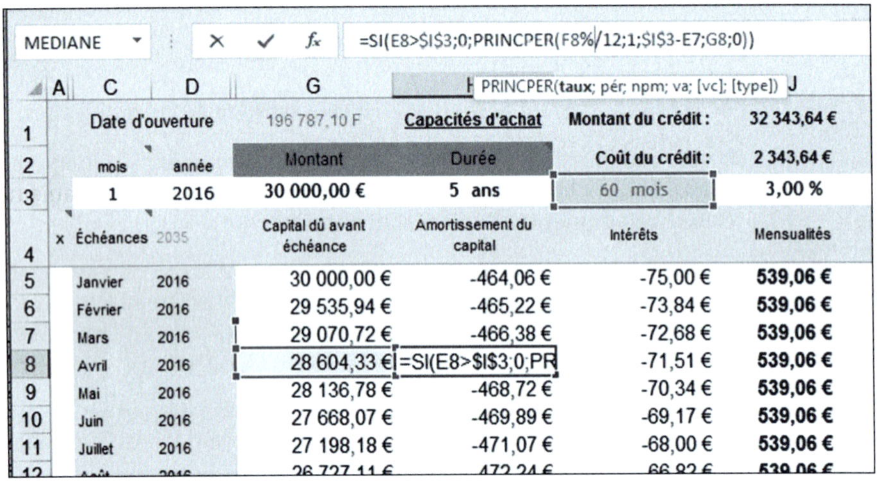

Figure 11.5 : Identifiez les cellules alimentant une formule en cliquant dans la barre de formule.

Les cadres autour des cellules sont repositionnables. S'il apparaît que l'un d'eux ne se trouve pas sur la cellule qui devait figurer dans la formule, glissez le cadre jusqu'à la donnée correcte et la formule sera corrigée.

Lire dans une autre feuille

Pour afficher dans une feuille de calcul une donnée figurant dans une autre feuille de calcul du même classeur, utilisez la syntaxe suivante :

```
=NomFeuille!A1
```

où NomFeuil est le nom de la feuille visée, et A1 la référence à une cellule.

La feuille de calcul vers laquelle pointe la formule ne doit être ni renommée, ni ôtée, ni supprimée.

Lire dans un autre classeur

Pour afficher dans une feuille de calcul une donnée figurant dans une autre feuille de calcul présente dans un classeur, utilisez la syntaxe suivante :

```
=[Classeur.xlsx]NomFeuille!A1
```

où Classeur.xlsx est le nom du classeur distant, NomFeuil le nom de la feuille visée, et A1 la référence à une cellule.

ATTENTION !

Le classeur et la feuille de calcul vers lesquels pointe la formule ne doivent être ni renommés, ni déplacés, ni supprimés.

Index

A

B

C

D

E

F

G

N

O

P

Q

R

S

Notes

Notes

Notes

Notes

Notes

Notes

Notes

Notes

Notes

Notes